독하게

파 고들자

새로운 유형의
한자 학습서!

한자능력 검정시험

한자 독파! 시리즈

3급 +3급Ⅱ

인터넷 동영상 강의

›› 인증번호   160304-PWTQQK-IU

본 책에 기록된 인증번호는 동영상 강의용 무료쿠폰입니다.

발행일 2016년 8월 1일 초판 1쇄 인쇄
　　　　 2016년 8월 5일 초판 1쇄 발행
지은이 김봉환
발행인 송인식
발행처 시스컴 출판사

주소 서울시 금천구 벚꽃로 278, SJ테크노빌 704호 (가산동)
홈페이지 www.siscom.co.kr
E-mail master@siscom.co.kr
전화 02.866.9311
인터넷 강의 안내 02.866.9311(내선 113)
FAX 02.866.9312
등록 제17-269호
판권 시스컴 2016
정가 15,000원
ISBN 979-11-87005-57-5 13710

이 책의 무단 복제, 복사, 전재 행위는 저작권법에 저촉됩니다.
파본은 구입처에서 교환하실 수 있습니다.

◆ 한자능력검정 시험안내 ◆

1 주관 및 시행

- 주관 : (사)한국어문회(☎ 02-1566-1400)
- 시행 : 한국한자능력검정회(www.hanja.re.kr)
- 종류 - 공인급수(공인자격증) : 특급, 특급Ⅱ, 1급, 2급, 3급, 3급Ⅱ
  - 교육급수(민간자격증) : 4급, 4급Ⅱ, 5급, 5급Ⅱ, 6급, 6급Ⅱ, 7급, 7급Ⅱ, 8급

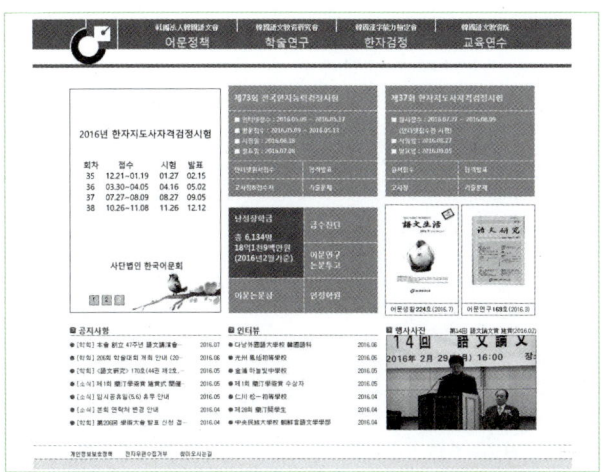

2 접수방법

① 방문접수

1. 응시급수 선택	2. 준비물 확인	3. 원서작성 및 접수	4. 수험표 확인
급수배정을 참고하여, 응시자의 실력에 알맞은 급수를 선택합니다.	• 반명함판사진 2매 (3×4cm · 무배경 · 탈모) • 급수증 수령주소 • 응시자 주민번호 • 응시자 이름(한글 · 한자) • 응시료	응시원서를 작성한 후, 접수처에 응시료와 함께 접수합니다.	접수완료 후 받으신 수험표로 수험 장소, 수험일시, 응시자를 확인하세요.

② 인터넷 접수 : www.hangum.re.kr

③ 시험시간

특급·특급Ⅱ	1급	2급, 3급, 3급Ⅱ	4급, 4급Ⅱ, 5급, 5급Ⅱ, 6급, 6급Ⅱ, 7급, 7급Ⅱ, 8급
100분	90분	90분	50분

- 응시자는 시험 시작 20분 전까지 고사실에 입실하셔야 하며, 동반자는 20분 전까지 고사장 밖으로 퇴장하셔야 합니다.
- 답안작성이 완료된 분은 감독관의 통제에 따라 고사장 밖으로 퇴장해야 하며, 고사장으로 재입장할 수 없습니다.

韓國漢字能力檢定

4 급수배정

급수	읽기	쓰기	수준 및 특성
특급	5,978	3,500	국한혼용 고전을 불편 없이 읽고, 연구할 수 있는 수준 고급
특급Ⅱ	4,918	2,355	국한혼용 고전을 불편 없이 읽고, 연구할 수 있는 수준 중급
1급	3,500	2,005	국한혼용 고전을 불편 없이 읽고, 연구할 수 있는 수준 초급
2급	2,355	1,817	상용한자를 활용하는 것은 물론 인명지명용 기초한자 활용 단계
3급	1,817	1,000	고급 상용한자 활용의 중급 단계
3급Ⅱ	1,500	750	고급 상용한자 활용의 초급 단계
4급	1,000	500	중급 상용한자 활용의 고급 단계
4급Ⅱ	750	400	중급 상용한자 활용의 중급 단계
5급	500	300	중급 상용한자 활용의 초급 단계
5급Ⅱ	400	225	중급 상용한자 활용의 초급 단계
6급	300	150	기초 상용한자 활용의 고급 단계
6급Ⅱ	225	50	기초 상용한자 활용의 중급 단계
7급	150	-	기초 상용한자 활용의 초급 단계
7급Ⅱ	100	-	기초 상용한자 활용의 초급 단계
8급	50	-	한자 학습 동기 부여를 위한 급수

- 상위급수 한자는 하위급수 한자를 모두 포함하고 있습니다.
- 쓰기 배정 한자는 한두 급수 아래의 읽기 배정한자이거나 그 범위 내에 있습니다.
- 초등학생은 4급, 중·고등학생은 3급, 대학생은 2급과 1급 취득에 목표를 두고 학습하길 권해 드립니다.

5 검정료

특급·특급Ⅱ·1급	2급·3급·3급Ⅱ	4급·4급Ⅱ·5급·5급Ⅱ·6급·6급Ⅱ·7급·7급Ⅱ·8급
40,000원	20,000원	15,000원

- 창구접수 검정료는 원서 접수일부터, 마감시까지 해당 접수처 창구에서 받습니다.
- 인터넷으로 접수하실 때 검정료 이외의 별도 수수료가 부과되지 않습니다.

6 출제기준

구분	특급	특급Ⅱ	1급	2급	3급	3급Ⅱ	4급	4급Ⅱ	5급	5급Ⅱ	6급	6급Ⅱ	7급	7급Ⅱ	8급
讀音	45	45	50	45	45	45	32	35	35	35	33	32	32	22	24
訓音	27	27	32	27	27	27	22	22	23	23	22	29	30	30	24
長短音	10	10	10	5	5	5	3	0	0	0	0	0	0	0	0
反意語(相對語)	10	10	10	10	10	10	3	3	3	3	3	2	2	2	0
完成型(成語)	10	10	15	10	10	10	5	5	4	4	3	2	2	2	0
部首	10	10	10	5	5	5	3	3	0	0	0	0	0	0	0
同義語(類義語)	10	10	10	5	5	5	3	3	3	3	3	2	0	0	0
同音異議語	10	10	10	5	5	5	3	3	3	3	2	0	0	0	0
뜻풀이	5	5	10	5	5	5	3	3	3	3	2	2	2	2	0
略字	3	3	3	3	3	3	3	3	3	3	0	0	0	0	0
漢字 쓰기	40	40	40	30	30	30	20	20	20	20	20	10	0	0	0
筆順	0	0	0	0	0	0	0	0	3	3	3	3	2	2	2
漢文	20	20	0	0	0	0	0	0	0	0	0	0	0	0	0
出題問項(計)	200	200	200	150	150	150	100	100	100	100	90	80	70	60	50

※ 출제기준표는 기본지침자료로서, 출제자의 의도에 따라 차이가 있을 수 있습니다.

7 답안지

① 표식 ■은 답안지 인식 기준점으로, 앞・뒷면 귀퉁이에 각각 1개씩 총 8개가 있습니다. 인식 기준점을 훼손하거나, 주변에 낙서를 하면 전산시스템의 답안지 인식 불능으로 0점 처리됩니다.

② 응시자 정보 기재란으로 성명, 수험번호, 생년월일은 반드시 응시원서와 동일하게 작성하셔야 합니다. 성명을 비롯한 모든 항목은 맨 앞 칸부터 띄어쓰기 없이 기재하세요.

③ 반드시 접수하신 해당 고사장에서 지원 급수로 응시하여야 하며, 타 고사장에서 응시하거나, 지원한 급수가 아닌 타 급수로 응시한 경우는 0점 처리됩니다.

④ 답은 답안란에만 작성해야 하며, 답을 고쳐 쓸 경우에는 수정액이나, 수정테이프를 사용하세요. 특히, 응시자가 아동인 경우 답을 밀려 쓰는 일이 없도록 지도하시길 바랍니다.

⑤ 채점란은 모든 문항마다 1검(1차 채점), 2검(2차 채점)으로 구분되어 있으며, 각 단계의 채점 위원이 채점 결과를 표시하는 곳입니다. 답안 작성 시 응시자의 글씨가 채점란으로 침범하면, 전산시스템의 채점 결과 인식 불가로 0점 처리됩니다.

⑥ 감독・채점 확인란은 감독위원, 1차 채점위원, 2차 채점위원, 3차 채점위원의 확인 서명과 더불어, 각 단계 채점 결과 및 점수가 기록됩니다. 이 부분에 낙서를 하거나, 감독위원 서명 누락 등 의심되는 점이 발견되면 채점 시 예외 처리되는 불이익을 받게 됩니다.

韓國漢字能力檢定

8 응시원서

- 해당 지원급수에 V 표하세요. 3급과 3급II, 4급과 4급II, 5급과 5급II, 6급과 6급II, 7급과 7급II는 다른 급수이므로, 해당 지원급수에 정확히 표시하셔야 합니다. 접수마감 후 지원급수는 변경할 수 없습니다.
- 한글과 한자 이름을 첫 칸부터 한 자씩 빈 칸 없이 붙여 쓰세요. 이름이 4자 이상일 경우 점선으로 표시된 칸까지 이용하실 수 있습니다.
- 수험자나, 수험자의 보호자가 상시 연락받을 수 있는 전화번호를 기입하세요.
- 수험자나, 수험자의 보호자의 휴대전화번호를 기입하세요.
- 급수증 기재주소는 한자능력급수증에 등재되는 주소이며, 기재하신 주소로 급수증이 발송됩니다. 수험자의 한자능력급수증 수령 주소를 정확하게 기입해주세요.
- 학생인 경우 학교명에는 학교 · 학과 · 학년 · 반을 기입하시고, 미취학생/일반인/군인은 학교명을 빈 칸으로 두시면 됩니다.
- 접수일자와 지원자 성명을 기입하시고, 날인 또는 서명하세요.
- 지원하신 전국한자능력검정시험 시행회의 시험일을 기재하세요.
- 반명함판 사진(3×4cm/무배경/탈모)을 지원서, 지원표, 수험표에 각각 붙여주세요. 사진은 6개월 이내의 반명함판 사진을 사용하셔야 합니다. 한자능력급수증에는 원서에 부착된 사진이 인쇄됩니다.
- 수험번호 확인용 참고란 본 칸을 참고하여, 발급된 수험번호가 본인의 지원급수 수험번호인지 반드시 확인하세요.

9 합격기준

구분	특급·특급II·1급	2급·3급·3급II	4급·4급II·5급·5급II	6급	6급II	7급	7급II	8급
출제문항	200	150	100	90	80	70	60	50
합격문항	160	105	70	63	56	49	42	35

- 특급 · 특급II · 1급은 출제문항의 80% 이상, 2급~8급은 70% 이상 득점하면 합격입니다.
- 1문항 당 1점으로 급수별 만점은 출제문항 수이며, 백분율 환산점수를 사용하지 않습니다.
- 합격발표 시 제공되는 점수는 응시급수의 총 출제문항 수와 합격자의 득점문항 수입니다.

◆ 이 책의 구성과 특징 ◆

배정한자(1,817자)

찾아보기
한자를 가나다 순서로 배열하여 사전식으로 쉽게 찾아볼 수 있도록 색인기능을 제공합니다.

일련번호
각 한자마다 일련번호를 부여하여 총 한자수를 파악하고, 번호순서대로 찾아볼 수 있는 색인기능을 제공합니다.

표제어
3급 배정한자에 해당하는 1,817자의 한자를 한눈에 파악할 수 있도록 큰 글자로 편집 수록하였습니다.

독 음
한자의 훈과 음을 표제어 바로 밑에 표기하여 해당한자를 눈으로 보며 훈과 음을 입으로 읽고 말할 수 있도록 하였습니다.

한자풀이
해당 한자를 부수나 파자로 풀어 입으로 외어가며 쉽게 이해할 수 있도록 하였습니다. 또한 해당 표제어의 급수를 표시하여 난이도를 파악하고, 부수와 총획수를 표시하여 한자풀이에 대한 이해를 돕도록 하였습니다.

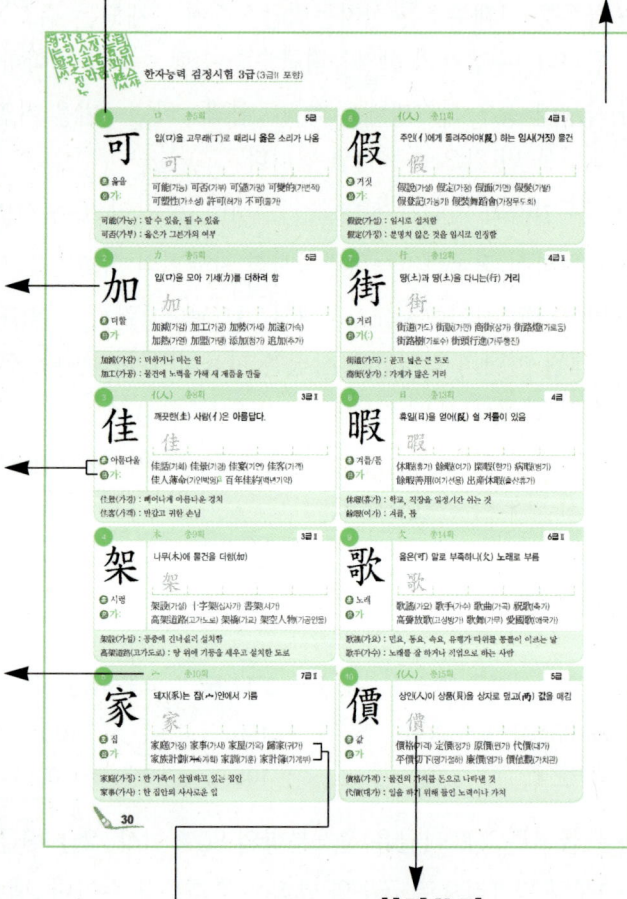

용례 및 뜻풀이
표제어가 상용된 일상 용례를 적절히 사용함으로써 한자의 쓰임새는 물론 특히 어렵거나 많이 사용되는 용례들의 뜻을 자세히 풀이함으로써 단어 활용에 대한 이해를 돕도록 하였습니다.

한자쓰기
한자쓰기 상자를 두어 직접 해당 한자를 손으로 써보고 익힐 수 있도록 하였습니다.

韓國漢字能力檢定

반의자

찾아보기
가나다 순서로 배열하여 사전식으로 쉽게 찾아볼 수 있도록 색인기능을 제공합니다.

표제어
각각의 반대자/상대자로 구성되는 단어의 용례를 표제어로 수록하였습니다.

표제어를 구성하는 각 반대자/상대자의 훈과 음을 표기하여 그 뜻을 쉽게 파악하도록 하였습니다.

讀독하게 破파고들자! 한자능력검정시험 독파

사자성어

일련번호
각 사자성어마다 일련번호를 부여하여 총 사자성어 수를 파악하고, 번호순서대로 찾아볼 수 있는 색인기능을 제공합니다.

표제어
사자성어의 표제어를 큰 글자로 보기쉽게 편집하였으며, 바로 밑에 한글로 그 음을 표기하여 쉽게 읽을 수 있도록 하였습니다.

뜻풀이
사자성어가 담고 있는 뜻을 간략하고 쉽게 풀이하였으며, 유사 사자성어 또는 반대 사자성어도 함께 수록하였습니다.

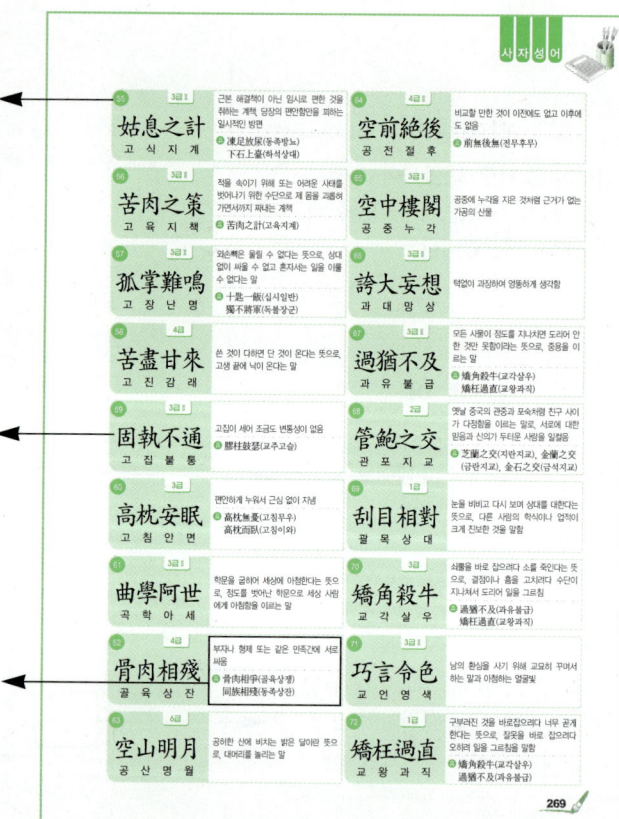

韓國漢字能力檢定

기출 및 예상문제

(사)한국어문회에서 주관하는 한자능력검정시험에 대비할 수 있도록 기출문제를 철저히 분석하였으며 이를 토대로 기출문제를 포함해 시험에 나올만한 유사문제와 실제 시험과 똑같은 유형의 문제를 준비하였습니다.

기출 및 예상문제 1회

58. 似 ____   59. 矢 ____   60. 澤 ____
61. 宰 ____   62. 卯 ____   63. 曉 ____
64. 旦 ____   65. 肥 ____   66. 僅 ____
67. 掠 ____   68. 宇 ____   69. 郭 ____
70. 肯 ____   71. 臭 ____   72. 跳 ____

73-87
다음 밑줄 친 부분을 漢字語로 쓰시오.

73. 대규모 인원 감축으로 회사 분위기가 침울하다.
74. 그의 폭탄선언으로 장내는 숙연한 분위기가 되었다.
75. 2주 전에 신청한 택배가 아직도 우송되지 않아 걱정이다.
76. 의료보험이 적용되지 않는 질병에 대한 지원이 시급하다.
77. 지친 심신의 피곤을 푸는 데는 허브 목욕이 제격이다.
78. 모든 잘못의 책임을 한 사람에게만 돌리는 태도는 옳지 못하다.
79. 신인감독들의 참신한 작품들이 쏟아져 극장가는 호황을 누린다.
80. 너무 약에만 의존하다 보면 오히려 건강에 악영향을 끼칠 수 있다.
81. 낡은 부패를 청산하고 이미지 쇄신을 꿈꾸던 회사가 급성장하였다.
82. 전자 제품의 결손으로 일어난 폭발사고로 인근 주변이 불길에 휩싸였다.
83. 각종 계절과일과 드레싱을 내세운 샐러드 바가 젊은 층의 호응을 받고 있다.
84. 단순명쾌한 문장과 우화적 삶을 은유적으로 표현한 소설이 인기를 끌고 있다.
85. 세계 곳곳의 다양한 취미를 가진 사람들을 소개하는 잡지가 개간되어 화제다.
86. 비밀번호 유출 사고를 방지하기 위해 최소한 석 달에 한번은 번호를 교체해야 한다.
87. 권위를 내세우기보다 감성을 내세운 리더십을 지닌 지도자가 최근 이슈가 되고 있다.

307

C·O·N·T·E·N·T·S

Part I 한자의 기초
1. 한자의 이해 ········· 14
2. 육서(六書) ········· 17
3. 부수(部首) ········· 21

Part II 한자 익히기
3급(3급II 포함) 배정한자(1,817자) ········· 29

Part III 한자 깊이 익히기
1. 유의자 ········· 214
2. 반의자 ········· 218
3. 반의어 ········· 222
4. 동음이의어/동자이음어 ········· 226
5. 잘못 읽기 쉬운 한자/틀리기 쉬운 한자 ········· 242
6. 장음으로 발음되는 한자/장·단음으로 발음되는 한자 ········· 250
7. 사자성어 ········· 266
8. 약자/속자 ········· 302

Part IV 기출 및 예상문제
3급 제1회 ········· 306
3급 제2회 ········· 311
3급 제3회 ········· 316
3급II 제1회 ········· 321
3급II 제2회 ········· 325
정 답 ········· 330

讀 독하게 破 파고들자!
새로운 유형의 한자 학습서!

韓國漢字能力檢定
한자능력검정시험

한자의 기초

1. 한자의 이해
2. 육서(六書)
3. 부수(部首)

1. 한자의 이해

(1) 한자의 표현

한자는 사물의 모양을 본떠서 만든 글자이기 때문에 각 글자마다 어떤 뜻을 내포하고 있는 표의문자(表意文字)이다. '日'은 해를 보고 만들어졌는데, 이 글자는 '날(하루)'이라는 뜻을 가지며 '일'이라고 읽는다.

(2) 한자의 3요소

한자는 형(形;모양), 음(音;소리), 의(義;뜻)의 3가지 요소로 만들어져 있다. 즉 뜻이 있어 말로 표현하고 이를 형태로 나타내게 된 것인데, 한자는 이 3가지가 삼위일체(三位一體)로 구성된 문자이다.

1) 모양(形) : 한자와 한자가 각각 시각적으로 구분되는 요소로, 한자가 지니고 있는 자체의 글자 형태이다.

2) 소리(音) : 한자를 읽는 음을 말하며 한자도 1자 1음이 원칙이기는 하나, 우리의 한글과 달리 1자 2음 또는 1자 3음의 예도 있다.

3) 뜻(義) : 한자가 지니고 있는 의미를 말하는데, 한자의 뜻을 우리말로 새긴 것을 훈(勳)이라고 한다.

모양	月	木	人	水	土
소리	월	목	인	수	토
뜻	달	나무	사람	물	흙

(3) 한자의 필순

필순(筆順)이란 한자를 쓰는 순서를 말하는데, 한자를 짜임새 있고 편리하게 쓰기 위해 합리적인 순서를 정한 것이다.

☞ 한자의 필순은 개인이나 국가 또는 그 서체에 따라 달라지는 경우가 있으나, 일반적이고 보편적으로 통용되는 것을 그 기준으로 삼는다.

1) 위에서 아래로 쓴다.

   예 三(석 삼) : 一 ⇨ 二 ⇨ 三

2) 왼쪽에서 오른쪽으로 쓴다.

   예 川(내 천) : ノ ⇨ 丿丨 ⇨ 川

3) 가로와 세로가 겹칠 때는 가로획을 먼저 쓴다.

   예 十(열 십) : 一 ⇨ 十

4) 좌우 모양이 같을 때는 가운데를 먼저 쓰고 좌, 우순으로 쓴다.

   예 小(작을 소) : 亅 ⇨ 亅丶 ⇨ 小

   예외 火 : 가운데를 나중에 쓴다.

5) 상하로 꿰뚫는 세로획은 맨 나중에 쓴다.

   예 中(가운데 중) : 丨 ⇨ 冂 ⇨ 口 ⇨ 中

6) 좌우로 꿰뚫는 가로획은 맨 나중에 쓴다.

   예 女(계집 녀) : 〈 ⇨ 女 ⇨ 女

   예외 世 : 가로획부터 쓴다.

7) 몸과 안으로 된 글자는 몸을 먼저 쓴다.

   예 同(한가지 동) : 丨 ⇨ 冂 ⇨ 冂 ⇨ 同 ⇨ 同 ⇨ 同

   예외 區 : 우측이 터진 경우는 안을 먼저 쓴다.

8) 삐침과 파임이 교차할 때는 삐침부터 쓴다.

   예 人(사람 인) : 丿 ⇨ 人

9) 가로획이 길고 왼쪽 삐침이 짧으면 왼쪽 삐침부터 쓴다.

   예 九(아홉 구) : 丿 ⇨ 九

10) 가로획이 짧고 왼쪽 삐침이 길면 가로획부터 쓴다.

    예 力(힘 력) : ㄱ ⇨ 力

11) 오른쪽 위의 점은 맨 나중에 쓴다.

    예 犬(개 견) : 一 ⇨ ナ ⇨ 大 ⇨ 犬

12) 책받침류 중 '走'나 '是'는 먼저 쓴다.

    예 起(일어날 기) : 十 ⇨ 土 ⇨ 走 ⇨ 走 ⇨ 起

    예 題(표제 제) : 日 ⇨ 早 ⇨ 是 ⇨ 題 ⇨ 題

13) 책받침류 중 '辶'나 '廴'은 나중에 쓴다.

    예 道(길 도) : 丷 ⇨ 丷 ⇨ 丷 ⇨ 首 ⇨ 道

    예 建(세울 건) : ㄱ ⇨ ㅋ ⇨ ㅋ ⇨ 크 ⇨ 聿 ⇨ 建

2. 육서(六書)

(1) 의의

한자가 만들어진 원리나 짜임새에 대한 이론을 육서라고 하는데, 상형(象形), 지사(指事), 회의(會意), 형성(形聲), 전주(轉注), 가차(假借)의 6가지로 분류된다.

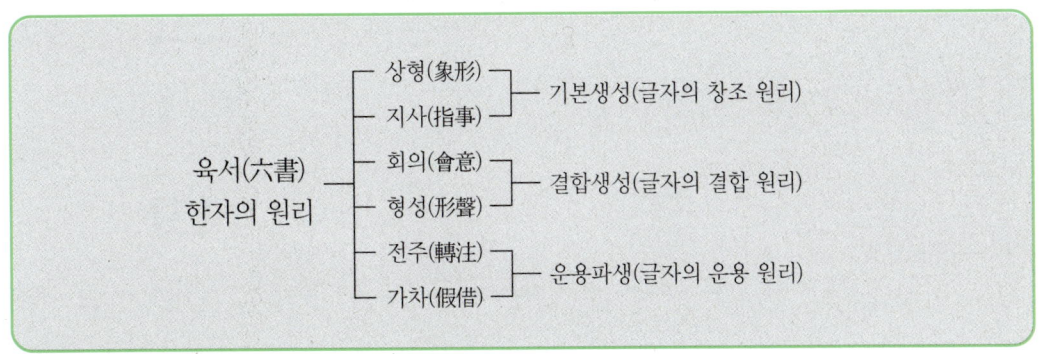

☞ 육서(六書)는 후한(後漢)의 허신(許愼)이라는 사람이 그 당시 사용하던 9,353자의 구성원칙을 밝히고 한 글자 한 글자의 풀이를 해 놓은 『설문해자(說文解字)』란 저서에서 비롯되었다.

(2) 분류

1) 상형문자(象形文字) : 구체적인 사물의 모양을 본떠서 만든 문자

한자가 만들어지는 가장 기본적인 원리로, 눈에 보이는 구체적인 사물의 모양을 있는 그대로 본떠 형상화하여 만든 문자이다.

예 日, 月, 山, 人, 川, 木, 水, 雨, 手, 足, 目, 首, 魚, 馬, 鳥

둥근 해의 모양을 본떠 만들었다.   날 일

초승달의 모양을 본떠 만들었다.   달 월

구름에서 떨어지는 빗방울의 모양을 본떠 만들었다.   비 우

2) 지사문자(指事文字) : 추상적인 뜻을 점이나 선으로 표시한 문자
   마음속의 생각이나 뜻 또는 위치나 동작 등 눈에 보이지 않는 추상적인 개념을 구체적인 부호나 도형으로 표시한 문자이다.

   예 一, 二, 三, 四, 七, 八, 久, 上, 中, 下, 本, 末, 寸, 丹

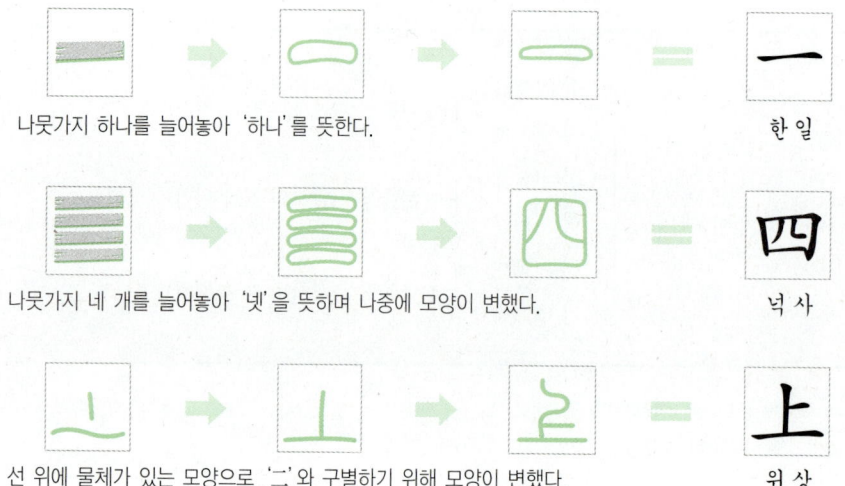

나뭇가지 하나를 늘어놓아 '하나'를 뜻한다.   한 일

나뭇가지 네 개를 늘어놓아 '넷'을 뜻하며 나중에 모양이 변했다.   넉 사

선 위에 물체가 있는 모양으로 '二'와 구별하기 위해 모양이 변했다.   위 상

3) 회의문자(會意文字) : 두 개 이상의 글자를 그 뜻으로 합쳐 새로운 뜻으로 만든 글자
   이미 만들어진 상형문자나 지사문자를 둘 이상 그 뜻으로 모아 처음의 두 글자와는 다른 새로운 뜻을 나타내는 문자이다.

   예 明, 信, 男, 好, 林, 休, 孝, 孫, 軍, 伐, 位, 安, 守

> ▶ 日(일) + 月(월) = 明(명) : 해와 달이 합쳐 밝다는 뜻
> ▶ 木(목) + 木(목) = 林(림) : 나무와 나무가 합쳐 수풀을 이룬다는 뜻
> ▶ 女(녀) + 子(자) = 好(호) : 여자와 남자가 만나니 좋다는 뜻
> ▶ 人(인) + 木(목) = 休(휴) : 나무 옆에 사람이 쉬고 있으니 휴식한다는 뜻

4) 형성문자(形聲文字) : 뜻 부분과 음 부분의 결합으로 만든 문자

　이미 만들어진 상형문자나 지사문자를 둘 이상 결합하되, 한 자는 그 뜻을 그리고 다른 한 자는 그 음을 모아 처음의 두 글자와는 다른 새로운 뜻을 나타내는 문자이다.

　예 記, 期, 問, 聞, 洋, 忠, 江, 村, 和, 談, 論, 漁, 味, 固, 城, 誠

> ▶ 門(문 문 : 음) + 口(입 구 : 뜻) = 問(물을 문)
> ▶ 中(가운데 중 → 충 : 음) + 心(마음 심 : 뜻) = 忠(충성 충)
> ▶ 工(장인 공 → 강 : 음) + 水(물 수 : 뜻) = 江(강 강)
> ▶ 口(입 구 : 뜻) + 未(아닐 미 : 음) = 味(맛 미)

5) 전주문자(轉注文字) : 이미 만들어진 문자를 가지고 유추하여 다른 뜻으로 쓰는 문자

　이미 만들어진 문자의 뜻을 이용하여 다른 뜻으로 굴리고[轉] 끌어대어[注] 쓰게 된 문자로, 기존 글자의 원 뜻이 유추·확대·변화되어 새로운 뜻으로 바뀌어 쓰는 문자이다.

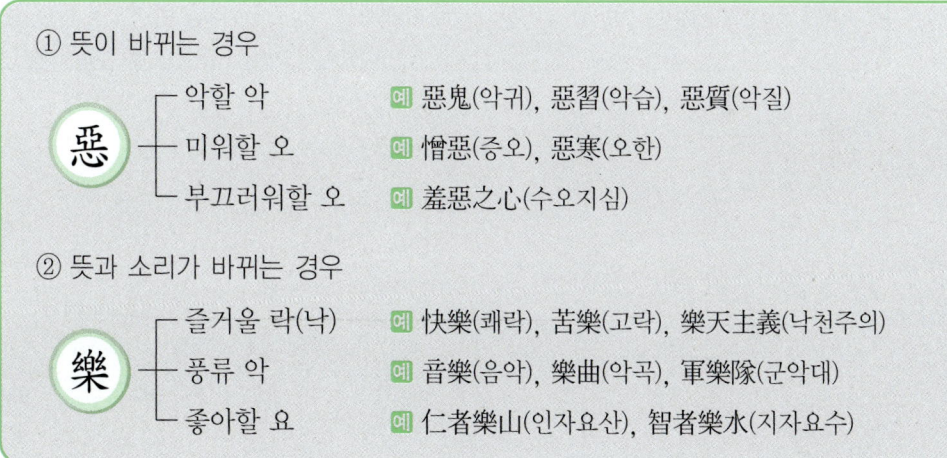

6) 가차문자(假借文字) : 이미 있는 글자의 뜻에 관계없이 음이나 형태를 빌려다 쓰는 문자 본래 글자는 없이 소리만 존재하는 것을 소리가 같거나 비슷한 글자를 대신 쓰는 것으로, 의성어·의태어 특히 외래어의 쓰임에 사용되는 문자이다.

- ▶ 당당하다 ⇨ 堂堂하다
- ▶ Coca Cola ⇨ 可口可樂[커코커러]
- ▶ Coffee ⇨ 가배(咖啡)
- ▶ 닭의 울음소리 ⇨ 동천홍(東天紅)
- ▶ 부다(Buddha) ⇨ 불타(佛陀)
- ▶ 예수(Jesus) ⇨ 야소(耶蘇)
- ▶ 크라이스트(Christ) ⇨ 그리스도 ⇨ 기독(基督)
- ▶ 달러(Dollar) ⇨ 불(弗)
- ▶ 아시아(Asia) ⇨ 아세아(亞細亞)
- ▶ 인디아(India) ⇨ 인도(印度)
- ▶ 프랑스(France) ⇨ 법랑서(法朗西) ⇨ 법국(法國) ⇨ 불란서(佛蘭西)
- ▶ 잉글랜드(England) ⇨ 영격란국(英格蘭國) ⇨ 영길리(英吉利) ⇨ 영국(英國)

3. 부수(部首)

(1) 부수의 위치와 명칭

☞ 부수란 옥편이나 자전에서 한자를 찾는데 필요한 길잡이가 되는 글자로서, 소리글자인 한글의 자모나 영어의 알파벳에 해당된다.

1)  **변(邊)**
부수가 글자의 왼쪽에 있는 경우

人(亻)	사람 인(사람인변)	仁(어질 인), 仙(신선 선), 休(쉴 휴), 作(지을 작)
水(氵)	물 수(삼수변)	江(강 강), 波(물결 파), 海(바다 해), 淸(맑을 청)
手(扌)	손 수(재방변)	招(부를 초), 持(가질 지), 指(가리킬 지), 授(줄 수)
言	말씀 언	記(기록할 기), 訓(가르칠 훈), 詐(속일 사), 訴(하소연할 소)

2)  **방(傍)**
부수가 글자의 오른쪽에 있는 경우

刀(刂)	칼 도(선칼도방)	列(벌일 렬), 刑(형벌 형), 判(판단할 판), 到(이를 도)
卩	병부 절	卯(토끼 묘), 印(도장 인), 卵(알 란), 卽(곧 즉)
欠	하품 흠	次(버금 차), 欲(하고자할 욕), 欺(속일 기), 歎(읊을 탄)
頁	머리 혈	須(모름지기 수), 順(순할 순), 項(항목 항), 頭(머리 두)

3)  **머리(冠;관)**
부수가 글자의 위에 있는 경우

宀	집 면, 갓머리	守(지킬 수), 安(편안할 안), 家(집 가), 實(열매 실)
艸(艹)	풀 초(초두머리)	花(꽃 화), 英(꽃부리 영), 菊(국화 국), 落(떨어질 락)
竹	대 죽	第(차례 제), 答(대답할 답), 筆(붓 필), 算(셀 산)
雨	비 우	雪(눈 설), 雲(구름 운), 霜(서리 상), 露(이슬 로)

한자능력 검정시험 3급 (3급II 포함)

4)  발(脚;각)

부수가 글자의 아래에 있는 경우

儿	어진사람 인	元(으뜸 원), 兄(맏 형), 先(먼저 선), 兒(아이 아)
火(灬)	불 화(연화발)	無(없을 무), 然(그러할 연), 照(비출 조), 熱(더울 열)
心	마음 심	忠(충성 충), 思(생각할 사), 恩(은혜 은), 意(뜻 의)
皿	그릇 명	益(더할 익), 盛(성할 성), 監(볼 감), 盡(다할 진)

☞ 心은 性(성품 성), 恨(원통할 한), 悟(깨달을 오), 情(뜻 정) 등에서는 忄(심방변)으로도 사용되므로, 부수자는 경우에 따라서는 다른 위치에서 사용될 수 있다.

5)  엄(广)

부수가 글자의 위와 왼쪽에 걸쳐 있는 경우

厂	굴바위 엄, 민엄호	厄(액 액), 厚(두터울 후), 原(근원 원), 厭(싫을 염)
广	집 엄, 엄호	床(상 상), 店(가게 점), 度(법도 도), 廣(넓을 광)
尸	주검 시	尺(자 척), 尾(꼬리 미), 居(살 거), 展(펼 전)
虍	범 호	虎(범 호), 虐(사나울 학), 處(곳 처), 虛(빌 허)

6) 받침(繞;요)

부수가 글자의 왼쪽과 아래에 걸쳐있는 경우

廴	길게걸을 인, 민책받침	延(늘일 연), 廷(조정 정), 建(세울 건), 廻(돌 회)
辶(辶)	쉬엄쉬엄갈 착(책받침)	近(가까울 근), 迎(맞이할 영), 送(보낼 송), 追(쫓을 추)
走	달릴 주	起(일어날 기), 越(넘을 월), 超(뛰어넘을 초), 趣(뜻 취)

☞ 쉬엄쉬엄갈 착(책받침)은 서체의 모양에 따라 '辶' 또는 '辶'로 쓸 수 있으며, '辶'은 틀린 모양이다.

7) 몸(構;구)
부수가 글자를 둘러싸고 있는 경우

ㄷ	감출 혜, 터진에운담	ㄷ(감출 혜), 匹(짝 필), 區(구역 구), 匿(숨을 닉)
口	에울 위, 큰입구몸	四(넉 사), 囚(가둘 수), 國(나라 국), 圖(그림 도)
行	다닐 행	衍(넘칠 연), 術(재주 술), 街(거리 가), 衛(지킬 위)
門	문 문	閉(닫을 폐), 間(사이 간), 開(열 개), 閑(한가할 한)

8) 제부수(獨;독)
부수 자체가 글자인 경우

一(일)	二(이)	人(인)	入(입)	八(팔)	刀(도)	力(력)	又(우)		
口(구)	土(토)	士(사)	夕(석)	大(대)	女(녀)	子(자)	寸(촌)		
小(소)	山(산)	工(공)	己(기)	巾(건)	干(간)	弓(궁)	心(심)		
文(문)	斗(두)	日(일)	曰(왈)	月(월)	木(목)	止(지)	水(수)		
火(화)	父(부)	瓦(와)	甘(감)	用(용)	皮(피)	石(석)	穴(혈)		
立(립)	老(로)	耳(이)	肉(육)	臣(신)	至(지)	虫(충)	血(혈)		
行(행)	見(견)	角(각)	言(언)	谷(곡)	貝(패)	赤(적)	走(주)		
足(족)	身(신)	車(거)	辰(진)	邑(읍)	金(금)	長(장)	門(문)		
雨(우)	靑(청)	面(면)	革(혁)	音(음)	風(풍)	飛(비)	食(식)		
首(수)	香(향)	馬(마)	骨(골)	高(고)	鬼(귀)	魚(어)	鳥(조)		
鹿(록)	麥(맥)	麻(마)	黃(황)	黑(흑)	鼎(정)	鼓(고)	鼠(서)		
鼻(비)	齊(제)	齒(치)	龍(룡)	龜(귀)					

(2) 214자 부수 익히기

1획 (6자)

①	一	한 일	④	ノ	삐침 별
②	丨	뚫을 곤	⑤	乙	새 을
③	丶	점 주	⑥	亅	갈고리 궐

2획 (23자)

⑦	二	두 이	⑲	力	힘 력
⑧	亠	돼지해머리	⑳	勹	쌀 포
⑨	人(亻)	사람 인(사람인변)	㉑	匕	비수 비
⑩	儿	어진사람 인	㉒	匚	상자 방, 튼입구몸
⑪	入	들 입	㉓	匸	감출 혜, 터진에운담
⑫	八	여덟 팔	㉔	十	열 십
⑬	冂	멀 경	㉕	卜	점 복
⑭	冖	덮을 멱, 민갓머리	㉖	卩·㔾	병부 절
⑮	冫	얼음 빙, 이수변	㉗	厂	굴바위 엄, 민엄호
⑯	几	안석 궤	㉘	厶	사사로울 사, 마늘모
⑰	凵	입벌릴 감, 위터진입 구	㉙	又	또 우
⑱	刀(刂)	칼 도(선칼도방)			

3획 (31자)

㉚	口	입 구	㊴	子	아들 자
㉛	囗	에울 위, 큰입구몸	㊵	宀	집 면, 갓머리
㉜	土	흙 토	㊶	寸	마디 촌
㉝	士	선비 사	㊷	小	작을 소
㉞	夂	뒤져올 치	㊸	尢·尣·兀	절름발이 왕
㉟	夊	천천히걸을 쇠	㊹	尸	주검 시
㊱	夕	저녁 석	㊺	屮(艸)	왼손 좌(싹날 철)
㊲	大	큰 대	㊻	山	뫼 산
㊳	女	계집 녀	㊼	巛(川)	개미허리 천(내 천)

부수(部首)

48	工	장인 공	55	廾	두손으로받들 공, 스물입발
49	己	몸 기	56	弋	주살 익
50	巾	수건 건	57	弓	활 궁
51	干	방패 간	58	彑·彐·ヨ	돼지머리 계, 튼가로왈
52	幺	작을 요	59	彡	터럭 삼
53	广	집 엄, 엄호	60	彳	조금걸을 척, 두인변
54	廴	길게걸을 인, 민책받침			

4획 (34자)

61	心(忄,㣺)	마음 심(심방변, 밑마음 심)	78	歹(歺)	앙상한뼈 알(죽을사변)
62	戈	창 과	79	殳	칠 수, 갖은둥글월문
63	戶	지게 호	80	毋	말 무
64	手(扌)	손 수(재방변)	81	比	견줄 비
65	支	지탱할 지	82	毛	털 모
66	攴(攵)	칠 복(둥글월문)	83	氏	성씨 씨
67	文	글월 문	84	气	기운 기
68	斗	말 두	85	水(氵)	물 수(삼수변)
69	斤	도끼 근	86	火(灬)	불 화(연화발)
70	方	모 방	87	爪(爫)	손톱 조(손톱조머리)
71	无	없을 무, 이미기방	88	父	아비 부
72	日	날 일	89	爻	본받을 효, 점괘 효
73	曰	가로 왈	90	爿	나무조각 장, 장수장변
74	月	달 월	91	片	조각 편
75	木	나무 목	92	牙	어금니 아
76	欠	하품 흠	93	牛	소 우
77	止	그칠 지	94	犬(犭)	개 견(개사슴록변)

5획 (23자)

95	玄	검을 현	97	瓜	오이 과
96	玉(王)	구슬 옥(임금 왕, 구슬옥변)	98	瓦	기와 와

한자능력 검정시험 3급 (3급Ⅱ 포함)

99	甘	달 감
100	生	날 생
101	用	쓸 용
102	田	밭 전
103	疋	필 필, 발 소
104	疒	병들어기댈 녁, 병질엄
105	癶	등질 발, 필발머리
106	白	흰 백
107	皮	가죽 피
108	皿	그릇 명
109	目	눈 목
110	矛	창 모
111	矢	화살 시
112	石	돌 석
113	示(礻)	보일 시(보일시변)
114	禸	짐승발자국 유
115	禾	벼 화
116	穴	구멍 혈
117	立	설 립

6획 (29자)

118	竹	대 죽
119	米	쌀 미
120	糸	실 사
121	缶	장군 부
122	网·罒·㓁	그물 망
123	羊	양 양
124	羽	깃 우
125	老(耂)	늙을 로
126	而	말이을 이
127	耒	쟁기 뢰
128	耳	귀 이
129	聿	붓 율, 오직 율
130	肉(月)	고기 육(육달 월)
131	臣	신하 신
132	自	스스로 자
133	至	이를 지
134	臼	절구 구
135	舌	혀 설
136	舛	어그러질 천
137	舟	배 주
138	艮	그칠 간, 괘이름 간
139	色	빛 색
140	艸(艹)	풀 초(초두머리)
141	虍	범 호
142	虫	벌레 충, 벌레 훼
143	血	피 혈
144	行	다닐 행
145	衣(衤)	옷 의(옷의변)
146	襾	덮을 아

7획 (20자)

| 147 | 見 | 볼 견 |
| 148 | 角 | 뿔 각 |

부수(部首)

⑭⁹ 言	말씀 언	
¹⁵⁰ 谷	골 곡	
¹⁵¹ 豆	콩 두	
¹⁵² 豕	돼지 시	
¹⁵³ 豸	발없는벌레 치, 갓은돼지시변	
¹⁵⁴ 貝	조개 패	
¹⁵⁵ 赤	붉을 적	
¹⁵⁶ 走	달릴 주	
¹⁵⁷ 足	발 족	
¹⁵⁸ 身	몸 신	
¹⁵⁹ 車	수레 거, 수레 차	
¹⁶⁰ 辛	매울 신	
¹⁶¹ 辰	별 진	
¹⁶² 走(辶)	쉬엄쉬엄갈 착 (책받침)	
¹⁶³ 邑(阝)	고을 읍 (우부방)	
¹⁶⁴ 酉	닭 유	
¹⁶⁵ 釆	분별할 변	
¹⁶⁶ 里	마을 리	

8획 (9자)

¹⁶⁷ 金	쇠 금	
¹⁶⁸ 長·镸	길 장	
¹⁶⁹ 門	문 문	
¹⁷⁰ 阜(阝)	언덕 부 (좌부변)	
¹⁷¹ 隶	미칠 이	
¹⁷² 隹	새 추	
¹⁷³ 雨	비 우	
¹⁷⁴ 靑	푸를 청	
¹⁷⁵ 非	아닐 비	

9획 (11자)

¹⁷⁶ 面	낯 면	
¹⁷⁷ 革	가죽 혁	
¹⁷⁸ 韋	다름가죽 위	
¹⁷⁹ 韭	부추 구	
¹⁸⁰ 音	소리 음	
¹⁸¹ 頁	머리 혈	
¹⁸² 風	바람 풍	
¹⁸³ 飛	날 비	
¹⁸⁴ 食(飠)	밥 식	
¹⁸⁵ 首	머리 수	
¹⁸⁶ 香	향기 향	

10획 (8자)

¹⁸⁷ 馬	말 마	
¹⁸⁸ 骨	뼈 골	
¹⁸⁹ 高	높을 고	
¹⁹⁰ 髟	머리털드리울 표, 터럭발	
¹⁹¹ 鬥	싸울 투	
¹⁹² 鬯	울창주 창	
¹⁹³ 鬲	다리굽은솥 력, 오지병 격	
¹⁹⁴ 鬼	귀신 귀	

11획 (6자)

⑮	魚	물고기 어	⑱	鹿	사슴 록
⑯	鳥	새 조	⑲	麥	보리 맥
⑰	鹵	소금밭 로	⑳	麻	삼 마

12획 (4자)

㉑	黃	누를 황	㉓	黑	검을 흑
㉒	黍	기장 서	㉔	黹	바느질할 치

13획 (4자)

㉕	黽	맹꽁이 맹	㉗	鼓	북 고
㉖	鼎	솥 정	㉘	鼠	쥐 서

14획 (2자)

㉙	鼻	코 비	㉚	齊	가지런할 제

15획 (1자)

㉛	齒	이 치

16획 (2자)

㉜	龍	용 룡	㉝	龜	거북 귀

17획 (1자)

㉞	龠	피리 약

讀 독하게 破 파고들자!
새로운 유형의 한자 학습서!

韓國漢字能力檢定
한자능력검정시험

배정한자
(1,817자)

한자능력 검정시험 3급 (3급II 포함)

1. 可 — 口, 총5획, 5급
- 훈: 옳을
- 음: 가ː

입(口)을 고무래(丁)로 때리니 옳은 소리가 나옴

可能(가능) 可否(가부) 可望(가망) 可變的(가변적)
可塑性(가소성) 許可(허가) 不可(불가)

可能(가능): 할 수 있음, 될 수 있음
可否(가부): 옳은가 그른가의 여부

2. 加 — 力, 총5획, 5급
- 훈: 더할
- 음: 가

입(口)을 모아 기세(力)를 더하려 함

加減(가감) 加工(가공) 加勢(가세) 加速(가속)
加熱(가열) 加盟(가맹) 添加(첨가) 追加(추가)

加減(가감): 더하거나 더는 일
加工(가공): 물건에 노력을 가해 새 제품을 만듦

3. 佳 — 亻(人), 총8획, 3급II
- 훈: 아름다울
- 음: 가ː

깨끗한(圭) 사람(亻)은 아름답다.

佳話(가화) 佳景(가경) 佳宴(가연) 佳客(가객)
佳人薄命(가인박명) 百年佳約(백년가약)

佳景(가경): 빼어나게 아름다운 경치
佳客(가객): 반갑고 귀한 손님

4. 架 — 木, 총9획, 3급II
- 훈: 시렁
- 음: 가ː

나무(木)에 물건을 더함(加)

架設(가설) 十字架(십자가) 書架(서가)
高架道路(고가도로) 架橋(가교) 架空人物(가공인물)

架設(가설): 공중에 건너질러 설치함
高架道路(고가도로): 땅 위에 기둥을 세우고 설치한 도로

5. 家 — 宀, 총10획, 7급II
- 훈: 집
- 음: 가

돼지(豕)는 집(宀)안에서 기름

家庭(가정) 家事(가사) 家屋(가옥) 歸家(귀가)
家族計劃(가족계획) 家訓(가훈) 家計簿(가계부)

家庭(가정): 한 가족이 살림하고 있는 집안
家事(가사): 한 집안의 사사로운 일

6. 假 — 亻(人), 총11획, 4급II
- 훈: 거짓
- 음: 가ː

주인(亻)에게 돌려주어야(叚) 하는 임시(거짓) 물건

假說(가설) 假定(가정) 假面(가면) 假髮(가발)
假登記(가등기) 假裝舞蹈會(가장무도회)

假說(가설): 임시로 설치함
假定(가정): 분명치 않은 것을 임시로 인정함

7. 街 — 行, 총12획, 4급II
- 훈: 거리
- 음: 가(ː)

땅(土)과 땅(土)을 다니는(行) 거리

街道(가도) 街販(가판) 商街(상가) 街路燈(가로등)
街路樹(가로수) 街頭行進(가두행진)

街道(가도): 곧고 넓은 큰 도로
商街(상가): 가게가 많은 거리

8. 暇 — 日, 총13획, 4급
- 훈: 겨를/틈
- 음: 가

휴일(日)을 얻어(叚) 쉴 겨를이 있음

休暇(휴가) 餘暇(여가) 閑暇(한가) 病暇(병가)
餘暇善用(여가선용) 出産休暇(출산휴가)

休暇(휴가): 학교, 직장을 일정기간 쉬는 것
餘暇(여가): 겨를, 틈

9. 歌 — 欠, 총14획, 6급II
- 훈: 노래
- 음: 가

옳은(可) 말로 부족하니(欠) 노래로 부름

歌謠(가요) 歌手(가수) 歌曲(가곡) 祝歌(축가)
高聲放歌(고성방가) 歌舞(가무) 愛國歌(애국가)

歌謠(가요): 민요, 동요, 속요, 유행가 따위를 통틀어 이르는 말
歌手(가수): 노래를 잘 하거나 직업으로 하는 사람

10. 價 — 亻(人), 총15획, 5급II
- 훈: 값
- 음: 가

상인(人)이 상품(貝)을 상자로 덮고(襾) 값을 매김

價格(가격) 定價(정가) 原價(원가) 代價(대가)
平價切下(평가절하) 廉價(염가) 價値觀(가치관)

價格(가격): 물건의 가치를 돈으로 나타낸 것
代價(대가): 일을 하기 위해 들인 노력이나 가치

11 各 口 총6획 6급Ⅱ

앞서 오는 사람과 뒤쳐져 오는(夊) 사람의 말(口)이 각각 다름

- 훈: 각각
- 음: 각

各種(각종) 各各(각각) 各自(각자) 各別(각별)
各樣各色(각양각색) 各界各層(각계각층)

各各(각각): 제각기, 따로따로
各自(각자): 각각의 자신

12 角 角 총7획 6급Ⅱ

동물의 뿔을 본뜬 글자

- 훈: 뿔
- 음: 각

角度(각도) 角木(각목) 角膜(각막) 頭角(두각)
對角線(대각선) 觸角(촉각) 角逐戰(각축전)

角度(각도): 각의 크기, 일이 전개되는 방면이나 관점
角木(각목): 각재로 된 나무

13 却 卩 총7획 3급

무릎을 구부리고(卩) 돌아가게끔(去) 물리침

- 훈: 물리칠
- 음: 각

忘却(망각) 退却(퇴각) 賣却(매각) 冷却(냉각)
棄却(기각) 燒却(소각) 減價償却(감가상각)

忘却(망각): 기억에서 잊어버림
棄却(기각): 무효를 선고함

14 刻 刂(刀) 총8획 4급

단단한(亥) 칼(刂)로 새김

- 훈: 새길
- 음: 각

刻印(각인) 刻薄(각박) 時刻(시각) 遲刻(지각)
刻骨難忘(각골난망)[4] 深刻(심각) 彫刻品(조각품)

刻印(각인): 도장을 새김

15 脚 月(肉) 총11획 3급Ⅱ

몸(月)을 굽힐(却) 수 있게 하는 것은 다리이다.

- 훈: 다리
- 음: 각

脚本(각본) 脚色(각색) 脚光(각광) 橋脚(교각)
脚氣病(각기병) 立脚(입각) 脚線美(각선미)

脚本(각본): 희곡이나 대본
脚線美(각선미): 다리 곡선의 아름다움

16 閣 門 총14획 3급Ⅱ

문(門)이 각각(各) 달려있는 집

- 훈: 집
- 음: 각

閣下(각하) 閣僚(각료) 內閣(내각) 樓閣(누각)
砂上樓閣(사상누각)[273] 鐘閣(종각) 奎章閣(규장각)

閣下(각하): 고관에 대한 경칭
閣僚(각료): 내각을 조직하는 각 부의 장관

17 覺 見 총20획 4급

배우고(學) 보면서(見) 이치를 깨달음

- 훈: 깨달을
- 음: 각

覺悟(각오) 自覺(자각) 發覺(발각) 錯覺(착각)
無感覺(무감각) 觸覺(촉각) 視聽覺(시청각)

覺悟(각오): 번뇌에서 벗어나 도리를 깨달음
發覺(발각): 숨겨졌던 일이 드러남

18 干 干 총3획 4급

무기를 막거나 지키는 방패

- 훈: 방패 / 막을
- 음: 간

干涉(간섭) 干與(간여) 干潮(간조) 干滿(간만)
若干(약간) 欄干(난간) 干拓地(간척지)

干與(간여): 간섭하여 참여함
干潮(간조): 간조와 만조, 밀물과 썰물

19 刊 刂(刀) 총5획 3급Ⅱ

방패(干)를 칼(刂)로 깎아 새김

- 훈: 새길
- 음: 간

發刊(발간) 出刊(출간) 廢刊(폐간) 新刊(신간)
創刊號(창간호) 週刊(주간) 刊行物(간행물)

發刊(발간): 인쇄하여 발행함
出刊(출간): 만들어서 세상에 내놓는 것

20 肝 月(肉) 총7획 3급Ⅱ

몸(月)에서 병을 막아(干)주는 기관은 간

- 훈: 간
- 음: 간(:)

肝腸(간장) 肝膽(간담) 肝癌(간암) 肝炎(간염)
九曲肝腸(구곡간장)[75] 肝膽相照(간담상조)[7]

肝膽(간담): 간과 쓸개, 충심

배정한자 ㄱ

31. 感
- 부수: 心 총13획 / 5급Ⅱ
- 설명: 감정은 누구나 다(咸) 마음(心)으로 느낀다.
- 훈: 느낄
- 음: 감
- 感激(감격) 感歎詞(감탄사) 感謝(감사)
- 感慨無量(감개무량) 感想(감상) 感情移入(감정이입)

感激(감격): 깊은 인상을 받아 뭉클한 감정이 솟아오르는 것
感慨無量(감개무량): 마음 속 깊이 스며들어 느낌

32. 監
- 부수: 皿 총14획 / 4급Ⅱ
- 설명: 세수를 하기 위해 새벽(臣)에 사람(人)이 그릇(皿)을 내려다보다.
- 훈: 볼
- 음: 감
- 監督(감독) 監獄(감옥) 監察(감찰) 監禁(감금)
- 監視(감시) 校監(교감) 國政監査(국정감사)

監督(감독): 어떤 일을 하는 사람이 잘못이 없도록 보살펴 다 잡는 것
校監(교감): 학교장을 보좌하여 교무를 감독하는 사람이나 그 직책

33. 鑑
- 부수: 金 총22획 / 3급Ⅱ
- 설명: 쇠(金)를 갈아 볼(監) 수 있게 한 것이 거울
- 훈: 거울
- 음: 감
- 鑑賞(감상) 鑑定(감정) 鑑識(감식) 印鑑(인감)
- 東醫寶鑑(동의보감) 龜鑑(귀감) 鑑別師(감별사)

鑑賞(감상): 예술작품을 감식하여 그 가치 등을 깊이 음미하고 이해함
龜鑑(귀감): 사물의 본보기

34. 甲
- 부수: 田 총5획 / 4급
- 설명: 씨앗 모양을 본뜬 글자로 껍질이 단단한 갑옷(甲)과 같음을 의미함
- 훈: 갑옷
- 음: 갑
- 甲富(갑부) 甲勤稅(갑근세) 鐵甲(철갑)
- 甲午更張(갑오경장) 還甲(환갑) 甲骨文字(갑골문자)

甲富(갑부): 첫째가는 부자
甲骨文字(갑골문자): 짐승의 뼈에 새긴 고대의 상형문자

35. 江
- 부수: 氵(水) 총6획 / 7급Ⅱ
- 설명: 물(水)이 흐르며 만든(工) 강
- 훈: 강
- 음: 강
- 漢江(한강) 江村(강촌) 江湖(강호) 江南(강남)
- 江邊道路(강변도로) 錦繡江山(금수강산)98

漢江(한강): 강 이름
江邊道路(강변도로): 강변을 따라서 낸 도로

36. 降
- 부수: 阝(阜) 총9획 / 4급
- 설명: 언덕(阝)에서 거꾸로 내려와(步) 항복함
- 훈: 1)내릴 2)항복할
- 음: 1)강 2)항
- 降等(강등) 下降(하강) 沈降(침강) 降伏(항복)
- 降雨量(강우량) 投降(투항) 昇降機(승강기)

降等(강등): 등급이나 계급을 내림
降伏(항복): 전쟁, 싸움, 경기 등에서 힘에 눌려 적에게 굴복함

37. 剛
- 부수: 刂(刀) 총10획 / 3급Ⅱ
- 설명: 칼(刂)을 들고 언덕(岡)을 굳세게 지킴
- 훈: 굳셀
- 음: 강
- 剛直(강직) 剛健(강건) 剛斷(강단) 剛柔(강유)
- 金剛山(금강산) 外柔內剛(외유내강)391

剛直(강직): 마음이 굳세고 곧음
剛柔(강유): 강함과 유연함

38. 康
- 부수: 广 총11획 / 4급Ⅱ
- 설명: 집(广)에 이르면(隶) 편안해짐
- 훈: 편안할
- 음: 강
- 健康(건강) 健康診斷(건강진단) 康寧(강녕)
- 康衢煙月(강구연월) 康健(강건)

健康(건강): 병이 없이 좋은 기능을 가진 상태
康健(강건): 기력이 튼튼함

39. 強
- 부수: 弓 총11획 / 5급Ⅱ
- 설명: 큰(弘) 벌레(虫)는 강하다.
- 훈: 강할
- 음: 강(:)
- 強弱(강약) 強盜(강도) 強力(강력) 強靭(강인)
- 強迫觀念(강박관념) 強調(강조) 強大國(강대국)

強弱(강약): 강함과 약함, 강한 자와 약한 자
強靭(강인): 어려움에 지지 않고 잘 견디는 상태

40. 綱
- 부수: 糸 총14획 / 3급Ⅱ
- 설명: 산등성이(岡)처럼 실(糸)이 얽힌 그물 위쪽을 벼리라고 한다.
- 훈: 벼리
- 음: 강
- 綱領(강령) 大綱(대강) 要綱(요강) 政綱(정강)
- 三綱五倫(삼강오륜)285 紀綱確立(기강확립)

綱領(강령): 일을 하는데 으뜸이 되는 줄거리
政綱(정강): 세 가지 강령과 다섯 가지 인륜으로 된 유교 정신

한자능력 검정시험 3급 (3급Ⅱ 포함)

41. 鋼 (金, 총16획) — 3급Ⅱ
- 훈: 강철
- 음: 강

쇠(金) 중에 산등성이(岡)처럼 강한 것이 **강철**이다.

鋼鐵(강철) 鋼板(강판) 鋼管(강관) 鐵鋼(철강)
製鋼(제강)

鋼鐵(강철): 무쇠를 녹여 단단하게 만든 쇠
鐵鋼(철강): 탄소를 함유한 철

42. 講 (言, 총17획) — 4급Ⅱ
- 훈: 욀
- 음: 강:

말(言)을 짜(冓) 맞춰 **외우다**.

講義(강의) 講壇(강단) 講座(강좌) 講師(강사)
講演(강연) 閉講(폐강) 受講生(수강생)

講義(강의): 글이나 학설의 뜻을 설명하여 가르침
講壇(강단): 강의나 설교를 하기 위해 마련한 자리

43. 介 (人, 총4획) — 3급Ⅱ
- 훈: 낄
- 음: 개:

사람(人)이 일을 처리하기 위해 사이(八)에 **끼다**.

介入(개입) 介在(개재) 仲介(중개) 紹介(소개)
媒介體(매개체) 職業紹介所(직업소개소)

介入(개입): 어떠한 사건이나 일에 관계하게 됨
仲介(중개): 제 3자로써 두 당사자 사이에서 어떤 일을 주선하는 것

44. 改 (攴(攵), 총7획) — 5급
- 훈: 고칠
- 음: 개:

자기의 몸(己)을 채찍으로 쳐서(攵) **고침**

改革(개혁) 改選(개선) 改閣(개각) 改造(개조)
改良(개량) 改編(개편) 改過遷善(개과천선)15

改革(개혁): 합법적인 절차를 밟아 새롭게 뜯어 고침
改閣(개각): 내각을 고쳐 짬

45. 皆 (白, 총9획) — 3급
- 훈: 다
- 음: 개

백(白)이면 백을 따르니(比) 전부 함께이다.

皆骨山(개골산) 皆勤賞(개근상) 皆勤(개근)
皆兵主義(개병주의) 皆旣月蝕(개기월식)

皆勤(개근): 일정한 기간 동안 휴일 외에 결석 없이 전부 출석하는 것
皆兵主義(개병주의): 온 국민 모두에게 병역 의무를 지우는 주의

46. 個 (亻(人), 총10획) — 4급Ⅱ
- 훈: 낱
- 음: 개(:)

사람(人)이나 굳은 것(固)은 **낱개**로 센다.

個人(개인) 個性(개성) 個體(개체) 別個(별개)
個別的(개별적) 個人敎授(개인교수)

個人(개인): 한 사람 한 사람 각자
個別的(개별적): 낱낱으로 구별된 상태

47. 開 (門, 총12획) — 6급
- 훈: 열
- 음: 개

문(門)을 평평하게(开) **열다**.

開發(개발) 開催(개최) 開業(개업) 開拓(개척)
開放政策(개방정책) 開通(개통) 開天節(개천절)

開發(개발): 미개지를 개척하여 발전시킴
開通(개통): 새로 낸 도로나 철로의 통행을 시작함

48. 蓋 (艹(艸), 총14획) — 3급Ⅱ
- 훈: 덮을
- 음: 개:

풀(艹)이 담긴 그릇(皿)에 마개를 가져(去)와 **덮는**다.

蓋石(개석) 頭蓋骨(두개골)
蓋瓦(개와) 蓋然性(개연성) 覆蓋工事(복개공사)

蓋石(개석): 비석 위에 지붕처럼 얹는 돌
蓋然性(개연성): 어떤 일이 일어날 수 있는 그 가능성

49. 慨 (忄(心), 총14획) — 3급
- 훈: 슬퍼할
- 음: 개:

마음(忄)으로 이미(旣) 늦었음을 **슬퍼함**

慨歎(개탄) 慨世(개세) 憤慨(분개)
感慨無量(감개무량)

慨歎(개탄): 분하게 여겨 탄식함
感慨無量(감개무량): 마음속 깊이 스며들어 느낌

50. 槪 (木, 총15획) — 3급Ⅱ
- 훈: 대개
- 음: 개:

산마다 나무(木)가 이미(旣) 베어져 없어 **대개** 평평하다.

槪念(개념) 槪論(개론) 槪略(개략) 槪要(개요)
槪括(개괄) 大槪(대개) 節槪(절개) 氣槪(기개)

槪要(개요): 어떠한 일이나 문제의 대강의 요점
大槪(대개): 대체의 줄거리, 대강, 대체로, 대부분

배정한자 ㄱ

51. 客 — 5급II
宀 총9획
- 훈: 손
- 음: 객

집(宀)에 각각(各) 찾아온 손님

客席(객석) 客室(객실) 客地(객지) 醉客(취객)
主客顚倒(주객전도)518 顧客(고객) 客觀的(객관적)

客席(객석): 손님의 자리
客觀的(객관적): 객관을 기초로 한 모양

52. 更 — 4급
曰 총7획
- 훈: 1)다시 2)고칠
- 음: 1)갱 2)경

사람(人)이 한(一) 번 내뱉은 말(曰)은 다시 고칠 수 없다.

更新(갱신) 更生(갱생) 更紙(갱지) 變更(변경)
更迭(경질) 更張(경장) 更年期(갱년기)

更新(갱신): 다시 새로워 짐. 계약을 새로 체결함
變更(변경): 바꾸어 고침

53. 去 — 5급
厶 총5획
- 훈: 갈
- 음: 거:

흙(土)이 있는 곳이면 어느(厶) 곳이든 갈 수 있다.

去就(거취) 去勢(거세) 除去(제거) 撤去(철거)
去頭截尾(거두절미)17 證券去來(증권거래)

去就(거취): 물러감과 나아감
去勢(거세): 세력을 제거 함

54. 巨 — 4급
工 총5획
- 훈: 클
- 음: 거:

상자(匚)를 덮어 가릴(匚)만큼 큼

巨人(거인) 巨物(거물) 巨富(거부) 巨軀(거구)
巨額(거액) 巨金(거금) 巨視的(거시적)

巨人(거인): 몸이 아주 큰 사람, 위대한 사람
巨視的(거시적): 감각으로 식별 가능한 크기의 대상을 일컫는 말

55. 車 — 7급II
車 총7획
- 훈: 수레
- 음: 거, 차:

수레의 모양을 본뜬 글자

車庫(차고) 洗車(세차) 駐車(주차) 自轉車(자전거)
停車場(정거장) 途中下車(도중하차)

車庫(차고): 차량을 넣어두는 곳
停車場(정거장): 열차를 정지시켜 여객, 화물을 취급하는 곳

56. 居 — 4급
尸 총8획
- 훈: 살
- 음: 거

주검(尸)처럼 오래(古) 앉아서 살아간다.

居住(거주) 居處(거처) 居室(거실) 隱居(은거)
居住民(거주민) 獨居老人(독거노인)

居住(거주): 일정한 곳에 자리를 잡고 머물러 삶
隱居(은거): 세상을 피해 숨어 삶

57. 拒 — 4급
扌(手) 총8획
- 훈: 막을
- 음: 거:

손(扌)으로 큰(巨) 일을 막는다.

拒否(거부) 拒絕(거절) 拒逆(거역) 抗拒(항거)
拒否權(거부권) 拒否反應(거부반응)

拒否(거부): 거절하여 받아들이지 않음, 승낙하지 않고 물리침
拒絕(거절): 거부하여 끊어버림

58. 距 — 3급II
足 총12획
- 훈: 떨어질
- 음: 거:

큰(巨) 발(足)일수록 멀리 떨어진 곳도 빠르게 갈 수 있다.

距離(거리) 射程距離(사정거리)
長距離(장거리) 短距離(단거리)

距離(거리): 떨어진 두 곳의 멀고 가까운 정도
長距離(장거리): 멀고 긴 사거리, 장거리달리기의 준 말

59. 據 — 4급
扌(手) 총16획
- 훈: 근거
- 음: 거:

호랑이(虎)나 돼지(豕)를 만나면 손(扌)에 의지(근거)할 수밖에 없다.

根據(근거) 證據(증거) 據點(거점) 占據(점거)
依據(의거) 準據(준거) 群雄割據(군웅할거)83

根據(근거): 근본이 되는 토대, 의논 의견에 근본이 되는 의거
占據(점거): 어떤 장소를 차지하여 자리를 잡음

60. 擧 — 5급
手 총18획
- 훈: 들
- 음: 거:

가마를 여럿이 더불어(輿) 손(手)으로 들다.

擧國(거국) 擧動(거동) 選擧(선거) 快擧(쾌거)
擧手敬禮(거수경례)

擧國(거국): 온 나라 모두, 국민 모두
快擧(쾌거): 통쾌한 거사

한자능력 검정시험 3급 (3급II 포함)

61. 件 — 5급
- 亻(人) 총6획
- 사람(人)이 소(牛)를 끄는 것과 같이 **물건**을 다루다.
- 훈: 물건
- 음: 건
- 物件(물건) 事件(사건) 條件(조건) 案件(안건)
- 事事件件(사사건건) 用件(용건) 人件費(인건비)

物件(물건) : 사람이 필요에 따라 가공한 어떤 대상
事事件件(사사건건) : 모든 일, 온갖 사건

62. 建 — 5급
- 廴 총9획
- 길게 내려(廴) 쓸 때는 붓(聿)을 세운다.
- 훈: 세울
- 음: 건:
- 建國(건국) 建物(건물) 建築(건축) 建造(건조)
- 建議事項(건의사항) 建設(건설) 建蔽率(건폐율)

建國(건국) : 나라를 세움
建蔽率(건폐율) : 건축 면적의 부지에 대한 비율

63. 健 — 5급
- 亻(人) 총11획
- 사람(人)이 서(建) 있는 모습이 **굳세다**.
- 훈: 굳셀
- 음: 건:
- 健康(건강) 健全(건전) 健實(건실) 健在(건재)
- 健鬪(건투) 康健(강건) 健忘症(건망증)

康健(강건) : 기력이 튼튼함
健忘症(건망증) : 듣거나 본 것을 잘 잊어버리는 기억 장애

64. 乾 — 3급II
- 乙 총11획
- 열(十) 사람(人)이 일찍부터(早) 하늘에 나는 새(乙)를 쫓다.
- 훈: 하늘 / 마를
- 음: 건
- 乾性(건성) 乾電池(건전지) 乾達(건달) 乾物(간물)
- 乾坤一擲(건곤일척)21 無味乾燥(무미건조)192

乾性(건성) : 공기 중에서 쉽사리 건조되는 성질
乾坤一擲(건곤일척) : 운명과 흥망을 걸고 단판으로 승부나 성패를 겨룸

65. 乞 — 3급
- 乙 총3획
- 사람(人)이 몸을 굽혀(乙) **빌다**.
- 훈: 빌
- 음: 걸
- 乞人(걸인) 哀乞伏乞(애걸복걸)351
- 求乞(구걸) 門前乞食(문전걸식)

求乞(구걸) : 남에게 물건, 돈 따위를 거저 달라고 비는 것
門前乞食(문전걸식) : 이 집 저 집 돌아다니며 빌어먹음

66. 傑 — 4급
- 亻(人) 총12획
- 빼어난(桀) 사람(人)보다도 **뛰어남**
- 훈: 뛰어날
- 음: 걸
- 傑作(걸작) 傑出(걸출) 傑物(걸물) 女傑(여걸)
- 俊傑(준걸) 英雄豪傑(영웅호걸)

傑出(걸출) : 남보다 썩 뛰어남
俊傑(준걸) : 재주와 지혜가 뛰어남, 또는 그런 사람

67. 儉 — 4급
- 亻(人) 총15획
- 사람(人)이 다 함께(僉) 말할 정도로 **검소하다**.
- 훈: 검소할
- 음: 검
- 儉素(검소) 儉約(검약) 儉朴(검박)
- 勤儉節約(근검절약)

儉約(검약) : 검소하게 절약하며 사용함
勤儉節約(근검절약) : 부지런하고 알뜰하게 재물을 아낌

68. 劍 — 3급II
- 刂(刀) 총15획
- 함께(僉) 칼(刂)을 들고 **칼**싸움을 함
- 훈: 칼
- 음: 검
- 劍道(검도) 劍客(검객) 劍舞(검무) 着劍(착검)
- 刻舟求劍(각주구검)6 寶劍(보검) 銃劍術(총검술)

劍道(검도) : 검술로 몸과 마음을 단련하여 인격의 수양을 도모하는 일

69. 檢 — 4급II
- 木 총17획
- 나무(木)를 전부 다(僉) **검사하다**.
- 훈: 검사할
- 음: 검
- 檢事(검사) 檢討(검토) 檢閱(검열) 檢證(검증)
- 檢疫所(검역소) 點檢(점검) 檢問檢索(검문검색)

點檢(점검) : 낱낱이 검사를 함
檢疫所(검역소) : 검역 사무를 보는 관청

70. 格 — 5급II
- 木 총10획
- 나뭇가지(木)도 각각(各) 일정한 틀(격식)이 있다.
- 훈: 격식
- 음: 격
- 格式(격식) 格言(격언) 合格(합격) 資格(자격)
- 規格(규격) 嚴格(엄격) 體格(체격) 缺格(결격)

格言(격언) : 사리에 맞아 교훈이 될 만한 짧은 말
合格(합격) : 시험이나 조건, 격식에 맞아서 뽑힘

36

배정한자

71 隔 阝(阜) 총13획 3급Ⅱ
큰(阝) 솥(鬲) 틈 사이로 음식이 샌다.
- 훈: 사이뜰
- 음: 격

隔差(격차) 隔離(격리) 隔年(격년) 間隔(간격)
遠隔(원격) 懸隔(현격) 隔世之感(격세지감)24

隔差(격차) : 비교 대상이나 사물 간의 수준의 차이
隔年(격년) : 일 년씩을 거른 해걸이

72 激 氵(水) 총16획 4급
물(氵)이 노래(敫)하듯 폭포수가 격하게 떨어진다.
- 훈: 격할
- 음: 격

激鬪(격투) 激論(격론) 激突(격돌) 激烈(격렬)
感激(감격) 過激(과격) 自激之心(자격지심)476

激鬪(격투) : 몹시 심하게 싸움
激論(격론) : 격렬하게 논쟁함

73 擊 手 총17획 4급
손(手)으로 창(殳)을 들고 적군(軍)을 치다.
- 훈: 칠
- 음: 격

擊沈(격침) 擊破(격파) 攻擊(공격) 衝擊(충격)
打擊(타격) 射擊(사격) 遊擊手(유격수)

攻擊(공격) : 나아가 적을 물리침, 시합 등에서 상대방을 밀어붙임

74 犬 犬 총4획 4급
개의 옆 모양을 본뜬 글자
- 훈: 개
- 음: 견

愛犬(애견) 鬪犬(투견) 忠犬(충견) 猛犬(맹견)
狂犬病(광견병) 犬猿之間(견원지간)31

猛犬(맹견) : 사나운 개
忠犬(충견) : 주인에게 충실한 개

75 見 見 총7획 5급Ⅱ
사람(儿) 위에 눈(目)이 있어 잘 보임
- 훈: 1)볼 2)뵈올
- 음: 1)견 2)현

見學(견학) 見本(견본) 見積(견적) 見解(견해)
見習工(견습공) 謁見(알현) 見物生心(견물생심)30

見學(견학) : 실제로 보고 학식을 넓힘
謁見(알현) : 지체 높은 사람을 찾아뵙는 일

76 肩 月(肉) 총8획 3급
몸(月)에서 짐을 질(戶) 수 있는 부분은 어깨이다.
- 훈: 어깨
- 음: 견

肩骨(견골) 肩章(견장) 肩臂(견비) 肩部(견부)
比肩(비견) 兩肩(양견) 肩胛骨(견갑골)

肩骨(견골) : 어깨뼈, 견갑골의 준말
肩章(견장) : 제복의 어깨에 붙여 계급을 나타내는 계급장

77 牽 牛 총11획 3급
검은(玄) 천으로 소(牛)를 덮어(冖) 이끌다.
- 훈: 이끌 끌
- 음: 견

牽聯(견련) 牽引車(견인차) 牽制(견제)
牽強附會(견강부회)26 牽牛織女(견우직녀)

牽引車(견인차) : 짐을 실은 차량을 끄는 기관차, 또는 견인자동차

78 堅 土 총11획 4급
비온 뒤에 땅(土)이 단단하게(臤) 굳는다.
- 훈: 굳을
- 음: 견

堅固(견고) 中堅手(중견수) 堅實(견실) 堅持(견지)
中堅社員(중견사원) 堅忍不拔(견인불발)33

堅固(견고) : 굳세고 단단함
堅實(견실) : 확실하고 틀림이 없음

79 遣 辶(辵) 총14획 3급
가운데(中) 있는 한(一) 명이 언덕을(𠂤) 넘어 가도록(辶) 보냄
- 훈: 보낼
- 음: 견

派遣(파견) 分遣(분견)
遣奠祭(견전제)

派遣(파견) : 일정한 임무를 주어 사람을 내보냄
遣奠祭(견전제) : 발인할 때 문 앞에서 지내는 제사

80 絹 糸 총13획 3급
누에의 입(口)과 몸(月)에서 뽑아낸 실(糸)로 짠 비단
- 훈: 비단
- 음: 견

絹絲(견사) 人造絹(인조견)
絹布(견포) 絹織物(견직물)

絹絲(견사) : 누에고치에서 뽑은 명주실
絹織物(견직물) : 명주실로 짠 피륙

한자능력 검정시험 3급 (3급Ⅱ 포함)

81 氵(水) 총7획 5급Ⅱ
決
- 훈: 결단할
- 음: 결

물(氵)을 터놓아(夬) 제방이 끊어짐

決鬪(결투) 決算(결산) 解決(해결) 議決(의결)
決勝戰(결승전) 判決(판결) 死生決斷(사생결단) 274

決鬪(결투) : 원한 따위가 있을 때 무기로 싸워 승부를 결정하는 것
判決(판결) : 시비, 선악을 가려 결정함

82 缶 총10획 4급Ⅱ
缺
- 훈: 이지러질
- 음: 결

동이(缶)가 터져(夬) 이지러지다.

缺點(결점) 缺勤(결근) 缺陷(결함) 缺如(결여)
缺格事由(결격사유) 缺損家庭(결손가정)

缺點(결점) : 모자라는 점, 잘못되거나 완전하지 못한 점
缺格事由(결격사유) : 일정한 자격을 얻는데 제한이 되는 사유

83 糸 총12획 5급Ⅱ
結
- 훈: 맺을
- 음: 결

좋은(吉) 실(糸)과 바늘처럼 맺어진 사이

結論(결론) 結果(결과) 結末(결말) 結婚(결혼)
結實(결실) 團結(단결) 結者解之(결자해지) 35

結婚(결혼) : 남녀가 부부 관계를 맺음, 혼인
結末(결말) : 일을 맺는 끝

84 氵(水) 총15획 4급Ⅱ
潔
- 훈: 깨끗할
- 음: 결

물(氵)로 헤아리니(絜) 더욱 깨끗하다.

潔白(결백) 潔癖(결벽) 淸潔(청결) 淨潔(정결)
不潔(불결) 純潔(순결) 高潔(고결) 簡潔(간결)

潔癖(결벽) : 유난스럽게 깨끗함을 좋아하는 성벽이나 버릇
純潔(순결) : 몸과 마음이 아주 깨끗함, 잡것이 섞이지 않고 깨끗함

85 言 총11획 3급Ⅱ
訣
- 훈: 이별할
- 음: 결

터놓고(夬) 말(言)한 후 이별하다.

訣別(결별) 祕訣(비결) 口訣(구결) 要訣(요결)
永訣式(영결식) 土亭祕訣(토정비결)

訣別(결별) : 기약 없는 이별, 관계나 교제를 영원히 끊음
要訣(요결) : 일의 가장 중요한 방법

86 八 총10획 3급Ⅱ
兼
- 훈: 겸할
- 음: 겸

벼(禾)에 벼(禾)를 또(又) 겸하다.

兼用(겸용) 兼床(겸상) 兼職(겸직) 兼業(겸업)
兼備(겸비) 兼任(겸임) 兼人之勇(겸인지용) 37

兼用(겸용) : 하나를 가지고 여러 가지를 겸하여 씀
兼備(겸비) : 여러가지를 두루 갖춤

87 言 총17획 3급Ⅱ
謙
- 훈: 겸손할
- 음: 겸

행동에 말(言)까지 겸해(兼) 겸손하다.

謙遜(겸손) 謙虛(겸허) 謙稱(겸칭) 謙辭(겸사)
謙廉(겸렴) 謙讓之德(겸양지덕)

謙虛(겸허) : 겸손하게 자기를 낮춤
謙讓之德(겸양지덕) : 겸손하게 사양하는 미덕

88 亠 총8획 5급Ⅱ
京
- 훈: 서울
- 음: 경

언덕 위에 집이 있는 것을 본뜬 글자

京城(경성) 歸京(귀경) 上京(상경) 京畿道(경기도)
京釜線(경부선)

京城(경성) : 도읍의 성, 서울의 옛 이름
京釜線(경부선) : 서울과 부산 사이에 운행되는 복선 철도

89 广 총8획 3급
庚
- 훈: 별
- 음: 경

사람(人)이 손(彐)으로 집(广)을 짓고 별을 바라본다.

同庚(동경) 庚方(경방) 庚熱(경열)

庚熱(경열) : 삼복더위의 다른 말

90 彳 총10획 3급Ⅱ
徑
- 훈: 지름길
- 음: 경

물 흐르듯(巠) 곧게 난 길(彳)이 지름길이다.

直徑(직경) 半徑(반경) 捷徑(첩경) 口徑(구경)

直徑(직경) : 원의 지름
捷徑(첩경) : 지름길, 빠른 방법

111 癸 〔癶〕 총9획 — 3급
- 훈: 북방 천간
- 음: 계

하늘(天) 방향으로 걸으려면(癶) 북방으로 가야 한다.

癸亥(계해) 癸丑日記(계축일기) 癸未(계미)
癸亥條約(계해조약)

癸亥(계해): 육십갑자의 마지막 60번째

112 契 〔大〕 총9획 — 3급Ⅱ
- 훈: 맺을
- 음: 계

우거진(丰) 나무 밑에서 칼(刀)로 크게(大) 새겨 맺은 결의

契約(계약) 契機(계기) 默契(묵계) 契約書(계약서)
親睦契(친목계)

契約書(계약서): 계약의 조항을 기재한 서면
默契(묵계): 말없는 가운데 뜻이 서로 맞음

113 係 〔亻(人)〕 총9획 — 4급Ⅱ
- 훈: 맬
- 음: 계

사람(人)이 실(糸) 한(一) 올을 꿰매고 있다.

係數(계수) 係長(계장) 係員(계원) 關係(관계)
因果關係(인과관계)

係員(계원): 사무를 갈라 맡은 한 계에서 일을 보는 사람
因果關係(인과관계): 어떤 일이든 반드시 원인과 결과가 연관된 관계

114 計 〔言〕 총9획 — 6급Ⅱ
- 훈: 셀
- 음: 계

숫자 열(十)을 소리치며(言) 센다.

計測(계측) 家計簿(가계부) 計略(계략) 計座(계좌)
百年大計(백년대계)226 計算(계산) 計劃(계획)

計略(계략): 계책과 모략, 꾀

115 桂 〔木〕 총10획 — 3급Ⅱ
- 훈: 계수나무
- 음: 계

옥(圭)같이 아름다운 나무(木) 계수나무

桂樹(계수) 桂林(계림) 桂皮(계피) 月桂冠(월계관)
月桂樹(월계수) 桂冠詩人(계관시인)

桂林(계림): 계수나무의 숲, 또는 아름다운 숲

116 啓 〔口〕 총11획 — 3급Ⅱ
- 훈: 열
- 음: 계

구멍(戶)을 두들겨(攵) 입구(口)를 열게 하다.

啓蒙(계몽) 啓示(계시) 啓導(계도) 謹啓(근계)
狀啓(장계) 自己啓發(자기계발)

啓蒙(계몽): 무식한 사람이나 어린아이를 깨우쳐 가르침
啓示(계시): 나아갈 길을 지적하여 가르쳐 줌

117 械 〔木〕 총11획 — 3급Ⅱ
- 훈: 기계
- 음: 계

나무(木)로 경계(戒)하기 위해 만든 기계

精密機械(정밀기계) 器械(기계) 農機械(농기계)
機械(기계) 器械體操(기계체조)

器械(기계): 도구, 기구의 총칭
機械(기계): 동력을 이용해 어떤 작업을 행하는 물건

118 階 〔阝(阜)〕 총12획 — 4급
- 훈: 섬돌
- 음: 계

돌을 언덕(阝) 모양으로 전부(皆) 쌓아올린 층계

階段(계단) 階層(계층) 段階(단계) 音階(음계)
有産階級(유산계급) 位階秩序(위계질서)

階段(계단): 층층대, 어떤 일을 하는데 밟아야 할 일정한 순서
階層(계층): 사회를 구성하는 여러 가지 층

119 溪 〔氵(水)〕 총13획 — 3급Ⅱ
- 훈: 시내
- 음: 계

물(氵)이 어찌(奚) 시내를 이루는가.

溪川(계천) 溪谷(계곡) 溪流(계류) 淸溪川(청계천)
碧溪水(벽계수) 曹溪宗(조계종)

溪川(계천): 골짜기에 흐르는 시내와 내
溪谷(계곡): 두 산 사이에 물이 흐르는 골짜기

120 繫 〔糸〕 총19획 — 3급
- 훈: 맬
- 음: 계

실(糸)을 부딪쳐(毄) 맨다.

繫留(계류) 繫屬(계속) 繫泊(계박) 連繫(연계)
繫留場(계류장)

繫留(계류): 붙잡아 매어 놓음
繫屬(계속): 다른 것에 매여 딸림

한자능력 검정시험 3급 (3급II 포함)

121 繼 — 糸 총20획 — 4급
작고(幺) 작은(幺) 실(糸)들이 상자(匚) 안에 이어져 있다.
- 훈: 이을
- 음: 계:

繼承(계승) 繼續(계속) 繼母(계모) 中繼(중계)
引受引繼(인수인계) 繼走競技(계주경기)

繼承(계승): 조상이나 전임자의 뒤를 이어받음
繼續(계속): 끊어지지 않고 뒤를 이어나감

122 鷄 — 鳥 총21획 — 4급
어찌(奚)해 날지 못하는 새(鳥) 닭
- 훈: 닭
- 음: 계

鷄卵(계란) 鷄肋(계륵) 鬪鷄(투계) 養鷄場(양계장)
蔘鷄湯(삼계탕) 群鷄一鶴(군계일학) 82

鷄卵(계란): 닭의 알, 달걀

123 古 — 口 총5획 — 5급II
십(十)대에 걸쳐 입(口)으로 전해오는 옛 이야기
- 훈: 예
- 음: 고:

古典(고전) 古宮(고궁) 古墳(고분) 考古學(고고학)
古物商(고물상) 東西古今(동서고금)

古典(고전): 옛날의 법식이나 의식, 또는 가치를 지닌 옛 문학작품
考古學(고고학): 유적, 유물에 의해 옛 문화를 연구하는 학문

124 考 — 耂(老) 총6획 — 5급
노인(老)이 벋(丿)을 생각한다.
- 훈: 생각할
- 음: 고(:)

考察(고찰) 考試(고시) 考證(고증) 思考(사고)
備考(비고) 熟考(숙고) 深思熟考(심사숙고) 339

考察(고찰): 잘 생각해서 살핌
熟考(숙고): 곰곰이 잘 생각함

125 告 — 口 총7획 — 5급II
소(牛)를 잡아 입(口)으로 알리다(고하다).
- 훈: 고할
- 음: 고:

告訴(고소) 告發(고발) 廣告(광고) 原告(원고)
報告書(보고서) 警告(경고) 告解聖事(고해성사)

告訴(고소): 피해자가 피해 사실을 수사 기관에 신고함
廣告(광고): 세상에 널리 알림, 상품의 존재와 효능을 선전함

126 固 — 口 총8획 — 5급
예스런(古) 것을 나라(口)에서 굳게 지킨다.
- 훈: 굳을
- 음: 고

固執(고집) 固有(고유) 固守(고수) 固定(고정)
固體(고체) 固着(고착) 確固不動(확고부동) 638

固執(고집): 자기의 의견만 굳게 내세움
固守(고수): 굳게 지킴

127 苦 — ⺾(艸) 총9획 — 6급
오래된(古) 풀(⺾)은 쓰다.
- 훈: 쓸
- 음: 고

苦生(고생) 苦痛(고통) 苦難(고난) 勞苦(노고)
苦盡甘來(고진감래) 55 苦肉之策(고육지책) 56

苦生(고생): 괴롭게 애쓰고 수고함
勞苦(노고): 애쓰고 노력한 수고로움

128 姑 — 女 총8획 — 3급II
여자(女)가 오래(古)되면 시어미가 된다.
- 훈: 시어미
- 음: 고

姑息之計(고식지계) 55 姑婦(고부) 姑母夫(고모부)
姑母(고모) 姑從四寸(고종사촌)

姑婦(고부): 시어머니와 며느리
姑母(고모): 아버지의 누이, 여형제

129 孤 — 子 총8획 — 4급
자식(子)이 오이(瓜) 하나뿐인 외로운 독자
- 훈: 외로울
- 음: 고

孤獨(고독) 孤立(고립) 孤兒(고아) 孤島(고도)
孤立無援(고립무원) 53 孤掌難鳴(고장난명) 57

孤獨(고독): 마음을 함께 할 사람이 없어 혼자 외로운 상태
孤島(고도): 외딴 섬

130 枯 — 木 총9획 — 3급
나무(木)가 오래(古)되어 마름
- 훈: 마를
- 음: 고

枯木(고목) 枯渴(고갈) 枯死(고사) 枯葉(고엽)
榮枯盛衰(영고성쇠) 374

枯木(고목): 마른 나무, 말라죽은 나무
枯渴(고갈): 마르거나 다하여 없어짐

한자능력 검정시험 3급 (3급II 포함)

141 困 口 총7획 — 4급
- 훈: 곤할
- 음: 곤:

나무(木)가 구멍(口)에 갇혀 자라니 **곤하다**.

困難(곤란) 困境(곤경) 困惑(곤혹) 疲困(피곤)
勞困(노곤) 貧困(빈곤) 食困症(식곤증)

困難(곤란) : 사정이 몹시 딱하고 어려운 상태
困惑(곤혹) : 곤란한 일을 당하여 어찌할 바를 모름

142 坤 土 총8획 — 3급
- 훈: 땅
- 음: 곤

흙(土)이 펼쳐져(申) 있는 땅

乾坤(건곤) 坤位(곤위) 坤殿(곤전) 坤與(곤여)

乾坤(건곤) : 하늘과 땅을 아울러 일컫는 말
坤位(곤위) : 부인의 무덤이나 신주

143 骨 骨 총10획 — 4급
- 훈: 뼈
- 음: 골

동물의 몸을 지탱하는 **뼈**를 본뜬 글자

骨格(골격) 露骨的(노골적) 骨盤(골반)
刻骨難忘(각골난망) 骨折(골절) 骨髓移植(골수이식)

骨格(골격) : 뼈의 조직, 뼈대
骨折(골절) : 뼈가 부러짐

144 工 工 총3획 — 7급II
- 훈: 장인
- 음: 공

장인, 만들다는 뜻의 글자

工場(공장) 工事(공사) 着工(착공) 完工(완공)
人工知能(인공지능) 施工(시공) 工藝品(공예품)

工場(공장) : 사람들이 물건을 만들거나 생산하는 시설
施工(시공) : 공사를 실시함

145 公 八 총4획 — 6급II
- 훈: 공평할
- 음: 공

사사로움(ㅿ)도 여덟(八) 번이면 **공평**해진다.

公共(공공) 公聽會(공청회) 公演(공연)
公訴時效(공소시효) 公債(공채) 公衆道德(공중도덕)

公共(공공) : 여러 사람이 모여 힘을 함께 함
公演(공연) : 사람들 앞에서 연극, 음악 따위를 연출하여 공개함

146 孔 子 총4획 — 4급
- 훈: 구멍
- 음: 공:

쥐도 자식(子)을 숨길(ㄴ) **구멍**이 따로 있다.

孔子(공자) 氣孔(기공) 毛孔(모공) 九孔炭(구공탄)

氣孔(기공) : 호흡 작용을 하는 숨구멍
毛孔(모공) : 피부 밖으로 털이 나와 자라는 구멍

147 功 力 총5획 — 6급
- 훈: 공
- 음: 공

장인(工)이 온 힘(力)을 다해 물건을 만든 공으로 상을 받았다.

功勞(공로) 功績(공적) 功德(공덕) 功臣(공신)
成功(성공) 武功(무공) 螢雪之功(형설지공)

成功(성공) : 뜻한 것이 이루어짐, 목적을 이룸
功德(공덕) : 공로와 인덕

148 共 八 총6획 — 6급
- 훈: 한가지
- 음: 공:

여덟(八) 명이 서로 맞잡고(廾) 일(一)심동체가 되어 **한가지** 일을 함

共同(공동) 共感(공감) 共犯(공범) 共謀(공모)
天人共怒(천인공노) 共産主義(공산주의)

共感(공감) : 남의 생각이나 감정을 자기도 같이 함
共謀(공모) : 둘 이상이 같이 일을 꾀함

149 攻 攵(攴) 총7획 — 4급
- 훈: 칠
- 음: 공:

장인(工)이 쇠를 두드려(攵) 적을 **칠** 무기를 만든다.

攻擊(공격) 攻守(공수) 攻勢(공세) 攻略(공략)
速攻(속공) 專攻(전공) 難攻不落(난공불락)

攻守(공수) : 공격과 수비
速攻(속공) : 적에게 여유를 주지 않고 몹시 빠르게 공격하는 것

150 空 穴 총8획 — 7급II
- 훈: 빌
- 음: 공

구멍(穴)을 뚫는 공사(工)를 하니 하늘이 비어 있다.

空中(공중) 空念佛(공염불) 空間(공간)
空想科學(공상과학) 虛空(허공) 空輸部隊(공수부대)

空念佛(공염불) : 신심 없이 입으로만 하는 헛된 염불
虛空(허공) : 텅 빈 공중

배정한자

151 供
- 훈: 이바지할
- 음: 공:
- 亻(人) 총8획 3급Ⅱ

일을 하는데 있어서 사람(亻)이 함께(共) 모여 이바지하다.

供給(공급) 供託(공탁) 供與(공여) 供覽(공람)
提供(제공) 佛供(불공) 供養米(공양미)

供託(공탁) : 물건을 제공하고 그 보관을 부탁함
提供(제공) : 어떤 사물을 가지거나 누리도록 주는 것

152 恭
- 훈: 공손할
- 음: 공
- 忄(心) 총10획 3급Ⅱ

어르신을 대할 때는 마음(忄)을 함께(共) 모아 공손해야 한다.

恭遜(공손) 恭敬(공경) 恭祝(공축) 恭待(공대)

恭祝(공축) : 삼가 축하함
恭待(공대) : 공손히 대접함

153 貢
- 훈: 바칠
- 음: 공:
- 貝 총10획 3급Ⅱ

공(工)들인 재물(貝)을 나라에 바침

貢納(공납) 貢獻(공헌) 貢價(공가) 朝貢(조공)

貢獻(공헌) : 사회를 위하여 이바지 함, 공물을 나라에 바침
貢價(공가) : 나라에 바치던 공물의 값

154 恐
- 훈: 두려울
- 음: 공:
- 心 총10획 3급Ⅱ

공사(工)를 대강(凡)하면 마음(心)이 두렵다.

恐怖(공포) 恐慌(공황) 恐喝(공갈) 恐龍(공룡)
恐水病(공수병) 可恐(가공) 恐妻家(공처가)

恐怖(공포) : 무서움과 두려움
恐喝(공갈) : 남에게 공포심을 자아내게 하려고 을러서 무섭게 함

155 果
- 훈: 과실
- 음: 과:
- 木 총8획 6급Ⅱ

밭(田)에 나무(木)를 심었더니 과실이 열렸다.

果實(과실) 果刀(과도) 結果(결과) 效果(효과)
果樹園(과수원) 成果(성과) 因果應報(인과응보)430

果實(과실) : 먹을 수 있는 나무의 열매
結果(결과) : 어떤 원인으로 인하여 이루어진 결말

156 科
- 훈: 과목
- 음: 과
- 禾 총9획 6급Ⅱ

곡식(禾)을 말(斗)로 나눠 과목별로 정리했다.

科目(과목) 科學(과학) 科擧(과거) 文科(문과)
百科事典(백과사전) 齒科(치과) 敎科書(교과서)

科目(과목) : 공부할 지식 분야를 갈라놓은 것
科學(과학) : 일정한 목적과 방법으로 원리를 연구하는 학문

157 過
- 훈: 지날
- 음: 과:
- 辶(辵) 총13획 5급Ⅱ

삐뚤(咼)어진 것들을 뛰어넘어(辶) 지나가다.

過去(과거) 過速(과속) 過熱(과열) 看過(간과)
改過遷善(개과천선)15 過小評價(과소평가)

過去(과거) : 지나간 때
過速(과속) : 지나치게 빠른 속도

158 誇
- 훈: 자랑할
- 음: 과:
- 言 총13획 3급Ⅱ

사치스런(夸) 것을 말(言)로 자랑하다.

誇張(과장) 誇大妄想(과대망상)66 誇示(과시)
誇大廣告(과대광고)

誇張(과장) : 사실보다 지나치게 떠벌려 나타냄
誇示(과시) : 사실보다 크게 나타내어 보임

159 寡
- 훈: 적을
- 음: 과:
- 宀 총14획 3급Ⅱ

집(宀)의 가장(頁)이 칼(刀)을 들고 나가 싸우니 살림이 적다.

寡默(과묵) 獨寡占(독과점) 寡婦(과부) 寡慾(과욕)
寡頭政治(과두정치) 衆寡不敵(중과부적)524

寡默(과묵) : 말이 적음
寡婦(과부) : 남편이 죽어서 혼자 사는 여자

160 課
- 훈: 과정
- 음: 과
- 言 총15획 5급Ⅱ

말(言)로 그 결과(果)가 나온 과정을 설명함

課題(과제) 課業(과업) 課長(과장) 課外(과외)
課稅(과세) 賦課(부과) 公課金(공과금)

課題(과제) : 주어진 문제나 임무
賦課(부과) : 세금 따위를 매기어 물게 함

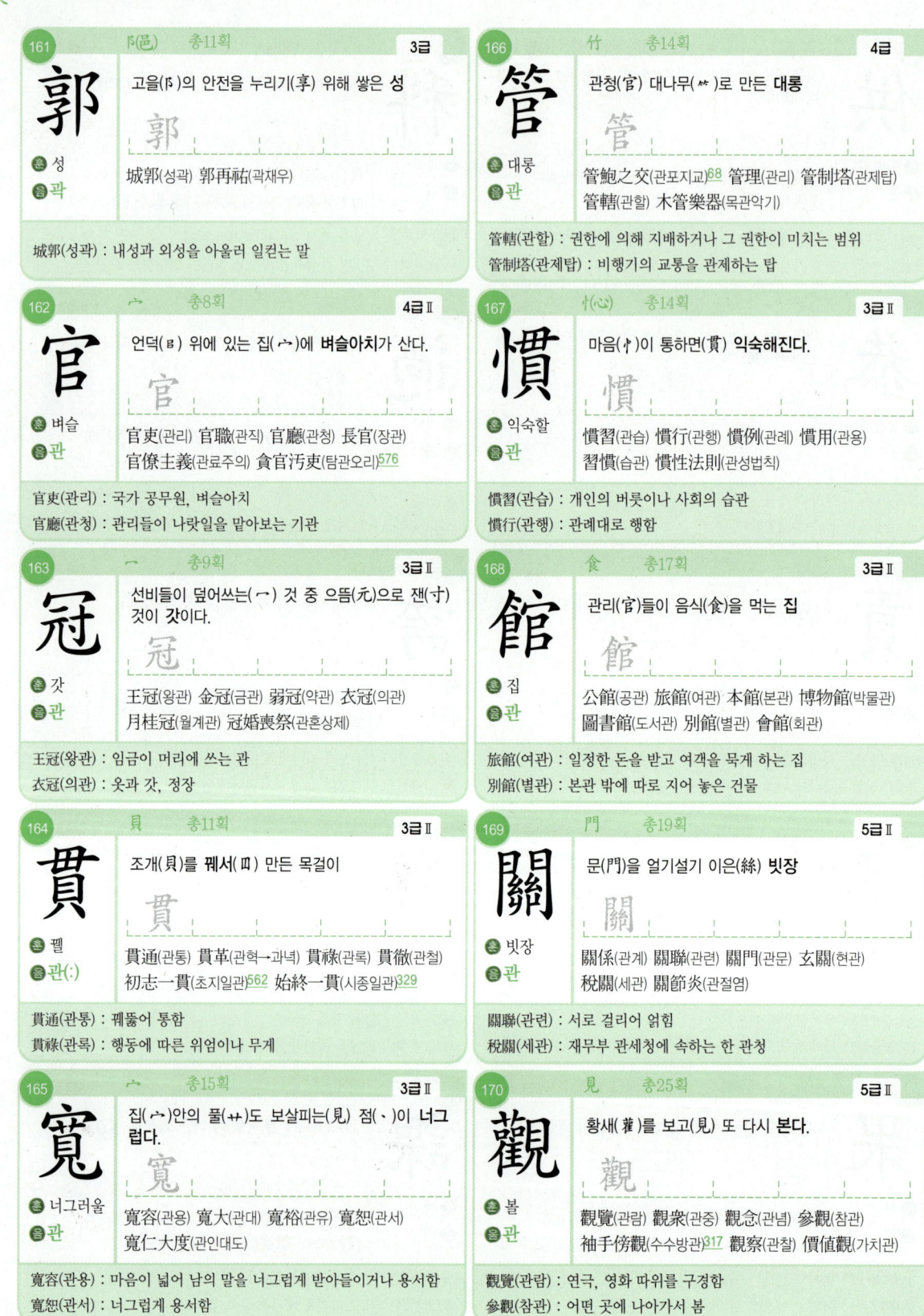

171 光
- 부수: 儿 총6획 6급Ⅱ
- 사람(儿)이 불(火)을 들고 있으니 빛이 난다.
- 훈: 빛
- 음: 광
- 光線(광선) 觀光(관광) 發光(발광) 光復節(광복절)
  光速度(광속도) 電光石火(전광석화)495
- 光線(광선): 빛, 빛이 나가는 선
- 發光(발광): 빛을 냄

172 狂
- 부수: 犭(犬) 총7획 3급Ⅱ
- 개(犭)처럼 구는 왕(王)은 미친 것이다.
- 훈: 미칠
- 음: 광
- 狂亂(광란) 狂奔(광분) 狂氣(광기) 狂風(광풍)
  熱狂(열광) 發狂(발광) 狂犬病(광견병)
- 狂亂(광란): 미쳐 날뜀
- 發狂(발광): 미친 것과 같이 날뜀

173 廣
- 부수: 广 총15획 5급Ⅱ
- 집(广) 앞의 누런(黃) 밭이 넓다.
- 훈: 넓을
- 음: 광:
- 廣場(광장) 廣野(광야) 廣告(광고) 廣義(광의)
  廣範圍(광범위) 廣域市(광역시)
- 廣場(광장): 넓은 마당
- 廣告(광고): 세상에 널리 알림

174 鑛
- 부수: 金 총23획 4급
- 쇠(金)가 넓어진(廣) 쇳돌
- 훈: 쇳돌
- 음: 광:
- 鑛山(광산) 鑛物(광물) 鑛石(광석) 採鑛(채광)
  廢鑛(폐광) 炭鑛(탄광) 鎔鑛爐(용광로)
- 鑛山(광산): 유용한 광물을 캐어 내는 산
- 廢鑛(폐광): 발굴을 폐지하거나 폐지한 광산

175 掛
- 부수: 扌(手) 총11획 3급
- 손(扌)에 걸(卦)치거나 걸다.
- 훈: 걸
- 음: 괘
- 掛圖(괘도) 掛念(괘념) 掛意(괘의)
  掛鐘時計(괘종시계)
- 掛圖(괘도): 걸어놓고 보는 학습용 지도나 그림
- 掛意(괘의): 마음에 두고 잊지 아니함

176 怪
- 부수: 忄(心) 총8획 3급Ⅱ
- 만물이 흙(土)으로 돌아가니(又) 마음(忄)이 괴이하다.
- 훈: 괴이할
- 음: 괴(:)
- 怪異(괴이) 怪物(괴물) 怪談(괴담) 怪疾(괴질)
  奇巖怪石(기암괴석) 怪常罔測(괴상망측)
- 怪談(괴담): 괴상한 이야기
- 怪物(괴물): 이상하게 생긴 물건, 괴상한 사람

177 塊
- 부수: 土 총13획 3급
- 땅(土)귀신(鬼)은 알고 보면 흙덩어리
- 훈: 흙덩이
- 음: 괴
- 金塊(금괴) 銀塊(은괴) 土塊(토괴) 塊石(괴석)
  塊根(괴근) 塊鐵(괴철)
- 金塊(금괴): 금덩이
- 土塊(토괴): 흙덩이

178 愧
- 부수: 忄(心) 총13획 3급
- 도깨비(鬼)는 심성(忄)이 부끄러움을 잘 탄다.
- 훈: 부끄러울
- 음: 괴:
- 慙愧(참괴) 自愧感(자괴감)
  愧色(괴색) 自愧之心(자괴지심)
- 慙愧(참괴): 부끄러워하며 괴로워함
- 愧色(괴색): 부끄러워하는 얼굴 빛

179 壞
- 부수: 土 총19획 3급Ⅱ
- 쌓아(襄)둔 흙(土)벽이 무너짐
- 훈: 무너질
- 음: 괴:
- 破壞(파괴) 崩壞(붕괴) 損壞(손괴) 壞滅(괴멸)
  壞血病(괴혈병)
- 破壞(파괴): 깨뜨려 헐어버림
- 崩壞(붕괴): 허물어져 무너짐

180 巧
- 부수: 工 총5획 3급Ⅱ
- 장인(工)의 솜씨가 공교함
- 훈: 공교할
- 음: 교
- 巧妙(교묘) 巧敏(교민) 技巧(기교) 精巧(정교)
  奸巧(간교) 巧言令色(교언영색)71
- 巧妙(교묘): 썩 잘 되고 묘함
- 精巧(정교): 정밀하고 교묘함

배정한자

191 丘 — 一 총5획 — 3급Ⅱ
- 훈: 언덕
- 음: 구

나무를 모두(一) 베니(斤) **언덕**만 남았다.

丘陵地(구릉지) 比丘尼(비구니) 靑丘永言(청구영언) 首丘初心(수구초심)313

- 丘陵地(구릉지) : 언덕땅
- 比丘尼(비구니) : 출가하여 불문에 든 여승

192 句 — 口 총5획 — 4급Ⅱ
- 훈: 글귀
- 음: 구

입(口)을 쌀(勹)만큼 많은 **글귀**

句文(구문) 句節(구절) 警句(경구) 詩句(시구)
句讀點(구두점) 美辭麗句(미사여구)

- 句文(구문) : 귀글
- 詩句(시구) : 시의 구절

193 求 — 水 총7획 — 4급Ⅱ
- 훈: 구할
- 음: 구

한 방울(丶)의 물(水)도 **구할** 수 없다.

求職(구직) 求愛(구애) 求乞(구걸) 促求(촉구)
刻舟求劍(각주구검)6 渴求(갈구) 求人難(구인난)

- 求職(구직) : 직장을 구함
- 渴求(갈구) : 몹시 애타게 구하는 것

194 究 — 穴 총7획 — 4급Ⅱ
- 훈: 연구할
- 음: 구

구덩이(穴) 아홉(九) 개를 **연구**하다.

研究(연구) 探究(탐구) 講究(강구) 窮究(궁구)
學究熱(학구열) 研究所(연구소)

- 研究(연구) : 깊이 조사하여 밝힘
- 探究(탐구) : 더듬어 찾아 구함

195 具 — 八 총8획 — 5급Ⅱ
- 훈: 갖출
- 음: 구(:)

돈(貝)을 모두(一) **갖추**다.

家具(가구) 器具(기구) 道具(도구) 裝身具(장신구)
文房具(문방구) 具備書類(구비서류)

- 家具(가구) : 집안 살림에 쓰는 온갖 세간
- 器具(기구) : 구조나 조작 따위가 간단한 기계

196 苟 — ⺿(艸) 총9획 — 3급
- 훈: 진실로
- 음: 구

초(⺿)야에 묻혀 글귀(句)만 읽으며 **진실** 되게 살아간다.

苟免(구면) 苟且(구차) 苟安(구안)

- 苟免(구면) : 간신히 액을 벗어남
- 苟且(구차) : 몹시 가난하고 궁색함

197 拘 — 扌(手) 총8획 — 3급Ⅱ
- 훈: 잡을
- 음: 구

좋은 글귀(句)는 손(扌)으로 **잡**는다.

拘束(구속) 拘禁(구금) 拘留(구류) 拘引(구인)
拘置所(구치소) 拘束搜査(구속수사)

- 拘束(구속) : 자유를 억제함
- 拘留(구류) : 잡아서 가둠

198 狗 — 犭(犬) 총8획 — 3급
- 훈: 개
- 음: 구

개(犭)가 구부리고(句) 앉아 있다.

白狗(백구) 黃狗(황구) 狗疫(구역) 狗糞(구분)
羊頭狗肉(양두구육)354 泥田鬪狗(이전투구)429

- 黃狗(황구) : 털빛이 누런 개
- 狗疫(구역) : 개가 앓는 돌림병

199 俱 — 亻(人) 총10획 — 3급
- 훈: 함께
- 음: 구

사람(亻)이 의관을 갖추고(具) **함께** 행동한다.

不俱戴天(불구대천)250 俱現(구현) 俱樂部(구락부)
俱存(구존) 玉石俱焚(옥석구분)386

- 俱現(구현) : 내용이 모조리 들어남
- 俱存(구존) : 부모가 모두 살아 계심

200 區 — 匚 총11획 — 5급Ⅱ
- 훈: 구역
- 음: 구

상자(匚)에 물건(品)들을 **구역**별로 나눠 놓다.

區域(구역) 區劃(구획) 區別(구별) 區分(구분)
區廳(구청) 商業地區(상업지구)

- 區域(구역) : 일정한 기준에 의해 나눠놓은 범위나 지역
- 區劃(구획) : 경계를 갈라 정함, 또는 그 구역

49

한자능력 검정시험 3급 (3급II 포함)

201 球 王(玉) 총11획 — 6급II
- 훈: 공
- 음: 구

왕(王)이 찾고자 구한(求) 것은 공(구슬)이었다.

地球(지구) 眼球(안구) 電球(전구) 排球(배구)
球技種目(구기종목) 蹴球(축구) 赤血球(적혈구)

地球(지구): 우리가 살고 있는 땅덩어리, 행성
蹴球(축구): 발로 공을 차면서 골대 안에 넣는 경기, 시합

202 救 攵(攴) 총11획 — 5급
- 훈: 구원할
- 음: 구:

약초를 구해(求) 빻아서(攵) 환자를 구원한다.

救援(구원) 救出(구출) 救濟(구제) 救急車(구급차)
救世主(구세주) 救命運動(구명운동)

救援(구원): 어려움에 빠진 사람을 도와서 구해줌
救出(구출): 위험한 상태에서 구해냄

203 構 木 총14획 — 4급
- 훈: 얽을
- 음: 구

나무(木) 덩굴이 우물(井) 주위를 거듭(再) 얽어맸다.

構成(구성) 構想(구상) 構築(구축) 虛構(허구)
意識構造(의식구조) 機構(기구) 構造物(구조물)

構成(구성): 여러 부분이나 요소들을 모아서 일정한 전체를 짜 이룸
虛構(허구): 실제로 있음직한 일이나 사실이 아닌 일을 얽어서 꾸밈

204 舊 臼 총18획 — 5급II
- 훈: 예
- 음: 구:

풀(艹)밭에 새(隹)가 놀고, 절구(臼)질하던 그 옛날

親舊(친구) 舊面(구면) 舊式(구식) 復舊(복구)
舊石器(구석기) 送舊迎新(송구영신) 310

親舊(친구): 오래 두고 가깝게 사귄 벗
舊面(구면): 이전부터 알고 있는 사람

205 懼 忄(心) 총21획 — 3급
- 훈: 두려워할
- 음: 구

속마음(忄)이 놀라서(瞿) 두려워하다.

悚懼(송구) 疑懼(의구) 危懼(위구)

悚懼(송구): 두려워서 마음이 몹시 거북함
疑懼(의구): 의심하여 두려워함

206 驅 馬 총21획 — 3급
- 훈: 몰
- 음: 구

말(馬)을 한 지역(區)으로 몬다.

驅迫(구박) 驅步(구보) 驅使(구사) 先驅者(선구자)
驅逐艦(구축함) 乘勝長驅(승승장구) 326

驅迫(구박): 못 견디게 학대함
驅步(구보): 빠른 걸음걸이

207 龜 龜 총16획 — 3급
- 훈: ①땅이름 ②거북 ③터질
- 음: ①구 ②귀 ③균

거북의 모양을 본뜬 글자

龜裂(균열) 龜鑑(귀감) 龜尾市(구미시)
龜甲(귀갑)

龜裂(균열): 거북등의 무늬처럼 갈라져서 터진 자리(틈)
龜鑑(귀감): 사물의 본보기

208 局 尸 총7획 — 5급II
- 훈: 판
- 음: 국

전염병이 돌아 주검(尸)이 마을입구(口)에 쌓일(勹) 판이다.

局面(국면) 局長(국장) 亂局(난국) 破局(파국)
郵遞局(우체국) 藥局(약국) 電話局(전화국)

局面(국면): 일이 되어 나가는 상태 또는 그 장면
破局(파국): 판국이 결판나서 해결 됨

209 菊 艹(艸) 총12획 — 3급II
- 훈: 국화
- 음: 국

쌀(米)처럼 생긴 꽃잎이 풀(艹)에 쌓인(勹) 것 같은 국화

菊花(국화) 黃菊(황국) 水菊(수국)
霜菊(상국) 菊判(국판)

菊花(국화): 엉거시과의 다년생 풀
黃菊(황국): 노란 국화

210 國 口 총11획 — 8급
- 훈: 나라
- 음: 국

백성(口)들이 함께(一) 창(戈)을 들고 에워싸(口) 지키는 나라

國家(국가) 國語(국어) 國民(국민) 國軍(국군)
大韓民國(대한민국) 國會(국회) 國慶日(국경일)

國民(국민): 한 나라의 통치권 아래 그 국적을 가지고 있는 인민
國軍(국군): 나라의 군대

211 君 口 총7획 4급
온 백성(口)을 다스리는(尹) 임금

- 훈: 임금
- 음: 군

君主(군주) 君臨(군림) 暴君(폭군) 聖君(성군)
君臣有義(군신유의) 郎君(낭군) 四君子(사군자)

君主(군주): 임금, 왕
郎君(낭군): 젊은 여자가 남편을 정답게 부르는 말

216 弓 총3획 3급Ⅱ
가운데가 볼록하게 굽은 활의 모양을 본뜬 글자

- 훈: 활
- 음: 궁

弓手(궁수) 弓道(궁도) 弓術(궁술) 洋弓(양궁)
國弓(국궁) 名弓(명궁) 傷弓之鳥(상궁지조)295

弓道(궁도): 활 쏘는 데 지켜야 할 여러 가지 도의
洋弓(양궁): 서양 활을 쏘는 시합이나 경기

212 車 총9획 8급
전차(車)를 에워싸고(冖) 진군하는 군사들

- 훈: 군사
- 음: 군

軍隊(군대) 豫備軍(예비군) 軍歌(군가) 軍人(군인)
軍國主義(군국주의) 白衣從軍(백의종군)233

軍隊(군대): 일정한 조직 편제를 가진 군인들의 집단
豫備軍(예비군): 예비병으로 편성된 군대

217 宀 총10획 4급Ⅱ
사방이 등뼈처럼(呂) 지붕으로(宀) 둘러싸인 궁궐 집

- 훈: 집
- 음: 궁

宮闕(궁궐) 宮殿(궁전) 宮合(궁합) 古宮(고궁)
迷宮(미궁) 子宮(자궁) 德壽宮(덕수궁)

宮闕(궁궐): 임금이 거처하는 곳
迷宮(미궁): 출구를 쉽게 찾을 수 없는 곳

213 阝(邑) 총10획 5급Ⅱ
마을(阝)을 다스리는(君) 고을원님

- 훈: 고을
- 음: 군:

郡廳(군청) 郡守(군수) 郡民(군민) 漢四郡(한사군)

郡廳(군청): 군의 행정사무를 맡아 보는 관청
郡守(군수): 한 군의 행정사무를 맡아 보는 으뜸 벼슬

218 穴 총15획 4급
구멍(穴)에 몸(身)을 숨긴 채 활(弓)시위를 끝까지 다 당겼다.

- 훈: 다할
- 궁할
- 음: 궁

窮理(궁리) 無窮花(무궁화) 窮極(궁극) 窮塞(궁색)
窮餘之策(궁여지책)85 責任追窮(책임추궁)

窮理(궁리): 좋은 도리를 발견하기 위해 이리저리 생각함
窮極(궁극): 극도에 달하여 어찌할 수 없음

214 羊 총13획 4급
선한 임금(君)이 양(羊)처럼 순한 무리를 이끌다.

- 훈: 무리
- 음: 군

群衆(군중) 群鷄一鶴(군계일학)82 群落(군락)
群雄割據(군웅할거)83 群島(군도) 群衆心理(군중심리)

群衆(군중): 한 곳에 무리지어 모여 있는 사람들
群落(군락): 많은 부락, 떼, 모인 단체

219 刀 총8획 4급
검(刀)술을 익힌 장정(夫)이 여러(八) 가지 기술을 문서로 남김

- 훈: 문서
- 음: 권

旅券(여권) 債券(채권) 福券(복권) 食券(식권)
有價證券(유가증권) 馬券(마권) 入場券(입장권)

旅券(여권): 외국에 여행하는 것을 승인하는 증서
福券(복권): 제비를 뽑아서 맞으면 일정한 상금을 타게 되는 표

215 尸 총8획 4급
주장(尸)을 내세우기(出) 위해선 때론 굽힐 줄도 알아야 한다.

- 훈: 굽힐
- 음: 굴

屈曲(굴곡) 屈折(굴절) 屈服(굴복) 屈辱(굴욕)
屈指(굴지) 卑屈(비굴) 百折不屈(백절불굴)234

屈曲(굴곡): 이리저리 꺾이고 굽음
卑屈(비굴): 줏대가 없고 떳떳하지 못함

220 己(卩) 총8획 4급
사람(夫)이 겪은 여러(八) 일들을 앉아서(卩) 들을 수 있는 것은 책이다.

- 훈: 책
- 음: 권

席卷(석권) 壓卷(압권) 通卷(통권)
手不釋卷(수불석권)314 卷末附錄(권말부록)

壓卷(압권): 여러 책 중 가장 잘 된 책
通卷(통권): 잡지나 책, 신문 등의 권 수에 붙여진 일련 번호

배정한자

231 規 총11획 — 5급
사내(夫)가 세상을 바르게 보려면(見) 법을 잘 따라야 한다.
- 훈: 법
- 음: 규

法規(법규) 規範(규범) 規約(규약) 規則(규칙)
規律(규율) 規定(규정) 規格(규격)

法規(법규): 법률상의 규정
規格(규격): 판단의 표준이 될 만한 일정한 약속이나 규칙과 격식

232 均 총7획 — 4급
튀어나온 흙(土)덩이를 없애(勻) 고르게 하다.
- 훈: 고를
- 음: 균

均等(균등) 均衡(균형) 均一(균일) 均排(균배)
不均衡(불균형) 平均(평균) 成均館(성균관)

均等(균등): 차별 없이 고름
均衡(균형): 치우침이 없이 고름

233 菌 ++(艸) 총12획 — 3급
쌀(禾)포대(口)에 풀(++) 같은 버섯이 피다.
- 훈: 버섯
- 음: 균

病菌(병균) 細菌(세균) 殺菌(살균) 大腸菌(대장균)
乳酸菌(유산균) 滅菌(멸균) 菌絲體(균사체)

病菌(병균): 병을 일으키는 세균
殺菌(살균): 병원체 등의 미생물들을 죽임

234 克 儿 총7획 — 3급Ⅱ
오래(古) 참는 사람(儿)이 이기는 법
- 훈: 이길
- 음: 극

克服(극복) 克己(극기) 克明(극명)
克己訓鍊(극기훈련) 國難克服(국난극복)

克服(극복): 싸움에 이겨 적을 복종시킴
克己(극기): 사욕을 의지로 눌러 이김

235 極 木 총13획 — 4급Ⅱ
나무(木) 아래서 처음(一) 읽은 글귀(句)를 또(又) 한번(一) 끝까지 읽다.
- 훈: 다할
- 음: 극

極盡(극진) 極讚(극찬) 極致(극치) 極端(극단)
極樂往生(극락왕생) 窮極(궁극) 太極旗(태극기)

極盡(극진): 힘이나 마음을 다 함
極致(극치): 더 갈 수 없는 극단에 이름

236 劇 刂(刀) 총15획 — 4급
원숭이(豦)가 칼(刂)을 들고 연극을 하니 심하다.
- 훈: 심할
- 음: 극

劇場(극장) 劇的(극적) 演劇(연극) 史劇(사극)
連續劇(연속극) 悲劇(비극) 單幕劇(단막극)

劇場(극장): 연극을 연출하거나 영화를 상영하는 곳
史劇(사극): 역사극

237 斤 총4획 — 3급
도끼의 머리와 자루를 본뜬 글자
- 훈: 도끼
- 음: 근

斤數(근수) 斤量(근량)

斤數(근수): 근 단위로 된 저울 무게의 셈
斤量(근량): 저울로 단 무게

238 近 辶(辵) 총8획 — 6급
도끼(斤)를 들고 뛰어(辶)봐야 가까운 곳에 있다.
- 훈: 가까울
- 음: 근:

近處(근처) 近況(근황) 近來(근래) 最近(최근)
近代史(근대사) 附近(부근) 近距離(근거리)

近處(근처): 가까운 곳
近況(근황): 최근의 형편

239 根 木 총10획 — 5급Ⅱ
나무(木)가 머물기(艮) 위해 뿌리를 내리다.
- 훈: 뿌리
- 음: 근

根據(근거) 根性(근성) 根幹(근간) 根源(근원)
根本對策(근본대책) 禍根(화근) 根抵當(근저당)

根源(근원): 사물이 생겨나는 본바탕
禍根(화근): 재앙을 가져올 근원

240 筋 竹 총12획 — 4급
살(月)에 붙은 대나무섬유(⺮)로 힘(力)을 내는 힘줄
- 훈: 힘줄
- 음: 근

筋肉(근육) 筋力(근력) 鐵筋(철근)
心筋梗塞(심근경색) 筋肉質(근육질)

筋肉(근육): 사람이나 동물의 몸을 움직이게 하는 기관
筋力(근력): 근육의 힘

53

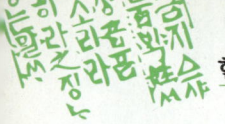

한자능력 검정시험 3급 (3급II 포함)

---

241 亻(人) 총13획 **3급**

僅

훈 겨우
음 근:

행인(亻)에게 마구 짓밟히는 제비꽃(堇)들은 겨우 살아간다.

僅少(근소) 僅僅(근근)
僅僅得生(근근득생)

僅少(근소) : 아주 적어서 얼마 되지 못함
僅僅(근근) : 겨우, 간신히

---

242 力 총13획 **4급**

勤

훈 부지런할
음 근(:)

제비꽃(堇)이 힘(力)써 꽃을 피우기 위해서는 부지런해야 한다.

勤勉(근면) 出勤(출근) 退勤(퇴근) 夜勤(야근)
勤儉節約(근검절약) 缺勤(결근) 勤勞者(근로자)

勤勉(근면) : 부지런히 노력함
夜勤(야근) : 밤에 하는 일

---

243 言 총18획 **3급**

謹

훈 삼갈
음 근:

말(言)은 많이 하지 않고 조금(堇)씩 삼가야 한다.

謹嚴(근엄) 謹愼(근신) 謹弔(근조)
謹賀新年(근하신년)

謹嚴(근엄) : 조심성 있고 엄밀함
謹弔(근조) : 삼가 조상함

---

244 人 총4획 **6급II**

今

훈 이제
음 금

세월이 흐르고 쌓여 지금에 이르렀다는 뜻의 한자

今年(금년) 今世紀(금세기) 今週(금주) 昨今(작금)
今時初聞(금시초문)100 東西古今(동서고금)

今週(금주) : 이번 주일
昨今(작금) : 어제와 오늘, 요사이

---

245 金 총8획 **8급**

金

훈 1)쇠
    2)성
음 1)금 2)김

산(人) 밑(一) 흙(土) 속에 빛(丷)나는 금(쇠)

金錢(금전) 金庫(금고) 金額(금액) 罰金(벌금)
金剛山(금강산) 金枝玉葉(금지옥엽)103

金錢(금전) : 쇠붙이로 만든 돈
罰金(벌금) : 죄를 지은 사람에게 벌로 받는 돈

---

246 内 총13획 **3급II**

禽

훈 새
음 금

사나운(凶) 짐승(内)을 항상(今) 피해 다녀야 하는 날짐승(새)

家禽(가금) 禽獸(금수)
猛禽類(맹금류)

家禽(가금) : 집에서 기르는 날짐승
禽獸(금수) : 날짐승과 길짐승, 모든 짐승

---

247 王(玉) 총12획 **3급II**

琴

훈 거문고
음 금

항상(今) 구슬과 구슬(王王)이 부딪치는 소리를 내고 있는 거문고

風琴(풍금) 心琴(심금) 洋琴(양금) 伽倻琴(가야금)

風琴(풍금) : 오르간의 역어
心琴(심금) : 어떠한 자극을 받아 울리는 마음을 거문고에 비유한 말

---

248 示 총13획 **4급II**

禁

훈 금할
음 금:

오염되지 않은 밀림(林)이 널리 알려지는(示) 것을 금한다.

禁煙(금연) 禁慾(금욕) 禁酒(금주) 監禁(감금)
軟禁(연금) 出入禁止(출입금지)

禁慾(금욕) : 욕망이나 감정을 억제함
監禁(감금) : 몸을 가두어 자유를 구속함

---

249 金 총16획 **3급II**

錦

훈 비단
음 금

금빛(金)나는 천(帛)은 비단

錦衾(금금) 錦袈(금가)

錦袈(금가) : 비단으로 만든 가사

---

250 又 총4획 **3급II**

及

훈 미칠
음 급

앞사람(人)을 다시(又) 따라잡아 실력이 그에 미치다.

言及(언급) 後悔莫及(후회막급) 波及(파급)
壯元及第(장원급제)

言及(언급) : 어떤 일에 관련하여 말함
波及(파급) : 어떠한 일의 여파나 영향이 미치는 범위가 차차 넓어짐

251 急 (心, 총9획, 6급Ⅱ)
빨리 이르려고(及) 하는 마음(心)이 급하다.
- 훈: 급할
- 음: 급

急增(급증) 急減(급감) 急錢(급전) 急流(급류)
危急(위급) 火急(화급) 救急車(구급차)

急增(급증): 급히 늘어남
急流(급류): 물이 급한 속도로 흐름

252 級 (糸, 총10획, 5급Ⅱ)
매우 적은(糸) 지위에 이르기(及) 위해서는 등급을 높여야 한다.
- 훈: 등급
- 음: 급

級友(급우) 級數(급수) 等級(등급) 階級(계급)
高級(고급) 學級(학급) 留級(유급) 職級(직급)

級友(급우): 같은 학급에서 배우는 벗
級數(급수): 기술에 의한 등급

253 給 (糸, 총12획, 5급)
실(糸)을 전부 모아서(合) 준다.
- 훈: 줄
- 음: 급

給與(급여) 給食(급식) 供給(공급) 發給(발급)
補給路(보급로) 配給(배급) 給油機(급유기)

給與(급여): 회사 등에서 근무자에게 주는 수당이나 급료
發給(발급): 증명서 따위를 내어 줌

254 肯 (月(肉), 총8획, 3급)
일을 그치니(止) 몸(月)이 즐거워진다.
- 훈: 즐길
- 음: 긍:

肯諾永生(긍락영생) 肯定(긍정) 肯志(긍지)
首肯(수긍) 肯定的(긍정적)

肯定(긍정): 그렇다고 인정함
肯志(긍지): 찬성하는 뜻

255 己 (己, 총3획, 5급Ⅱ)
구부린 몸의 모양을 본뜬 글자
- 훈: 몸
- 음: 기

自己(자기) 知己(지기) 克己(극기)

自己(자기): 제 몸, 자신

256 企 (人, 총6획, 3급Ⅱ)
사람(人)은 즐거워지기 위해 일을 그칠(止) 것만 꾀한다.
- 훈: 꾀할
- 음: 기

企劃(기획) 企待(기대) 企圖(기도)
企望(기망) 企待難(기대난)

企劃(기획): 일을 계획함
企待(기대): 어떠한 일이 이루어지길 바라고 기다림

257 忌 (心, 총7획, 3급)
군자는 마음(心)보다 몸(己)이 앞서는 것을 꺼린다.
- 훈: 꺼릴
- 음: 기

忌避(기피) 忌日(기일) 忌憚(기탄) 忌中(기중)
禁忌(금기)

忌避(기피): 꺼리어 피함
忌憚(기탄): 어렵게 여겨 꺼림

258 技 (扌(手), 총7획, 5급)
물구나무는 손(扌)으로 몸을 지탱(支)하는 재주
- 훈: 재주
- 음: 기

技能(기능) 技師(기사) 技巧(기교) 競技(경기)
技藝(기예) 技術(기술)

技能(기능): 기술적인 능력, 재능
競技(경기): 운동, 기술, 능력 등을 서로 겨루어 승부를 가리는 일

259 汽 (氵(水), 총7획, 5급)
증발하는 뜨거운 물(氵)의 기운(气)이 증기(김)의 힘이다.
- 훈: 김
- 음: 기

汽車(기차) 汽笛(기적) 汽筒(기통)

汽車(기차): 증기의 힘으로 달리는 차
汽笛(기적): 기관차, 선박 등의 신호 장치

260 奇 (大, 총8획, 4급)
두루(大) 옳으니(可) 기이하다.
- 훈: 기이할
- 음: 기

奇蹟(기적) 好奇心(호기심) 奇妙(기묘) 奇襲(기습)
奇想天外(기상천외)106 奇巖怪石(기암괴석)

奇蹟(기적): 상식적으로는 생각할 수 없는 이상야릇한 일
奇妙(기묘): 기이하고 신묘함

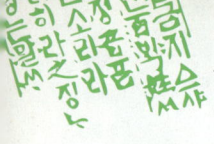

한자능력 검정시험 3급 (3급Ⅱ 포함)

---

261 其 / 총8획 / 3급Ⅱ
여러(八) 개 중 단(甘) 것은 딱 하나(一) 그 것이다.
- 훈: 그
- 음: 기

其他(기타) 其間(기간) 各其(각기)
不知其數(부지기수) 及其也(급기야)

其他(기타) : 그밖에 또 다른 것
各其(각기) : 각각, 저마다

---

262 祈 / 총9획 / 3급Ⅱ
도끼(斤)를 잃고 신(示)에게 빌다.
- 훈: 빌
- 음: 기

祈願(기원) 祈禱(기도) 祈求(기구) 祈望(기망)
祈雨祭(기우제)

祈願(기원) : 바라는 일이 이루어지기를 빎
祈望(기망) : 빌고 바람

---

263 紀 / 총9획 / 4급
실(糸)로 된 몸통(己)을 가진 그물은 모두 벼리가 있다.
- 훈: 벼리
- 음: 기

紀綱(기강) 軍紀(군기) 國紀(국기) 西紀(서기)
檀紀(단기) 佛紀(불기) 紀元前(기원전)

紀綱(기강) : 으뜸이 되는 중요한 규율과 질서
軍紀(군기) : 군대의 기율이나 풍기

---

264 氣 / 총10획 / 7급Ⅱ
쌀(米)밥을 먹고 기운(气)을 내다.
- 훈: 기운
- 음: 기

氣運(기운) 氣溫(기온) 氣候(기후) 濕氣(습기)
氣高萬丈(기고만장)104 感氣(감기) 無氣力(무기력)

濕氣(습기) : 축축한 기운
感氣(감기) : 추위에 상하여 일어나는 호흡기 계통의 염증성 질환

---

265 豈 / 총10획 / 3급
산(山) 아래 콩(豆)이 어찌 자라고 있는가.
- 훈: 어찌
- 음: 기

豈敢(기감) 豈不(기불) 豈可(기가)

기감(豈敢) : 어찌 감히
기불(豈不) : 어찌 ~ 않으랴

---

266 起 / 총10획 / 4급Ⅱ
도망가기(走) 위해 몸(己)을 일으키다.
- 훈: 일어날
- 음: 기

起床(기상) 起立(기립) 起寢(기침) 起案(기안)
起承轉結(기승전결) 起死回生(기사회생)105

起床(기상) : 잠에서 깨어 자리에서 일어남
起立(기립) : 일어나서 섬

---

267 記 / 총10획 / 7급Ⅱ
말(言)로 몸(己) 상태를 기록한다.
- 훈: 기록할
- 음: 기

記錄(기록) 記述(기술) 記號(기호) 登記所(등기소)
日記帳(일기장) 暗記(암기) 新記錄(신기록)

記錄(기록) : 사실을 적은 서류나 일기 등과 같은 자료, 또는 사실을 적음
記號(기호) : 어떤 뜻을 나타내는 표나 표시

---

268 飢 / 총11획 / 3급
음식(食)이 없는 빈 책상(几)만 잡고 있는 굶주린 사람
- 훈: 주릴
- 음: 기

飢餓(기아) 飢渴(기갈) 飢寒(기한) 虛飢(허기)
療飢(요기)

飢餓(기아) : 굶주림
療飢(요기) : 시장기를 면할 정도로 조금 먹음

---

269 基 / 총11획 / 5급Ⅱ
그(其) 곳의 땅(土) 터
- 훈: 터
- 음: 기

基準(기준) 基督敎(기독교) 基盤(기반)
基幹産業(기간산업) 基金(기금) 基礎工事(기초공사)

基準(기준) : 사물의 기본이 되는 표준
基盤(기반) : 사물의 밑바탕, 토대, 기초

---

270 寄 / 총11획 / 4급
기이한(奇) 문서를 집(宀)에 부치다.
- 훈: 부칠
- 음: 기

寄附(기부) 寄與(기여) 寄贈(기증) 寄稿(기고)
寄生蟲(기생충) 寄託(기탁) 寄宿舍(기숙사)

寄附(기부) : 공공단체 등에 무상으로 돈이나 물품을 내어 놓는 것
寄贈(기증) : 금품이나 물품 등을 타인에게 줌

56

271 既 | 无 | 총11획 | 3급
- 훈: 이미
- 음: 기

낟알(皀)조차 목이 멜(旡) 만큼 **이미** 가득 찼다.

旣存(기존) 旣得權(기득권) 旣婚(기혼)
旣決囚(기결수) 旣往之事(기왕지사)

旣存(기존) : 이미 존재함
旣婚(기혼) : 이미 결혼함

272 棄 | 木 | 총12획 | 3급
- 훈: 버릴
- 음: 기

마늘 모(厶)와 잎 엽(枼)의 합자

拋棄(포기) 廢棄(폐기) 棄却(기각) 棄權(기권)
自暴自棄(자포자기)484 職務遺棄(직무유기)

拋棄(포기) : 하던 일을 중간에 그만 둠
棄權(기권) : 권리를 버리고 행사하지 않음

273 幾 | 幺 | 총12획 | 3급
- 훈: 몇 기미
- 음: 기

창(戈)을 든 작고(幺) 어린(幺) 병사(人)는 **몇** 인지 **기미**를 살핀다.

幾日(기일) 幾死之境(기사지경) 幾微(기미)
幾度(기도) 幾許(기허)

幾日(기일) : 며칠
幾微(기미) : 앞일에 대한 막연한 짐작이나 상태, 낌새

274 欺 | 欠 | 총12획 | 3급
- 훈: 속일
- 음: 기

그(其)것이 부족한(欠) 이유는 분량을 **속였**기 때문이다.

欺瞞(기만) 欺罔(기망)
詐欺罪(사기죄)

欺瞞(기만) : 남을 그럴듯하게 속여 넘김
欺罔(기망) : 기만

275 期 | 月 | 총12획 | 5급
- 훈: 기약할
- 음: 기

그(其) 달(月)을 보고 미래를 **기약**한다.

期約(기약) 期間(기간) 滿期(만기) 延期(연기)
思春期(사춘기) 早期敎育(조기교육)

期約(기약) : 시간을 정하고 약속함
滿期(만기) : 기한이 다 참

276 旗 | 方 | 총14획 | 7급
- 훈: 깃발
- 음: 기

사방(方)으로 사람(人)들이 그(其)곳임을 알 수 있게 **깃발**을 세우다.

國旗(국기) 靑旗(청기) 白旗(백기) 軍旗(군기)
太極旗(태극기) 弔旗(조기) 萬國旗(만국기)

國旗(국기) : 나라를 상징하는 기
軍旗(군기) : 군대 각 단위의 부대를 상징하는 기

277 畿 | 田 | 총15획 | 3급Ⅱ
- 훈: 경기
- 음: 기

창(戈)을 들고 작고(幺) 조그만(幺) 밭(田)을 한 치라도 더 뺏기 위해 싸우는 **경기**

畿內(기내) 京畿道(경기도)
畿甸(기전) 畿湖地方(기호지방)

畿內(기내) : 수도에 가깝게 있는 행정 구역
畿甸(기전) : 기내

278 器 | 口 | 총16획 | 4급Ⅱ
- 훈: 그릇
- 음: 기

개고기(犬)를 네 명의 입(口)에 맞게 나눠 담은 **그릇**

器械(기계) 陶磁器(도자기) 器具(기구)
器量(기량) 武器(무기) 大器晩成(대기만성)143

陶磁器(도자기) : 질그릇, 오지그릇, 사기그릇을 총칭해 부르는 말

279 機 | 木 | 총16획 | 4급
- 훈: 틀
- 음: 기

나무(木) 몇(幾) 개로 만든 **틀**

自動販賣機(자동판매기) 機械(기계) 飛行機(비행기)
機能(기능) 時機尙早(시기상조)

飛行機(비행기) : 공중에 떠서 날아다니는 탈 것
機能(기능) : 기관이 기관으로 작용할 수 있는 능력이나 작용

280 騎 | 馬 | 총18획 | 3급Ⅱ
- 훈: 말탈
- 음: 기

말(馬)은 갑자기(奇) **타면** 위험하다.

騎手(기수) 騎兵隊(기병대) 騎馬隊(기마대)
騎士道(기사도) 騎士(기사) 騎虎之勢(기호지세)109

騎兵隊(기병대) : 기병으로 편성된 군대
騎馬隊(기마대) : 말을 타는 경관이나 군인으로 편성된 부대

57

한자능력 검정시험 3급 (3급II 포함)

---

281 糸 총14획 — 3급II

緊

- 훈: 긴할
- 음: 긴

신하(臣)들이 다시(又) 실(糸)처럼 뭉칠 만큼 긴박한 순간

緊張(긴장) 緊急(긴급) 緊要(긴요) 要緊(요긴)
緊縮財政(긴축재정) 緊密(긴밀) 緊迫感(긴박감)

緊張(긴장) : 어떤 상황에서 몸이 떨리거나 굳어 흥분된 상태가 지속됨
要緊(요긴) : 중요하고도 꼭 필요함

---

282 口 총6획 — 5급

吉

- 훈: 길할
- 음: 길

선비(士)가 말(口)로 할 만큼 좋은(길한) 것

吉鳥(길조) 吉祥文(길상문) 吉夢(길몽)
立春大吉(입춘대길) 吉日(길일) 吉凶禍福(길흉화복)

吉鳥(길조) : 좋은 징조를 미리 알려주는 새, 까치 따위
吉夢(길몽) : 좋은 일이 생길 징조의 꿈

---

283 阝(邑) 총7획 — 3급

那

- 훈: 어찌
- 음: 나:

칼(刀) 두(二) 개로 고을(阝)을 어찌 지키나.

刹那(찰나) 那落(나락) 那邊(나변)

刹那(찰나) : 극히 짧은 시간
那落(나락) : 지옥, 구원할 수 없는 마음의 구렁텅이

---

284 言 총16획 — 3급II

諾

- 훈: 허락할
- 음: 낙

말(言)들이 같아(若) 허락하다.

承諾(승낙) 許諾(허락) 受諾(수락) 應諾(응낙)
唯唯諾諾(유유낙낙)

承諾(승낙) : 청하는 바를 들어줌
應諾(응낙) : 응하여 승낙함

---

285 日 총13획 — 4급II

暖

- 훈: 따뜻할
- 음: 난:

해(日)를 끌어(爰)당기니 따뜻하다.

暖流(난류) 暖冬(난동) 寒暖(한난)
異常暖冬(이상난동) 溫暖化(온난화)

暖流(난류) : 온도가 높은 해류
暖冬(난동) : 따뜻한 겨울

---

286 隹 총19획 — 4급II

難

- 훈: 어려울
- 음: 난(:)

깊은(艹) 진흙(堇) 속에 빠진 새(隹)는 빠져 나오기 어렵다.

難堪(난감) 求人難(구인난) 難關(난관) 險難(험난)
進退兩難(진퇴양난)534 難攻不落(난공불락)112

難堪(난감) : 견디어 내기 어려움
險難(험난) : 위험하고 어려움

---

287 田 총7획 — 7급II

男

- 훈: 사내
- 음: 남

밭(田)을 이고 힘(力)쓰는 사내

男便(남편) 男兒(남아) 次男(차남) 得男(득남)
善男善女(선남선녀) 男尊女卑(남존여비)

男便(남편) : 아내의 배우자
男兒(남아) : 사내아이

---

288 十 총9획 — 8급

南

- 훈: 남녘
- 음: 남

많은(十) 양(羊)을 가둬(冂) 키우던 곳은 남쪽이다.

南部(남부) 湖南地方(호남지방) 越南(월남)
南柯一夢(남가일몽)115 南男北女(남남북녀)117

南部(남부) : 남쪽 지방
越南(월남) : 남쪽으로 넘어감

---

289 糸 총10획 — 4급

納

- 훈: 들일
- 음: 납

바늘구멍으로 실(糸)을 넣어(內) 들임

納付(납부) 納期(납기) 納稅(납세) 納得(납득)
格納庫(격납고) 納涼特輯(납량특집)

納付(납부) : 세금 따위를 관공서에 냄
納得(납득) : 사리를 분별하여 해석함

---

290 女 총10획 — 3급II

娘

- 훈: 계집
- 음: 낭

여자(女)는 어질어야(良) 한다.

娘子(낭자) 娘子軍(낭자군)
娘娘(낭랑) 娘娘18歲(낭랑18세)

娘子(낭자) : 예전에 젊은 여자를 높여 이르던 말
娘娘(낭랑) : 왕비나 귀족의 아내에 대한 높임말

291 乃 / 총2획 — 3급

말이 입에서 술술 나오지 않고 막히는 상태를 나타낸 글자

- 훈: 이에
- 음: 내:

乃祖(내조) 乃至(내지) 終乃(종내) 人乃天(인내천)

終乃(종내): 필경, 마침내
乃至(내지): 얼마에서 얼마까지, 혹은

292 內 入 총4획 — 7급Ⅱ

밀고(冂) 들어(入)간 안쪽

- 훈: 안
- 음: 내:

內外(내외) 內容(내용) 內亂(내란) 白內障(백내장)
內務部(내무부) 外柔內剛(외유내강)391

內外(내외): 나라 안과 밖, 아내와 남편
內亂(내란): 나라 안의 정권 다툼이나 싸움, 반란

293 奈 大 총8획 — 3급

두루(大) 살피며 보려면(示) 어찌 해야 하나.

- 훈: 1)어찌 2)나락
- 음: 1)내 2)나

奈何(내하) 奈落(나락)
莫無可奈(막무가내)

奈何(내하): 어찌함, 어떻게
奈落(나락): 불교에서 지옥을 이르는 말

294 耐 而 총9획 — 3급Ⅱ

마디(寸)가 꺾이는 것을 이(而)를 참고 견딤

- 훈: 견딜
- 음: 내:

忍耐(인내) 耐久性(내구성) 堪耐(감내)
耐震設計(내진설계) 耐性(내성) 耐乏生活(내핍생활)

忍耐(인내): 참고 견딤
耐性(내성): 세균 등의 생물체가 어떤 약에 견디어 내는 성질

295 女 女 총3획 — 8급

두 손을 얌전히 모은 여자의 모양을 본뜬 글자

- 훈: 계집
- 음: 녀

女子(여자) 女性(여성) 女王(여왕) 淑女(숙녀)
老處女(노처녀) 魔女(마녀) 男女平等(남녀평등)

淑女(숙녀): 교양과 예의를 갖춘 점잖은 여자
魔女(마녀): 마력을 가진 여자

296 年 干 총6획 — 8급

많은(千) 곡물(禾)이 자라나는 한 해

- 훈: 해
- 음: 년

年度(연도) 年末(연말) 年俸(연봉) 送年(송년)
年中無休(연중무휴) 豊年(풍년) 年賀狀(연하장)

年度(연도): 사무 상으로 구분한 1년
送年(송년): 묵은 한 해를 보냄

297 念 心 총8획 — 5급Ⅱ

마음(心)을 이제(今)야 추리고 생각함

- 훈: 생각
- 음: 념:

念慮(염려) 念頭(염두) 理念(이념) 信念(신념)
空念佛(공염불) 槪念(개념) 記念碑(기념비)

念慮(염려): 여러 가지로 헤아려 걱정하는 것
理念(이념): 이성에 의해 얻어지는 최고의 개념

298 寧 宀 총14획 — 3급Ⅱ

집(宀)안의 그릇(皿)이 성하니(丁) 마음(心)이 편안하다.

- 훈: 편안할
- 음: 녕

安寧(안녕) 康寧(강녕) 寧樂(영락) 遼寧(요령)

安寧(안녕): 걱정이나 탈이 없음
康寧(강녕): 몸이 건강하여 마음이 편안함

299 奴 女 총5획 — 3급Ⅱ

계속(又) 일만 하는 여자(女)는 종이다.

- 훈: 종
- 음: 노

奴婢(노비) 奴隷(노예) 官奴(관노) 守錢奴(수전노)
賣國奴(매국노) 奴隷解放(노예해방)

奴婢(노비): 계집종과 사내종
守錢奴(수전노): 돈을 지나치게 아끼고 쓸 줄 모르는 사람

300 努 力 총7획 — 4급Ⅱ

종(奴)이 힘(力)써 일하다.

- 훈: 힘쓸
- 음: 노

努力(노력) 努肉(노육)

努力(노력): 힘을 들여 일함
努肉(노육): 군더더기 궂은 살

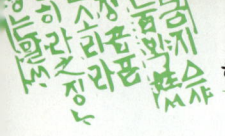

한자능력 검정시험 3급 (3급II 포함)

301　心　총9획　4급II
怒
- 훈: 성낼
- 음: 노:

종(奴)처럼 부리니 마음(心)이 안 좋아 성이 난다.

憤怒(분노) 激怒(격노) 震怒(진노) 怒髮(노발)
喜怒哀樂(희로애락) 疾風怒濤(질풍노도)

憤怒(분노) : 분하여 성을 냄
怒髮(노발) : 몹시 노하여 일어선 머리카락

302　辰　총13획　7급II
農
- 훈: 농사
- 음: 농

허리를 구부리고(曲) 별(辰)을 보며 일해야 하는 농사

農事(농사) 農藥(농약) 歸農(귀농) 離農(이농)
農機械(농기계) 農業協同組合(농업협동조합)

農事(농사) : 논밭에서 농작물을 심고, 가꾸고 거두어들이는 일
離農(이농) : 농민이 농사를 관두고 떠나는 것

303　忄(心)　총12획　3급
惱
- 훈: 번뇌할
- 음: 뇌

머리(⺈)에 흉한(凶) 생각이 가득 흐르니(巛) 마음(忄)이 번뇌에 휩싸여있다.

苦惱(고뇌) 惱殺(뇌쇄)
百八煩惱(백팔번뇌)237

苦惱(고뇌) : 몸과 마음이 괴로움
惱殺(뇌쇄) : 몹시 괴롭힘

304　月(肉)　총13획　3급II
腦
- 훈: 골
- 음: 뇌

몸(月)과 머리(⺈)에 흉한(凶) 생각이 가득 흐르는(巛) 것은 뇌

頭腦(두뇌) 洗腦(세뇌) 腦裏(뇌리) 腦炎(뇌염)
腦出血(뇌출혈) 腦卒中(뇌졸중) 首腦部(수뇌부)

洗腦(세뇌) : 사고방식을 개조하는 것을 말함
腦裏(뇌리) : 머릿속

305　月(肉)　총10획　5급II
能
- 훈: 능할
- 음: 능

내(厶) 몸(月)은 비수(匕匕)들을 다루는 데 능숙하다.

能熟(능숙) 能通(능통) 能動(능동) 能率的(능률적)
放射能(방사능) 超能力(초능력)

能熟(능숙) : 능하고 익숙함
能通(능통) : 능히 오거나 가거나 함

306　氵(水)　총8획　3급II
泥
- 훈: 진흙
- 음: 니

비(氵)를 맞은 산(尼)에서 진흙이 흘러내린다.

泥土(이토) 雲泥之差(운니지차) 泥醉(이취)

泥土(이토) : 진흙
泥醉(이취) : 술이 몹시 취하여 곤드레만드레함

307　夕　총6획　5급II
多
- 훈: 많을
- 음: 다

저녁(夕)에 밤(夕)참까지 먹기엔 양이 많다.

多少(다소) 多量(다량) 多彩(다채) 大多數(대다수)
多樣性(다양성) 公私多忙(공사다망)

多少(다소) : 분량의 정도가 많고 적음
多彩(다채) : 여러 가지 빛깔이 어울려 아름다움

308　艹(艸)　총10획　3급II
茶
- 훈: 1)차　2)차
- 음: 1)다　2)차

사람(人) 십(十) 중 여덟(八)아홉은 풀(艹)을 달인 차를 마신다.

茶房(다방) 茶菓(다과) 綠茶(녹차) 紅茶(홍차)
茶禮(차례) 茶飯事(다반사)

茶房(다방) : 차를 마시는 곳
茶禮(차례) : 명절이나 조상의 생일 등에 낮 동안 간단히 지내는 제사

309　丶　총4획　3급II
丹
- 훈: 붉을
- 음: 단

먼 데(冂)서 하나(一)의 불똥(丶)이 붉게 빛난다.

丹楓(단풍) 粉丹粧(분단장) 丹靑(단청)
一片丹心(일편단심)467 丹田呼吸(단전호흡)

丹楓(단풍) : 늦은 가을에 색이 변하여 붉고 누렇게 되는 나뭇잎
丹靑(단청) : 집의 벽 천장 등에 여러 빛깔의 무늬를 그린 것

310　日　총5획　3급II
旦
- 훈: 아침
- 음: 단

땅(一) 위로 해(日)가 돋는 아침

元旦(원단) 一旦(일단) 旦夕(단석) 旦暮(단모)
早旦(조단)

元旦(원단) : 설날 아침
旦暮(단모) : 아침 저녁

60

311 但 | 亻(人) 총7획 | 3급Ⅱ

떠난 사람(亻)을 생각하며 아침(旦)해를 봐도 부질없다(다만).

- 훈: 다만
- 음: 단:

但只(단지) 非但(비단) 但書(단서)

但只(단지) : 다만, 겨우, 온갖
非但(비단) : 다만, 오직

312 段 | 殳 총9획 | 4급

나무지팡이(殳)를 일일이(一一二) 세워(丨) 층계를 만듦

- 훈: 층계
- 음: 단

階段(계단) 段落(단락) 段階(단계) 文段(문단)
三段論法(삼단논법) 最後手段(최후수단)

段落(단락) : 긴 문장 중에 큰 단위로 끊는 곳
文段(문단) : 문맥상의 단락

313 單 | 口 총12획 | 4급Ⅱ

여러 입(口口)을 먹여 살리기 위해 밭(田)에 나가 오랜(十) 시간을 홀로 일하다.

- 훈: 홀
- 음: 단

單獨(단독) 單位(단위) 單純(단순) 食單(식단)
傳單(전단) 單價(단가) 單科大學(단과대학)

單獨(단독) : 단 한 사람
食單(식단) : 식당 등에서 파는 요리 종목과 가격을 적은 안내표

314 短 | 矢 총12획 | 6급Ⅱ

화살(矢)과 콩(豆)으로 짧은 것들을 잰다.

- 훈: 짧을
- 음: 단:

短期(단기) 超短波(초단파) 短距離(단거리)
短篇集(단편집) 短命(단명) 短縮授業(단축수업)

短期(단기) : 짧은 기간
短命(단명) : 일찍 죽다, 수명이 짧다

315 團 | 口 총14획 | 5급Ⅱ

모난 곳 없이 오로지(專) 둘러싸여(口) 있는 둥근 원

- 훈: 둥글
- 음: 단

團體(단체) 團結(단결) 團員(단원) 球團(구단)
交響樂團(교향악단) 團束(단속) 合唱團(합창단)

團體(단체) : 공동의 목적을 가지고 모인 두 사람 이상의 집단, 법인 등
球團(구단) : 프로 구기 선수들을 모아 경기 대회에 참가하는 단체

316 端 | 立 총14획 | 4급Ⅱ

꼭대기(岩)에 서(立)니 끝이 보인다.

- 훈: 끝
- 음: 단

端緖(단서) 端整(단정) 端午(단오) 末端(말단)
尖端技術(첨단기술) 弊端(폐단) 端末機(단말기)

端緖(단서) : 일의 처음이나 실마리
端整(단정) : 깨끗하게 정돈되어 있음

317 壇 | 土 총16획 | 5급

흙(土)을 높게(亶) 쌓은 제단

- 훈: 단
- 음: 단

講壇(강단) 教壇(교단) 演壇(연단) 祭壇(제단)
文壇(문단) 壇上(단상) 花壇(화단) 登壇(등단)

文壇(문단) : 문학에 종사하는 사람들의 사회적 분야, 문인 사회
登壇(등단) : 문단 등의 사회 분야에 처음으로 나타남

318 檀 | 木 총17획 | 4급Ⅱ

나무(木)가 높고 두꺼운(亶) 박달나무

- 훈: 박달나무
- 음: 단

檀紀(단기) 黑檀(흑단) 檀君神話(단군신화)

檀紀(단기) : 단군이 즉위한 2333년을 원년으로 치는 한국 기원
黑檀(흑단) : 감나무과에 딸린 늘푸른큰키나무

319 斷 | 斤 총18획 | 4급Ⅱ

상자(匚) 안의 물건을 조금씩(幺)조금씩(幺) 하나(幺)하나(幺) 도끼로 끊는다.

- 훈: 끊을
- 음: 단:

斷絶(단절) 斷念(단념) 斷電(단전) 決斷(결단)
獨斷(독단) 遮斷(차단) 斷食鬪爭(단식투쟁)

斷絶(단절) : 유대나 연관 관계 등을 끊음
斷念(단념) : 미련 없이 잊어버림

320 達 | 辶(辵) 총13획 | 4급Ⅱ

양치기가 양(羊)이 땅(土)을 쉬엄쉬엄(辶) 갈 수 있게 할 만큼 통달하다.

- 훈: 통달할
- 음: 달

達人(달인) 達辯(달변) 達成(달성) 發達(발달)
調達廳(조달청) 熟達(숙달) 公示送達(공시송달)

達人(달인) : 학술과 기예에 통달한 사람
熟達(숙달) : 익숙하고 통달함

331 黨 (총20획) 4급Ⅱ
검은(黑) 연기가 높이(尙) 나는 곳엔 사람의 **무리**가 있다.
- 훈: 무리
- 음: 당

惡黨(악당) 入黨(입당) 脫黨(탈당) 黨籍(당적)
黨利黨略(당리당략) 全黨大會(전당대회)

惡黨(악당): 악한 무리
脫黨(탈당): 당원이 당적을 떠남

332 大 (총3획) 8급
사람이 양 팔을 **크게** 벌리고 있는 모양을 본뜬 글자
- 훈: 큰
- 음: 대(:)

大將(대장) 大學(대학) 大義(대의) 大勢(대세)
大器晩成(대기만성)143 大陸(대륙) 大西洋(대서양)

大將(대장): 한 무리의 우두머리로 장관급의 첫 째
大陸(대륙): 지역이 넓은 커다란 육지

333 代 亻(人) (총5획) 6급Ⅱ
사람(亻)이 사냥한(弋) 것을 사냥개가 **대신** 가져온다.
- 훈: 대신
- 음: 대:

代身(대신) 代表(대표) 代案(대안) 代金(대금)
新陳代謝(신진대사)334 世代(세대) 代理人(대리인)

代身(대신): 새 것이나 다른 것으로 바꿈, 남을 대리함
代表(대표): 전체의 상태나 성질을 어느 하나로 나타내는 것

334 待 彳 (총9획) 5급Ⅱ
걸으며(彳) 절(寺)에서 스님을 **기다린**다.
- 훈: 기다릴
- 음: 대:

待機(대기) 待避(대피) 招待(초대) 優待(우대)
鶴首苦待(학수고대)602 虐待(학대) 待合室(대합실)

待避(대피): 위험이나 난을 피해 기다림
優待(우대): 특별히 잘 대우함

335 帶 巾 (총11획) 4급Ⅱ
높은 지위의 사람이 허리에 매던 수건(巾) 같은 **띠**
- 훈: 띠
- 음: 대(:)

革帶(혁대) 携帶(휴대) 繃帶(붕대) 聲帶(성대)
連帶責任(연대책임) 地帶(지대) 亞熱帶(아열대)

革帶(혁대): 가죽으로 만든 띠
携帶(휴대): 물건을 손에 들거나 몸에 지님

336 貸 貝 (총12획) 3급Ⅱ
돈(貝)을 대신(代) **빌리다**.
- 훈: 빌릴
- 음: 대:

貸金(대금) 貸出(대출) 貸切(대절) 賃貸(임대)
貸與料(대여료) 貸借對照表(대차대조표)

貸出(대출): 금전이나 물품 등을 빌려줌
賃貸(임대): 물품을 남에게 빌려주고 그 손료를 받음

337 隊 阝(阜) (총12획) 4급Ⅱ
언덕(阝)에 여러(八)마리의 돼지(豕)가 **무리**지어 있다.
- 훈: 무리
- 음: 대

軍隊(군대) 入隊(입대) 艦隊(함대) 部隊(부대)
騎兵隊(기병대) 遠征隊(원정대) 小隊長(소대장)

入隊(입대): 군대에 들어가 군인이 됨
艦隊(함대): 군함이 두 척 이상 편성된 연합 부대

338 臺 至 (총14획) 3급Ⅱ
선비(士)들의 입(口)을 덮어(冖)놓자 화가 극에 달아(至) 누각에 모이다.
- 훈: 대
- 음: 대

臺灣(대만) 寢臺(침대) 燈臺(등대) 氣象臺(기상대)
瞻星臺(첨성대)

寢臺(침대): 잠을 자는 곳, 서양식 침상
燈臺(등대): 바닷가나 섬에 세워 배들이 다닐 길을 밝혀 주는 곳

339 對 寸 (총14획) 6급Ⅱ
종을 떠받치는 기둥(對)에 손(寸)을 짚고 마주 **대**하고 있다.
- 훈: 대할
- 음: 대:

對話(대화) 對答(대답) 對應(대응) 對決(대결)
對談(대담) 反對(반대) 對角線(대각선)

對話(대화): 마주 대해 서로 의견을 주고받는 것
對談(대담): 마주 대하여 말함

340 德 彳 (총15획) 5급Ⅱ
바르게(直) 걷는(彳) 것처럼 마음(心)도 곧아야 **덕**이 쌓인다.
- 훈: 덕
- 음: 덕

德目(덕목) 德談(덕담) 道德(도덕) 惡德(악덕)
背恩忘德(배은망덕)222 變德(변덕) 福德房(복덕방)

德目(덕목): 충, 효, 인, 의 등 덕을 분류하는 명목
變德(변덕): 이랬다저랬다 변하기를 잘 하는 성질이나 태도

341 刀 총2획 — 3급Ⅱ

칼 모양을 본뜬 글자

- 훈: 칼
- 음: 도

刀劍(도검) 短刀(단도) 果刀(과도) 面刀(면도)
銀粧刀(은장도) 單刀直入(단도직입)[137]

刀劍(도검) : 칼과 검
短刀(단도) : 짧은 칼

342 到 刂(刀) 총8획 — 5급Ⅱ

칼(刀)을 다루는 게 극히 지극하여(至) 경지에 이르다.

- 훈: 이를
- 음: 도

到着(도착) 到達(도달) 到來(도래) 殺到(쇄도)
用意周到(용의주도) 周到綿密(주도면밀)

到着(도착) : 목적한 곳에 다다름
殺到(쇄도) : 세차게 몰려듦

343 度 广 총9획 — 5급Ⅱ

집(广)에도 하나(一)에서 스무(廿)개의 바른(又) 법도가 있다.

- 훈: 1)법도 2)헤아릴
- 음: 1)도 2)탁

度量(도량) 態度(태도) 溫度(온도) 濕度(습도)
難易度(난이도) 忖度(촌탁) 度支部(탁지부)

度量(도량) : 너그러운 마음과 깊은 생각
態度(태도) : 속의 뜻이 드러나 보이는 겉모양

344 挑 扌(手) 총9획 — 3급

손(扌)만 봐도 이길 조짐(兆)이 보인다며 싸움을 돋우다.

- 훈: 돋울
- 음: 도

挑戰(도전) 挑發(도발) 挑出(도출)

挑戰(도전) : 싸움을 걸거나 돋움
挑發(도발) : 상대방을 자극하여 싸움이나 전쟁 등을 일으킴

345 逃 辶(辵) 총10획 — 4급

뛸(辶) 조짐(兆)이 보인다면 십중팔구 도망이다.

- 훈: 도망할
- 음: 도

逃亡(도망) 現實逃避(현실도피) 夜半逃走(야반도주)

逃亡(도망) : 피하거나 쫓겨 달아남

346 島 山 총10획 — 5급

산(山)과 새(鳥)가 있는 섬

- 훈: 섬
- 음: 도

獨島(독도) 鬱陵島(울릉도) 落島(낙도)
三多島(삼다도) 汝矣島(여의도) 韓半島(한반도)

落島(낙도) : 뭍에서 멀리 떨어진 작은 섬
三多島(삼다도) : 여자, 돌, 바람이 많은 섬으로 제주도를 말함

347 倒 亻(人) 총10획 — 3급Ⅱ

사람(亻)에게 속아(到) 넘어지다.

- 훈: 넘어질
- 음: 도

倒産(도산) 倒壞(도괴) 倒置(도치) 卒倒(졸도)
壓倒(압도) 主客顚倒(주객전도)[518]

倒産(도산) : 재산을 모두 소비함
倒壞(도괴) : 쓰러져 허물어짐

348 徒 彳 총10획 — 4급

천천히 걷고(彳) 빨리 걷고(走) 무리지어 걷다.

- 훈: 무리 걸을
- 음: 도

徒步(도보) 徒衆(도중) 暴徒(폭도) 逆徒(역도)
淸敎徒(청교도) 無爲徒食(무위도식)[194]

徒步(도보) : 타지 않고 걸어감
暴徒(폭도) : 난폭한 짓을 하는 무리

349 途 辶(辵) 총11획 — 3급Ⅱ

내(余)가 달리기엔(辶) 길이 편하다.

- 훈: 길
- 음: 도

方途(방도) 別途(별도) 用途(용도) 前途(전도)
途中下車(도중하차) 開發途上國(개발도상국)

方途(방도) : 일을 하여 갈 방법과 도리
別途(별도) : 딴 방법이나 방도

350 桃 木 총10획 — 3급Ⅱ

나무(木)토막으로 점을 칠(兆) 때는 복숭아나무를 사용한다.

- 훈: 복숭아
- 음: 도

桃花(도화) 黃桃(황도) 白桃(백도) 胡桃(호도)
扁桃腺(편도선) 武陵桃源(무릉도원)[191]

桃花(도화) : 복숭아꽃
胡桃(호도) : 호두나무 열매

351 陶
- 阝(阜) 총11획 3급II
- 큰(阝) 그릇(匋)은 질그릇
- 훈: 질그릇
- 음: 도
- 陶藝(도예) 陶工(도공) 陶醉(도취) 陶冶(도야)
- 陶胎(도태) 陶磁器(도자기)
- 陶藝(도예) : 도기의 예술
- 陶醉(도취) : 어떠한 것에 마음이 쏠려 취할 만큼 빠짐

352 盜
- 皿 총12획 4급
- 그릇(皿)을 들고 흐르듯(㳄) 달아나는 도둑
- 훈: 도둑
- 음: 도
- 盜賊(도적) 盜聽(도청) 盜難(도난) 盜用(도용)
- 竊盜犯(절도범) 路上強盜(노상강도)
- 盜賊(도적) : 물건을 훔치고, 사람을 공갈, 협박하는 사람
- 盜聽(도청) : 남의 이야기, 전화 통화 등을 몰래 엿듣는 것

353 渡
- 氵(水) 총12획 3급II
- 물(氵)을 헤아려(度)보고 건너다.
- 훈: 건널
- 음: 도
- 引渡(인도) 不渡(부도) 渡江(도강) 渡河(도하)
- 過渡期(과도기) 讓渡稅(양도세)
- 引渡(인도) : 물건이나 권리를 넘겨줌
- 渡江(도강) : 강물을 건넘

354 道
- 辶(辵) 총13획 7급II
- 앞서(首) 가려면(辶) 지름길로 가야한다.
- 훈: 길
-   행정
- 음: 도:
- 道路(도로) 道廳(도청) 鐵道(철도) 道術(도술)
- 濟州道(제주도) 橫斷步道(횡단보도)
- 道路(도로) : 사람이나 차가 다닐 수 있게 만든 길
- 道術(도술) : 도덕과 학술, 도가의 방술

355 都
- 阝(邑) 총12획 5급
- 사람(者)이 많은 고을(阝)을 도읍으로 정하다.
- 훈: 도읍
- 음: 도
- 都邑(도읍) 都市(도시) 都心(도심) 遷都(천도)
- 都賣商(도매상)
- 都心(도심) : 도시의 중심부
- 遷都(천도) : 도읍을 옮김

356 塗
- 土 총13획 3급
- 물(氵)을 나머지(余) 흙(土)과 섞어 칠한다.
- 훈: 칠할
- 음: 도
- 塗裝(도장) 塗料(도료) 塗褙(도배) 塗炭(도탄)
- 塗料(도료) : 물건의 거죽에 칠하는 재료
- 塗炭(도탄) : 생활이 몹시 곤궁하고 고통스러운 지경

357 跳
- 足 총13획 3급
- 발(足)로 준비를 하고 조짐(兆)을 살피다 뛰어 도망간다.
- 훈: 뛸
- 음: 도
- 跳躍(도약) 跳馬(도마) 高跳(고도)
- 跳躍(도약) : 몸을 위로 솟구쳐 뛰는 것, 더 높은 단계로 발전하는 것
- 高跳(고도) : 몸을 솟구쳐서 뛰어 넘음, 높이뛰기

358 圖
- 囗 총14획 6급II
- 머리(亠)와 입(口)을 돌려가며(回) 판(囗)안에 그린 그림
- 훈: 그림
- 음: 도
- 圖面(도면) 圖案(도안) 圖解(도해) 略圖(약도)
- 地圖(지도) 圖書館(도서관) 圖畫紙(도화지)
- 圖面(도면) : 건축, 토지 등을 기하학적으로 제도기를 써서 그린 그림
- 地圖(지도) : 지형 등을 축척에 따라 평면에 그린 그림

359 稻
- 禾 총15획 3급
- 광에서 곡식(禾)을 꺼냈더니(舀) 대부분이 벼다.
- 훈: 벼
- 음: 도
- 稻作(도작) 立稻(입도)
- 早稻(조도) 稻熱病(도열병) 立稻先賣(입도선매)
- 稻作(도작) : 벼농사
- 早稻(조도) : 올벼

360 導
- 寸 총16획 4급II
- 가야할 길(道)을 손(寸)으로 인도한다.
- 훈: 인도할
- 음: 도:
- 引導(인도) 導入(도입) 導出(도출) 先導(선도)
- 矯導官(교도관) 誘導彈(유도탄) 半導體(반도체)
- 引導(인도) : 이끌어 가르침
- 先導(선도) : 앞장서서 안내함

한자능력 검정시험 3급 (3급II 포함)

361 毒 母 총8획 — 4급II
- 훈: 독
- 음: 독

임금(主)과 산모(母)에겐 독을 먹여선 안 된다.

毒藥(독약) 毒蛇(독사) 毒感(독감) 中毒(중독)
飮毒自殺(음독자살) 猛毒(맹독) 毒劇物(독극물)

毒蛇(독사): 독을 품고 있는 뱀
猛毒(맹독): 심한 독기

362 督 目 총13획 — 4급II
- 훈: 감독할
- 음: 독

젊은이(叔)가 눈(目)으로 감독한다.

監督(감독) 督促(독촉) 督勵(독려) 基督教(기독교)
總督府(총독부) 映畫監督(영화감독)

督促(독촉): 서둘러 하라고 재촉하는 것
督勵(독려): 감독하며 격려함

363 篤 竹 총16획 — 3급
- 훈: 도타울
- 음: 독

죽(竹)마(馬)를 같이 타던 친구끼리 정이 도탑다. (죽마고우)

敦篤(돈독) 危篤(위독) 篤實(독실) 篤信者(독신자)
篤志家(독지가)

敦篤(돈독): 인정이 도타움
危篤(위독): 병세가 매우 중해 생명이 위태로운 상태

364 獨 犬 총16획 — 5급II
- 훈: 홀로
- 음: 독

개(犭)가 벌레(蜀)를 홀로 지키고 있다.

獨立(독립) 獨裁(독재) 獨斷(독단) 獨善(독선)
獨不將軍(독불장군)149 孤獨(고독) 獨創的(독창적)

獨斷(독단): 남의 의견을 듣지 아니하고 자기 혼자만의 의견대로 결단함
獨善(독선): 자기 혼자만 선이라고 생각하는 바를 행하는 것

365 讀 言 총22획 — 6급II
- 훈: 1)읽을 2)구절
- 음: 1)독 2)두

말(言)을 팔아(賣) 구절을 읽는다.

讀書(독서) 朗讀(낭독) 吏讀(이두) 句讀點(구두점)
讀後感(독후감) 晝耕夜讀(주경야독)519

朗讀(낭독): 소리를 높여 읽음
吏讀(이두): 우리말을 한자를 빌려 표기하던 방법의 하나

366 豚 豕 총11획 — 3급
- 훈: 돼지
- 음: 돈

돼지(豕) 고기(月)

豚肉(돈육) 豚舍(돈사) 豚皮(돈피) 豚兒(돈아)
養豚業(양돈업)

豚肉(돈육): 돼지고기
豚皮(돈피): 돼지가죽

367 敦 攵(攴) 총12획 — 3급
- 훈: 도타울
- 음: 돈

자주 싸우는(攵) 가족도 모여 제사를 지내다보면 (享) 정이 도타워진다.

敦篤(돈독) 敦睦(돈목) 敦厚(돈후) 敦親(돈친)
敦化門(돈화문)

敦睦(돈목): 정이 두텁고 화목함
敦厚(돈후): 친절하고 정중함

368 突 穴 총9획 — 3급II
- 훈: 갑자기
- 음: 돌

구멍(穴)을 보고 개(犬)가 갑자기 돌변함

突擊(돌격) 突發(돌발) 突然(돌연) 衝突(충돌)
激突(격돌) 突破口(돌파구) 溫突房(온돌방)

突然(돌연): 갑자기, 별안간
衝突(충돌): 서로 부딪침

369 冬 冫 총5획 — 7급
- 훈: 겨울
- 음: 동(:)

서서히(夂) 얼음(冫)이 어는 겨울

冬季(동계) 冬至(동지) 冬眠(동면) 越冬(월동)
冬節氣(동절기) 嚴冬雪寒(엄동설한)

冬眠(동면): 겨울잠
越冬(월동): 겨울을 살아 넘김

370 同 口 총6획 — 7급
- 훈: 한가지
- 음: 동

구멍(口) 하나(一)에 전부 밀어 넣어(冂) 하나처럼 보이게 함

同行(동행) 同乘(동승) 同僚(동료) 同義(동의)
同盟罷業(동맹파업) 同甲(동갑) 同居人(동거인)

同甲(동갑): 나이가 같은 사람
同僚(동료): 같은 곳에서 같은 일을 하는 사람

배정한자

371 東 — 木 총8획 — 8급
- 나무(木) 사이로 해(日)가 보이는 **동쪽**
- 훈: 동녘
- 음: 동
- 東洋(동양) 東西古今(동서고금) 東海(동해)
- 東醫寶鑑(동의보감) 東西南北(동서남북)
- 東洋(동양): 아시아 제국의 총칭
- 東海(동해): 동쪽 바다

372 洞 — 氵(水) 총9획 — 7급
- 물(氵)이 같은(同) 곳으로 떨어져 바위를 꿰뚫음
- 훈: 1)골 2)꿰뚫을
- 음: 1)동 2)통
- 洞窟(동굴) 空洞(공동) 洞長(동장) 洞達(통달)
- 洞燭(통촉) 洞察(통찰)
- 空洞(공동): 여러 사람이 같이 일을 함
- 洞燭(통촉): 깊이 헤아려 살핌

373 凍 — 冫 총10획 — 3급Ⅱ
- 얼음(冫)을 피해 동(東)쪽으로 가도 얼음이 있음
- 훈: 얼
- 음: 동:
- 凍傷(동상) 凍死(동사) 凍結(동결) 冷凍機(냉동기)
- 不凍液(부동액) 凍氷寒雪(동빙한설)
- 凍傷(동상): 추위에 몸의 끝부분 살이 얼어서 상하는 것
- 凍死(동사): 얼어 죽는 것

374 動 — 力 총11획 — 7급Ⅱ
- 무거운(重) 것을 힘(力)써 움직임
- 훈: 움직일
- 음: 동:
- 動物(동물) 動力(동력) 動作(동작) 動亂(동란)
- 衝動(충동) 變動(변동) 能動態(능동태)
- 動物(동물): 살아 움직이는 모든 생명체
- 變動(변동): 움직여서 달라지게 함

375 童 — 立 총12획 — 6급Ⅱ
- 거리(里)에 서서(立) 울고 있는 **아이**
- 훈: 아이
- 음: 동:
- 童話(동화) 童謠(동요) 童詩(동시) 童畫(동화)
- 童顔(동안) 兒童(아동) 三尺童子(삼척동자)293
- 童畫(동화): 어린이가 그린 그림, 또는 어린이를 위해 그린 그림
- 童詩(동시): 어린이가 지은 시나 어린이를 위해 지은 시

376 銅 — 金 총14획 — 4급Ⅱ
- 금(金)과 같은(同) 빛깔의 **구리**
- 훈: 구리
- 음: 동
- 銅錢(동전) 銅像(동상) 銅版(동판) 靑銅器(청동기)
- 銅錢(동전): 구리로 만든 돈
- 銅像(동상): 구리로 만든 사람 형상의 상

377 斗 — 斗 총4획 — 4급Ⅱ
- 열(十) 되(丶)들이 말의 모양을 본뜬 글자
- 훈: 말
- 음: 두
- 斗量(두량) 泰斗(태두) 斗落(두락)
- 斗酒不辭(두주불사)158 北斗七星(북두칠성)
- 斗量(두량): 되나 말로 곡식을 되어서 센 분량
- 斗落(두락): 마지기

378 豆 — 豆 총7획 — 4급Ⅱ
- 콩꼬투리 모양을 본뜬 글자
- 훈: 콩
- 음: 두
- 豆腐(두부) 豆乳(두유) 大豆(대두) 綠豆(녹두)
- 豆滿江(두만강) 種豆得豆(종두득두)513
- 豆腐(두부): 콩으로 만든 음식의 하나
- 豆乳(두유): 진하게 만든 콩국

379 頭 — 頁 총16획 — 5급Ⅱ
- 콩(豆)의 영양가는 곡식 중 으뜸(頁)
- 훈: 머리
- 음: 두
- 頭腦(두뇌) 頭髮(두발) 沒頭(몰두) 頭蓋骨(두개골)
- 偏頭痛(편두통) 龍頭蛇尾(용두사미)396
- 頭髮(두발): 머리털
- 沒頭(몰두): 다른 생각을 할 여유가 없이 오로지 일에 매달림

380 屯 — 屮 총4획 — 3급
- 거친 땅 위에 풀(屮) 하나(一)가 **진치고 있다.**
- 훈: 진칠
- 음: 둔
- 屯營(둔영) 屯田兵(둔전병)
- 駐屯軍(주둔군)
- 屯營(둔영): 군사가 주둔한 군영

67

한자능력 검정시험 3급 (3급II 포함)

381 金 총12획 3급
鈍
훈 둔할
음 둔
금(金)을 묻은(屯) 곳도 못 찾을 만큼 둔하다.
鈍化(둔화) 鈍感(둔감) 鈍器(둔기) 鈍濁(둔탁)
鈍才(둔재) 鈍角(둔각) 愚鈍(우둔)
鈍化(둔화) : 둔하여짐
愚鈍(우둔) : 어리석고 둔함

382 彳 총11획 4급II
得
훈 얻을
음 득
일찍 일어나(旦) 한 치(寸)라도 더 걸어야(彳) 먹을 것을 얻는다.
得票(득표) 得男(득남) 得點(득점) 所得(소득)
習得(습득) 獲得(획득) 取得稅(취득세)
習得(습득) : 배워 터득함
得點(득점) : 어떠한 시험이나 경기 등에서 점수를 얻음

383 癶 총12획 7급
登
훈 오를
음 등
콩(豆)밭을 걸어(癶) 오르다.
登山(등산) 登校(등교) 登載(등재) 登錄金(등록금)
登龍門(등용문) 登記郵便(등기우편)
登山(등산) : 산에 오름
登載(등재) : 일정한 사항을 장부나 대장에 올림

384 竹 총12획 6급II
等
훈 무리
음 등
절(寺) 주변의 대나무(竹) 무리
等級(등급) 等數(등수) 對等(대등) 差等(차등)
劣等感(열등감) 高等動物(고등동물)
對等(대등) : 양쪽이 서로 비슷하여 우열이 없음
差等(차등) : 차이가 나는 등급

385 火 총16획 4급II
燈
훈 등잔
음 등
심지에 불(火)이 올라(登) 있는 등잔
燈盞(등잔) 燈臺(등대) 點燈(점등) 電燈(전등)
風前燈火(풍전등화)595 消燈(소등) 街路燈(가로등)
燈盞(등잔) : 기름을 담아 등불을 켜는 그릇
消燈(소등) : 등불을 끔

386 馬 총20획 3급
騰
훈 오를
음 등
지아비(夫)가 다리를 팔(八)자로 벌려 말(馬)의 몸(月)에 오르다.
暴騰(폭등) 漸騰(점등) 急騰(급등)
龍蛇飛騰(용사비등)397 沸騰點(비등점)
暴騰(폭등) : 물가, 주가 등이 갑자기 큰 폭으로 오름
急騰(급등) : 물가나 시세 등이 갑자기 오름

387 罒(网) 총19획 4급II
羅
훈 벌릴
음 라
그물(罒)과 밧줄(糸)을 벌려 새(隹)를 잡는다.
羅針盤(나침반) 總網羅(총망라) 新羅(신라)
閻羅大王(염라대왕) 森羅萬象(삼라만상)287
總網羅(총망라) : 어떤 대상 전체를 전부 이르는 말

388 艹(艸) 총13획 5급
落
훈 떨어질
음 락
풀(艹)들이 강(洛)으로 떨어짐
落鄕(낙향) 落選(낙선) 落第(낙제) 當落(당락)
秋風落葉(추풍낙엽)564 漏落(누락) 落下傘(낙하산)
落鄕(낙향) : 서울에서 시골로 거처를 옮김
漏落(누락) : 기록에서 빠짐

389 糸 총12획 3급II
絡
훈 헌솜
이을
음 락
실(糸)을 각각(各) 이어 헌 솜을 메우다.
脈絡(맥락) 籠絡(농락) 經絡(경락) 連絡網(연락망)
連絡處(연락처)
脈絡(맥락) : 사물들이 이어져 있는 연관
籠絡(농락) : 교묘한 꾀로 남을 이용하거나 다루는 것

390 木 총15획 6급II
樂
훈 1)즐거울
2)풍류
3)좋아할
음 1)락 2)악
3)요
나무(木) 위에서 작은(幺) 악기들을 들고 날을 샐(白) 만큼 풍류를 좋아함(즐김)
快樂(쾌락) 娛樂(오락) 音樂(음악) 樂譜(악보)
喜怒哀樂(희로애락) 樂山樂水(요산요수)393
快樂(쾌락) : 기분이 좋고 즐거움
音樂(음악) : 박자, 가락, 음색 등을 갖춘 목소리나 악기로 연주하는 것

391 卵 (卩) 총7획 — 4급
토끼(卵)가 여러(八) 마리의 새끼를 가져 배가 알처럼 볼록하다.
- 훈: 알
- 음: 란

鷄卵(계란) 卵子(난자) 卵巢(난소) 排卵(배란) 受精卵(수정란) 累卵之勢(누란지세)132

- 卵子(난자): 유성 생식을 하는 생물 암컷의 생식세포
- 排卵(배란): 알씨가 아기집으로 가기 위해 알집에서 떨어져 나오는 것

392 亂 (乙) 총13획 — 4급
손질(爪)을 마친(丁) 무기를 내(厶) 손에 들고 성(冂)을 어지럽히는 새(乙)떼를 잡으러 감
- 훈: 어지러울
- 음: 란

亂暴(난폭) 叛亂(반란) 攪亂(교란) 混亂(혼란) 壬辰倭亂(임진왜란) 淫亂(음란) 亂鬪劇(난투극)

- 亂暴(난폭): 몹시 거칠고 사나움
- 攪亂(교란): 뒤흔들어서 어지럽게 함

393 蘭 (艹(艸)) 총21획 — 3급Ⅱ
대문(門)을 분간(柬)해 안쪽으로 피어있는 풀(艹)이 난초
- 훈: 난초
- 음: 란

蘭草(난초) 龍舌蘭(용설란) 佛蘭西(불란서) 梅蘭菊竹(매란국죽) 金蘭之交(금란지교)93

- 蘭草(난초): 난초과에 속하는 식물의 총칭
- 佛蘭西(불란서): 프랑스의 음역

394 欄 (木) 총21획 — 3급Ⅱ
나무(木)와 난초(蘭)는 난간에 있음
- 훈: 난간
- 음: 란

欄干(난간) 空欄(공란) 消息欄(소식란) 備考欄(비고란)

- 欄干(난간): 층계, 다리 등의 일부를 일정하게 가로막은 공간
- 空欄(공란): 지면에 비어있는 칸

395 濫 (氵(水)) 총17획 — 3급
물(氵)이 보일(監)만큼 넘침
- 훈: 넘칠
- 음: 람

濫用(남용) 濫發(남발) 濫獲(남획) 濫伐(남벌) 氾濫(범람) 猥濫(외람) 職權濫用(직권남용)

- 濫用(남용): 정해진 규정이나 범위를 벗어나서 함부로 쓰거나 행사함
- 猥濫(외람): 하는 짓이 분수에 넘침

396 覽 (見) 총21획 — 4급
보고(監) 보고(見) 또 본다.
- 훈: 볼
- 음: 람

閱覽(열람) 觀覽(관람) 便覽(편람) 一覽表(일람표) 展覽會(전람회) 博覽會(박람회)

- 閱覽(열람): 책 등을 두루 훑어서 봄
- 便覽(편람): 보기에 편하도록 간단하게 만든 책

397 浪 (氵(水)) 총10획 — 3급Ⅱ
물(氵)이 보기 좋게(良) 일렁이는 물결
- 훈: 물결
- 음: 랑

浪漫(낭만) 風浪(풍랑) 流浪(유랑) 放浪者(방랑자) 浮浪輩(부랑배) 虛無孟浪(허무맹랑)

- 浪漫(낭만): 정서적이고 이상적으로 생각하는 분위기나 상태
- 風浪(풍랑): 해상에서 바람에 의해 일어나는 높은 파도

398 郞 (阝(邑)) 총10획 — 3급Ⅱ
어질고(良) 큰(阝) 사내
- 훈: 사내
- 음: 랑

新郞(신랑) 郞君(낭군) 郞官(낭관) 侍郞(시랑) 花郞徒(화랑도)

- 新郞(신랑): 갓 결혼한 남자
- 郞官(낭관): 조선 시대 5~6품의 벼슬자리에 있던 사람을 부르던 말

399 朗 (月) 총11획 — 5급Ⅱ
달(月)이 어질다(良) 함은 어둔 밤을 밝혀 주기 때문이다.
- 훈: 밝을
- 음: 랑

明朗(명랑) 朗讀(낭독) 朗報(낭보) 朗誦(낭송) 朗朗(낭랑) 朗月(낭월)

- 明朗(명랑): 밝고 맑고 낙천적이고 쾌활한 성미
- 朗朗(낭랑): 소리가 명랑한 모습

400 廊 (广) 총13획 — 3급Ⅱ
집(广)에서 사내(郞)만 거처하는 곳이 행랑
- 훈: 행랑
- 음: 랑

行廊(행랑) 畫廊(화랑) 廊下(낭하) 回廊(회랑) 舍廊房(사랑방)

- 畫廊(화랑): 그림을 걸어놓고 전람하기 좋게 만든 방
- 廊下(낭하): 길게 골목진 마루

한자능력 검정시험 3급 (3급II 포함)

401 來 — 人, 총8획, 7급
훈: 올
음: 래(:)

시원한 나무(木) 아래로 사람(人)이 오고 또 사람(人)이 온다.

來日(내일) 來年(내년) 來韓(내한) 來賓(내빈)
未來(미래) 到來(도래) 招來(초래) 去來(거래)

來賓(내빈): 공식적인 자리에 와 있는 손님
去來(거래): 금전이나 물건을 서로 매매하는 일

402 冷 — 冫, 총7획, 5급
훈: 찰
음: 랭:

좋은(令) 얼음(冫)은 차다.

冷凍(냉동) 急冷(급랭) 冷徹(냉철) 冷水(냉수)
寒冷前線(한랭전선) 冷麪(냉면) 冷藏庫(냉장고)

冷凍(냉동): 인공적으로 얼게 함
冷徹(냉철): 생각이나 판단이 이성적으로 철저함

403 略 — 田, 총11획, 4급
훈: 간략할
음: 략

밭(田)에서 각각(各) 거두어 간략하게 줄이다.

略圖(약도) 略稱(약칭) 略式(약식) 省略(생략)
策略(책략) 簡略(간략) 黨利黨略(당리당략)

略圖(약도): 간략하게 주요한 것만 그린 지도
省略(생략): 덜어서 줄임

404 掠 — 扌(手), 총11획, 3급
훈: 노략질할
음: 략

높은(京) 지위와 힘(扌)으로 노략질을 함

侵掠(침략) 擄掠(노략) 掠奪(약탈)
侵掠戰爭(침략전쟁)

侵掠(침략): 침노하여 약탈하는 것
掠奪(약탈): 폭력을 써서 무리하게 빼앗음

405 良 — 艮, 총7획, 5급II
훈: 어질
음: 량

작은(丶) 것도 거스르지(艮) 않으려고 하는 것이 어진 것

良心(양심) 良民(양민) 良識(양식) 良書(양서)
賢母良妻(현모양처)618 良好(양호) 優良兒(우량아)

良心(양심): 어진 마음, 선악에 관한 바른 윤리의식
良好(양호): 대단히 좋음

406 兩 — 入, 총8획, 4급II
훈: 두
음: 량:

먼(冂) 곳을 하나(一)가 뚫고(丨) 들어가고(入) 또 들어가니(入) 둘임

兩者(양자) 兩國(양국) 兩側(양측) 兩極(양극)
一擧兩得(일거양득)437 兩家(양가) 兩面性(양면성)

兩側(양측): 양쪽의 측면
兩極(양극): 서로 반대되는 극단

407 涼 — 氵(水), 총11획, 3급II
훈: 서늘할
음: 량

한강(氵)이 있어 서울(京)은 서늘해 보임

荒涼(황량) 淸涼里(청량리)
凄涼(처량) 納涼特輯(납량특집) 淸涼飮料(청량음료)

荒涼(황량): 황폐하여 거칠고 쓸쓸함
凄涼(처량): 서글프고 구슬픔

408 梁 — 木, 총11획, 3급II
훈: 들보
음: 량

물(氵)을 건너기 위해 나무(木)를 칼(刀)로 잘라 들보(다리)를 만든다.

橋梁(교량) 棟梁(동량) 上梁式(상량식)
棟梁之材(동량지재) 梁上君子(양상군자)355

橋梁(교량): 사람이나 차 등이 건널 수 있게 만든 비교적 큰 다리

409 量 — 里, 총12획, 5급
훈: 헤아릴
음: 량

산속 마을(里)은 해 뜨는(旦) 날 수를 헤아린다.

重量(중량) 質量(질량) 雅量(아량) 度量(도량)
境界測量(경계측량) 體重減量(체중감량)

重量(중량): 무게
雅量(아량): 너그럽고 깊은 도량

410 諒 — 言, 총15획, 3급
훈: 믿을
음: 량

높은(京) 사람들의 말(言)은 믿을 수 없음

諒解(양해) 諒知(양지) 諒察(양찰) 諒燭(양촉)
海諒(해량) 諒解覺書(양해각서)

諒解(양해): 사정을 살펴서 너그럽게 이해함
諒察(양찰): 헤아려서 살핌

411 糧 | 米 | 총18획 | 4급

쌀(米)을 헤아려(量) 놓은 양식

- 훈: 양식
- 음: 량

糧食(양식) 糧穀(양곡) 食糧(식량) 糧政(양정)
軍糧米(군량미)

糧政(양정) : 양곡에 관한 정책이나 행정
糧穀(양곡) : 양식으로 쓰는 곡식

412 旅 | 方 | 총10획 | 5급Ⅱ

군기(方)를 들고 있는 사람들(人人)이 나그네처럼 이동함

- 훈: 나그네
- 음: 려

旅行(여행) 旅館(여관) 旅券(여권) 旅費(여비)
旅人宿(여인숙) 旅程(여정) 旅客船(여객선)

旅行(여행) : 다른 고장이나 나라에 가는 것
旅程(여정) : 여행하는 일정

413 慮 | 心 | 총15획 | 4급

호랑이(虍)가 잡아먹은 사람(儿)을 생각(思)하고 생각하다.

- 훈: 생각할
- 음: 려

考慮(고려) 念慮(염려) 憂慮(우려)
配慮(배려) 思慮(사려)

考慮(고려) : 깊이 생각하려 헤아림
配慮(배려) : 보살펴 주려고 이리저리 마음을 써 줌

414 勵 | 力 | 총17획 | 3급Ⅱ

많은(萬) 언덕(厂)을 힘써(力) 오르다.

- 훈: 힘쓸
- 음: 려:

激勵(격려) 督勵(독려)
獎勵賞(장려상)

激勵(격려) : 마음이나 기운을 북돋우어 힘쓰도록 함

415 麗 | 鹿 | 총19획 | 4급Ⅱ

사슴(鹿)이 일일(一一)이 먼(冂冂)곳으로 잇달아 달아나는 모습이 고움

- 훈: 고울
- 음: 려

華麗(화려) 高句麗(고구려) 秀麗(수려)
高麗磁器(고려자기) 美麗(미려) 美辭麗句(미사여구)

秀麗(수려) : 경치나 사람의 모습이 빼어나게 아름다움
美麗(미려) : 아름답고 고움

416 力 | 力 | 총2획 | 7급Ⅱ

팔에서 알통이 튀어나온 모양을 본뜬 글자

- 훈: 힘
- 음: 력

重力(중력) 武力(무력) 力道(역도) 魅力(매력)
推進力(추진력) 膽力(담력) 記憶力(기억력)

武力(무력) : 군사상의 힘
魅力(매력) : 사람의 눈이나 마음을 호리어 끄는 힘

417 歷 | 止 | 총16획 | 5급Ⅱ

언덕(厂) 아래에 곡식들(禾禾)이 잘 자라고 있음(止)

- 훈: 지낼
- 음: 력

歷史(역사) 歷任(역임) 歷代(역대) 經歷(경력)
病歷(병력) 略歷(약력) 履歷書(이력서)

歷任(역임) : 거듭하여 여러 지위를 차례로 지냄
經歷(경력) : 어떤 일을 했거나, 직위나 직책을 맡았던 경험

418 曆 | 日 | 총16획 | 3급Ⅱ

언덕(厂) 아래에 자라는 곡식들(禾禾)의 수확날짜(日)를 셈하다.

- 훈: 책력
- 음: 력

册曆(책력) 陰曆(음력) 月曆(월력) 曆書(역서)
太陰曆(태음력) 太陽曆(태양력)

册曆(책력) : 천체를 측정하여 해와 달의 움직임, 절기 등을 적은 책
曆書(역서) : 책력 연구에 관한 책

419 連 | 辶(辵) | 총11획 | 4급Ⅱ

달리는(辶) 차(車)들이 이어져 있는 열차

- 훈: 이을
- 음: 련

連續(연속) 連結(연결) 連繫(연계) 連鎖(연쇄)
連發彈(연발탄) 連戰連勝(연전연승)

連續(연속) : 끊어지지 않고 죽 이어짐
連鎖(연쇄) : 서로 잇대어 관련을 맺음

420 蓮 | ⺿(艸) | 총15획 | 3급Ⅱ

풀(⺿)들이 이어져(連) 있는 연꽃

- 훈: 연꽃
- 음: 련

木蓮(목련) 蓮葉(연엽) 紅蓮(홍련) 蓮葉冠(연엽관)

蓮葉(연엽) : 연꽃의 잎
紅蓮(홍련) : 붉은 연꽃

한자능력 검정시험 3급 (3급Ⅱ 포함)

431 獵 3급
- 犭(犬) 총18획
- 개(犭)가 목을 물어(鼠) 사냥을 함
- 훈: 사냥
- 음: 렵
- 密獵(밀렵) 涉獵(섭렵) 獵銃(엽총) 獵奇(엽기)
- 狩獵時代(수렵시대)

密獵(밀렵): 허가받지 않고 몰래하는 사냥
獵奇(엽기): 기괴한 일이나 물건에 호기심을 가지고 즐겨 찾아다니는 것

432 令 5급
- 人 총5획
- 모두(一) 무릎 꿇은(卩) 사람(人)들로 하여금 일어나게 함
- 훈: 하여금
- 음: 령
- 法令(법령) 訓令(훈령) 號令(호령) 令狀(영장)
- 待機發令(대기발령) 假令(가령) 戒嚴令(계엄령)

訓令(훈령): 상급 관청이 하급 관청에게 내는 명령
號令(호령): 큰 소리로 꾸짖음

433 零 3급
- 雨 총13획
- 하염없이(令) 비(雨)가 떨어진다.
- 훈: 떨어질
- 음: 령
- 零下(영하) 零上(영상) 零度(영도) 零點(영점)
- 零敗(영패) 零封(영봉) 零細民(영세민)

零下(영하): 0도 이하의 기온 도수를 나타낼 때 사용함
零敗(영패): 한 점도 얻지 못하고 짐

434 領 5급
- 頁 총14획
- 좋은(令) 머리(頁)를 가진 자가 부하들을 거느릴 수 있음
- 훈: 거느릴
- 음: 령
- 領土(영토) 領空(영공) 領域(영역) 領收證(영수증)
- 大統領(대통령) 公金橫領(공금횡령)

領土(영토): 한 나라의 통치권이 미치는 곳(땅)
領空(영공): 영토와 영해 위의 하늘로써 주권이 미치는 범위

435 嶺 3급II
- 山 총17획
- 산(山)에서 가장 요긴한 곳(領)은 고개
- 훈: 고개
- 음: 령
- 嶺南(영남) 嶺西(영서) 嶺東(영동) 峻嶺(준령)
- 高嶺土(고령토) 分水嶺(분수령) 大關嶺(대관령)

峻嶺(준령): 높고 가파른 고개

436 靈 3급II
- 雨 총24획
- 사람들(人人)을 만들고(工) 하늘에 난 구멍(口口口)에서 비(雨)를 내리게 하는 신령님
- 훈: 신령
- 음: 령
- 神靈(신령) 魂靈(혼령) 妄靈(망령) 惡靈(악령)
- 靈驗(영험) 靈柩車(영구차) 靈安室(영안실)

神靈(신령): 풍습으로 섬기는 모든 신
惡靈(악령): 재앙을 내린다는 못된 영혼

437 例 5급II
- 亻(人) 총8획
- 사람(亻) 사이를 벌려(列) 놓는 것은 법식
- 훈: 법식
- 음: 례
- 例外(예외) 先例(선례) 實例(실례) 慣例(관례)
- 類例(유례) 判例(판례) 比例代表制(비례대표제)

例外(예외): 일반적 규정이나 법칙에서 특수하게 벗어나는 것
慣例(관례): 늘 해 내려와 관습이 된 전례

438 禮 5급II
- 示 총18획
- 신에게 감사와 풍성함(豊)을 알리기(示)위해 예도가 생겨남
- 훈: 예도
- 음: 례
- 禮拜堂(예배당) 謝禮金(사례금) 婚禮式(혼례식)
- 葬禮式(장례식) 禮儀凡節(예의범절)

禮拜堂(예배당): 예배의식이나 그 밖의 모임을 위해 세운 건물

439 隷 3급
- 隶 총16획
- 선비(士)가 알려주는(示)데로 따르는(隶) 종
- 훈: 종
- 음: 례
- 奴隷(노예) 隷屬(예속) 隷僕(예복) 隷書(예서)
- 奴隷制度(노예제도)

奴隷(노예): 자유를 구속당하고 남에게 부림을 받는 사람
隷屬(예속): 어떤 것의 지배하에 있음

440 老 7급
- 老 총6획
- 늙어서(耂) 숟가락(匕)을 놓음
- 훈: 늙을
- 음: 로
- 老人(노인) 敬老堂(경로당) 老衰(노쇠)
- 不老長生(불로장생) 老患(노환) 敬老思想(경로사상)

老人(노인): 나이가 많은 사람
老患(노환): 노쇠해서 생긴 병

한자능력 검정시험 3급 (3급II 포함)

441 力 총12획 5급II
勞
- 훈: 일할
- 음: 로

불(火)이 나자 불(火)을 덮어(冖) 끄기 위해 힘써(力) 일하다.

過勞(과로) 疲勞(피로) 慰勞(위로) 勞組(노조)
勞動三權(노동삼권) 勞使(노사) 勤勞者(근로자)

過勞(과로) : 일을 과하게 해서 고달픔
疲勞(피로) : 지나친 활동으로 작업 능력이 감퇴된 상태

442 足 총13획 5급II
路
- 훈: 길
- 음: 로:

발(足)로 각각(各) 걸어 다니는 길

進路(진로) 滑走路(활주로) 迷路(미로)
高速道路(고속도로) 路上(노상) 航空路線(항공노선)

進路(진로) : 앞으로 나아가는 길
路上(노상) : 길바닥

443 雨 총20획 3급II
露
- 훈: 이슬
- 음: 로:

비(雨)가 내린 길(路)에 이슬이 맺혀있음

眞露(진로) 露出(노출) 露骨(노골) 暴露(폭로)
甘露水(감로수) 露天(노천) 露宿者(노숙자)

露出(노출) : 보이거나 알 수 있도록 드러내는 일
暴露(폭로) : 비바람에 직접 노출됨

444 火 총20획 3급II
爐
- 훈: 화로
- 음: 로

불(火)기가 남아 있는 화로(盧)

煖爐(난로) 鎔鑛爐(용광로) 原子爐(원자로)
輕水爐(경수로) 火爐(화로) 爐邊談話(노변담화)

煖爐(난로) : 몸이나 방 안을 덥게 하는 난방기구 중 하나
火爐(화로) : 불을 담아두는 그릇

445 鹿 총11획 3급
鹿
- 훈: 사슴
- 음: 록

수사슴의 뿔, 머리, 네 발의 모양을 본뜬 글자

馴鹿(순록) 鹿茸(녹용) 鹿角(녹각) 鹿血(녹혈)
指鹿爲馬(지록위마)527 白鹿潭(백록담)

馴鹿(순록) : 사슴과의 짐승
鹿茸(녹용) : 사슴의 새로 돋은 연한 뿔로 약재로 사용

446 示 총13획 3급II
祿
- 훈: 녹
- 음: 록

신하들에게 근본(彔)을 가르치고(示) 녹봉을 줌

貫祿(관록) 祿俸(녹봉)
國祿(국록) 俸祿(봉록)

祿俸(녹봉) : 나라가 벼슬아치들에게 주던 곡식이나 돈
俸祿(봉록) : 녹봉

447 糸 총14획 5급II
綠
- 훈: 푸를
- 음: 록

실(糸)에 나무를 깎은(彔) 물을 들이니 푸른색 실이 됨

綠色(녹색) 綠茶(녹차) 綠末(녹말) 綠十字(녹십자)
常綠樹(상록수) 綠化産業(녹화산업)

綠色(녹색) : 파랑과 노랑의 중간 색, 풀 색
綠茶(녹차) : 푸른빛이 그대로 나도록 말린 잎을 끓인 차

448 金 총16획 4급II
錄
- 훈: 기록할
- 음: 록

쇠(金)로 나무를 깎아(彔) 글자를 기록하다.

登錄(등록) 收錄(수록) 實錄(실록) 附錄(부록)
默示錄(묵시록) 圖書目錄(도서목록)

登錄(등록) : 문서에 올림
附錄(부록) : 책, 신문, 잡지 등의 책자에 덧붙이는 인쇄물

449 言 총15획 4급II
論
- 훈: 논할
- 음: 론

말(言)로 생각하고(侖) 논하다.

槪論(개론) 論爭(논쟁) 結論(결론) 論述(논술)
輿論收斂(여론수렴) 卓上空論(탁상공론)575

槪論(개론) : 전체 내용을 간추린 대강의 논설
論述(논술) : 어떤 사물을 논하여 말하거나 적음

450 廾 총7획 3급II
弄
- 훈: 희롱할
- 음: 롱:

왕(王)을 들고(廾) 희롱하다.

弄談(농담) 弄奸(농간) 才弄(재롱) 愚弄(우롱)
姓戲弄(성희롱) 吟風弄月(음풍농월)421

弄談(농담) : 실없는 말
才弄(재롱) : 어린아이의 슬기로운 말과 귀여운 짓

451	雨 총13획	3급Ⅱ
雷 훈 우레 음 뢰	밭(田)에 비(雨)가 쏟아지고 우레(천둥)가 침 地雷(지뢰) 落雷(낙뢰) 魚雷(어뢰) 雷管(뇌관) 避雷針(피뢰침) 附和雷同(부화뇌동)244	

地雷(지뢰) : 땅에 묻어 그 위를 지나가면 폭발하도록 만든 폭약
落雷(낙뢰) : 벼락이 떨어짐

452	貝 총16획	3급Ⅱ
賴 훈 의뢰할 음 뢰	돈이(貝) 어그러지면(剌) 변호사에게 의뢰한다. 信賴(신뢰) 依賴人(의뢰인) 無賴漢(무뢰한)	

信賴(신뢰) : 남을 믿고 의지함

453	亅 총2획	3급
了 훈 마칠 음 료	아이의 양 손이 없는 모양을 본뜬 글자 完了(완료) 滿了(만료) 終了(종료) 魅了(매료) 修了(수료)	

完了(완료) : 완전히 끝마침
魅了(매료) : 남의 마음을 홀리어 사로잡음

454	斗 총10획	5급
料 훈 헤아릴 음 료(:)	쌀(米)을 말(斗)로 헤아림 料金(요금) 料理(요리) 給料(급료) 飮料水(음료수) 過怠料(과태료) 化學肥料(화학비료)	

料金(요금) : 수수료로 내는 돈
料理(요리) : 식품을 입맛에 맞도록 조리하는 일이나 조리한 음식

455	亻(人) 총14획	3급
僚 훈 동료 음 료	벼슬(寮)을 하는 사람(亻)들끼리는 서로 동료 同僚(동료) 官僚(관료) 幕僚(막료) 臣僚(신료) 閣僚(각료)	

幕僚(막료) : 중요한 일을 계획, 시행하는 일을 보좌하는 사람
臣僚(신료) : 모든 신하

406	龍 총16획	4급
龍 훈 용 음 룡	신(辛) 모양의 장식이 있는 뱀의 모양을 본뜬 글자 龍宮(용궁) 龍頭蛇尾(용두사미)396 龍顔(용안) 龍虎相搏(용호상박) 龍飛御天歌(용비어천가)	

龍宮(용궁) : 바다 속에 있다는 용왕의 궁전
龍顔(용안) : 임금의 얼굴

457	糸 총11획	3급Ⅱ
累 훈 묶을 음 루:	밭(田)을 실(糸)로 묶다. 累積(누적) 累計(누계) 累差(누차) 連累(연루) 累進稅(누진세) 累卵之勢(누란지세)132	

累積(누적) : 포개어 쌓음, 포개져 쌓임
連累(연루) : 남이 저지른 죄에 관계되어 묶이는 것

458	氵(水) 총11획	3급
淚 훈 눈물 음 루:	물(氵)이 어그러져(戾) 눈물을 흘림 淚液(누액) 淚眼(누안) 落淚(낙루) 感淚(감루) 血淚(혈루) 催淚彈(최루탄)	

淚液(누액) : 눈물
血淚(혈루) : 피눈물

459	尸 총14획	3급
屢 훈 여러 음 루:	주검(尸)을 거두어(婁) 여러 무덤을 만들었다. 屢次(누차) 屢代奉祀(누대봉사)	

屢次(누차) : 여러 차례

460	氵(水) 총14획	3급Ⅱ
漏 훈 샐 음 루:	비(雨)가 와서 주검(尸)이 든 관에 물(氵)이 샘 漏水(누수) 漏電(누전) 漏落(누락) 漏出(누출) 脫漏(탈루) 自擊漏(자격루)	

漏電(누전) : 전기가 전깃줄 밖으로 새는 것
漏出(누출) : 액체, 기체 등이 밖으로 새어나오는 것

한자능력 검정시험 3급 (3급II 포함)

461 樓 | 木 | 총15획 | 3급II
- 훈: 다락
- 음: 루
- 나무(木)를 거두어(婁) 다락을 만들다.
- 望樓(망루) 慶會樓(경회루) 蜃氣樓(신기루)
- 摩天樓(마천루) 樓閣(누각) 砂上樓閣(사상누각)

望樓(망루): 주위의 동정을 살피기 위해 높이 세운 대
樓閣(누각): 행사를 위해 사방이 트이게 높이 지은 집

462 柳 | 木 | 총9획 | 4급
- 훈: 버들
- 음: 류:
- 나뭇잎(木)이 무성한(卯) 버드나무
- 楊柳(양류) 柳眉(유미) 柳綠花紅(유록화홍)

楊柳(양류): 버드나무과에 달린 갈잎큰키나무
柳眉(유미): 미인의 눈썹을 가리키는 말

463 留 | 田 | 총10획 | 4급II
- 훈: 머무를
- 음: 류
- 토끼(卯)가 밭(田)에 머물러 있음
- 留念(유념) 留保(유보) 留級(유급) 留任(유임)
- 押留(압류) 留宿(유숙) 海外留學(해외유학)

留念(유념): 마음에 기억하여 두고두고 생각함
留級(유급): 진급하지 못하고 그대로 남음

464 流 | 氵(水) | 총10획 | 5급II
- 훈: 흐를
- 음: 류
- 위쪽으로 물이 넘쳐(氵) 내(厶) 머리(宀)에 닿지 않아 다른 사람(亻)을 세워(丨) 흐르는 물을 막았음
- 流行(유행) 寒流(한류) 急流(급류) 流動性(유동성)
- 流配地(유배지) 流言蜚語(유언비어)413

流行(유행): 복장, 양식, 생활, 언어 등이 일시적으로 널리 퍼져 유사해지는 사회 현상이나 경향

465 類 | 頁 | 총19획 | 5급II
- 훈: 무리
- 음: 류:
- 개(犬)의 머리(頁)가 쌀(米)처럼 자잘한 것까지도 닮은 무리들
- 種類(종류) 分類(분류) 部類(부류) 類推(유추)
- 類例(유례) 鳥類(조류) 類類相從(유유상종)414

種類(종류): 물건을 부문에 따라 나눈 갈래
類推(유추): 미루어 짐작함

466 六 | 八 | 총4획 | 8급
- 훈: 여섯
- 음: 륙
- 두 손의 세 손가락을 아래로 편 모양을 나타낸 글자
- 六角(육각) 死六臣(사육신) 六書(육서)
- 三十六計(삼십육계) 六法(육법) 直六面體(직육면체)

六角(육각): 북, 장구, 해금, 피리 및 대평소 한 쌍의 총칭
六書(육서): 한자의 구조 및 사용에 관한 여섯 가지의 구별 명칭

467 陸 | 阝(阜) | 총11획 | 5급II
- 훈: 뭍
- 음: 륙
- 큰(阝) 땅(坴) 뭍
- 陸地(육지) 陸橋(육교) 大陸(대륙) 着陸(착륙)
- 水陸兩用(수륙양용) 陸海空軍(육해공군)

陸地(육지): 물에 덮이지 않은 지구 표면
着陸(착륙): 비행기나 비행선 따위가 공중에서 땅으로 내려 앉는 것

468 倫 | 亻(人) | 총10획 | 3급II
- 훈: 인륜
- 음: 륜
- 사람(亻)을 생각하는(侖) 것이 인륜
- 人倫(인륜) 天倫(천륜) 倫理(윤리) 悖倫(패륜)
- 三綱五倫(삼강오륜)285

人倫(인륜): 사람이 지켜야 할 떳떳한 도리
悖倫(패륜): 인간의 도리에 어긋남

469 輪 | 車 | 총15획 | 4급
- 훈: 바퀴
- 음: 륜
- 차(車)를 생각하면(侖) 먼저 바퀴가 떠오름
- 輪廓(윤곽) 輪作(윤작) 輪廻(윤회) 五輪旗(오륜기)
- 輪轉機(윤전기) 前輪驅動(전륜구동)

輪廓(윤곽): 사물 대강의 테두리, 겉모양
輪作(윤작): 같은 땅에 여러 가지 농작물을 해마다 바꿔 심는 것

470 律 | 彳 | 총9획 | 4급II
- 훈: 법칙
- 음: 률
- 스스로(聿) 걷게(彳)하는 법칙
- 法律(법률) 規律(규율) 律動(율동) 旋律(선율)
- 千篇一律(천편일률)549 自律學習(자율학습)

法律(법률): 국민이 지켜야 할 나라의 규율
律動(율동): 가락에 맞춰 추는 춤

471 栗 (3급Ⅱ)
- 부수: 木, 총10획
- 훈: 밤
- 음: 률

서쪽(西)에 있는 나무(木)는 밤나무

生栗(생률) 栗谷(율곡) 栗房(율방) 栗園(율원)
棗栗(조율) 黃栗(황률)

生栗(생률): 날밤
栗房(율방): 밤송이

472 率 (3급Ⅱ)
- 부수: 玄, 총11획
- 훈: 1)비율 2)거느릴
- 음: 1)률 2)솔

검은(玄) 줄을 열(十) 번씩 꼬아 비율을 맞춤

確率(확률) 比率(비율) 能率(능률) 換率(환율)
輕率(경솔) 率直(솔직) 統率力(통솔력)

確率(확률): 어떤 일이 일어날 확실성의 정도를 나타내는 수치
率直(솔직): 거짓으로 꾸미거나 숨김이 없이 바르고 곧음

473 隆 (3급Ⅱ)
- 부수: 阝(阜), 총12획
- 훈: 높을
- 음: 륭

뒤쳐져 오던(夊) 한(一) 사람이 살아있는(生) 새를 발견해 높은 언덕(阝)에서 날려 보내줌

隆盛(융성) 隆起(융기) 隆崇(융숭) 隆興(융흥)
隆昌(융창)

隆盛(융성): 기세가 성함
隆興(융흥): 세차게 일어남

474 陵 (3급Ⅱ)
- 부수: 阝(阜), 총11획
- 훈: 언덕
- 음: 릉

언덕(阝)과 언덕(夌) 사이의 릉

丘陵(구릉) 江陵市(강릉시) 陵谷(능곡) 王陵(왕릉)
陵遲處斬(능지처참) 武陵桃源(무릉도원)191

丘陵(구릉): 언덕
王陵(왕릉): 임금의 묘

475 里 (7급)
- 부수: 里, 총7획
- 훈: 마을
- 음: 리:

밭(田)이 있는 땅(土)끝 마을

里長(이장) 千里眼(천리안) 村里(촌리) 鄕里(향리)
萬里長城(만리장성) 五里霧中(오리무중)376

里長(이장): 시골 동리에서 공중의 일을 맡아 보는 사람
鄕里(향리): 시골의 마을

476 理 (6급Ⅱ)
- 부수: 王(玉), 총11획
- 훈: 다스릴
- 음: 리:

왕(王)이 마을(里)을 다스린다.

原理(원리) 理念(이념) 理解(이해) 窮理(궁리)
理髮所(이발소) 整理(정리) 心理學(심리학)

原理(원리): 사물이 근거하여 성립하는 근본 원칙
理解(이해): 사리를 분별하여 해석함

477 利 (6급Ⅱ)
- 부수: 刂(刀), 총7획
- 훈: 이할
- 음: 리:

곡식(禾)을 잘라(刂) 팔아서 이득을 취하다.

權利(권리) 複利(복리) 利用(이용) 銳利(예리)
利害得失(이해득실) 暴利(폭리) 勝利感(승리감)

權利(권리): 법에 의해 개인이나 단체에 대해 인정된 활동의 범위
銳利(예리): 날이 서 있거나 끝이 뾰족함

478 離 (4급)
- 부수: 隹, 총19획
- 훈: 떠날
- 음: 리:

맹수(离)와 새(隹)들이 산을 떠나다.

分離(분리) 離別(이별) 離婚(이혼) 離脫(이탈)
距離(거리) 亂離(난리) 離散家族(이산가족)

分離(분리): 갈라서 떼어놓음
離別(이별): 헤어짐

479 裏 (3급Ⅱ)
- 부수: 衣, 총13획
- 훈: 속
- 음: 리:

잊지 않으려고 마을(里) 이름을 옷(衣) 속에 새겨 넣음

腦裏(뇌리) 裏書(이서) 裏面(이면)
表裏不同(표리부동)593

裏書(이서): 종이 뒤에 글자를 쓰는 일
裏面(이면): 표면에 드러나지 않는 내부의 문제나 사정

480 梨 (3급)
- 부수: 木, 총11획
- 훈: 배
- 음: 리

이로운(利) 나무(木) 배나무

梨花(이화) 烏飛梨落(오비이락)379 山梨(산리)

梨花(이화): 배꽃
山梨(산리): 돌배

491 莫

艹(艸) 총11획 — 3급Ⅱ

넓은(大) 초원(艹)에 해(日)가 져서 아무것도 없다.

- 훈: 없을
- 음: 막

莫重(막중) 莫強(막강) 莫大(막대) 索莫(삭막)
莫上莫下(막상막하)[166] 後悔莫及(후회막급)

莫重(막중): 매우 중요함
索莫(삭막): 황폐하여 쓸쓸함

492 幕

巾 총14획 — 3급Ⅱ

해가 저물(莫)면 수건(巾)으로 장막을 침

- 훈: 장막
- 음: 막

天幕(천막) 園頭幕(원두막) 酒幕(주막)
煙幕彈(연막탄) 開幕式(개막식) 單幕劇(단막극)

天幕(천막): 비바람 등을 막기 위해 천 등으로 친 장막
酒幕(주막): 시골 길거리에서 술이나 밥 등을 팔거나 잠을 재우는 집

493 漠

氵(水) 총14획 — 3급Ⅱ

해가 저물면(莫) 강물(氵)이 더 넓어 보임

- 훈: 넓을
- 음: 막

沙漠(사막) 漠然(막연) 茫漠(망막) 漠漠(막막)
漠漠大海(막막대해)

沙漠(사막): 모래나 자갈로 쌓인 불모의 넓은 벌판
漠然(막연): 아득해서 짐작할 수 없음

494 萬

艹(艸) 총13획 — 8급

전갈의 모양을 본뜬 글자

- 훈: 일만
- 음: 만:

萬能(만능) 萬壽無疆(만수무강) 萬物(만물)
萬病通治(만병통치) 森羅萬象(삼라만상)[287]

萬能(만능): 온갖 일에 능통함
萬物(만물): 세상에 있는 모든 것

495 晚

日 총11획 — 3급Ⅱ

해(日)진 후에 모자를 벗는(免) 것은 이미 늦음

- 훈: 늦을
- 음: 만:

晚學(만학) 晚鍾(만종) 晚秋(만추) 晚餐(만찬)
早晚間(조만간) 大器晚成(대기만성)[143]

晚學(만학): 나이가 들어 늦게 배움
晚餐(만찬): 저녁식사

496 滿

氵(水) 총14획 — 4급Ⅱ

이십(十) 명의 사람이 양(兩)손 가득 물(氵)을 부으니 독이 가득 참

- 훈: 찰
- 음: 만(:)

滿足(만족) 滿員(만원) 滿開(만개) 充滿(충만)
欲求不滿(욕구불만) 滿場一致(만장일치)

滿足(만족): 마음에 모자람이 없어 흐뭇함
滿員(만원): 정원이 다 참

497 慢

忄(心) 총14획 — 3급

애견도 마음(忄)에 너무 들어 예뻐하면(曼) 금방 거만해짐

- 훈: 거만할
- 음: 만

倨慢(거만) 自慢(자만) 怠慢(태만) 驕慢(교만)
慢性的(만성적) 傲慢不遜(오만불손)

倨慢(거만): 잘난 척 하는 건방진 태도
自慢(자만): 거만하게 스스로 자랑하는 태도

498 漫

氵(水) 총14획 — 3급

물(氵)을 너무 끌어들이면(曼) 펌프도 퍼진다.

- 훈: 퍼질
- 음: 만:

漫畫(만화) 漫談(만담) 漫評(만평) 散漫(산만)
放漫(방만) 漫然(만연) 天眞爛漫(천진난만)[547]

漫談(만담): 재밌고 익살스런 말로 풍자하는 이야기
散漫(산만): 어수선하여 걷잡을 수 없음

499 末

木 총5획 — 5급

나뭇가지(木) 끝에 일(一)자 표시를 해서 끝을 나타냄

- 훈: 끝
- 음: 말

末年(말년) 末期(말기) 末伏(말복) 末端(말단)
末尾(말미) 末世(말세) 結末(결말) 卷末(권말)

末尾(말미): 책 또는 문서의 끝부분
末世(말세): 쇠퇴하여 종말이 다 된 세상 또는 그 시기

500 亡

亠 총3획 — 5급

사람(人)이 머리(亠)를 조아리고 망함을 인정함

- 훈: 망할
- 음: 망

亡命(망명) 亡國(망국) 逃亡(도망) 滅亡(멸망)
死亡者(사망자) 敗家亡身(패가망신)[589]

亡命(망명): 정치적 탄압 등을 피해 남의 나라로 도망함
滅亡(멸망): 망하여 없어짐

한자능력 검정시험 3급 (3급II 포함)

511 梅 총11획 3급Ⅱ
매일(每) 보는 나무(木) 매화
- 훈: 매화
- 음: 매

梅花(매화) 梅香(매향) 紅梅(홍매) 梅毒(매독)
梅實酒(매실주) 梅蘭菊竹(매란국죽)

梅花(매화): 장미과에 딸린 큰키나무
梅毒(매독): 성병의 한 가지

512 媒 총12획 3급Ⅱ
어느(某) 여자(女)가 중매를 설까.
- 훈: 중매
- 음: 매

中媒(중매) 媒婆(매파) 觸媒(촉매) 冷媒(냉매)
媒介體(매개체) 大衆媒體(대중매체)

中媒(중매): 양가 사이에 들어 혼인을 어울리게 하는 것
媒婆(매파): 혼인을 중매하는 할멈

513 賣 총15획 5급
선비(士)는 사고(買) 파는 것이 아님
- 훈: 팔
- 음: 매(:)

賣買(매매) 賣出(매출) 賣却(매각) 賣店(매점)
發賣(발매) 賣票所(매표소) 都賣商(도매상)

賣買(매매): 물건을 사고파는 일
賣出(매출): 내다 팜

514 脈 총10획 4급Ⅱ
몸(月)에 물결(派)처럼 퍼져 있는 혈맥(줄기)
- 훈: 줄기
- 음: 맥

脈絡(맥락) 脈搏(맥박) 鑛脈(광맥) 人脈(인맥)
一脈相通(일맥상통) 444 動脈硬化(동맥경화)

脈搏(맥박): 심장의 움직임에 따라 뛰는 맥
人脈(인맥): 같은 계열, 계통에 속하는 사람들의 유대

515 麥 총11획 3급Ⅱ
오긴 오는데(來) 쌀보다 뒤쳐져(夊) 수확하는 보리
- 훈: 보리
- 음: 맥

麥酒(맥주) 麥飯(맥반) 麥類(맥류)
麥秀之嘆(맥수지탄) 177 小麥粉(소맥분)

麥酒(맥주): 엿기름에 홉을 발효시켜 만든 술
麥飯(맥반): 보리밥

516 盲 총8획 3급Ⅱ
보는(目) 법을 잊으니(亡) 눈이 먼 것
- 훈: 눈멀
- 음: 맹

盲人(맹인) 盲腸(맹장) 色盲(색맹) 盲目的(맹목적)
夜盲症(야맹증) 文盲退治(문맹퇴치)

盲人(맹인): 장님
色盲(색맹): 색채를 보지 못하거나 다른 것으로 보는 증세

517 孟 총8획 3급Ⅱ
부모의 그릇 덮개(皿)를 먼저 여는 자식(子)이 맏이
- 훈: 맏
- 음: 맹:

孟子(맹자) 虛無孟浪(허무맹랑)
孟母三遷之敎(맹모삼천지교)

孟子(맹자): 중국 전국 시대의 사상가

518 猛 총11획 3급Ⅱ
처음(孟) 달려드는 개(犭)가 사납다.
- 훈: 사나울
- 음: 맹:

猛獸(맹수) 猛犬(맹견) 猛烈(맹렬) 猛毒(맹독)
猛威(맹위) 勇猛(용맹) 猛活躍(맹활약)

猛獸(맹수): 육식을 주로 하는 사나운 짐승
猛烈(맹렬): 기세가 몹시 사납고 세참

519 盟 총13획 3급Ⅱ
밝은(明) 달 앞에 그릇(皿)을 놓고 맹세함
- 훈: 맹세
- 음: 맹

血盟(혈맹) 盟邦(맹방) 聯盟(연맹)
加盟店(가맹점) 同盟國(동맹국)

血盟(혈맹): 피로써 굳게 맹세함

520 免 총7획 3급
사람(⺈)이 입구(口)를 열고 걸어 나가(儿) 위험을 면함
- 훈: 면할
- 음: 면:

免除(면제) 免罪符(면죄부) 免許證(면허증)
減免稅(감면세) 謀免(모면) 免責特權(면책특권)

免除(면제): 책임이나 의무를 벗어나게 해 줌
謀免(모면): 어떤 일이나 책임에서 꾀를 써서 벗어남

한자능력 검정시험 3급 (3급II 포함)

521 面 총9획 — 7급
- 훈: 낯
- 음: 면
- 사람의 얼굴과 그 윤곽을 본뜬 글자
- 顔面(안면) 面會(면회) 面接(면접) 局面(국면)
- 四面楚歌(사면초가)270 假面(가면) 面識犯(면식범)
- 顔面(안면): 서로 아는 얼굴
- 面接(면접): 얼굴을 마주 대하려고 직접 만남

522 目 총10획 — 3급II
- 훈: 잠잘
- 음: 면
- 백성(民)의 눈(目)은 항상 잠자고 있음
- 睡眠(수면) 熟眠(숙면) 冬眠(동면) 休眠(휴면)
- 不眠症(불면증) 催眠術(최면술)
- 睡眠(수면): 활동을 쉬고 잠을 자는 것
- 熟眠(숙면): 곤하게 깊이 자는 단잠

523 力 총9획 — 4급
- 훈: 힘쓸
- 음: 면
- 해직을 면하기(免) 위해 힘(力) 쓰다.
- 勉學(면학) 勉勵(면려)
- 勤勉誠實(근면성실)
- 勉學(면학): 학문에 힘써 공부함
- 勉勵(면려): 스스로 애써 노력함

524 糸 총14획 — 3급II
- 훈: 솜
- 음: 면
- 비단(帛)과 실(糸)도 솜의 따뜻함에는 미치지 못함
- 綿絲(면사) 綿衣(면의) 純綿(순면) 脫脂綿(탈지면)
- 綿織物(면직물) 周到綿密(주도면밀)
- 綿絲(면사): 무명실
- 純綿(순면): 무명실로만 짠 실

525 氵(水) 총13획 — 3급II
- 훈: 멸할
- 음: 멸
- 무기(戈)의 끝(丿)에 붙은 하나(一)의 불씨(火)가 커져 물(氵)을 부어 껐다(멸함).
- 滅亡(멸망) 不滅(불멸) 破滅(파멸) 自滅(자멸)
- 消滅(소멸) 全滅(전멸) 滅菌(멸균) 撲滅(박멸)
- 不滅(불멸): 없어지지 않고 멸망하지 않음
- 破滅(파멸): 파괴당하고 멸망함

526 口 총6획 — 7급II
- 훈: 이름
- 음: 명
- 저녁(夕)이 되면 입(口)으로 이름을 불러 사람을 모음
- 姓名(성명) 名銜(명함) 名牌(명패) 名稱(명칭)
- 名聲(명성) 名分(명분) 名作(명작) 名單(명단)
- 名聲(명성): 세상에 떨친 이름
- 名分(명분): 명목이 구별된 대로 그 사이에 반드시 지켜야 할 도리

527 口 총8획 — 7급
- 훈: 목숨
- 음: 명
- 입(口)으로 내린 명(令)을 목숨을 걸고 실행함
- 生命(생명) 命令(명령) 運命(운명) 宿命(숙명)
- 産業革命(산업혁명) 救命運動(구명운동)
- 生命(생명): 목숨, 생물이 살아 숨을 쉬고 있는 것
- 命令(명령): 윗사람이 아랫사람에게 무엇을 하도록 시킴

528 日 총8획 — 6급II
- 훈: 밝을
- 음: 명
- 햇빛(日)을 받는 달(月)도 몹시 밝다.
- 明暗(명암) 明快(명쾌) 說明(설명) 不分明(불분명)
- 發明品(발명품) 明明白白(명명백백)
- 明暗(명암): 밝음과 어둠
- 明快(명쾌): 명백하여 시원함

529 冖 총10획 — 3급
- 훈: 어두울
- 음: 명
- 여섯(六) 시면 해(日)가 어둠에 덮이니(冖) 깜깜하다.
- 冥想(명상) 冥福(명복) 冥鬼(명귀) 冥途(명도)
- 冥王星(명왕성)
- 冥想(명상): 고요한 가운데 눈을 감고 깊이 사물을 생각함
- 冥福(명복): 죽은 뒤에 저승에서 받는 복

530 鳥 총14획 — 4급
- 훈: 울
- 음: 명
- 수탉(鳥)이 부리(口)를 벌려 크게 울다.
- 鷄鳴(계명) 悲鳴(비명) 自鳴鐘(자명종)
- 共鳴箱子(공명상자) 百家爭鳴(백가쟁명)223
- 鷄鳴(계명): 닭의 울음
- 悲鳴(비명): 갑작스런 위험이나 두려움 때문에 지르는 소리

---

531 金　총14획　3급 II

銘

훈: 새길
음: 명

금속판(金)에 이름(名)을 새김

銘心(명심) 感銘(감명) 碑銘(비명) 銘記(명기)
座右銘(좌우명)

銘心(명심) : 잊지 않게 마음에 깊이 새김
感銘(감명) : 감격하여 명심함

---

532 毛　총4획　4급 II

毛

훈: 털
음: 모

사람이나 동물의 털 모양을 본뜬 글자

毛髮(모발) 毛皮(모피) 毛織(모직) 二毛作(이모작)
不毛地(불모지) 毛細血管(모세혈관)

毛髮(모발) : 사람의 몸에 난 온갖 털, 머리카락
毛皮(모피) : 털이 붙어 있는 짐승의 가죽

---

533 母　총5획　8급

母

훈: 어미
음: 모

어머니가 아기에게 젖을 먹이는 모양을 본뜬 글자

母親(모친) 母國(모국) 乳母(유모) 丈母(장모)
賢母良妻(현모양처)618 母子(모자) 母性愛(모성애)

母親(모친) : 어머니
乳母(유모) : 남의 아이에게 대신 젖을 먹여주는 여자

---

534 木　총9획　3급

某

훈: 아무
음: 모

단(甘) 나무(木)가 있는지는 아무도 모름

某某(모모) 某氏(모씨) 某處(모처) 某種(모종)
某年(모년) 某月(모월) 某時(모시)

某某(모모) : 누구들이라고 드러내지 않고 가리키는 말
某處(모처) : 어떤 아무 곳

---

535 亻(人)　총9획　3급

侮

훈: 업신여길
음: 모

사람(亻)을 자주(每) 보다보면 업신여기는 마음이 생김

侮辱(모욕) 侮蔑(모멸) 受侮(수모) 侮慢(모만)

侮辱(모욕) : 깔보고 욕보임
侮蔑(모멸) : 업신여겨 얕봄

---

536 力　총13획　3급

募

훈: 모을
　 뽑을
음: 모

인재는 늘 부족하니(莫) 힘(力)써 뽑아야 함

募金(모금) 募兵(모병) 應募(응모)
懸賞公募(현상공모) 募集定員(모집정원)

募兵(모병) : 훈련된 병사를 모집하는 것
應募(응모) : 모집에 응함

---

537 忄(心)　총15획　3급 II

慕

훈: 그리워할
음: 모

부족(莫)한 마음(心)에 늘 그리워함

慕戀(모련) 慕化(모화) 思慕(사모) 戀慕(연모)
追慕(추모) 欽慕(흠모) 愛慕(애모)

戀慕(연모) : 이성을 사랑하여 간절히 그리워함
欽慕(흠모) : 기쁜 마음으로 사모함

---

538 日　총15획　3급

暮

훈: 저물
음: 모

해(日)가 저문다(莫).

歲暮(세모) 暮色(모색) 暮雨(모우)
朝令暮改(조령모개)509 朝三暮四(조삼모사)510

暮色(모색) : 날이 저물어가는 어스레한 빛
暮雨(모우) : 저물녘에 내리는 비

---

539 木　총15획　4급

模

훈: 본뜰
음: 모

나무(木)를 정해(莫) 본을 뜨다.

模樣(모양) 模型(모형) 模擬(모의) 模範生(모범생)
模造品(모조품) 大規模(대규모)

模樣(모양) : 겉으로 나타나는 생김새나 됨됨이
模型(모형) : 원형을 줄여서 만든 것

---

540 豸　총14획　3급 II

貌

훈: 모양
음: 모

짐승(豸)같은 얼굴(皃)을 한 모양

外貌(외모) 美貌(미모) 變貌(변모)
容貌端正(용모단정)

外貌(외모) : 겉모습
美貌(미모) : 아름다운 얼굴 모습

83

한자능력 검정시험 3급 (3급II 포함)

541 言 총16획 — 3급II
謀
- 훈: 꾀할
- 음: 모

아무(某)도 없는 곳에서 말(言)로 음모를 꾀함

圖謀(도모) 陰謀(음모) 謀陷(모함) 無謀(무모)
權謀術數(권모술수)86 參謀(참모) 謀利輩(모리배)

圖謀(도모): 뜻을 이루기 위하여 방법을 꾀함
陰謀(음모): 몰래 꾸미는 악한 꾀

542 冂 총9획 — 3급
冒
- 훈: 무릅쓸
- 음: 모

성(冂)을 쌓아 가리듯 두(二) 눈(目)을 가리고 어려움을 무릅쓰다.

冒險(모험) 冒襲(모습) 冒瀆(모독) 冒稱(모칭)
冒頭(모두) 冒昧(모매) 冒險談(모험담)

冒險(모험): 위험을 무릅쓰고 어떤 일을 함
冒瀆(모독): 상대를 깎아내려 위신이나 명예를 더럽힘

543 木 총4획 — 8급
木
- 훈: 나무
- 음: 목

땅에 뿌리를 내리고 서 있는 **나무모양**을 본뜬 글자

木材(목재) 木刻(목각) 木手(목수) 原木(원목)
枯木(고목) 木馬(목마) 植木日(식목일)

木材(목재): 나무로 된 재료
木刻(목각): 나무 조각

544 目 총5획 — 5급II
目
- 훈: 눈
- 음: 목

사람의 눈 모양을 본뜬 글자

目的(목적) 目標(목표) 目次(목차) 科目(과목)
名目賃金(명목임금) 題目(제목) 目擊者(목격자)

目的(목적): 하고자 하는 일이나 그 방향
目標(목표): 목적을 이루기 위한 실제 대상

645 牛 총8획 — 4급II
牧
- 훈: 칠
- 음: 목

소(牛)를 치며(攵) 기름

牧童(목동) 牧師(목사) 牧場(목장) 牧歌(목가)
牧民心書(목민심서) 放牧(방목) 牧畜業(목축업)

牧童(목동): 소를 치는 아이
牧場(목장): 소·말 등의 가축을 풀어 키우는 곳

546 目 총13획 — 3급II
睦
- 훈: 화목할
- 음: 목

온화한 눈매(目)를 가지고 땅(坴)을 경작하며 사니 화목함

和睦(화목) 親睦(친목)
親睦契(친목계)

和睦(화목): 서로 뜻이 맞아 정다움
親睦(친목): 친하여 화목함

547 氵(水) 총7획 — 3급II
沒
- 훈: 빠질
- 음: 몰

물(氵)에 또(又) 빠짐

沒落(몰락) 沒頭(몰두) 沒殺(몰살) 沒收(몰수)
神出鬼沒(신출귀몰)335 陷沒(함몰) 沒廉恥(몰염치)

沒落(몰락): 성하던 것이 쇠하여 형편없게 됨
沒頭(몰두): 어떤 일에만 파고 듦

548 夕 총14획 — 3급II
夢
- 훈: 꿈
- 음: 몽

풀(艹)을 덮고(冖) 눈(罒)을 감은 채 저녁(夕)에 누워 자면서 꾸는 꿈

胎夢(태몽) 解夢(해몽) 惡夢(악몽) 吉夢(길몽)
一場春夢(일장춘몽)461 夢想(몽상) 夢遊病(몽유병)

胎夢(태몽): 임신의 징조를 보이는 꿈
解夢(해몽): 꿈을 풀이함

549 艹(艸) 총14획 — 3급II
蒙
- 훈: 어두울
- 음: 몽

풀(艹)로 덮으니(冖) 한(一)마리의 돼지(豕)도 보이지 않을 만큼 어두움

蒙昧(몽매) 訓蒙字會(훈몽자회)646 蒙古族(몽고족)
啓蒙運動(계몽운동) 無知蒙昧(무지몽매)

蒙昧(몽매): 어리석고 어두움
蒙古族(몽고족): 몽골 민족

550 卩 총5획 — 3급
卯
- 훈: 토끼
- 음: 묘

십이지에서 네 번째로 **토끼**를 상징함

卯時(묘시) 己卯士禍(기묘사화) 卯坐酉向(묘좌유향)

卯時(묘시): 십이지의 넷째 시로 오전 5시부터 7시까지

84

551 妙
- 훈: 묘할
- 음: 묘
- 4급
- 女 총7획
- 어린(少) 여자(女)가 묘하게 예쁨
- 妙策(묘책) 妙手(묘수) 妙味(묘미) 妙案(묘안)
- 妙技(묘기) 奇妙(기묘) 絶妙(절묘) 巧妙(교묘)

妙策(묘책) : 묘한 책략
妙味(묘미) : 묘한 맛

552 苗
- 훈: 싹
- 음: 묘
- 3급
- ⺿(艸) 총9획
- 풀(⺿)씨를 밭(田)에 뿌리니 싹이 남
- 苗木(묘목) 苗種(묘종) 苗板(묘판) 苗床(묘상)
- 苗圃(묘포) 種苗(종묘) 育苗(육묘)

苗木(묘목) : 식물의 모종
苗種(묘종) : 옮겨 심으려고 기른 어린 식물

553 墓
- 훈: 무덤
- 음: 묘
- 4급
- 土 총14획
- 아무 것도 없는(莫) 곳에 흙(土)을 쌓아 만든 무덤
- 墓碑(묘비) 墓所(묘소) 墓域(묘역) 省墓(성묘)
- 墳墓(분묘) 國立墓地(국립묘지)

墓碑(묘비) : 무덤 앞에 세우는 비석
墓所(묘소) : 무덤이 있는 곳

554 廟
- 훈: 사당
- 음: 묘
- 3급
- 广 총15획
- 집(广)에 조상을 모셔두고 아침(朝)마다 차례 드리는 사당
- 廟堂(묘당) 廟廷(묘정) 廟祝(묘축)
- 宗廟社稷(종묘사직) 廟庭配享(묘정배향)

廟堂(묘당) : 나랏일을 하는 조정
廟廷(묘정) : 나라와 정치를 다스리는 조정

555 戊
- 훈: 천간
- 음: 무:
- 3급
- 戈 총5획
- 창(戈)에 달린 손잡이(丿)모양을 본뜬 글자
- 戊夜(무야) 戊辰(무진) 戊戌(무술)
- 戊午士禍(무오사화)

戊夜(무야) : 오전 3시에서 5시까지의 동안

556 茂
- 훈: 무성할
- 음: 무:
- 3급Ⅱ
- ⺿(艸) 총9획
- 풀(⺿)이 무성함(戊)
- 茂盛(무성) 茂林(무림) 茂才(무재)

茂盛(무성) : 풀이나 나무가 우거져 성함
茂林(무림) : 나무가 우거진 숲

557 武
- 훈: 굳셀
- 음: 무:
- 4급Ⅱ
- 止 총8획
- 혼자서(一) 창(戈)으로 전쟁을 그치게(止)할 만큼 굳셈
- 武士(무사) 武器(무기) 武功(무공) 武官(무관)
- 武力(무력) 武術(무술) 武藝(무예)

武士(무사) : 무예를 익히고 쓰는 사람
武器(무기) : 전쟁에 쓰이는 도구

558 務
- 훈: 힘쓸
- 음: 무:
- 4급Ⅱ
- 力 총11획
- 창(矛)으로 적을 치며(攵) 힘(力)을 씀
- 業務(업무) 任務(임무) 勞務(노무) 服務(복무)
- 公務員(공무원) 債務者(채무자) 實務者(실무자)

業務(업무) : 직장에서 능력과 직책에 따라 맡아서 하는 일
任務(임무) : 책임을 지고 맡아서 하는 일

559 無
- 훈: 없을
- 음: 무
- 5급
- ⺣(火) 총12획
- 불(⺣)에 다 타고 남은 것이 없음
- 無識(무식) 無能(무능) 無職(무직) 無心(무심)
- 無期延期(무기연기) 天下無敵(천하무적)

無識(무식) : 아는 것이 없음
無能(무능) : 능력이 없음

560 貿
- 훈: 무역할
- 음: 무:
- 3급Ⅱ
- 貝 총12획
- 토끼(卯)를 돈(貝)으로 사다 팔며 무역함
- 貿易風(무역풍) 密貿易(밀무역) 貿易(무역)
- 對外貿易(대외무역) 貿易黑字(무역흑자)

貿易(무역) : 물건을 팔고 사는 활동
密貿易(밀무역) : 법망을 피해 몰래 하는 무역

한자능력 검정시험 3급 (3급II 포함)

561 — 舛 / 총14획 / 4급
舞 — 훈: 춤출 / 음: 무:
아무도 없는(無) 무대에서 양발이 어그러지며(舛) 춤을 춤
舞踊(무용) 舞姬(무희) 歌舞(가무) 僧舞(승무)
獨舞臺(독무대) 鼓舞(고무) 舞蹈會(무도회)
- 歌舞(가무): 노래와 춤
- 舞姬(무희): 춤을 업으로 삼는 여자

562 — 雨 / 총19획 / 3급
霧 — 훈: 안개 / 음: 무:
비(雨)가 세차게(務) 올 때처럼 앞이 보이지 않는 짙은 안개
霧散(무산) 霧露(무로) 雲霧(운무) 濃霧(농무)
噴霧器(분무기)
- 霧散(무산): 안개가 걷히듯 흔적 없이 사라지는 모습
- 霧露(무로): 안개와 이슬

563 — 土 / 총15획 / 3급II
墨 — 훈: 먹 / 음: 묵
검은(黑) 그을음과 흙(土)을 섞어 만든 먹
白墨(백묵) 水墨畫(수묵화)
墨香(묵향) 紙筆硯墨(지필연묵)
- 白墨(백묵): 분필
- 水墨畫(수묵화): 먹의 짙고 옅음을 가지고 그리는 동양화

564 — 黑 / 총16획 / 3급II
默 — 훈: 잠잠할 / 음: 묵
검은(黑) 개(犬)가 짖지 않고 잠잠함
默念(묵념) 默認(묵인) 默想(묵상)
默契(묵계) 默殺(묵살) 沈默(침묵) 默祕權(묵비권)
- 默念(묵념): 조용히 생각함
- 默認(묵인): 모르는 체하며 슬며시 인정함

565 — 文 / 총4획 / 7급
文 — 훈: 글월 / 음: 문
사람의 몸에 한 문신 모양을 본뜬 글자
漢文(한문) 文學(문학) 文法(문법) 文盲(문맹)
甲骨文字(갑골문자) 文化遺産(문화유산)
- 漢文(한문): 한자를 가지고 쓴 문장
- 文學(문학): 정서나 사상 등을 글로 쓰는 예술

566 — 門 / 총8획 / 8급
門 — 훈: 문 / 음: 문
두 개의 문짝이 있는 모양을 본뜬 글자
正門(정문) 家門(가문) 破門(파문) 南大門(남대문)
烈女門(열녀문) 門前成市(문전성시)200
- 正門(정문): 정면에 있는 문
- 家門(가문): 집안, 문중

567 — 口 / 총11획 / 7급
問 — 훈: 물을 / 음: 문:
문(門)앞에서 입(口)을 열고 물음
問題(문제) 問責(문책) 設問(설문) 訪問客(방문객)
東問西答(동문서답)152 檢問檢索(검문검색)
- 問題(문제): 답을 얻기 위해 하는 질문
- 問責(문책): 잘못을 물어 꾸짖음

568 — 耳 / 총14획 / 6급II
聞 — 훈: 들을 / 음: 문(:)
문(門)앞에 귀(耳)를 대고 들음
新聞(신문) 風聞(풍문) 艶聞(염문) 申聞鼓(신문고)
聽聞會(청문회) 東方見聞錄(동방견문록)
- 新聞(신문): 새로운 소식을 전하는 간행물
- 風聞(풍문): 근거 없이 떠도는 말

569 — 糸 / 총10획 / 3급II
紋 — 훈: 무늬 / 음: 문
실(糸)로 수를 놓아 무늬(文)를 만듦
紋章(문장) 指紋(지문) 波紋(파문)
指紋採取(지문채취)
- 紋章(문장): 국가나 단체를 상징하는 표지
- 指紋(지문): 손가락 안쪽에 있는 무늬

570 — 勹 / 총4획 / 3급II
勿 — 훈: 말 / 음: 물
물건을 두(二) 개씩 싸놓고(勹) 만지지 말라고 함
勿論(물론) 勿忘草(물망초)
勿失好機(물실호기)202
- 勿論(물론): 말할 것도 없음

571 物 牛 총8획 7급Ⅱ

소(牛)는 죽어 없어져도(勿) 많은 것을 남김

- 훈: 만물
- 음: 물

萬物(만물) 物件(물건) 物體(물체) 物質(물질)
動植物(동식물) 鑛物(광물) 假建物(가건물)

萬物(만물) : 수많은 물건
物體(물체) : 물건의 형체, 유형물

572 未 木 총5획 4급Ⅱ

한(一) 그루의 나무(木)는 숲이 아님

- 훈: 아닐
- 음: 미(:)

未來(미래) 未安(미안) 未滿(미만) 未開人(미개인)
未收金(미수금) 未成年者(미성년자)

未來(미래) : 아직 오지 않은 때
未滿(미만) : 정한 기준에 모자람

573 米 米 총6획 5급Ⅱ

쌀이나 수수 등의 곡식의 낟알을 본뜬 글자

- 훈: 쌀
- 음: 미

白米(백미) 玄米(현미) 米穀(미곡) 軍糧米(군량미)
精米所(정미소) 供養米(공양미)

白米(백미) : 흰쌀
米穀(미곡) : 쌀과 갖가지 곡식

574 尾 尸 총7획 3급Ⅱ

엉덩이(尸) 밑으로 나온 털(毛)이 꼬리

- 훈: 꼬리
- 음: 미

尾行(미행) 語尾(어미) 末尾(말미) 交尾(교미)
徹頭徹尾(철두철미)550

尾行(미행) : 감시하기 위해 꼬리를 따라 뒤를 밟음
語尾(어미) : 말의 끝부분으로 활용하기 위해 변하는 부분

575 味 口 총8획 4급Ⅱ

입(口)으로 먹을만한지 아닌지(未) 맛을 봄

- 훈: 맛
- 음: 미

味覺(미각) 別味(별미) 興味(흥미) 調味料(조미료)
無意味(무의미) 山海珍味(산해진미)

味覺(미각) : 맛을 느끼는 감각
別味(별미) : 평소와 다르게 먹는 특별한 음식

576 美 羊 총9획 5급Ⅱ

양(羊)은 큰(大) 것이 아름다움

- 훈: 아름다울
- 음: 미(:)

美女(미녀) 美術(미술) 美容(미용) 美國(미국)
美人大會(미인대회) 讚美(찬미) 脚線美(각선미)

美女(미녀) : 아름다운 여자
美術(미술) : 공간이나 시각의 아름다움을 표현하는 예술

577 眉 目 총9획 3급

눈(目) 위에 있는 눈썹을 본뜬 문자

- 훈: 눈썹
- 음: 미

白眉(백미) 兩眉間(양미간)
蛾眉(아미) 眉目秀麗(미목수려)

白眉(백미) : 여럿 중에 가장 뛰어난 사람이나 물건
兩眉間(양미간) : 양 눈썹의 사이

578 迷 辶(辵) 총10획 3급

갈(辶) 길이 쌀알(米)처럼 여러 갈래라는 생각에 미혹됨

- 훈: 미혹할
- 음: 미(:)

迷惑(미혹) 迷宮(미궁) 迷路(미로) 迷兒(미아)
迷信(미신) 迷夢(미몽)

迷惑(미혹) : 마음이 흐려 무언가에 혹함
迷宮(미궁) : 얽혀 있어 들어가면 쉽게 나올 수 없는 곳

579 微 彳 총13획 3급Ⅱ

걸어서(彳) 산(山)에 올라 혼자(一) 기대어(几) 쉬던 나무를 쳐서(攵) 작게 만든 장작을 갖고 옴

- 훈: 작을
- 음: 미

微微(미미) 微力(미력) 微弱(미약) 微賤(미천)
微妙(미묘) 微溫(미온) 顯微鏡(현미경)

微力(미력) : 적은 힘
微弱(미약) : 힘이 적고 여림

580 民 氏 총5획 8급

여인(女)이 시초(氏)가 되어 많은 백성이 태어남

- 훈: 백성
- 음: 민

民衆(민중) 民謠(민요) 民願(민원) 民泊(민박)
民主主義(민주주의) 民俗(민속) 民間人(민간인)

民衆(민중) : 많은 무리의 백성
民謠(민요) : 일반 민중들 사이에서 불려오던 노래

한자능력 검정시험 3급 (3급II 포함)

581 敏 — 3급
攵(支) 총11획
매일(每) 회초리로 치니(攵) 민첩해 짐
- 훈: 민첩할
- 음: 민

敏捷(민첩) 敏感(민감) 敏活(민활) 銳敏(예민)
過敏反應(과민반응)

敏捷(민첩): 빠르고 날램
敏感(민감): 예민한 감각

582 憫 — 3급
忄(心) 총15획
문(門)에 써 붙인 글(文)을 보니 마음(忄)이 민망함
- 훈: 민망할
- 음: 민

憫憫(민망) 憫迫(민박) 憐憫(연민)

憫憫(민망): 마음이 딱하고 안타까움
憐憫(연민): 불쌍하고 딱하게 여김

583 密 — 4급II
宀 총11획
집(宀)안에 신을 모시는 곳은 반드시(必) 빽빽한 산(山)처럼 은밀함
- 훈: 빽빽할
- 음: 밀

密着(밀착) 密使(밀사) 密談(밀담) 密獵(밀렵)
親密(친밀) 綿密(면밀) 人口密度(인구밀도)

密着(밀착): 빈틈없이 달라붙음
密談(밀담): 몰래 하는 얘기

584 蜜 — 3급
虫 총14획
집(宀)마다 반드시(必) 있는 벌레(虫)들은 꿀처럼 단 것을 좋아함
- 훈: 꿀
- 음: 밀

蜜柑(밀감) 蜜語(밀어) 蜜蜂(밀봉) 蜜蠟(밀랍)
蜜月旅行(밀월여행)

蜜柑(밀감): 귤 또는 귤나무
蜜語(밀어): 달콤한 말

585 朴 — 5급II
木 총6획
나무(木)로 점(卜)보기를 좋아하는 순박한 사람
- 훈: 성
- 음: 박

素朴(소박) 質朴(질박) 淳朴(순박) 頑朴(완박)

素朴(소박): 생긴 그대로 꾸밈없이 자연스러움
質朴(질박): 꾸민 데 없이 수수함

586 泊 — 3급
氵(水) 총8획
물(氵) 옆에 하얗게(白) 표시 한 곳에 배를 댐
- 훈: 배댈
- 음: 박

民泊(민박) 外泊(외박) 碇泊(정박)
宿泊業所(숙박업소)

民泊(민박): 평범한 보통 가정에서 숙박함
外泊(외박): 밖에서 잠을 잠

587 拍 — 4급
扌(手) 총8획
손(扌)이 하얗게(白) 될 때 까지 박수를 침
- 훈: 칠
- 음: 박

拍手(박수) 拍子(박자) 拍車(박차)
拍手喝采(박수갈채) 拍掌大笑(박장대소)208

拍手(박수): 손뼉을 마주 침
拍子(박자): 음악에서 곡을 진행하는 시간의 단위

588 迫 — 3급II
辶(辵) 총9획
코앞에 닥친 일을 해결하기 위해 뛰었더니(辶) 얼굴이 하얗게(白) 질림
- 훈: 닥칠
- 음: 박

促迫(촉박) 急迫(급박) 驅迫(구박) 壓迫(압박)
强迫觀念(강박관념) 切迫(절박) 脅迫狀(협박장)

促迫(촉박): 기한이 얼마 남지 않음. 몹시 다급함
急迫(급박): 여유 없이 매우 급함

589 博 — 4급II
十 총12획
박학다식한 사람은 열(十) 종류의 큰(甫) 분야를 마디마디(寸) 넓게 앎
- 훈: 넓을
- 음: 박

博士(박사) 博識(박식) 博愛(박애) 博覽會(박람회)
博物館(박물관) 博學多識(박학다식)209

博識(박식): 여러 방면에 많은 지식을 갖고 있음
博愛(박애): 널리 모든 것을 사랑함

590 薄 — 3급II
艹(艸) 총17획
풀(艹)이 강가(浦)에서 자라니 마디마디(寸)가 엷어 짐
- 훈: 엷을
- 음: 박

淺薄(천박) 輕薄(경박) 薄俸(박봉) 薄命(박명)
精神薄弱(정신박약) 薄利多賣(박리다매)206

淺薄(천박): 생각이 얕음
輕薄(경박): 언행이 가볍고 천박함

591 反 又 총4획 6급II
훈 돌이킬
음 반:

바위(厂)굴에 들어갔다 또(又) 돌아서 나옴

反應(반응) 反射(반사) 反論(반론) 反駁(반박)
反則(반칙) 反省(반성) 決死反對(결사반대)

反應(반응): 자극에 대응하여 일어나는 현상
反論(반론): 반대되거나 말을 되받아 하는 논의

592 半 十 총5획 6급II
훈 반
음 반:

소(牛)를 나누듯 반으로 나눔

半徑(반경) 上半身(상반신) 韓半島(한반도)
半導體(반도체) 折半(절반) 半信半疑(반신반의)213

半徑(반경): 반지름
上半身(상반신): 사람 몸의 허리 윗부분

593 伴 亻(人) 총7획 3급
훈 짝
음 반:

사람(亻)이 반반(半)씩 합쳐져 짝을 이룸

隨伴(수반) 伴侶者(반려자)
伴奏(반주) 同伴者(동반자) 同伴自殺(동반자살)

伴侶者(반려자): 짝이 되는 사람
隨伴(수반): 어떤 일에 따라서 생김

594 返 辶(辵) 총8획 3급
훈 돌아올
음 반:

가던(辶) 길을 반대로 돌이켜(反) 돌아옴

返品(반품) 返送(반송) 返還(반환) 返納(반납)
返戾(반려)

返品(반품): 물건을 돌려보냄
返送(반송): 도로 돌려보냄

595 叛 又 총9획 3급
훈 배반할
음 반:

절반(半)이나 되는 사람이 돌아서(反) 배반함

叛逆(반역) 叛軍(반군) 叛骨(반골) 叛旗(반기)
背叛(배반) 謀叛(모반) 叛亂軍(반란군)

叛逆(반역): 배반하고 역모를 꾀함
叛軍(반군): 반란을 일으킨 군대

596 班 王(玉) 총10획 6급II
훈 나눌
음 반

칼(刂)을 가지고 구슬(玉)을 반으로 나눔

班長(반장) 班列(반열) 兩班(양반) 首班(수반)
合班(합반) 班常會(반상회)

兩班(양반): 조선시대 신분이 높은 사대부를 부르던 말
首班(수반): 반열 가운데 으뜸가는 자리

597 般 舟 총10획 3급II
훈 일반
음 반

배(舟)는 일반적으로 창같이 긴 노(殳)를 가지고 저어감

全般的(전반적) 一般的(일반적) 諸般(제반)
般若心經(반야심경)

全般的(전반적): 어떤 일에 관계되는 전체 상태
諸般(제반): 여러 가지

598 飯 食 총13획 3급II
훈 밥
음 반

먹을(食) 밥을 뒤집어가며(反) 식힘

白飯(백반) 飯酒(반주) 飯饌(반찬) 飯店(반점)
十匙一飯(십시일반)342 茶飯事(다반사)

飯酒(반주): 밥 먹을 때 같이 마시는 술
飯饌(반찬): 밥과 함께 먹는 갖가지 음식

599 盤 皿 총15획 3급II
훈 소반
음 반

흔하게 쓰는 일반(般)적인 그릇(皿)이 소반

盤石(반석) 盤面(반면) 基盤(기반) 音盤(음반)
錚盤(쟁반) 骨盤(골반) 羅針盤(나침반)

盤石(반석): 일이나 사물이 굳고 단단함
盤面(반면): 판의 겉면

600 拔 扌(手) 총8획 3급II
훈 뺄
음 발

균형을 잡기 위해 손(扌)을 빼고 달림(犮)

拔群(발군) 拔萃(발췌) 拔擢(발탁) 選拔(선발)
奇拔(기발) 拔本塞源(발본색원)215

拔群(발군): 여럿 가운데서 빼어남
拔萃(발췌): 요점을 뽑은 글이나 뽑는 행동

한자능력 검정시험 3급 (3급II 포함)

611 訪 (言, 총11획) 4급Ⅱ
- 훈: 찾을
- 음: 방
- 말(言)로 사방(方)에 물어 **찾음**
- 訪韓(방한) 訪美(방미) 答訪(답방) 探訪(탐방)
- 巡訪(순방) 來訪(내방) 訪問客(방문객)
- 訪韓(방한): 한국을 방문함
- 探訪(탐방): 사실을 알기 위해 사람이나 장소를 찾아감

612 傍 (亻(人), 총12획) 3급
- 훈: 곁
- 음: 방
- 사람(亻)이 가까운(旁) 곁에 있음
- 傍觀(방관) 傍聽客(방청객) 傍證(방증) 傍點(방점)
- 袖手傍觀(수수방관)317 傍若無人(방약무인)220
- 傍觀(방관): 일에 직접 나서지 않고 곁에서 보고만 있음
- 傍聽客(방청객): 방청하는 사람

613 杯 (木, 총8획) 3급
- 훈: 잔
- 음: 배
- 상한 나무(木)로 만든 **잔**은 질이 좋지 아니함(不)
- 祝杯(축배) 聖杯(성배) 乾杯(건배) 苦杯(고배)
- 優勝杯(우승배)
- 祝杯(축배): 축하하기 위해 마시는 술
- 聖杯(성배): 성스러운 술잔

614 拜 (手, 총9획) 4급Ⅱ
- 훈: 절
- 음: 배
- 양 손(手手)을 모으고 몸을 아래로(下) 구부려 **절**하는 것
- 拜上(배상) 拜謁(배알) 拜禮(배례) 參拜(참배)
- 崇拜(숭배) 歲拜(세배) 主日禮拜(주일예배)
- 拜上(배상): 편지글에 자기 이름 다음에 쓰는 말
- 拜謁(배알): 윗사람을 찾아가 뵘

615 背 (月(肉), 총9획) 4급Ⅱ
- 훈: 등
- 음: 배
- 패(北)하여 달아날 때 보이는 신체(月) 부분이 **등**
- 背景(배경) 背反(배반) 背後(배후) 背信者(배신자)
- 背任罪(배임죄) 二律背反(이율배반)428
- 背景(배경): 뒤쪽의 경치. 사람이나 사건 등을 둘러싼 주위
- 背反(배반): 믿음을 져버리고 돌아섬

616 倍 (亻(人), 총10획) 5급
- 훈: 곱
- 음: 배
- 사람(亻)이 서서(立) 입(口)을 열고 떠드니 시끄러움이 **곱절**이 됨
- 倍達(배달) 倍率(배율) 倍加(배가) 倍數(배수)
- 倍達民族(배달민족) 勇氣百倍(용기백배)
- 倍率(배율): 어떤 수가 기준이 되는 수에 몇 배인지를 나타내는 수
- 倍加(배가): 몇 배로 늘어남

617 配 (酉, 총10획) 4급Ⅱ
- 훈: 짝
- 나눌
- 음: 배
- 술(酉)을 나눠먹는 사람이 자기(己) **짝**
- 配達(배달) 配給所(배급소) 支配人(지배인)
- 配偶者(배우자) 配匹(배필) 指名手配(지명수배)
- 配達(배달): 물건을 정해진 장소에 나눠 줌
- 配給所(배급소): 물건을 나눠주는 곳

618 培 (土, 총11획) 3급Ⅱ
- 훈: 북돋을
- 음: 배
- 씨앗을 심은 땅(土) 위에 서서 입(口)을 열어 노래로 기운을 **북돋아** 줌
- 培養(배양) 培根(배근) 培植(배식) 栽培(재배)
- 培養(배양): 인공적인 환경에서 미생물 등을 기름
- 培根(배근): 식물의 뿌리를 흙으로 덮어 줌

619 排 (扌(手), 총11획) 3급Ⅱ
- 훈: 밀칠
- 음: 배
- 손(手)사래를 치면서 사실이 아니라고(非) 상대방을 **밀침**
- 排球(배구) 排泄(배설) 排卵(배란) 排他的(배타적)
- 排出口(배출구) 排斥(배척) 排除(배제)
- 排泄(배설): 몸 안의 노폐물을 밖으로 내보내는 일
- 排卵(배란): 성숙한 난세포가 난소에서 배출 되는 일

620 輩 (車, 총15획) 3급Ⅱ
- 훈: 무리
- 음: 배
- 주인이 아닌(非) 사람들이 차(車)를 둘러싸고 **무리**를 짓고 있음
- 謀利輩(모리배) 浮浪輩(부랑배) 暴力輩(폭력배)
- 先後輩(선후배) 年輩(연배) 雜輩(잡배)
- 謀利輩(모리배): 갖가지 수단으로 자기의 이익만을 챙기는 사람
- 浮浪輩(부랑배): 정처 없이 돌아다니는 무리들

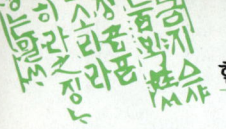

한자능력 검정시험 3급 (3급II 포함)

621 白 총5획 — 8급
- 훈: 흰
- 음: 백

햇빛(日)이 위(丿)를 향하여 비추는 모습을 본뜬 글자

白馬(백마) 白日場(백일장) 白鷺(백로) 白墨(백묵)
白衣從軍(백의종군)233 白雪公主(백설공주)

白馬(백마): 하얀색 말
白日場(백일장): 국가나 단체에서 실시하는 글짓기 대회

622 百 총6획 — 7급
- 훈: 일백
- 음: 백

일(一)과 백(白)이 합쳐 **일백 백**

百萬(백만) 萬百姓(만백성) 百貨店(백화점)
百日紅(백일홍) 百方(백방) 百發百中(백발백중)230

萬百姓(만백성): 나라 안의 모든 백성
百貨店(백화점): 여러 종류의 상품을 취급하여 판매하는 곳

623 伯 亻(人) 총7획 — 3급II
- 훈: 맏
- 음: 백

사람(亻) 중에 가장 빛나는(白) 사람이 **첫째**

伯爵(백작) 伯父(백부) 伯兄(백형)
畫伯(화백) 方伯(방백) 伯仲之勢(백중지세)235

伯爵(백작): 다섯 등급으로 나눈 귀족의 계급 가운데 세 번째
伯父(백부): 큰아버지

624 番 田 총12획 — 5급II
- 훈: 차례
- 음: 번

농부가 손(釆)으로 벼(禾)를 논(田)에 **차례차례** 심는 것

番號(번호) 番地(번지) 順番(순번) 非番(비번)
局番(국번) 軍番(군번) 不寢番(불침번)

番號(번호): 차례를 나타내기 위한 숫자
番地(번지): 땅을 일정한 기준으로 나누고 부여한 숫자

625 煩 火 총13획 — 3급
- 훈: 번거로울
- 음: 번

뜨거운 열(火)이 머리(頁)에서 나니 움직이는 것도 **번거로움**

煩惱(번뇌) 煩雜(번잡) 煩悶(번민)
百八煩惱(백팔번뇌)237

煩惱(번뇌): 마음을 괴롭히는 생각이나 그것으로 인한 괴로움
煩雜(번잡): 번거롭게 뒤섞여 어지러움

626 繁 糸 총17획 — 3급II
- 훈: 번성할
- 음: 번

자식에게 매일(每) 회초리를 치며(攵) 실(糸) 뽑는 것을 가르치니 가업이 더 **번성함**

繁盛(번성) 繁榮(번영) 繁昌(번창) 頻繁(빈번)
農繁期(농번기) 繁殖力(번식력) 繁華街(번화가)

繁盛(번성): 성하게 일어나 퍼짐
繁榮(번영): 번성하고 영화로워 짐

627 飜 飛 총21획 — 3급
- 훈: 뒤칠
- 음: 번

내 차례(番)가 날아가(飛) **뒤집어짐**

飜譯(번역) 飜覆(번복) 飜案(번안) 礬袖(번수)

飜譯(번역): 어떤 글 등을 다른 언어로 옮김
飜覆(번복): 이리저리 뒤집힘

628 伐 亻(人) 총6획 — 4급II
- 훈: 칠
- 음: 벌

사람(亻)이 창(戈)을 들고 적을 **침**

伐草(벌초) 伐木(벌목) 伐採(벌채) 伐柯(벌가)
北伐(북벌) 南伐(남벌) 討伐(토벌) 殺伐(살벌)

伐草(벌초): 무덤 주변의 풀을 제거함
伐木(벌목): 나무를 벰

629 罰 罒(网) 총14획 — 4급II
- 훈: 벌할
- 음: 벌

법망(罒)을 빠져나가려는 사람을 말(言)로 꾸짖고 칼(刂)로 쳐 **벌함**

罰則(벌칙) 罰金(벌금) 嚴罰(엄벌) 賞罰(상벌)
刑事處罰(형사처벌) 一罰百戒(일벌백계)447

罰則(벌칙): 법규를 어긴 사람을 처벌하기 위해 정해놓은 규칙
罰金(벌금): 법규를 어긴 사람에게 부과하는 돈

630 凡 几 총3획 — 3급II
- 훈: 무릇
- 음: 범(:)

책상(几)을 밝히는 초의 심지(丶)는 **무릇** 비슷하게 생김

凡常(범상) 凡例(범례) 凡俗(범속) 大凡(대범)
非凡(비범) 平凡(평범) 禮儀凡節(예의범절)

凡常(범상): 특별한 것 없이 예사로움
凡例(범례): 일러두기

한자능력 검정시험 3급 (3급Ⅱ 포함)

641 一 총5획 — 3급Ⅱ
丙
훈: 남녘
음: 병
하늘(一)의 안(内)쪽에 **남녘**이 있음
丙時(병시) 丙寅洋擾(병인양요) 丙坐(병좌)
丙子胡亂(병자호란) 甲乙丙丁(갑을병정)

丙時(병시) : 24시의 12째 시. 오전 10시 반에서 11시 반

642 八 총7획 — 5급Ⅱ
兵
훈: 병사
음: 병
언덕(丘)위에 여덟(八) 명씩 열을 맞춰서 있는 **병사**
兵士(병사) 兵役忌避(병역기피) 兵務廳(병무청)
孫子兵法(손자병법) 富國強兵(부국강병)

兵務廳(병무청) : 병무 행정을 담당 하는 기관
兵士(병사) : 군사

643 尸 총11획 — 3급
屛
훈: 병풍
음: 병
지붕(尸) 밑에 있는 것을 아울러서(并) 가리기 위해 치는 **병풍**
屛風(병풍) 屛迹(병적) 屛去(병거)

屛風(병풍) : 무언가를 가리거나 장식을 위해 치는 물건
屛迹(병적) : 자취를 감추어 버림

644 立 총10획 — 3급
竝
훈: 나란히
음: 병:
두 사람이 늘어서(立) **나란히**(立) 있는 모양
竝列(병렬) 竝行(병행) 竝立(병립) 竝設(병설)
竝稱(병칭) 竝用(병용)

竝列(병렬) : 나란히 늘어섬
竝行(병행) : 둘 이상의 일을 한꺼번에 나란히 함

645 疒 총10획 — 5급Ⅱ
病
훈: 병
음: 병:
누운(疒) 사람이 남쪽(丙)의 뜨거운 열기에 **병**이 악화됨
病名(병명) 病席(병석) 病暇(병가) 病勢(병세)
癩病患者(나병환자) 看病(간병) 病原菌(병원균)

病名(병명) : 병의 이름
病席(병석) : 아픈 병을 앓아누운 자리

646 止 총7획 — 4급Ⅱ
步
훈: 걸음
음: 보:
왼발(止)과 오른발(止)을 바꿔가며 한걸음씩 **걸어감**
散步(산보) 步幅(보폭) 步兵(보병) 步行者(보행자)
進步黨(진보당) 橫斷步道(횡단보도)

散步(산보) : 천천히 걷는 일
步幅(보폭) : 걸을 때 생기는 발과 발 사이의 거리

647 亻(人) 총9획 — 4급Ⅱ
保
훈: 지킬
음: 보(:)
사람(亻)은 자기 입(口)으로 꺼낸 말은 나무(木)처럼 굳건하게 **지켜야** 함
保存(보존) 保釋金(보석금) 保管(보관)
傷害保險(상해보험) 保留(보류) 公衆保健(공중보건)

保存(보존) : 잘 보호하여 간수함
保釋金(보석금) : 보석을 허가해 주면서 내도록 하는 돈

648 日 총12획 — 4급
普
훈: 널리
음: 보:
나란히(효효) 선 구름이 해(日)를 넓게 가려 날이 밝지 못함
普及所(보급소) 普遍性(보편성) 普遍(보편)
普通選擧(보통선거) 普通名詞(보통명사)

普遍性(보편성) : 모든 것에 두루 통하는 특성
普及所(보급소) : 보급품을 지급하거나 저장하며 관리하는 곳

649 衤(衣) 총12획 — 3급Ⅱ
補
훈: 기울
음: 보:
가난하여 옷(衤)을 겨우(甫) **기워** 입음
補修(보수) 補強(보강) 補助(보조) 補職(보직)
補闕選擧(보궐선거) 補藥(보약) 補充兵(보충병)

補修(보수) : 낡은 것을 개선함
補強(보강) : 더 보태어 튼튼히 함

650 土 총12획 — 4급Ⅱ
報
훈: 갚을
알릴
음: 보:
다행히(幸) 살아난 사람이 무릎(卩)을 다시(又) 꿇고 은혜를 **갚겠다**고 함
報道(보도) 報償(보상) 報答(보답) 情報(정보)
結草報恩(결초보은)36 因果應報(인과응보)430

報道(보도) : 새로운 소식을 매체를 통하여 알림
報償(보상) : 어떤 일이나 행동 등에 대해 대가를 받음

651 譜 3급II
- 총19획
- 訓 족보
- 音 보:

조상의 기록(言)을 넓게(普) 정리한 것이 족보

族譜(족보) 系譜(계보) 樂譜(악보) 印譜(인보)
年譜(연보) 月印釋譜(월인석보)

族譜(족보): 한 가문에 관한 기록을 차례로 정리한 책
系譜(계보): 혈연관계나 학풍 등이 계승되어 온 것

652 寶 4급II
- 총20획
- 訓 보배
- 音 보:

집(宀)안에 둔 구슬(玉)과 그릇(缶), 재물(貝)이 귀하게 여기는 보배임

寶物(보물) 寶石(보석) 寶庫(보고) 家寶(가보)
東醫寶鑑(동의보감) 國寶(국보) 多寶塔(다보탑)

寶物(보물): 드물고 가치 있는 물건
寶石(보석): 아름다운 빛과 광택을 가지고 있는 희귀한 광물

653 卜 3급
- 총2획
- 訓 점
- 音 복

葡의 간체자. 예전에 점 볼 때 사용되던 거북이 모양을 본뜬 글자

卜債(복채) 卜吉(복길) 卜術(복술)

卜債(복채): 점을 친 값
卜吉(복길): 좋은 날을 가려 받음

654 伏 4급
- 총6획
- 訓 엎드릴
- 音 복

사람(亻) 옆에 개(犬)가 엎드려 있음

埋伏(매복) 降伏(항복) 屈伏(굴복) 伏兵(복병)
初伏(초복) 末伏(말복) 哀乞伏乞(애걸복걸)351

埋伏(매복): 기습을 하거나 살펴보기 위해 몰래 숨어 있음
降伏(항복): 기세에 눌려 굴복함

655 服 5급II
- 총8획
- 訓 옷
- 音 복

몸(月)을 가리고자 무릎(卩)을 꿇고 손(又)으로 옷을 해 입음

服從(복종) 服役(복역) 服用(복용) 服裝(복장)
韓服(한복) 洋服(양복) 旣成服(기성복)

服從(복종): 명령을 그대로 따라 실행함
服役(복역): 징역을 삶

656 復 4급II
- 총12획
- 訓 1)돌아올 2)다시
- 音 1)복 2)부:

가던(彳) 길을 다시 돌아(复) 옴

復學(복학) 復職(복직) 復舊(복구) 復習(복습)
原狀回復(원상회복) 復興(부흥) 復活節(부활절)

復學(복학): 어떤 사정으로 휴학 중인 학생이 학교에 다시 복귀함
復興(부흥): 쇠하던 것이 다시 흥함

657 腹 3급II
- 총13획
- 訓 배
- 音 복

몸(月)속을 돌아(复) 들어가는 배

腹筋(복근) 異腹兄弟(이복형제) 腹痛(복통)
抱腹絕倒(포복절도)592

腹筋(복근): 배에 있는 근육
腹痛(복통): 배가 아픈 증세

658 福 5급II
- 총14획
- 訓 복
- 音 복

신(示)에게 받칠 음식을 한(一) 입(口)씩 모아 밭(田)에 모여 제사를 지내고 복을 받음

幸福(행복) 福德房(복덕방) 冥福(명복)
福祉社會(복지사회) 福券(복권) 吉凶禍福(길흉화복)

幸福(행복): 만족과 기쁨을 느끼는 상태
福德房(복덕방): 집이나 토지의 매매, 임대차를 중계 해주는 곳

659 複 4급
- 총14획
- 訓 겹칠
- 音 복

바깥의 추위 때문에 집에 돌아와서(复) 옷(衤)을 겹쳐 입고 나감

複合(복합) 複寫器(복사기) 複製(복제)
複雜多端(복잡다단) 複線(복선) 複式簿記(복식부기)

複合(복합): 두 가지 이상이 겹쳐져 합침
複寫機(복사기): 복사를 하는 데 사용하는 기계

660 覆 3급II
- 총18획
- 訓 다시 덮을
- 音 복

덮어(襾) 놓은 것을 돌아와서(復) 다시 확인함

飜覆(번복) 顚覆(전복) 被覆(피복) 覆蓋(복개)
覆面強盜(복면강도)

飜覆(번복): 이리저리 뒤집어 고침
顚覆(전복): 뒤집어져 엎어짐

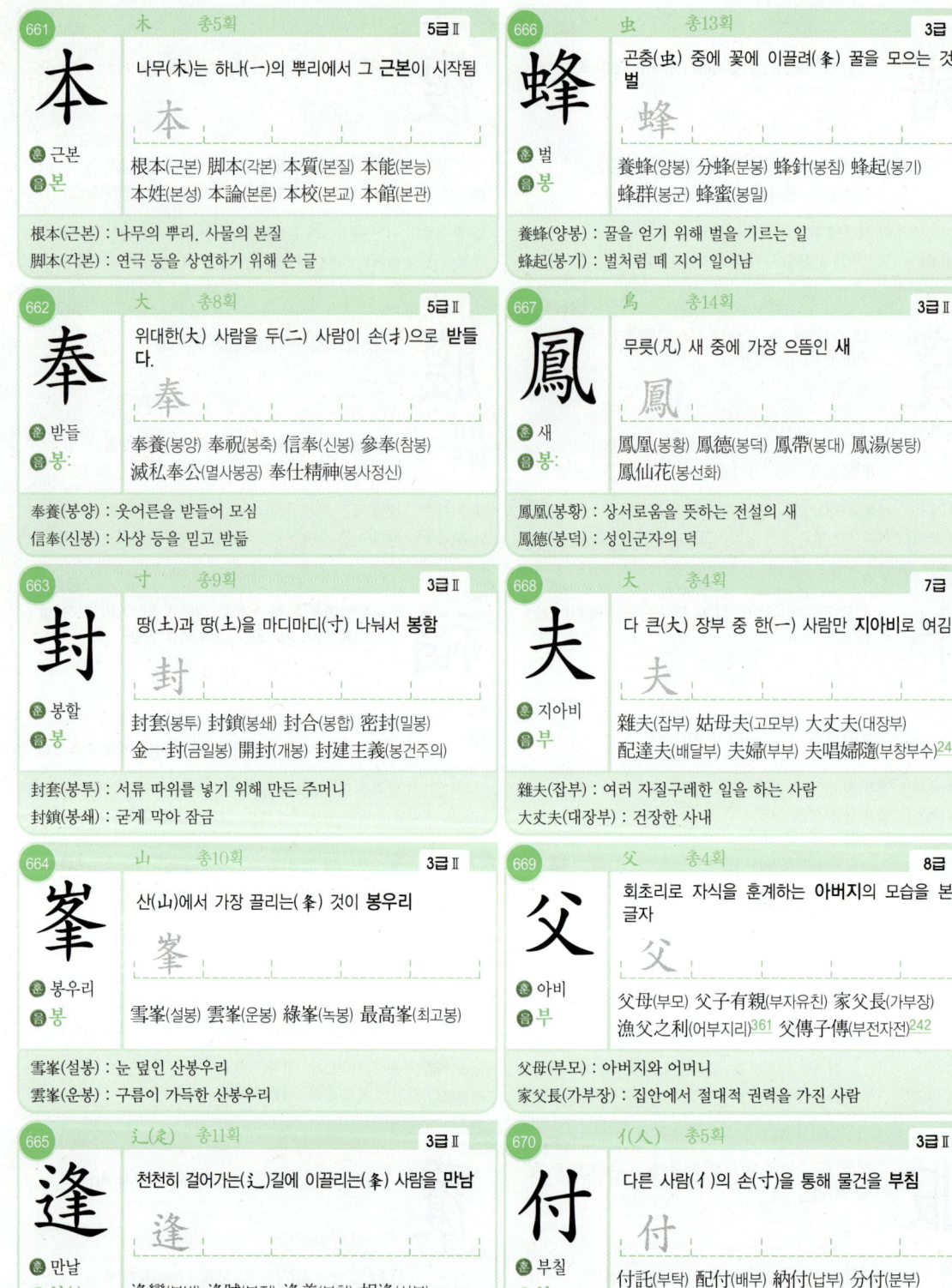

671 否 口 총7획 4급

아니(不)라는 말을 입(口)이 막혀서 하지 못함

- 훈: 1)아닐 2)막힐
- 음: 1)부: 2)비

可否(가부) 否定(부정) 否認(부인) 否運(비운)
拒否權(거부권) 否塞(비색) 日可日否(왈가왈부)

可否(가부) : 옳고 그름
否定(부정) : 그렇지 않다고 단정함

672 扶 扌(手) 총7획 3급Ⅱ

손(扌)을 써서 지아비(夫)를 도움

- 훈: 도울
- 음: 부

扶養(부양) 扶助金(부조금)
相扶相助(상부상조)

扶養(부양) : 자립하기 어려운 사람의 생활을 도움
扶助金(부조금) : 좋은 일이나 어려운 일을 당한 곳에 내는 돈

673 府 广 총8획 4급Ⅱ

넓은 집(广)에서 서류를 신청하고 주는(付) 곳 관청

- 훈: 관청
- 음: 부:

政府(정부) 幕府(막부) 椿府丈(춘부장)
府院君(부원군) 司法府(사법부) 行政府(행정부)

政府(정부) : 나라를 통치하는 데 필요한 일을 하는 곳
椿府丈(춘부장) : 남의 아버지를 높게 이르는 말

674 附 阝(阜) 총8획 3급Ⅱ

언덕(阝) 옆에 붙어 있는 광장에서 물건을 주고(付)받음

- 훈: 붙을
- 음: 부:

添附(첨부) 阿附(아부) 附錄(부록) 附則(부칙)
附屬品(부속품) 附加價值稅(부가가치세)

添附(첨부) : 서류 따위를 덧붙임
阿附(아부) : 남의 비위에 맞는 소리를 하며 잘 보이려 함

675 負 貝 총9획 4급

사람(⺈)이 재물(貝)을 짊어지고 감

- 훈: 질
- 음: 부:

負擔(부담) 負債(부채) 負傷(부상) 自負心(자부심)
褓負商(보부상) 勝負(승부) 抱負(포부)

負擔(부담) : 의무나 책임을 짐
負債(부채) : 지고 있는 빚

676 赴 走 총9획 3급

점쟁이에게 달려가(走) 점괘(卜)를 보고 나아갈 방향을 정함

- 훈: 나아갈
- 음: 부

赴任(부임) 赴援(부원) 赴役(부역)

赴任(부임) : 임무 따위를 받고 근무할 곳으로 감
赴役(부역) : 서로의 일을 도와줌

677 浮 氵(水) 총10획 3급Ⅱ

물(氵)에 알(孚)을 넣으면 뜸

- 훈: 뜰
- 음: 부

浮揚(부양) 浮力(부력) 浮漂(부표) 浮刻(부각)
浮沈(부침) 浮彫(부조) 浮動票(부동표)

浮揚(부양) : 가라앉은 것을 뜨게 함
浮力(부력) : 물에 뜨게 하는 힘

678 符 竹 총11획 3급Ⅱ

종이가 없을 땐 대나무(竹)에 부호를 적어 주고(付)받았음

- 훈: 부호
- 음: 부(:)

符號(부호) 符籍(부적) 符應(부응) 符合(부합)
終止符(종지부) 名實相符(명실상부)

符號(부호) : 따로 뜻을 정하여 표시하는 기호
符籍(부적) : 주술적인 뜻을 가진 그림이나 글씨를 써 지니는 종이

679 婦 女 총11획 4급Ⅱ

빗자루(帚)를 들고 청소하는 여자(女)가 그 집의 며느리

- 훈: 1)며느리 2)지어미
- 음: 부

夫婦(부부) 主婦(주부) 婦人(부인) 新婦(신부)
派出婦(파출부) 寡婦(과부) 婦女子(부녀자)

夫婦(부부) : 남편과 아내
主婦(주부) : 집에서 가사 노동을 하는 여성

680 部 阝(邑) 총11획 6급Ⅱ

모여서서 (立) 입(口)을 열어 마을(阝) 사람들 얘기를 하고 있는 한 떼

- 훈: 떼
- 음: 부

部落(부락) 幹部(간부) 部署(부서) 大部分(대부분)
軍部隊(군부대) 部族國家(부족국가)

部落(부락) : 여러 가구 들이 모여 사는 마을
幹部(간부) : 조직에서 중심이 되는 일을 하는 사람

한자능력 검정시험 3급 (3급II 포함)

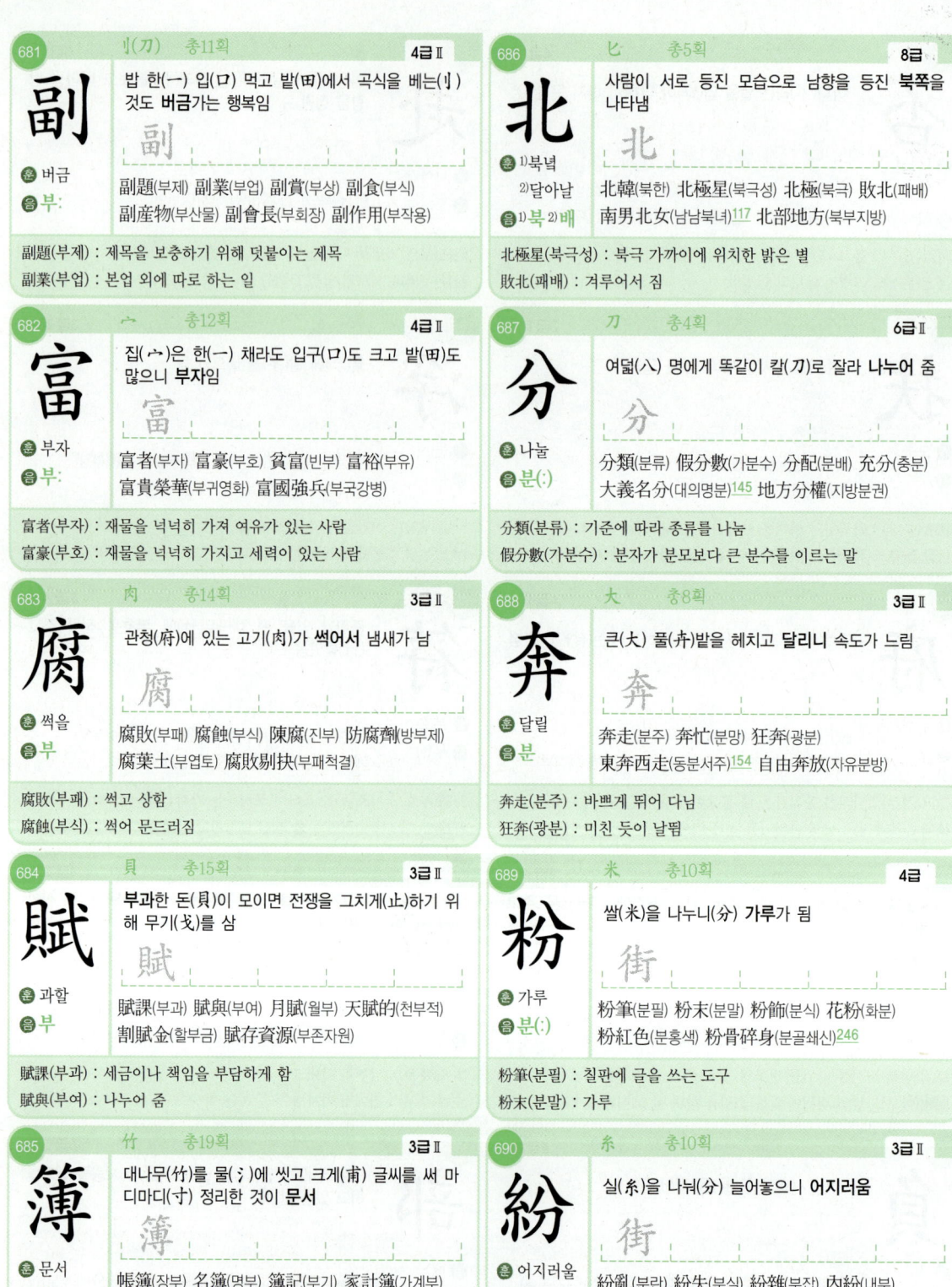

691 憤
- 훈: 분할
- 음: 분

忄(心) 총15획 / 4급

마음(忄)속으로 풀(卉)밭에 들어가서 잃어버린 돈(貝)을 생각하니 **분함**

憤怒(분노) 憤慨(분개) 憤痛(분통) 憤敗(분패)
激憤(격분) 鬱憤(울분) 悲憤慷慨(비분강개)260

憤怒(분노): 분하여 성을 냄
憤慨(분개): 몹시 분하게 여김

692 墳
- 훈: 무덤
- 음: 분

土 총15획 / 3급

흙(土)을 쌓고 풀(卉)을 덮은 후 돈(貝)을 들여 비석을 세운 **무덤**

古墳(고분) 封墳(봉분) 雙墳(쌍분)
墳墓基地權(분묘기지권)

古墳(고분): 오래된 무덤
封墳(봉분): 흙을 둥글게 쌓아 올려 만든 무덤

693 奮
- 훈: 떨칠
- 음: 분:

大 총16획 / 3급Ⅱ

큰(大) 새(隹)가 날개를 치며 밭(田) 주변을 돎

奮發(분발) 奮戰(분전) 奮起(분기) 奮然(분연)
興奮(흥분) 激奮(격분) 孤軍奮鬪(고군분투)51

奮發(분발): 떨쳐 일어남
奮戰(분전): 힘을 다해 싸움

694 不
- 훈: 아니
- 음: 불, 부

一 총4획 / 7급Ⅱ

새가 날아 올라가 내려오지 **않는** 것을 본뜬 글자

不正(부정) 不當(부당) 不滿(불만) 不良輩(불량배)
不條理(부조리) 優柔不斷(우유부단)399

不正(부정): 바르지 못함
不當(부당): 이치나 도리에 맞지 않음

695 佛
- 훈: 부처
- 음: 불

亻(人) 총7획 / 4급Ⅱ

절에서는 사람(亻)이 아닌(弗) **부처**를 모심

佛敎(불교) 佛家(불가) 佛經(불경) 佛供(불공)
佛紀(불기) 佛國寺(불국사)

佛敎(불교): 석가모니가 창시하여 부처가 되는 것을 이상으로 삼는 종교
佛經(불경): 불교의 교리를 담고 있는 서적

696 拂
- 훈: 떨칠
- 음: 불

扌(手) 총8획 / 3급Ⅱ

손(扌)으로 아니라고(弗) 생각되는 것들을 **떨쳐** 버림

支拂(지불) 還拂(환불) 完拂(완불) 先拂(선불)
一時拂(일시불) 假拂(가불) 拂入金(불입금)

支拂(지불): 얻은 대가에 대해 값을 치름
還拂(환불): 지불한 것을 다시 돌려받음

697 朋
- 훈: 벗
- 음: 붕

月 총8획 / 3급

여러 달(月)을 함께 뛰놀며 보낸 **친구**

朋友(붕우) 朋黨(붕당)
朋友有信(붕우유신)

朋友(붕우): 벗
朋黨(붕당): 뜻을 같이 하는 사람끼리 모인 집단

698 崩
- 훈: 무너질
- 음: 붕

山 총11획 / 3급

뜻 맞는 친구(朋)와 함께 하면 태산(山)도 **무너뜨**릴 만큼 기세가 오름

崩壞(붕괴) 崩御(붕어) 崩落(붕락)

崩壞(붕괴): 무너지고 허물어짐
崩御(붕어): 임금이 세상을 떠남

699 比
- 훈: 견줄
- 음: 비:

比 총4획 / 5급

두 사람이 나란히 앉아서 **비교**하는 모양을 본뜬 글자

比率(비율) 比重(비중) 對比(대비) 比較法(비교법)
比丘尼(비구니) 比例代表制(비례대표제)

比率(비율): 기준이 되는 수나 양에 대한 어떤 수나 양의 비
比重(비중): 다른 것과 비교해서 가지는 중요도

700 妃
- 훈: 왕비
- 음: 비

女 총6획 / 3급Ⅱ

여자(女) 중에 세상을 다스리는(己) 사람이 **왕비**

王妃(왕비) 廢妃(폐비) 皇妃(황비)
大王大妃(대왕대비) 楊貴妃(양귀비)

廢妃(폐비): 왕비의 자리에서 물러나게 함
王妃(왕비): 임금의 부인

711 鼻

훈 코
음 비:

총14획 · 5급

내(自) 밭(田)에서 수확한 채소를 받쳐(廾) 들고 코로 냄새를 맡아 봄

鼻音(비음) 耳目口鼻(이목구비)425 鼻炎(비염)
阿鼻叫喚(아비규환)343 耳鼻咽喉科(이비인후과)

鼻音(비음) : 콧소리
鼻炎(비염) : 콧속에 생기는 염증

712 碑

훈 비석
음 비

총13획 · 4급

큰 돌(石)을 낮고(卑) 평평하게 만들어 묘 앞에 세우는 비석

碑石(비석) 碑文(비문) 墓碑(묘비) 記念碑(기념비)
頌德碑(송덕비)

碑石(비석) : 돌로 만든 비
碑文(비문) : 비석에 새겨 놓은 글

713 貧

훈 가난할
음 빈

총11획 · 4급Ⅱ

함께 얻은 것을 나눠(分) 가지니 모두가 재물(貝)을 모으지 못해 가난함

貧富(빈부) 貧窮(빈궁) 貧困(빈곤) 貧弱(빈약)
貧血(빈혈) 極貧(극빈) 貧民街(빈민가)

貧富(빈부) : 가난함과 부유함
貧窮(빈궁) : 가난하고 궁색함

714 賓

훈 손
음 빈

총14획 · 3급

내 집(宀)에 온 한(一) 사람이 비록 소인배(小)라도 재물(貝)을 내어 손님대접을 해야 함

貴賓(귀빈) 國賓(국빈) 來賓(내빈) 接賓(접빈)
賓客(빈객) 迎賓(영빈)

貴賓(귀빈) : 귀한 손님
國賓(국빈) : 나라에서 정식으로 초대한 손님

715 頻

훈 자주
음 빈

총16획 · 3급

걸으면서(步) 자주 머리(頁)를 만지는 버릇

頻度(빈도) 頻繁(빈번) 頻發(빈발)
出題頻度(출제빈도)

頻度(빈도) : 어떤 것이 자주 반복되는 횟수
頻繁(빈번) : 어떤 것이 일어나는 도수가 잦음

716 氷

훈 얼음
음 빙

총5획 · 5급

얼음(冫)을 뜻하는 이수변과 물(水)을 합한 글자

氷水(빙수) 氷河(빙하) 氷板(빙판) 石氷庫(석빙고)
解氷期(해빙기) 氷上競技(빙상경기)

氷河(빙하) : 얼어붙은 강
氷板(빙판) : 길이 얼어서 생긴 바닥

717 聘

훈 부를
음 빙

총13획 · 3급

답답한 마음에 귀(耳)로 들을 수 있도록 급하게 말(甹)로 소리쳐 부름

招聘(초빙) 聘丈(빙장) 聘父(빙부) 聘母(빙모)
聘問(빙문)

招聘(초빙) : 예를 갖추어 부름
聘丈(빙장) : 장인

719 士

훈 선비
음 사:

총3획 · 5급Ⅱ

하나(一)를 배우면 열(十)을 깨우치는 선비

博士(박사) 武士(무사) 壯士(장사) 講士(강사)
騎士(기사) 兵士(병사) 辯護士(변호사)

壯士(장사) : 몸이 좋고 힘이 센 사람
講士(강사) : 강연회 등에서 강의를 하는 사람

719 巳

훈 뱀
음 사:

총3획 · 3급

뱀이 몸을 사리고 꼬리를 드리운 모양을 본뜬 글자

巳時(사시) 乙巳條約(을사조약)

巳時(사시) : 12시 중 6번째. 오전 9시부터 오전 11시까지

720 四

훈 넉
음 사:

총5획 · 8급

담(口) 안쪽을 걷는 사람(儿)의 팔다리는 네 개

四季節(사계절) 四君子(사군자) 四角形(사각형)
四書三經(사서삼경)275 朝三暮四(조삼모사)510

四季節(사계절) : 봄·여름·가을·겨울의 사철
四君子(사군자) : 매화·난초·국화·대나무

한자능력 검정시험 3급 (3급II 포함)

721 史
- 훈: 역사
- 음: 사ː
- 총5획 5급II
- 사실 가운데(中) 중요한 일을 펜으로(、) 적은 것이 **역사**
- 歷史(역사) 國史(국사) 史劇(사극) 史籍(사적)
- 三國史記(삼국사기) 植民史觀(식민사관)
- 歷史(역사): 인류나 자연이 변화해온 자취
- 國史(국사): 나라의 역사

722 司
- 훈: 맡을
- 음: 사
- 총5획 3급II
- 임금(后)을 거꾸로 한 글자로 나랏일을 **맡아** 하는 벼슬아치
- 公司(공사) 司令官(사령관) 司祭(사제)
- 司法試驗(사법시험) 司憲府(사헌부) 司會者(사회자)
- 司令官(사령관): 군의 사령부 및 기지를 통솔하는 최고 지휘관
- 司祭(사제): 주교와 신부를 이르는 말

723 仕
- 훈: 섬길
- 음: 사(ː)
- 총5획 5급II
- 사람(亻)들은 훌륭한 선비(士)를 **섬김**
- 仕宦(사환) 仕途(사도) 奉仕(봉사) 出仕(출사)
- 給仕(급사) 奉仕精神(봉사정신)
- 仕宦(사환): 벼슬을 함
- 仕途(사도): 벼슬 길

724 寺
- 훈: 절
- 음: 사
- 총6획 4급II
- 토지(土)를 마디마디(寸) 구분지어 관리하는 관청이나 **절**
- 寺刹(사찰) 山寺(산사) 寺院(사원) 寺塔(사탑)
- 佛國寺(불국사) 彌勒寺址(미륵사지)
- 寺刹(사찰): 절
- 山寺(산사): 산속에 있는 절

725 死
- 훈: 죽을
- 음: 사ː
- 총6획 5급II
- 앙상한 뼈(歹)만 남은 사람이 겨우 앉아서(匕) 유언을 남기고 **죽음**
- 死別(사별) 死者(사자) 死活(사활) 慘死(참사)
- 死亡者(사망자) 戰死(전사) 死角地帶(사각지대)
- 死別(사별): 죽어서 이별함
- 死者(사자): 죽은 사람

726 似
- 훈: 같을
- 음: 사ː
- 총7획 3급
- 사람(亻)은 **같은** 사람이 존재 할 수 없는 까닭(以)에 모두가 소중한 존재
- 類似(유사) 恰似(흡사) 近似(근사) 似而非(사이비)
- 類似品(유사품) 非夢似夢(비몽사몽)259
- 類似(유사): 종류가 비슷함
- 恰似(흡사): 거의 같을 정도로 비슷함

727 沙
- 훈: 모래
- 음: 사
- 총7획 3급II
- 물(氵)은 적고(少) **모래**만 많은 곳이 사막
- 沙漠(사막) 白沙場(백사장)
- 黃沙(황사) 粉靑沙器(분청사기) 明沙十里(명사십리)
- 沙漠(사막): 강수량이 적어 생물의 활동이 제약 받는 지역
- 白沙場(백사장): 흰 모래가 넓게 깔려있는 강가나 바닷가

728 邪
- 훈: 간사할
- 음: 사
- 총7획 3급II
- 금니(牙)라도 빼 줄듯이 아부하며 마을(阝)을 돌아다니는 **간사한** 사람
- 邪惡(사악) 邪慾(사욕) 邪心(사심) 奸邪(간사)
- 妖邪(요사)
- 邪惡(사악): 간사하고 악함
- 邪慾(사욕): 간사한 욕심

729 私
- 훈: 사사로울
- 음: 사
- 총7획 4급
- 내가 수확한 벼(禾)는 내(厶)것이니 **사사로운** 것
- 私談(사담) 私見(사견) 私債(사채) 私腹(사복)
- 私利私慾(사리사욕) 私設團體(사설단체)
- 私談(사담): 사사로운 이야기
- 私見(사견): 개인의 생각이나 의견

730 舍
- 훈: 집
- 음: 사ː
- 총8획 4급II
- 사람(人)들이 혀(舌)를 내밀고 편하게 **집**에 누워 있음
- 舍宅(사택) 舍廊(사랑) 舍監(사감) 廳舍(청사)
- 官舍(관사) 寄宿舍(기숙사)
- 舍宅(사택): 집을 높여 이르는 말
- 舍廊(사랑): 집에서 바깥주인이 거처하는 곳

731 事

훈 일
음 사:

부수 亅 · 총8획 · 7급Ⅱ

한(一) 사람이 입(口)을 벌린 채 손(⺕)에 갈고리(亅)를 들고 **일함**

事業(사업) 事故(사고) 事件(사건) 事實(사실)
行事(행사) 情事(정사) 無事安逸(무사안일)

事故(사고) : 뜻밖에 일어난 일
事件(사건) : 문제를 일으키거나 주목을 받을 만한 일

732 使

훈 1)하여금
   2)부릴
음 사:

부수 亻(人) · 총8획 · 5급Ⅱ

사람(亻)으로 **하여금** 관리(吏) 일을 하게 함

使命感(사명감) 大使館(대사관) 使節團(사절단)
使臣(사신) 天使(천사) 使用貸借(사용대차)

使命感(사명감) : 어떤 일에 대해 책임을 갖는 마음
大使館(대사관) : 대사가 주재국에서 공무를 처리하는 곳

733 社

훈 모일
음 사

부수 示 · 총8획 · 6급Ⅱ

신(示)을 모셔놓은 땅(土)에 모여 제사를 지냄

會社(회사) 社長(사장) 社員(사원) 社屋(사옥)
社團法人(사단법인) 社訓(사훈) 社交性(사교성)

會社(회사) : 영리 행위를 목적으로 하는 사단 법인
社長(사장) : 회사를 대표하는 권한을 가진 회사의 책임자

734 祀

훈 제사
음 사

부수 示 · 총8획 · 3급Ⅱ

궁핍하면 신(示)에게 **제사지낼** 때 뱀(巳)이라도 잡아 올림

祭祀(제사) 告祀(고사)

祭祀(제사) : 죽은 사람이나 신령에게 음식을 차려 정성을 나타냄
告祀(고사) : 신에게 드릴 음식을 차려 놓고 행운을 바라는 의식

735 查

훈 조사할
음 사

부수 木 · 총9획 · 5급

나무(木) 아래를 또(且) 확인해보면서 **조사함**

調査(조사) 檢査(검사) 搜査(수사) 査察(사찰)
査閱式(사열식) 査定(사정) 監査院(감사원)

調査(조사) : 정확한 것을 알기 위해 계속 살핌
檢査(검사) : 상태나 성질 등을 조사해 옳고 그름과 낫고 못함을 판단함

736 思

훈 생각
음 사(:)

부수 心 · 총9획 · 5급

밭(田)에서 일하고 있어도 마음(心)은 다른 **생각**에 빠져 있음

思想(사상) 思春期(사춘기) 思考(사고) 思索(사색)
易地思之(역지사지)370 思悼世子(사도세자)

思想(사상) : 어떤 것에 대해 가지고 있는 생각
思春期(사춘기) : 정신적·육체적으로 성인이 되는 시기

737 師

훈 스승
음 사

부수 巾 · 총10획 · 4급Ⅱ

언덕(阝)너머에 사는 스승을 뵙기 위해 한(一)사람이 헝겊(巾)에 먹을 것을 싸서 고개를 넘음

教師(교사) 講師(강사) 恩師(은사) 師父(사부)
師範大學(사범대학) 君師父一體(군사부일체)

教師(교사) : 일정한 자격을 가지고 학생을 가르치는 사람
恩師(은사) : 가르침을 주신 은혜로운 스승

738 射

훈 쏠
음 사

부수 寸 · 총10획 · 4급

내 몸(身)을 지키기 위해 손가락(寸)에 활을 걸어 쏨

射擊(사격) 射手(사수) 反射(반사) 射出機(사출기)
射倖心(사행심) 射程距離(사정거리)

射擊(사격) : 총이나 활 등을 쏨
射手(사수) : 총이나 활 등을 쏘는 사람

739 捨

훈 버릴
음 사

부수 扌(手) · 총11획 · 3급

손(扌)에 든 쓰레기를 집(舍) 밖에다 **버림**

喜捨(희사) 取捨選擇(취사선택)568
捨生取義(사생취의)

喜捨(희사) : 어떤 목적을 위해 돈이나 재물을 내놓음

740 蛇

훈 뱀
음 사

부수 虫 · 총11획 · 3급

벌레(虫)를 잡아먹은 후 굴집(宀) 안에서 몸을 구부리고(匕) 있는 **뱀**

毒蛇(독사) 長蛇陣(장사진) 白蛇(백사) 蛇足(사족)
龍蛇飛騰(용사비등)397 龍頭蛇尾(용두사미)396

毒蛇(독사) : 독을 가지고 있는 뱀
長蛇陣(장사진) : 줄을 길게 늘어선 모양

한자능력 검정시험 3급 (3급II 포함)

751 朔 月 총10획 3급

달(月)이 역(屰)으로 되살아나는 날이 **초하루**

- 훈: 초하루
- 음: 삭

朔風(삭풍) 朔望(삭망) 滿朔(만삭)
朔月貰(삭월세 → 사글세)

朔風(삭풍) : 겨울철 북쪽에서 불어오는 바람
朔望(삭망) : 초하룻날과 보름날을 함께 이르는 말

752 山 山 총3획 8급

뾰족한 봉우리가 솟은 **산**의 모양을 본뜬 글자

- 훈: 뫼
- 음: 산

山林(산림) 山脈(산맥) 山河(산하) 山川(산천)
錦繡江山(금수강산)98 山水(산수) 白頭山(백두산)

山林(산림) : 산과 숲
山脈(산맥) : 산봉우리가 길게 이어져 있는 지형

753 産 生 총11획 5급

대문에 세운(立) 기둥에 숯을 엮은 짚 끈(丿)을 걸어 **출산**(生)을 표시함

- 훈: 낳을
- 음: 산:

産業(산업) 産母(산모) 生産(생산) 農産物(농산물)
不動産(부동산) 産婦人科(산부인과)

産母(산모) : 아이를 갓 낳은 여자
生産(생산) : 인간이 생활하는 데 필요한 물건을 만듦

754 散 攵(攴) 총12획 4급

스무(卄)명이 나눠 가지려고 한 (一)덩이의 고기를 쳐서(攵) **흩어** 놓음

- 훈: 흩을
- 음: 산:

散漫(산만) 散策(산책) 散在(산재) 散文(산문)
分散(분산) 擴散(확산) 閑散(한산)

散漫(산만) : 어수선하여 질서가 없음
散在(산재) : 여기저기 흩어져 있음

755 算 竹 총14획 7급

대나무(竹) 주판을 사용하면 눈(目)으로만 셈하기 어려운 것을 두 손(廾)으로 **계산**할 수 있음

- 훈: 셈
- 음: 산:

算數(산수) 算出(산출) 算入(산입) 決算(결산)
定算(정산) 換算(환산) 計算機(계산기)

算數(산수) : 수와 셈을 가르치는 과목
算出(산출) : 계산하여 답을 냄

756 殺 殳 총11획 4급II

밤에 적을 몰래 베어(乂) **죽이고** 불(丶)붙은 나무(木)몽둥이(殳)로 길을 밝혀서 돌아옴

- 훈: 1)죽일 2)빠를
- 음: 1)살 2)쇄

殺害(살해) 殺生(살생) 被殺(피살) 殺到(쇄도)
殺身成仁(살신성인)283 相殺(상쇄) 殺人犯(살인범)

殺害(살해) : 사람을 해쳐서 죽임
殺生(살생) : 살아 있는 것을 죽임

757 三 一 총3획 8급

막대기 세 개를 가로로 놓아 **삼**을 뜻함

- 훈: 석
- 음: 삼

三多島(삼다도) 張三李四(장삼이사)487 三位(삼위)
四書三經(사서삼경)275 三權分立(삼권분립)

三多島(삼다도) : 바람, 여자, 돌이 많은 섬으로 제주도를 이름

758 森 木 총12획 3급II

나무(木)가 빽빽이 들어선 **수풀**

- 훈: 수풀
- 음: 삼

森林(삼림) 森嚴(삼엄)
森羅萬象(삼라만상)287

森林(삼림) : 나무가 우거진 숲
森嚴(삼엄) : 질서가 잡혀서 엄숙함

759 上 一 총3획 7급II

일직선(一) 위에 점(卜)을 표시하여 사물의 위치가 **위쪽**임을 알림

- 훈: 위
- 음: 상:

上流(상류) 上位圈(상위권) 上部(상부) 頂上(정상)
雪上加霜(설상가상)302 卓上空論(탁상공론)575

上流(상류) : 수준이 높은 지위나 사회
上位圈(상위권) : 높은 지위에 속하는 범위

760 床 广 총7획 4급II

집(广)에서 나무(木)를 깎아 만든 **상**을 씀

- 훈: 상
- 음: 상

册床(책상) 酒案床(주안상) 病床(병상) 兼床(겸상)
起床喇叭(기상나팔) 同床異夢(동상이몽)155

册床(책상) : 앉아서 책을 읽는데 쓰는 도구
酒案床(주안상) : 술과 안주를 차린 상

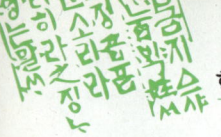

한자능력 검정시험 3급 (3급Ⅱ 포함)

761 尚 小 총8획 3급Ⅱ
작은(小) 성(冂)의 입구(口)가 오히려 더 큼
- 훈: 오히려
- 음: 상(:)

尙宮(상궁) 尙古(상고) 尙武(상무) 尙州(상주)
高尙(고상) 崇尙(숭상) 時機尙早(시기상조)

尙古(상고) : 옛 문물이나 사상, 제도를 귀히 여김
尙武(상무) : 무예를 중히 여겨 받듦

762 狀 犬 총8획 4급Ⅱ
그 조각(爿)은 개(犬)의 형상을 하고 있음
- 훈: 1)형상 2)문서
- 음: 1)상 2)장:

狀況(상황) 狀態(상태) 現狀(현상) 症狀(증상)
表彰狀(표창장) 令狀(영장) 原狀回復(원상회복)

狀況(상황) : 일이 되어가는 형편
表彰狀(표창장) : 좋은 성과나 행실을 널리 알리면서 주는 문서

763 相 目 총9획 5급Ⅱ
재목을 고르기 위해 나무를 살필 때 서로 마주보는 나무(木)와 눈(目)
- 훈: 서로
- 음: 상

相談(상담) 相對便(상대편) 相續(상속)
相扶相助(상부상조) 相對性理論(상대성이론)

相談(상담) : 문제에 대한 해결책을 찾기 위해 서로 대화함
相續(상속) : 재산이나 권리, 의무 따위를 이어주거나 이어받음

764 桑 木 총10획 3급Ⅱ
누에에게 먹이려 잎을 따도 또(又) 열리는 뽕나무(木)
- 훈: 뽕나무
- 음: 상

桑葉(상엽) 桑根(상근)
桑田碧海(상전벽해)296

桑葉(상엽) : 뽕나무 잎
桑根(상근) : 뽕나무 뿌리

765 商 口 총11획 5급Ⅱ
여섯(六) 명이 빛나는 (冏) 물건을 진열해 놓고 경쟁하며 파는 장사
- 훈: 장사
- 음: 상

商品(상품) 商店(상점) 商街(상가) 小賣商(소매상)
都賣商(도매상) 商標登錄(상표등록)

商品(상품) : 팔기 위해 내놓은 물건
商店(상점) : 물건을 진열해 놓고 파는 곳

766 常 巾 총11획 4급Ⅱ
옷자락(巾)이 긴 의복을 더하여(尙) 입어 늘 지속됨
- 훈: 항상
- 음: 상

定常(정상) 常習犯(상습범) 非常(비상)
人之常情(인지상정) 一般常識(일반상식)

定常(정상) : 일정하여 늘 한결같음
常習犯(상습범) : 상습적으로 어떤 범죄를 저지르는 사람

767 祥 示 총11획 3급
신(示)이 주신 양(羊)이라고 상서롭게 여김
- 훈: 상서
- 음: 상

祥瑞(상서) 發祥地(발상지)
大祥(대상) 不祥事(불상사)

祥瑞(상서) : 길한 일이 일어날 조짐
發祥地(발상지) : 사물이 처음 기원한 곳

768 喪 口 총12획 3급Ⅱ
흰옷(衣)을 입은 열(十) 명의 사람이 입(口)을 열어 곡을 하며 잃은 것을 슬퍼함
- 훈: 잃을
- 음: 상(:)

喪失(상실) 喪心(상심) 喪服(상복) 喪妻(상처)
喪家(상가) 問喪(문상)

喪失(상실) : 어떤 것이 없어짐
喪心(상심) : 근심으로 마음이 혼란함

769 象 豕 총12획 4급
코끼리의 귀와 코 모양을 본뜬 글자
- 훈: 코끼리
- 음: 상

象徵(상징) 象牙塔(상아탑) 形象(형상)
印象(인상) 象形文字(상형문자)

象徵(상징) : 추상적인 것을 구체적으로 나타내는 사물이나 기호
象牙塔(상아탑) : 현실 사회를 떠나 학문이나 예술에만 힘쓰는 것

770 想 心 총13획 4급Ⅱ
서로(相)의 마음(心)을 생각함
- 훈: 생각
- 음: 상:

感想(감상) 幻想(환상) 發想(발상) 理想鄕(이상향)
想像力(상상력) 豫想問題(예상문제)

感想(감상) : 느끼고 생각함
幻想(환상) : 실현 가능성이 없는 생각

배정한자

771 傷 — 亻(人) 총13획 — 4급
그 사람(亻)은 남(人)들에게 날(日)마다 한(一) 번씩 시비를 걸다 **다친** 후 싸우지 말자고 (勿) 다짐함

- 훈: 다칠
- 음: 상

傷處(상처) 損傷(손상) 負傷(부상) 致命傷(치명상)
感傷的(감상적) 傷害保險(상해보험)

傷處(상처): 몸을 다쳐서 부상을 입은 자리
損傷(손상): 해를 입고 다침

772 詳 — 言 총13획 — 3급Ⅱ
말(言)로 양(羊)의 모습을 **자세히** 설명함

- 훈: 자세할
- 음: 상

詳述(상술) 仔詳(자상) 昭詳(소상)
作者未詳(작자미상) 詳細圖(상세도)

詳述(상술): 자세히 말로 표현함
仔詳(자상): 찬찬하고 자세함

773 裳 — 衣 총14획 — 3급Ⅱ
속바지 위에 더하여(尚) 입는 옷(衣)이 **치마**

- 훈: 치마
- 음: 상

衣裳(의상) 同價紅裳(동가홍상)151
綠衣紅裳(녹의홍상)128

衣裳(의상): 겉에 입는 옷

774 嘗 — 口 총14획 — 3급
재료를 더(尚) 넣고서 간이 맞는 지 **맛**(旨)을 봄

- 훈: 맛볼
- 음: 상

嘗味(상미) 未嘗不(미상불)
臥薪嘗膽(와신상담)390

嘗味(상미): 맛을 봄
未嘗不(미상불): 아닌 게 아니라

775 — 亻(人) 총14획 — 3급Ⅱ
사람(亻)이 코끼리(象) **형상**을 조각함

- 훈: 형상
- 음: 상

佛像(불상) 銅像(동상) 偶像(우상) 未來像(미래상)
自畫像(자화상) 肖像畫(초상화)

佛像(불상): 부처의 모습을 돌, 나무, 철 등으로 표현한 상
銅像(동상): 사람이나 동물 등을 구리로 만들어 놓은 상

776 賞 — 貝 총15획 — 5급
칭찬에 더하여(尚) 재물(貝)까지 **상**으로 줌

- 훈: 상줄
- 음: 상

賞罰(상벌) 受賞(수상) 賞狀(상장) 賞與金(상여금)
獎勵賞(장려상) 懸賞手配(현상수배)

賞罰(상벌): 잘한 일에 상을 주고 잘못한 일에 벌을 줌
受賞(수상): 상을 받음

777 霜 — 雨 총17획 — 3급Ⅱ
비(雨) 같은 수증기가 지상 위에서 서로(相) 언 것이 **서리**

- 훈: 서리
- 음: 상

霜露(상로) 霜信(상신) 風霜(풍상) 秋霜(추상)
雪上加霜(설상가상)302

霜露(상로): 서리와 이슬
霜信(상신): 기러기를 이르는 말

778 償 — 亻(人) 총17획 — 3급Ⅱ
사람(亻)은 상(賞)을 받으면 그에 보답을 함

- 훈: 갚을
- 음: 상

辨償(변상) 償還(상환)
報償金(보상금) 賠償金(배상금) 減價償却(감가상각)

償還(상환): 갚거나 돌려 줌
報償金(보상금): 어떤 것에 대한 대가를 위해 주는 돈

779 塞 — 土 총13획 — 3급Ⅱ
집(宀)에 있는 우물(井) 하나(一)가 **막혀** 여덟(八) 명이서 땅(土)을 파 우물을 다시 만듦

- 훈: 1)변방 2)막힐
- 음: 1)새 2)색

窮塞(궁색) 壅塞(옹색) 閉塞(폐색) 要塞(요새)
政局梗塞(정국경색)

窮塞(궁색): 아주 가난함
壅塞(옹색): 넉넉하지 못해 부족하고 불편함

780 色 — 色 총6획 — 7급
사람(⺈)의 마음과 안색은 서로 일치함(巴)을 뜻함

- 훈: 빛
- 음: 색

色盲(색맹) 色相(색상) 赤色(적색) 綠色(녹색)
彩色(채색) 顔色(안색) 形形色色(형형색색)

色盲(색맹): 색채를 보지 못하거나 다른 것으로 보는 증세
色相(색상): 색 자체가 갖는 고유한 특색

한자능력 검정시험 3급 (3급II 포함)

781 索 — 糸 총10획 — 3급II
색깔별로 열(十) 개씩 묶어 덮어(冖) 놓은 실(糸) 뭉치를 방에서 찾음

- 훈: 1)찾을 2)동아줄
- 음: 1)색 2)삭

搜索(수색) 檢索(검색) 探索(탐색) 摸索(모색)
思索(사색) 索引(색인) 索莫(삭막) 鐵索(철삭)

搜索(수색): 뒤져서 찾음
索莫(삭막): 쓸쓸하고 막막함

782 生 — 生 총5획 — 8급
풀이나 나무가 싹 트는 모양을 본뜬 글자

- 훈: 날
- 음: 생

生命(생명) 生産(생산) 生活(생활) 生計(생계)
生物體(생물체) 生母(생모) 野生動物(야생동물)

生命(생명): 생물로서 살아갈 수 있는 힘
生活(생활): 살아가면서 하는 활동

783 西 — 西 총6획 — 8급
저녁 때 해가 서쪽으로 지면 새가 둥지로 돌아감을 뜻하는 글자

- 훈: 서녘
- 음: 서

西洋(서양) 西海岸(서해안) 西紀(서기)
西歐(서구) 東西南北(동서남북)

西洋(서양): 유럽과 아메리카의 여러 나라를 이르는 말
西紀(서기): 기원 후

784 序 — 广 총7획 — 5급
우리 집(广)은 식구가 많아 내(予) 차례가 오지 않음

- 훈: 차례
- 음: 서

序論(서론) 序曲(서곡) 序幕(서막) 秩序(질서)
長幼有序(장유유서) 年功序列(연공서열)

序論(서론): 머리말
序曲(서곡): 음악에서 막을 열기 전에 연주하는 곡

785 書 — 日 총10획 — 6급II
붓(聿)을 들고 날(日)마다 글을 씀

- 훈: 글
- 음: 서

書店(서점) 書堂(서당) 書藝(서예) 書類綴(서류철)
圖書館(도서관) 入學願書(입학원서)

書店(서점): 책을 파는 가게
書堂(서당): 예전에 한문 등을 가르치던 곳

786 恕 — 心 총10획 — 3급II
여자(女)가 입(口)을 열어 진심(心)으로 잘못을 빈 사람을 용서해줌

- 훈: 용서할
- 음: 서

容恕(용서) 寬恕(관서) 恕容(서용) 恕免(서면)

容恕(용서): 잘못한 일을 덮어줌
寬恕(관서): 잘못을 너그럽게 용서함

787 徐 — 彳 총10획 — 3급II
걷다개(彳) 힘이 들어 내(余)는 천천히 걸음

- 훈: 천천할
- 음: 서(:)

徐行(서행) 徐步(서보)
徐羅伐(서라벌)

徐行(서행): 천천히 감
徐步(서보): 천천히 걷는 걸음

788 庶 — 广 총11획 — 3급
집(广)에 스무(廿) 명이 모여 여러 가지를 불(灬)에 구워 먹음

- 훈: 여러
- 음: 서:

庶民(서민) 庶子(서자) 庶出(서출) 庶務(서무)
班常嫡庶(반상적서)

庶民(서민): 신분적 특권을 가지지 못한 평범한 사람
庶子(서자): 본부인이 아닌 다른 여자에게서 태어난 자녀

789 敍 — 攴 총11획 — 3급
나머지(余)는 쳐서(攴) 펴둠

- 훈: 펼
- 음: 서

敍述(서술) 敍事詩(서사시)
敍情詩(서정시) 自敍傳(자서전)

敍述(서술): 사건이나 생각 따위를 적음
敍事詩(서사시): 역사적 사실이나 영웅담 따위를 쓴 시

790 暑 — 日 총13획 — 3급
한낮의 햇빛(日) 아래 있는 사람(者)들은 더위를 느낌

- 훈: 더울
- 음: 서:

處暑(처서) 大暑(대서) 小暑(소서) 酷暑(혹서)
避暑地(피서지)

處暑(처서): 24절기의 하나
酷暑(혹서): 몹시 심한 더위

108

811 鮮 — 魚 총17획 — 5급Ⅱ

물고기(魚)의 질감이 양고기(羊)보다 부드럽고 곱다.

- 훈: 고울
- 음: 선

生鮮(생선) 新鮮(신선) 鮮明(선명) 鮮血(선혈)
古朝鮮(고조선) 朝鮮王朝(조선왕조)

生鮮(생선): 물에서 잡은 고기
新鮮(신선): 새로움

812 舌 — 舌 총6획 — 4급

천(千) 가지 말을 하는 입(口)속의 혀

- 훈: 혀
- 음: 설

毒舌(독설) 舌戰(설전) 舌端音(설단음)
口舌數(구설수) 長廣舌(장광설)

毒舌(독설): 남을 비방하는 독한 말
舌戰(설전): 말로 하는 싸움

813 雪 — 雨 총11획 — 6급Ⅱ

비(雨)가 얼어 내리는 눈을 손(彐)으로 뭉쳐서 가지고 놂

- 훈: 눈
- 음: 설

雪景(설경) 雪嶽山(설악산) 雪峯(설봉)
嚴冬雪寒(엄동설한) 暴雪(폭설) 白雪公主(백설공주)

雪景(설경): 눈이 내리거나 쌓여 있는 경치
雪峯(설봉): 눈 덮인 산봉우리

814 設 — 言 총11획 — 4급Ⅱ

말(言)로 몽둥이(殳) 든 사람을 설득하고 동정을 베풂

- 훈: 베풀
- 음: 설

設立(설립) 設計(설계) 設備(설비) 建設(건설)
假設(가설) 施設(시설) 設問調査(설문조사)

設立(설립): 기관이나 조직을 만들어 세움
設計(설계): 계획을 세움

815 說 — 言 총14획 — 5급Ⅱ

말(言)로 달래 기쁘게(兌) 함

- 훈: 1)말씀 2)달랠 3)기쁠
- 음: 1)설 2)세 3)열

說明(설명) 說得力(설득력) 誘說(유세) 說樂(열락)
甘言利說(감언이설)9 說往說來(설왕설래)303

說明(설명): 어떤 것을 잘 이해하도록 얘기 함
誘說(유세): 달콤한 말로 꾐

816 涉 — 氵(水) 총10획 — 3급

물(氵)은 걸어서(步) 건너기 힘듦

- 훈: 건널
- 음: 섭

干涉(간섭) 涉外(섭외) 涉獵(섭렵)
幕後交涉(막후교섭) 交涉團體(교섭단체)

干涉(간섭): 남의 일에 참견함
涉外(섭외): 연락을 취해 의논함

817 攝 — 扌(手) 총21획 — 3급

내 말에 귀(耳) 기울이는 사람을 손(扌)으로 다 잡아 봄

- 훈: 다스릴, 잡을
- 음: 섭

包攝(포섭) 攝取(섭취) 攝政(섭정) 攝生(섭생)
攝氏(섭씨)

包攝(포섭): 상대를 잡아 끌어들임
攝取(섭취): 양분 따위를 몸으로 빨아들임

818 成 — 戈 총7획 — 6급Ⅱ

도구(戈)를 사용하여 물건을 만들어(丁) 완성함

- 훈: 이룰
- 음: 성

成人(성인) 成熟(성숙) 成就(성취) 贊成(찬성)
人材育成(인재육성) 大器晩成(대기만성)143

成人(성인): 자라서 어른이 된 사람
成熟(성숙): 자라서 어른스러워 짐

819 性 — 忄(心) 총8획 — 5급Ⅱ

나면서(生)부터 타고난 마음(忄)이 성품

- 훈: 성품
- 음: 성

性格(성격) 性質(성질) 性別(성별) 人性(인성)
個性(개성) 習性(습성) 適性檢査(적성검사)

性格(성격): 개인이 가진 고유한 성질
性質(성질): 사물이 가진 고유한 특성

820 姓 — 女 총8획 — 7급Ⅱ

여자(女)가 낳은(生) 아이들은 다 성이 있음

- 훈: 성씨
- 음: 성

姓名(성명) 姓銜(성함) 姓氏(성씨) 百姓(백성)
通姓名(통성명) 同姓同本(동성동본)

姓名(성명): 성과 이름
姓銜(성함): 성명의 높임말

배정한자

831 税 (禾, 총12획) 4급Ⅱ
벼(禾)를 돈으로 바꿔(兌) 세금을 냄
- 훈: 세금
- 음: 세

稅金(세금) 稅務署(세무서) 相續稅(상속세)
讓渡稅(양도세) 稅率(세율) 納稅義務(납세의무)

稅金(세금): 국가 등이 필요한 일에 쓰기 위해 국민에게 거둬들이는 돈
稅務署(세무서): 국세청 산하에서 관련 사무를 맡아 보는 기관

832 歲 (止, 총13획) 5급Ⅱ
개 술(戌)과 걸음 보(步)를 합해 한 해
- 훈: 해
- 음: 세

歲月(세월) 虛送歲月(허송세월) 歲拜(세배)
歲入歲出(세입세출) 歲寒三友(세한삼우)305

歲月(세월): 흘러가는 시간
歲拜(세배): 웃어른께 인사하며 드리는 절

833 勢 (力, 총13획) 4급Ⅱ
땅(土)위에 여덟(八) 명이 둥글게(丸) 서서 힘(力)을 모으니 형세가 커 보임
- 훈: 형세
- 음: 세

勢力(세력) 形勢(형세) 大勢(대세) 氣勢(기세)
強勢(강세) 實勢(실세) 勢道家(세도가)

勢力(세력): 권력의 힘
大勢(대세): 큰 권세

834 小 (小, 총3획) 8급
작은 낟알의 모양을 본뜬 글자
- 훈: 작을
- 음: 소

小說(소설) 小規模(소규모) 小隊長(소대장)
小賣商(소매상) 小便(소변) 中小企業(중소기업)

小說(소설): 허구를 바탕으로 이야기를 쓰는 문학
小規模(소규모): 규모가 작음

835 少 (小, 총4획) 7급
작은(小) 물건이 떨어져(丿) 나가는 것을 본뜬 글자
- 훈: 적을
- 음: 소

少年(소년) 少額(소액) 多少(다소) 僅少(근소)
稀少價値(희소가치) 男女老少(남녀노소)

少年(소년): 아직 성숙하지 않은 남자아이
少額(소액): 적은 액수

836 召 (口, 총5획) 3급
칼(刀)집의 입구(口)가 부서져 대장장이를 불러 고침
- 훈: 부를
- 음: 소

召命(소명) 召集(소집) 召還(소환)
召集令狀(소집영장) 召命意識(소명의식)

召命(소명): 임금이 신하를 부르는 명령
召集(소집): 불러서 모음

837 所 (戶, 총8획) 7급
집(戶)에 도끼(斤)를 보관해 두는 곳이 창고
- 훈: 바
- 음: 소

所望(소망) 所感(소감) 場所(장소) 住所(주소)
不勞所得(불로소득) 所在(소재) 所有權(소유권)

所望(소망): 바라는 것
所感(소감): 마음에 느끼는 바

838 昭 (日, 총9획) 3급
햇빛(日)이 너무 밝아 사람을 불러서(召) 다른 곳으로 옮김
- 훈: 밝을
- 음: 소

昭詳(소상) 昭明(소명)

昭詳(소상): 분명하고 자세함
昭明(소명): 사리를 밝게 분간함

839 素 (糸, 총10획) 4급Ⅱ
빨아 널어 드리운(垂) 실(糸)이 깨끗하고 희다.
- 훈: 1)본디 2)흴
- 음: 소(:)

素質(소질) 素朴(소박) 素養(소양) 素服(소복)
儉素(검소) 要素(요소) 活力素(활력소)

素質(소질): 타고난 재능
素朴(소박): 꾸밈없이 수수함

840 笑 (竹, 총10획) 4급Ⅱ
대나무(竹) 흔들리는 소리처럼 들리는 젊은이(夭)의 웃음소리
- 훈: 웃을
- 음: 소

笑談(소담) 爆笑(폭소) 微笑(미소) 苦笑(고소)
拍掌大笑(박장대소)208 破顔大笑(파안대소)585

笑談(소담): 우스운 이야기
爆笑(폭소): 갑자기 터져 나오는 웃음

한자능력 검정시험 3급 (3급II 포함)

841	氵(水) 총10획 6급II
消 훈 사라질 음 소	물(氵)이 마르듯 기운이 쇠약해져(肖) 사라짐 消滅(소멸) 消毒(소독) 消耗(소모) 解消(해소) 消防署(소방서) 抹消(말소) 消化劑(소화제)

消滅(소멸) : 사라져 없어짐
消毒(소독) : 예방을 위해 균 따위를 죽임

842	扌(手) 총11획 4급II
掃 훈 쓸 음 소(:)	손(扌)에 비(帚)를 들고 마당을 쓸다. 掃除(소제) 掃地(소지) 掃射(소사) 掃蕩(소탕) 淸掃夫(청소부) 一掃(일소) 機銃掃射(기총소사)

掃除(소제) : 청소
掃地(소지) : 땅을 쓺

843	疋 총12획 3급II
疏 훈 소통할 음 소	발(疋)부터 머리(亠)까지 내(厶)몸에 물(川) 같은 피가 혈관을 통해 흐름 疏忽(소홀) 疏脫(소탈) 疏決(소결) 上疏文(상소문) 疏外感(소외감)

疏忽(소홀) : 대수롭지 않게 여김
疏脫(소탈) : 형식에 매이지 않고 털털함

844	言 총12획 3급II
訴 훈 호소할 음 소	말(言)로 어려움을 물리치기(斥) 위해 사람들에게 호소함 訴訟(소송) 上訴(상소) 告訴(고소) 抗訴(항소) 被訴(피소) 提訴(제소) 呼訴文(호소문)

訴訟(소송) : 법률관계를 확인하기 위해 법원에 제기하는 절차
上訴(상소) : 판결에 불복하여 상급 법원에 재심을 요구하는 일

845	++(艸) 총15획 3급
蔬 훈 나물 음 소	풀(++)과 채소(疏)를 조리한 것이 나물 菜蔬(채소) 蔬飯(소반)

菜蔬(채소) : 밭에서 기르는 농작물
蔬飯(소반) : 변변치 않은 음식

846	火 총16획 3급II
燒 훈 사를 음 소(:)	불(火)을 태워 생긴 연기가 멀리서도 (堯) 보임 燒火(소화) 燒却(소각) 燒酒(소주) 燃燒(연소) 全燒(전소)

燒火(소화) : 불에 태움
燒却(소각) : 불에 태워 없애 버림

847	++(艸) 총20획 3급II
蘇 훈 소생할 음 소	풀(++)과 물고기(魚)와 쌀(禾)은 수확해도 다시 자람 蘇聯(소련) 蘇生(소생) 蘇鐵(소철) 美蘇(미소)

蘇生(소생) : 다시 살아남

848	馬 총20획 3급
騷 훈 떠들 음 소	말(馬)이 벼룩(蚤)에 물려 긁어대니 마구간이 떠들썩함 騷音(소음) 騷亂(소란) 騷動(소동) 騷擾事態(소요사태) 騷音公害(소음공해)

騷音(소음) : 시끄러운 소리
騷亂(소란) : 시끄럽고 어수선함

849	木 총7획 5급II
束 훈 묶을 음 속	입구(口)에 있는 나무(木)에 줄을 묶어 표시를 해둠 約束(약속) 拘束(구속) 結束(결속) 束縛(속박) 束手無策(속수무책)309 飮酒團束(음주단속)

約束(약속) : 다른 사람과 앞으로의 일을 미리 정함
拘束(구속) : 자유를 속박함

850	亻(人) 총9획 4급II
俗 훈 풍속 음 속	사람(亻)들은 골짜기(谷)를 경계로 자기들만의 풍속을 지켜나감 風俗(풍속) 世俗(세속) 俗物(속물) 俗稱(속칭) 巫俗信仰(무속신앙) 低俗(저속) 民俗村(민속촌)

風俗(풍속) : 예부터 전해오는 사회의 문화나 습관
世俗(세속) : 세상의 일반적인 풍속

851 速

辶(辵) 총11획 5급Ⅱ

묶어(束) 놓은 짐을 들고 **빠르게** 뛰어 감(辶)

- 훈: 빠를
- 음: 속

速力(속력) 速記(속기) 迅速(신속) 初速(초속)
強速球(강속구) 減速(감속) 光速度(광속도)

速力(속력): 속도의 크기
速記(속기): 빠르게 기록함

852 粟

米 총12획 3급

서(西)쪽에서 잘 자라는 곡식(米)이 조

- 훈: 조
- 음: 속

粟米(속미) 粟田(속전) 粟飯(속반) 粟粒(속립)
滄海一粟(창해일속)536

粟米(속미): 좁쌀
粟田(속전): 조밭

853 屬

尸 총21획 4급

물(水)을 피하기 위해 벌레(蜀)가 시체(尸)처럼 꼼짝 않고 **붙어** 있음

- 훈: 붙일
- 음: 속

重金屬(중금속) 附屬品(부속품) 歸屬(귀속)
直系尊屬(직계존속) 從屬關係(종속관계)

歸屬(귀속): 특정한 단체나 개인에게 권리 등이 따라 붙음
重金屬(중금속): 비중이 4 이상인 금속을 통틀어 이르는 말

854 續

糸 총21획 4급Ⅱ

실(糸)을 만들어 팔며(賣) 생계를 **이어감**

- 훈: 이을
- 음: 속

繼續(계속) 連續(연속) 相續(상속) 接續(접속)
勤續(근속) 持續(지속) 存續(존속) 續編(속편)

繼續(계속): 끊어지지 않고 이어 감
連續(연속): 끊어지지 않고 지속 됨

855 孫

子 총10획 5급Ⅱ

자손(子)이 이어져(系) **손자**가 태어남

- 훈: 손자
- 음: 손(:)

後孫(후손) 孫悟空(손오공) 孫女(손녀)
子孫萬代(자손만대) 王孫(왕손) 孫子兵法(손자병법)

後孫(후손): 자신의 세대 뒤에 이어져 태어난 자손들
孫悟空(손오공): 중국 소설 서유기의 주인공 원숭이

856 損

扌(手) 총13획 4급

손(扌)으로 모인 인원(員)을 센 후 음식을 **덜어** 줌

- 훈: 덜
- 음: 손:

損傷(손상) 損失(손실) 破損(파손) 毁損(훼손)
損害保險(손해보험) 損益分岐點(손익분기점)

破損(파손): 깨어져 못쓰게 됨
毁損(훼손): 명예 따위를 손상시킴

857 松

木 총8획 4급

나무(木)가 널리(公) 퍼져 잘 자라는 것이 **소나무**

- 훈: 소나무
- 음: 송

松津(송진) 松蟲(송충) 松柏(송백) 松林(송림)
松竹(송죽) 老松(노송) 落落長松(낙락장송)110

松津(송진): 소나무에서 나오는 끈적끈적한 액체
松蟲(송충): 솔잎을 먹고 사는 벌레

858 送

辶(辵) 총10획 4급Ⅱ

들고 가던(辶) 여덟(八) 마리의 새를 하늘(天)로 날려 **보냄**

- 훈: 보낼
- 음: 송

送年(송년) 放送局(방송국) 發送(발송) 配送(배송)
公示送達(공시송달) 送舊迎新(송구영신)310

送年(송년): 한 해를 보냄
放送局(방송국): 텔레비전이나 라디오 등의 매체에 방송을 내보내는 곳

859 訟

言 총11획 3급Ⅱ

말(言)로 공평하게(公) 옳고 그름을 따지는 것이 **송사**

- 훈: 송사할
- 음: 송

訟事(송사) 民事訴訟(민사소송) 訴訟(소송)
刑事訴訟(형사소송)

訟事(송사): 법률관계를 확인하기 위해 법원에 제기하는 절차

860 頌

頁 총13획 4급

공적(公)을 세운 사람에게 머리(頁)를 기울여 **칭송**함

- 훈: 기릴
- 음: 송:

稱頌(칭송) 頌辭(송사) 頌祝(송축) 讚頌歌(찬송가)
頌德碑(송덕비)

稱頌(칭송): 칭찬하며 일컬음
頌辭(송사): 칭송하는 말

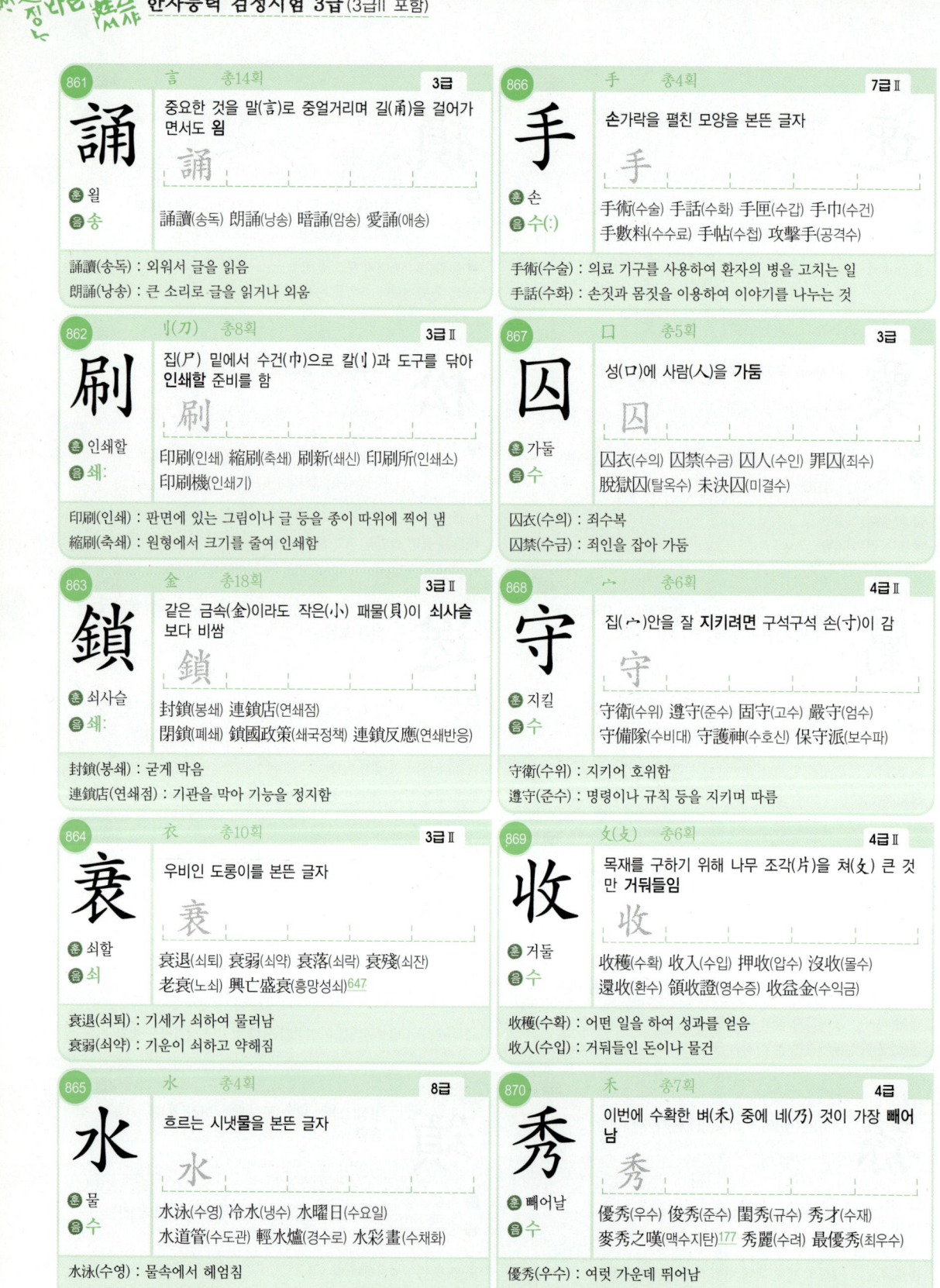

배정한자

871 受 — 4급II
又 총8획
- 훈: 받을
- 음: 수

손(爪)으로 덮어(冖) 쌓아둔 물건을 또(又) 받음

受領(수령) 受給(수급) 受驗生(수험생)
感受性(감수성) 引受人(인수인) 受動態(수동태)

受領(수령): 돈이나 물건을 받음
受給(수급): 급여 따위를 받음

872 垂 — 3급II
土 총8획
- 훈: 드리울
- 음: 수

흙(土) 위에 꽃이나 잎이 **드리운** 모양을 본뜬 글자

懸垂幕(현수막) 率先垂範(솔선수범) 垂直線(수직선)
垂簾聽政(수렴청정) 腦下垂體(뇌하수체)

懸垂幕(현수막): 그림이나 글을 적어 드리운 막

873 首 — 5급II
首 총9획
- 훈: 머리
- 음: 수

사람의 **머리** 앞모양을 본뜬 글자

首席(수석) 首相(수상) 首肯(수긍) 首都圈(수도권)
首腦部(수뇌부)

首席(수석): 등급이나 직위의 맨 윗자리
首相(수상): 내각의 우두머리

874 帥 — 3급II
巾 총9획
- 훈: 장수
- 음: 수

허리에 수건(巾)을 드리운 **장수**

將帥(장수) 元帥(원수) 總帥(총수)
財閥總帥(재벌총수) 統帥權(통수권)

將帥(장수): 군사를 거느리는 사람
總帥(총수): 어떤 집단의 우두머리

875 修 — 4급II
亻(人) 총10획
- 훈: 닦을
- 음: 수

도를 닦기 위한 장소(攸)를 머리카락(彡) 하나 없이 청소함

修養(수양) 修練(수련) 研修(연수) 修道僧(수도승)
修飾語(수식어) 修身齊家(수신제가)

修養(수양): 몸과 마음을 갈고 닦음
修練(수련): 몸과 마음을 닦고 단련함

876 殊 — 3급II
歹 총10획
- 훈: 다를
- 음: 수

죽을(歹) 만큼 힘들어 얼굴도 벌겋게(朱) 되고 마음도 달라짐

殊勳(수훈) 特殊性(특수성)
特殊部隊(특수부대)

殊勳(수훈): 뛰어난 공로
特殊性(특수성): 보편적이지 않은 특성

877 授 — 4급II
扌(手) 총11획
- 훈: 줄
- 음: 수

손(扌)으로 받은(受) 것을 다시 내어 **줌**

授受(수수) 授賞(수상) 授業(수업) 授乳(수유)
傳授(전수) 敎授(교수) 授與式(수여식)

授受(수수): 주고받음
授賞(수상): 상을 줌

878 搜 — 3급
扌(手) 총13획
- 훈: 찾을
- 음: 수

손(扌)에 송곳(丨)같이 긴 나무를 쥐고 절구(臼) 속에 물건을 또(又) **찾음**

搜査(수사) 搜所聞(수소문) 搜査網(수사망)
搜索隊(수색대) 搜索(수색) 搜索令狀(수색영장)

搜査(수사): 찾아서 조사함
搜所聞(수소문): 떠도는 소문을 찾아 살핌

879 須 — 3급
頁 총12획
- 훈: 모름지기
- 음: 수

머리(頁)에 난 터럭(彡)은 **모름지기** 잘 다듬어야 함

必須(필수) 必須科目(필수과목)

必須(필수): 꼭 있어야 함

880 遂 — 3급
辶(辵) 총13획
- 훈: 이룰
- 음: 수

걸어서(辶) 여덟(八) 마리의 돼지(豕)를 끌고 드디어 마을에 도착함

完遂(완수) 未遂犯(미수범)
遂行(수행) 職務遂行(직무수행) 殺人未遂(살인미수)

完遂(완수): 임무 등을 다 해냄
未遂犯(미수범): 범죄를 저지르려다 실행하지 못한 범죄나 그 사람

한자능력 검정시험 3급 (3급Ⅱ 포함)

881 愁 — 心 총13획 — 3급Ⅱ
수확한 벼(禾)가 불(火)에 타 마음(心)에 근심이 가득함

- 훈: 근심
- 음: 수

愁心(수심) 愁苦(수고) 鄕愁(향수) 憂愁(우수)
哀愁(애수) 鄕愁病(향수병)

愁心(수심) : 근심하고 있는 마음
愁苦(수고) : 애를 쓰며 일을 함

882 睡 — 目 총13획 — 3급
눈(目)꺼풀이 늘어지니(垂) 졸음이 옴

- 훈: 졸음
- 음: 수

睡眠(수면) 午睡(오수) 睡蓮(수련)
昏睡狀態(혼수상태)

睡眠(수면) : 잠을 잠
午睡(오수) : 낮잠

883 需 — 雨 총14획 — 3급Ⅱ
비(雨)가 며칠을 이어서(而) 오니 쓸 물건이 다 떨어짐

- 훈: 쓰일
- 음: 수

需要(수요) 盛需期(성수기) 需給(수급)
婚需用品(혼수용품) 內需(내수) 軍需物資(군수물자)

需要(수요) : 어떤 물건을 사려고 하는 욕구
盛需期(성수기) : 수요가 많은 시기

884 壽 — 士 총14획 — 3급Ⅱ
목숨이 위태로운 선비(士) 하나(一)와 장인(工) 하나(一)가 겨우 입(口)을 열어 한마디(寸)를 남김

- 훈: 목숨
- 음: 수

壽命(수명) 長壽(장수) 天壽(천수) 喜壽(희수)
十年減壽(십년감수)340 萬壽無疆(만수무강)

壽命(수명) : 생명이 사는 연한
長壽(장수) : 오래 삶

885 隨 — 阝(阜) 총16획 — 3급Ⅱ
떨어지지(隋) 않도록 앞사람을 잘 따라 감(辶)

- 훈: 따를
- 음: 수

隨時(수시) 隨行員(수행원)
隨伴(수반) 隨意契約(수의계약) 隨筆文學(수필문학)

隨時(수시) : 정해놓은 것 없이 그 때 그 때 상황에 따름
隨行員(수행원) : 따라다니며 신변을 보호하거나 도와주는 사람

886 誰 — 言 총15획 — 3급
누가 새(隹)를 잡았는지 말(言)하지 않음

- 훈: 누구
- 음: 수

誰何(수하) 誰怨誰咎(수원수구)320
誰知烏之雌雄(수지오지자웅)

誰何(수하) : 누구

887 數 — 攵(攴) 총15획 — 7급
끌어온(婁) 물건이 몇인지 쳐(攵)가며 세어 봄

- 훈: 1)셈 2)자주
- 음: 1)수 : 2)삭

數學(수학) 數量(수량) 算數(산수) 點數(점수)
個數(개수) 假分數(가분수) 數尿症(삭뇨증)

數學(수학) : 수량이나 공간의 성질을 배우는 학문
數量(수량) : 수효와 분량

888 樹 — 木 총16획 — 5급Ⅱ
나무(木) 열(十) 그루와 콩(豆)밭이 약간(寸) 있으니 먹고 살만 함

- 훈: 나무
- 음: 수

樹林(수림) 樹種(수종) 街路樹(가로수)
月桂樹(월계수) 果樹園(과수원) 樹木園(수목원)

樹林(수림) : 나무숲
街路樹(가로수) : 길을 따라 심어 놓은 나무

889 輸 — 車 총16획 — 3급Ⅱ
수레(車)에 대답(兪)이 될 만한 물건을 실어 나름

- 훈: 나를
- 음: 수

輸血(수혈) 輸出入(수출입) 運輸(운수)
密輸品(밀수품) 輸送(수송) 空輸部隊(공수부대)

輸血(수혈) : 치료 등을 목적으로 다른 사람의 피를 주입하는 것
運輸(운수) : 물건이나 사람을 싣거나 태워 나름

890 雖 — 隹 총17획 — 3급
비록(唯) 저 벌레(虫)가 작다 해도 함부로 밟아선 안 된다.

- 훈: 비록
- 음: 수

雖然(수연) 雖日(수일)

雖然(수연) : 그렇지만

891 獸

犬 총19획 — 3급Ⅱ

서로 입(口口)을 벌려 으르렁 거리며 밭(田)에서 한(一) 입(口)에 물어뜯으려 노려보고 있는 짐승

- 훈: 짐승
- 음: 수

猛獸(맹수) 野獸(야수) 禽獸(금수) 鳥獸(조수)
獸醫師(수의사) 人面獸心(인면수심)432

猛獸(맹수) : 사나운 짐승
野獸(야수) : 야생의 사나운 짐승

892 叔

又 총8획 — 4급

내 윗(上) 사람 중에 아버지보다 조금(小) 어린 사람이 또(又) 있어 아재비라 부름

- 훈: 아재비
- 음: 숙

叔父(숙부) 叔母(숙모) 堂叔(당숙) 外叔(외숙)
外叔母(외숙모)

叔父(숙부) : 작은아버지
堂叔(당숙) : 아버지의 사촌 형제로 오촌이 되는 관계

893 宿

宀 총11획 — 5급Ⅱ

사람(亻)은 여러 번(百) 잔 집(宀)이 익숙함

- 훈: 1)잘 2)별자리
- 음: 1)숙 2)수

宿泊(숙박) 宿直(숙직) 露宿(노숙) 下宿(하숙)
宿食提供(숙식제공) 星宿(성수) 寄宿舍(기숙사)

宿泊(숙박) : 여관 등에서 자고 머무름
宿直(숙직) : 직장에서 밤에 잠을 자며 지키는 일

894 淑

氵(水) 총11획 — 3급Ⅱ

물(氵)처럼 아재비(叔)의 심성이 맑음

- 훈: 맑을
- 음: 숙

淑女(숙녀) 淑妃(숙비) 貞淑(정숙) 私淑(사숙)
窈窕淑女(요조숙녀)394

淑女(숙녀) : 성인이 된 여자를 높여 이르는 말
貞淑(정숙) : 행실이 곧고 맑음

895 孰

子 총11획 — 3급

원하는 것을 다 누리고(享) 산 사람은 누구나 성격이 둥글둥글함(丸)

- 훈: 누구
- 음: 숙

孰若(숙약) 孰誰(숙수)
孰是孰非(숙시숙비)

孰若(숙약) : 누구 편이

896 肅

聿 총12획 — 4급

붓(聿)으로 조각(片)에 글을 쓸 때는 엄숙한 분위기

- 훈: 엄숙할
- 음: 숙

肅然(숙연) 肅淸(숙청) 肅黨(숙당) 肅拜(숙배)
嚴肅(엄숙) 靜肅(정숙) 自肅(자숙)

肅然(숙연) : 고요하고 엄숙함
肅淸(숙청) : 반대파를 처단하거나 제거함

897 熟

灬(火) 총15획 — 3급Ⅱ

누구나(孰) 불(灬)에 익은 음식을 좋아함

- 훈: 익을
- 음: 숙

熟達(숙달) 熟知(숙지) 熟眠(숙면) 成熟(성숙)
熟練工(숙련공) 早熟(조숙) 深思熟考(심사숙고)339

熟達(숙달) : 익숙하게 통달함
熟知(숙지) : 익숙하게 앎

898 旬

日 총6획 — 3급Ⅱ

햇볕(日)에 열흘 간 말린 것을 싸(勹) 놓음

- 훈: 열흘
- 음: 순

上旬(상순) 中旬(중순) 下旬(하순) 七旬(칠순)
漢城旬報(한성순보)

上旬(상순) : 초하루에서 초열흘까지
七旬(칠순) : 일흔 살

899 巡

巛 총7획 — 3급Ⅱ

물(川)이 흐르는 길을 따라 돌아서 걸어감(辶)

- 훈: 돌
- 음: 순

巡察(순찰) 巡警(순경) 巡廻(순회) 巡訪(순방)
巡洋艦(순양함) 巡禮者(순례자)

巡察(순찰) : 돌아보며 살핌
巡警(순경) : 경찰 계급의 하나

900 殉

歹 총10획 — 3급

사람이 죽자(歹) 열흘(旬)간 장례를 지내고 따라 죽음

- 훈: 따라죽을
- 음: 순

殉葬(순장) 殉職(순직) 殉敎(순교) 殉愛(순애)
殉國烈士(순국열사)

殉葬(순장) : 높은 사람이 죽었을 때 첩이나 종 등을 함께 묻은 일
殉職(순직) : 직무 중에 목숨을 잃음

911 習
- 훈: 익힐
- 음: 습
- 羽 총11획 5급II

새(羽)는 하얀(白) 날개를 펴서 나는 법을 익힘

習慣(습관) 豫習(예습) 實習(실습) 演習(연습)
弊習(폐습) 見習工(견습공) 慣習法(관습법)

習慣(습관): 어떤 행동을 되풀이하면서 익히게 됨
豫習(예습): 배울 것을 미리 익힘

912 濕
- 훈: 젖을
- 음: 습
- 氵(水) 총17획 3급II

물(氵)에 적신 후 햇볕(日)에 말리려고 널어놓은 실(絲)

濕氣(습기) 濕度(습도) 濕地(습지) 濕潤(습윤)
濕疹(습진) 高溫多濕(고온다습)

濕氣(습기): 물에 젖은 듯한 기운
濕度(습도): 수증기가 들어 있는 정도

913 襲
- 훈: 엄습할
- 음: 습
- 衣 총22획 3급II

용(龍)무늬의 옷(衣)을 입은 사람을 보니 비범한 기운이 엄습함

掩襲(엄습) 强襲(강습) 逆襲(역습) 夜襲(야습)
世襲(세습) 奇襲攻擊(기습공격)

掩襲(엄습): 분위기나 생각 따위가 갑자기 생겨남
强襲(강습): 예상치 못할 때 강하게 공격함

914 承
- 훈: 이을
- 음: 승
- 手 총8획 4급II

두 손(廾)으로 받들어 올림

承繼(승계) 承諾(승낙) 承服(승복) 承認(승인)
傳承(전승) 繼承(계승) 起承轉結(기승전결)

繼承(계승): (전통, 가통 따위 등을) 이어 나가는 것
承認(승인): 바라는 바를 들어 줌

915 昇
- 훈: 오를
- 음: 승
- 日 총8획 3급II

해(日)가 떠오름(升)

昇進(승진) 昇天(승천) 昇格(승격) 昇段(승단)
昇華(승화) 昇降機(승강기) 上昇勢(상승세)

昇進(승진): 직위가 오르는 것
昇華(승화): 한 단계 높은 상태에 이르는 것

916 乘
- 훈: 탈
- 음: 승
- 丿 총10획 3급II

나무(木)를 딛고 사람이 오름

乘車(승차) 乘馬(승마) 搭乘(탑승) 同乘(동승)
加減乘除(가감승제) 便乘(편승) 乘用車(승용차)

同乘(동승): (자동차, 배 따위 등에) 함께 타는 것

917 勝
- 훈: 이길
- 음: 승
- 力 총12획 5급II

참고 힘써(力) 싸워 이겨내는 것

勝利(승리) 勝戰譜(승전보) 勝敗(승패)
百戰百勝(백전백승) 必勝(필승) 勝負根性(승부근성)

必勝(필승): 반드시 승리함(이루어 냄)
勝戰譜(승전보): 싸움의 승리를 알리는 기록

918 僧
- 훈: 중
- 음: 승
- 亻(人) 총14획 3급II

세상의 이치를 일찍(曾) 깨닫고 속세를 떠난 사람(亻)

僧侶(승려) 僧舞(승무) 僧服(승복) 僧家(승가)
高僧(고승) 女僧(여승) 破戒僧(파계승)

高僧(고승): 수양을 많이 하여 덕이 높은 승려
破戒僧(파계승): 계율을 어지럽힌 승려

919 市
- 훈: 저자
- 음: 시:
- 巾 총5획 7급II

옷을 만드는 천(巾)을 구입할 수 있는 곳

市廳(시청) 市民(시민) 市場(시장) 市內(시내)
市街行進(시가행진) 市價(시가) 特別市(특별시)

市廳(시청): 각 시에 관련된 행정사무를 담당하는 기관

920 示
- 훈: 보일
- 음: 시:
- 示 총5획 5급

제단을 본뜬 글자로 제물을 차려 신에게 보임

示威(시위) 示範(시범) 訓示(훈시) 展示會(전시회)
揭示板(게시판) 意思表示(의사표시)

示威(시위): 자신의 기세를 드러내 보이는 것
訓示(훈시): 윗사람이 주의 사항을 이르는 것

121

한자능력 검정시험 3급 (3급II 포함)

---

921 矢 총5획 3급
훈 화살
음 시
화살의 모양을 본뜬 글자

矢石(시석) 矢心(시심) 弓矢(궁시) 嚆矢(효시)

矢心(시심) : 마음속으로 다짐함
嚆矢(효시) : 사물의 기초가 되는 것

---

922 侍 亻(人) 총8획 3급II
훈 모실
음 시
곁에서 윗사람(亻)의 시중을 드는 것

侍女(시녀) 侍從(시종) 內侍(내시)
嚴妻侍下(엄처시하) 侍衛隊(시위대)

侍女(시녀) : 곁에서 시중을 들어주는 여자
侍衛隊(시위대) : 군왕을 호위하던 군대

---

923 始 女 총8획 6급II
훈 처음
음 시
여자(女)가 아이를 배(台)게 됨으로써 생명이 시작됨

始初(시초) 始作(시작) 始動(시동) 始祖(시조)
始終一貫(시종일관) 329 創始(창시) 始務式(시무식)

始初(시초) : 어떤 것의 시작. 처음
始動(시동) : 처음으로 움직이도록 하는 것

---

924 是 日 총9획 4급II
훈 옳을
음 이 / 시
태양(日)처럼 그릇됨 없이 올바름(正)

是非(시비) 是認(시인) 是正(시정) 必是(필시)
或是(혹시) 亦是(역시) 是是非非(시시비비)

是正(시정) : 잘못을 바로잡는 것
必是(필시) : 아마도 반드시

---

925 施 方 총9획 4급II
훈 베풀
음 시
깃발을 펼쳐 베풀다.

施行(시행) 施工(시공) 施設(시설) 施策(시책)
施賞式(시상식) 施惠(시혜) 施食會(시식회)

施惠(시혜) : 은혜를 베푸는 것
施賞式(시상식) : 상품이나 상장 등을 전달하기 위해 베푸는 행사

---

926 時 日 총10획 7급II
훈 때
음 시
해(日)의 위치로 시간을 앎

時間(시간) 時計(시계) 時代(시대) 時空(시공)
時機尙早(시기상조) 時時刻刻(시시각각)

時空(시공) : 시간과 공간을 의미
時計(시계) : 시각을 나타내는 장치

---

927 視 見 총12획 4급II
훈 볼
음 시
눈(見)을 뜨고 바라보며 간절히 신(示)에게 기원함

視力(시력) 視覺(시각) 錯視(착시) 重視(중시)
無視(무시) 視聽覺(시청각) 視察團(시찰단)

錯視(착시) : 시각적인 착각으로 인해 잘못 보는 것
視察團(시찰단) : 여러 곳의 사정을 두루 살펴보기 위해 조직된 무리

---

928 詩 言 총13획 4급II
훈 시
음 시
일정한 형식과 운율을 가진 글(言). 시

詩人(시인) 詩集(시집) 詩想(시상) 詩評(시평)
誦詩(송시) 漢詩(한시) 敍事詩(서사시)

詩想(시상) : 시를 짓기 위한 시적인 생각이나 시에 나타난 감성
誦詩(송시) : 시를 암송하는 것

---

929 試 言 총13획 4급II
훈 시험
음 시(:)
말(言)의 사용이 기준과 규정(式)에 맞는지를 시험함

試驗(시험) 試合(시합) 試圖(시도) 試金石(시금석)
外務考試(외무고시) 入試地獄(입시지옥)

試合(시합) : 운동경기 등에서 양자 간 승부를 겨루는 일
試金石(시금석) : 능력이나 가치를 알아보는 기회나 사물을 비유

---

930 式 弋 총6획 5급II
훈 법
음 식
주살(弋)을 만드는데(工) 정해진 방식, 법, 본보기

格式(격식) 非公式(비공식) 結婚式(결혼식)
禮式場(예식장) 樣式(양식) 株式會社(주식회사)

格式(격식) : 주변 형편에 어울리는 형식
非公式(비공식) : 국가, 사회적으로 인정되지 않은 사사로운 형식

---

931 食 총9획 7급Ⅱ

사람(人)이 좋아하며(良) 즐겨먹는 것, **밥**

- 훈 1)밥 2)먹일
- 음 1)식 2)사

食事(식사) 食品(식품) 食糧(식량) 飮食(음식)
簞食(단사) 蔬食(소사)

食品(식품) : 사람이 섭취하는 음식물을 총칭
蔬食(소사) : 기름지고 맛있는 음식이 아닌 입에 거친 음식

---

932 息 총10획 4급Ⅱ

코(自: 鼻의 변형)와 가슴(心)을 드나듦. 숨을 **쉼**

- 훈 쉴
- 음 식

休息(휴식) 窒息(질식) 歎息(탄식) 子息(자식)
女息(여식) 無消息(무소식) 安息處(안식처)

窒息(질식) : 숨이 막히어 호흡할 수 없게 되는 것
安息處(안식처) : 편안하게 쉴 수 있는 곳

---

933 植 총12획 7급

나무(木)를 곧게(直) 세워 **심는** 것

- 훈 심을
- 음 식

植物(식물) 植樹(식수) 植栽(식재) 植木日(식목일)
植民地(식민지) 臟器移植(장기이식)

植栽(식재) : 풀과 나무 등을 심고 가꾸는 것
植民地(식민지) : 다른 나라에 정치·경제적으로 예속된 상태

---

934 飾 총14획 3급Ⅱ

사람(人)이 천(巾)을 이용하여 깨끗이 **꾸밈**

- 훈 꾸밀
- 음 식

整飾(정식) 假飾(가식) 服飾(복식) 粉飾(분식)
裝飾品(장식품) 虛禮虛飾(허례허식)

假飾(가식) : 거짓으로 말과 행동 등을 꾸미는 것
服飾(복식) : 옷의 꾸밈새

---

935 識 총19획 5급Ⅱ

누구나 **알** 수 있게 날카로운 것(戈)을 이용하여 말(言)과 소리(音)를 새겨 **기록함**

- 훈 1)알 2)표할
- 음 1)식 2)지

常識(상식) 認識(인식) 意識(의식) 面識(면식)
識別(식별) 標識(표지) 知識産業(지식산업)

認識(인식) : 분별하고 판단하는 일
標識(표지) : 어떤 일을 알리기 위하여 눈에 잘 보이도록 해 놓은 것

---

936 申 총5획 4급Ⅱ

번갯불의 형상을 본뜬 글자로 십이지의 하나인 원숭이를 뜻하는 고유어 **납**

- 훈 납
- 음 신

申請(신청) 申聞鼓(신문고)
申告(신고) 申申當付(신신당부) 內申成績(내신성적)

申聞鼓(신문고) : (조선시대) 백성들의 억울함을 직소하도록 한 것
申告(신고) : 국민이 법령에 따라 일정한 사실을 고하는 것

---

937 臣 총6획 5급Ⅱ

군주 앞에서 엎드린 **신하**의 모습을 본뜬 글자

- 훈 신하
- 음 신

臣下(신하) 忠臣(충신) 功臣(공신) 使臣(사신)
君臣有義(군신유의) 死六臣墓(사육신묘)

忠臣(충신) : 나라와 군왕을 위해 충성을 다하는 신하
功臣(공신) : 나라를 위해 특별한 공을 세운 훌륭한 신하

---

938 辛 총7획 3급

이마에 먹물을 칠한 침으로 노예나 죄인의 문신을 넣어 괴롭고 **맵다**.

- 훈 매울
- 음 신

辛苦(신고) 辛勝(신승) 辛辣(신랄)
千辛萬苦(천신만고) 香辛料(향신료)

辛辣(신랄) : 어떤 것에 대한 평가가 날카롭고 예리한 것
香辛料(향신료) : 음식에 향을 더하는 조미료

---

939 身 총7획 6급Ⅱ

아이를 가진 여자의 **몸**을 본뜬 글자

- 훈 몸
- 음 신

身分(신분) 獨身(독신) 避身(피신) 心身(심신)
身體檢査(신체검사) 身邊保護(신변보호)

身分(신분) : 사회 속에서 차지하는 개인적인 위치나 계급
避身(피신) : 어떠한 위험요소로 인하여 몸을 숨기는 것

---

940 伸 亻(人) 총7획 3급

사람(亻)이 허리에 손을 대고 기지개를 켜거나 몸을 **펴다**.

- 훈 펼
- 음 신

伸張(신장) 女權伸張(여권신장) 伸縮(신축)
國力伸張(국력신장)

伸縮(신축) : 늘이고 줄이는 것

한자능력 검정시험 3급 (3급II 포함)

941 信 — 亻(人) 총9획 — 6급II
사람(亻)의 말(言)에 거짓이 없어 **믿음이 감**
- 훈: 믿을
- 음: 신:

信用(신용) 信賴(신뢰) 信念(신념) 所信(소신)
確信(확신) 自信感(자신감) 信號燈(신호등)

信念(신념): 강하게 믿는 마음
所信(소신): 스스로가 생각하는 바

942 神 — 示 총10획 — 6급II
번갯불이 치는 모양(申)을 보여주는(示) **귀신같은** 존재
- 훈: 귀신
- 음: 신

神話(신화) 神奇(신기) 神父(신부) 鬼神(귀신)
神仙草(신선초) 精神(정신) 神出鬼沒(신출귀몰) 335

神奇(신기): 신비하고 기묘함
神父(신부): 미사와 강론을 드리는 주교 다음 신분의 성직자를 의미

943 晨 — 日 총11획 — 3급
해(日)와 별(辰)이 교차하는 **새벽** 무렵
- 훈: 새벽
- 음: 신

晨星(신성) 晨鷄(신계)
昏定晨省(혼정신성) 632

晨星(신성): 샛별, 즉 금성(金星)을 통상적으로 이르는 말
晨鷄(신계): 새벽을 알려주는 닭을 의미

944 愼 — 忄(心) 총13획 — 3급II
참된(眞) 마음(忄)으로 몸과 행동을 **삼가다**.
- 훈: 삼갈
- 음: 신:

愼重(신중) 愼辭(신사) 愼擇(신택) 謹愼(근신)

愼辭(신사): 삼가 조심하는 것
愼擇(신택): 신중하게 선택하는 것

945 新 — 斤 총13획 — 6급II
도끼(斤)로 나무(木)를 쳐 내어 **새롭게** 함
- 훈: 새
- 음: 신

新聞(신문) 更新(갱신) 革新(혁신) 新入生(신입생)
新世代(신세대)

更新(갱신): 본래 있던 것을 고쳐서 새롭게 함
革新(혁신): (관습, 풍속 등을) 완전히 바꾸어 새롭게 하는 것

946 失 — 大 총5획 — 5급II
손에서 떨어져 나가 **잃어버림**
- 훈: 잃을
- 음: 실

失手(실수) 失點(실점) 損失(손실) 過失(과실)
失業率(실업률) 失職(실직) 失鄕民(실향민)

過失(과실): 부주의로 인한 잘못이나 허물을 의미
失業率(실업률): 노동할 의사와 능력을 가진 사람 중 실업자의 비율

947 室 — 宀 총9획 — 8급
지붕(宀) 아래 사람이 머물러(至) 사는 **집**
- 훈: 집
- 음: 실

居室(거실) 寢室(침실) 敎室(교실) 休憩室(휴게실)
娛樂室(오락실) 溫室效果(온실효과)

休憩室(휴게실): 잠시 쉴 수 있도록 마련해 놓은 방

948 實 — 宀 총14획 — 5급II
집 안(宀)에 꿰어져(貫) 있는 많은 재물이 알이 꽉 찬 **열매**와 같음
- 훈: 열매
- 음: 실

實踐(실천) 實力(실력) 確實(확실) 實名(실명)
實事求是(실사구시) 勤勉誠實(근면성실)

實踐(실천): 뜻하는 바를 그대로 행하는 것
實名(실명): 진짜 이름

949 心 — 心 총4획 — 7급
몸의 중심에 위치한 사람의 **심장**
- 훈: 마음
- 음: 심

心性(심성) 心情(심정) 慾心(욕심) 孝心(효심)
心機一轉(심기일전) 338 心臟痲痺(심장마비)

心情(심정): 마음속에 품은 생각 혹은 감정
慾心(욕심): 분수에 넘치게 얻고자 하는 마음

950 甚 — 甘 총9획 — 3급II
배우자(匹) 간의 관계가 더없이 좋아(甘) **심하게** 보임
- 훈: 심할
- 음: 심:

甚難(심난) 甚深(심심) 甚惡(심악) 極甚(극심)
激甚(격심) 甚至於(심지어)

極甚(극심): 매우 심한 정도
甚至於(심지어): 심하여 나중에는

한자능력 검정시험 3급 (3급Ⅱ 포함)

971 雁
- 훈: 기러기
- 음: 안

언덕(厂)을 날아가는 모습이 사람(人)의 형상을 하고 있는 새(隹) **기러기**

雁信(안신) 雁陳(안진) 雁行(안항) 候雁(후안)

雁行(안항) : 남의 형제를 높여 이르는 말
候雁(후안) : 계절이 바뀜에 따라 보금자리를 찾아 이동하는 기러기

972 顔
- 훈: 낯
- 음: 안

이마(頁)가 아름다운 선비(彦)라는 것에서 일반적인 사람의 얼굴로 전환

顔面(안면) 顔色(안색) 無顔(무안) 童顔(동안)
厚顔無恥(후안무치)645 破顔大笑(파안대소)585

無顔(무안) : 수줍어서 상대방을 대할 면목이 없음
童顔(동안) : 어린아이의 얼굴 혹은 본래 나이에 비해 어려보이는 얼굴

973 謁
- 훈: 뵐
- 음: 알

누군가를 붙잡고(曷) 말(言)을 물어 찾아 **뵙다**.

謁見(알현) 拜謁(배알)
謁聖及第(알성급제)

謁見(알현) : 지체 높은 이를 찾아서 만나는 일

974 巖
- 훈: 바위
- 음: 암

산(山)에 솟아있는 험준한(嚴) **바위**

巖石(암석) 巖盤(암반) 巖壁(암벽) 玄武巖(현무암)
花崗巖(화강암) 奇巖怪石(기암괴석) ※속자 : 岩

巖石(암석) : 지각을 구성하는 단단한 물질
巖壁(암벽) : 깎아지른 듯 높이 솟은 바위

975 暗
- 훈: 어두울
- 음: 암:

해(日) 지고 소리(音)만이 들릴 정도로 **어두움**

暗誦(암송) 暗示(암시) 暗算(암산) 暗票(암표)
暗記力(암기력) 暗行御史(암행어사)

暗誦(암송) : 보지 않고 입으로 외는 것
暗票(암표) : 불법적으로 몰래 사고파는 입장권

976 押
- 훈: 누를
- 음: 압

손(扌)으로 거북의 등딱지(甲)를 **누르다**.

押留(압류) 押釘(압정) 押送(압송) 差押(차압)
假押留(가압류) 押收令狀(압수영장)

押送(압송) : 죄인을 다른 곳으로 호송하는 것
假押留(가압류) : 법원이 채무자의 재산을 확보해두는 일

977 壓
- 훈: 억누를
- 음: 압

흙(土)을 땅이 내려앉도록 **억누르다**.

壓力(압력) 壓迫(압박) 壓縮(압축) 壓卷(압권)
鎭壓(진압) 抑壓(억압) 彈壓(탄압)

壓迫(압박) : 강하게 힘으로 누르는 것
彈壓(탄압) : 무력 등을 사용하여 강하게 압박하는 것

978 央
- 훈: 가운데
- 음: 앙

사람(大)이 한**가운데**(冂)에 서 있는 모양

震央(진앙) 中央廳(중앙청) 中央(중앙)
中央煖房(중앙난방)

震央(진앙) : 진원지(震源地)의 위 지점

979 仰
- 훈: 우러를
- 음: 앙

사람(亻)이 무릎 꿇은 채 **우러러**(卬) 본다.

信仰(신앙) 仰望(앙망) 仰騰(앙등)

仰望(앙망) : 자신의 바람이 실현되기를 바라는 것
仰騰(앙등) : 물건의 값이 뛰어오르는 것

980 殃
- 훈: 재앙
- 음: 앙

나쁜 마음으로(歹) 사람의 정수리(央)를 쳐서 해를 가하는 **재앙**

災殃(재앙) 殃禍(앙화)
殃及池魚(앙급지어)

殃禍(앙화) : 어떤 일로 인해 받게 되는 재앙

한자능력 검정시험 3급 (3급II 포함)

991 若	⺾(艸) 총9획 — 3급Ⅱ
	손으로 골라내는(右) 어린 싹(⺾)의 모양이 비슷하거나 같음
훈 1)같을 2)반야	若干(약간) 萬若(만약) 若此(약차)
음 1)약 2)야	明若觀火(명약관화)183

若干(약간) : 얼마 되지 않음
若此(약차) : 모양이나 성질 따위가 이와 같음

996 羊	羊 총6획 — 4급Ⅱ
	뿔이 달린 양의 모습을 본뜬 글자
훈 양	羊毛(양모) 羊腸(양장) 羊皮(양피)
음 양	多岐亡羊(다기망양)133 九折羊腸(구절양장)81

羊腸(양장) : 양의 창자 혹은 꾸불꾸불한 길을 비유

992 約	糸 총9획 — 5급Ⅱ
	매듭을 만들기 위해 실(糸)을 묶거나 맺다.
훈 맺을	約束(약속) 約款(약관) 言約(언약) 誓約(서약)
음 약	約婚式(약혼식) 團體協約(단체협약)

言約(언약) : 말로 하는 약속
誓約(서약) : 맹세하여 약속하는 것

997 洋	氵(水) 총9획 — 5급Ⅱ
	많은 무리의 양(羊)이 움직이는 것과 같이 물(氵)이 출렁거리는 큰 바다
훈 큰바다	洋食(양식) 洋酒(양주) 洋服(양복) 西洋式(서양식)
음 양	大西洋(대서양) 遠洋漁業(원양어업)

洋酒(양주) : 우리 전통 술이 아닌 서양주

993 弱	弓 총10획 — 6급Ⅱ
	어린 새가 날갯짓을 하기 위해 약하게 퍼덕이는 모양을 본뜬 글자
훈 약할	弱點(약점) 弱冠(약관) 强弱(강약) 微弱(미약)
음 약	老弱者(노약자)

弱點(약점) : 남들에 비해 뒤떨어지거나 약한 부분
老弱者(노약자) : 나이가 많거나 몸이 약한 사람

998 揚	扌(手) 총12획 — 3급Ⅱ
	태양(日)이 높이 솟아오르듯 손(扌)을 들어 올림
훈 날릴	讚揚(찬양) 高揚(고양) 揭揚(게양) 止揚(지양)
음 양	揚水機(양수기) 意氣揚揚(의기양양)

讚揚(찬양) : 훌륭함을 기리며 드러내는 것
高揚(고양) : 높이 북돋워 올리는 것

994 藥	⺾(艸) 총19획 — 6급Ⅱ
	병을 고쳐 즐거움(樂)을 주는 약초(⺾)
훈 약	藥局(약국) 藥師(약사) 藥效(약효) 醫藥(의약)
음 약	洋藥(양약) 補藥(보약) 韓藥房(한약방)

藥效(약효) : 약의 효능
補藥(보약) : 몸의 저항력과 기력을 보충해 주는 약

999 陽	阝(阜) 총12획 — 5급Ⅱ
	태양(日)빛을 잘 받는 언덕(阝)은 볕이 잘 드는 양지이다.
훈 볕	陽地(양지) 陽刻(양각) 陽性(양성) 陽曆(양력)
음 양	太陽(태양) 斜陽産業(사양산업)

陽地(양지) : 태양볕이 잘 드는 곳

995 躍	足 총21획 — 3급
	꿩(翟)이 날아오르기 위해 펄쩍펄쩍 뛰는(足) 모습을 나타냄
훈 뛸	躍進(약진) 躍動(약동) 跳躍(도약) 飛躍(비약)
음 약	一躍(일약) 猛活躍(맹활약)

跳躍(도약) : 더 높은 단계를 향해 나아가는 것
一躍(일약) : 단번에 뛰어오르는 것

1000 楊	木 총13획 — 3급
	바람에 나부끼며 반짝이는(昜) 버드나무(木)
훈 버들	楊柳(양류) 楊貴妃(양귀비)
음 양	

楊柳(양류) : 버드나무

한자능력 검정시험 3급 (3급II 포함)

1001 養 — 食 총15획 — 5급II
- 훈: 기를
- 음: 양:

양(羊)에게 먹이(食)를 주며 기르다.

養殖(양식) 養育(양육) 養蜂(양봉) 養分(양분)
養老院(양로원) 養鷄場(양계장) 養護室(양호실)

養蜂(양봉): 꿀을 얻기 위해 벌을 기르는 일
養鷄場(양계장): 시설을 갖추어 여러 마리의 닭을 기르는 곳

1002 樣 — 木 총15획 — 4급
- 훈: 모양
- 음: 양

나무(木)가 물(水)을 먹고 커지면(王) 모양이 비슷해진다.

樣式(양식) 樣相(양상) 模樣(모양) 紋樣(문양)
各樣各色(각양각색) 外樣(외양) 多樣化(다양화)

樣相(양상): 사물의 모양이나 상태

1003 壤 — 土 총20획 — 3급II
- 훈: 흙덩이
- 음: 양:

농사를 짓는데 도움이 되는(襄) 좋은 흙(土)

土壤(토양) 糞壤(분양) 擊壤(격양) 壤土(양토)
平壤(평양) 天壤之差(천양지차)542

糞壤(분양): 썩어 더러워진 흙 혹은 토양에 거름을 주는 일을 뜻함

1004 讓 — 言 총24획 — 3급II
- 훈: 사양할
- 음: 양:

다른 이의 도움(襄)을 말(言)로써 사양한다.

讓步(양보) 讓受(양수) 辭讓(사양) 分讓(분양)
讓渡稅(양도세) 謙讓之德(겸양지덕)

分讓(분양): 토지, 건물을 여러 사람에게 나누어 파는 것
讓受(양수): (타인의 재산이나 지위 등을)넘겨 받는 것

1005 於 — 方 총8획 — 3급
- 훈: 1)어조사 2)탄식할
- 음: 1)어 2)오

까마귀가 날아가며 우는 모습을 본뜬 글자

於焉(어언) 於乎(오호) 於戲(오희) 於此彼(어차피)
於中間(어중간) 甚至於(심지어)

於戲(오희): 감탄할 때 내는 소리
於此彼(어차피): 어떻게 하든지

1006 魚 — 魚 총11획 — 5급
- 훈: 고기
- 음: 어

물고기의 모습을 본뜬 글자

魚類(어류) 魚缸(어항) 人魚(인어) 活魚(활어)
熱目魚(열목어) 魚頭肉尾(어두육미)359

魚缸(어항): 관상용 물고기를 기르는데 사용하는 항아리
熱目魚(열목어): 연어과의 물고기를 총칭

1007 御 — 彳 총11획 — 3급II
- 훈: 거느릴
- 음: 어

걸어가며(彳) 짐을 부리는(卸) 사람을 거느림

御命(어명) 御用(어용) 御街(어가) 制御(제어)
御史花(어사화) 暗行御史(암행어사)

御街(어가): 임금이 행차 시 타고 다니던 수레
制御(제어): 상대방을 억누르고 제멋대로 다룸

1008 漁 — 氵(水) 총14획 — 5급
- 훈: 고기 잡을
- 음: 어

물(氵)속의 고기(魚)를 잡음

漁業(어업) 漁網(어망) 漁獲(어획) 漁港(어항)
漁父之利(어부지리)361

漁業(어업): 영리를 목적으로 물고기, 조개 등을 기르거나 잡는 일
漁網(어망): 물고기를 잡는데 사용되는 그물

1009 語 — 言 총14획 — 7급
- 훈: 말씀
- 음: 어

자신(吾)의 의견을 말함(言)

言語(언어) 語法(어법) 語彙(어휘) 語源(어원)
母國語(모국어) 熟語(숙어) 外國語(외국어)

語法(어법): 말의 일정한 형식
語源(어원): 말이 이루어진 근원

1010 抑 — 扌(手) 총7획 — 3급II
- 훈: 누를
- 음: 억

손(扌)으로 무릎 꿇도록(卬) 잡아 누름

抑壓(억압) 抑鬱(억울) 抑制(억제) 抑揚(억양)
抑留(억류) 抑強扶弱(억강부약)363

抑鬱(억울): 분하고 답답한 마음
抑留(억류): 강제적으로 붙잡아 두는 것

1011 億 亻(人) 총15획 5급
훈 억
음 억

사람(亻)이 생각할 수(意) 있는 아주 많은 수 **억**

億劫(억겁) 億丈(억장) 十億(십억)
億萬長者(억만장자)

億劫(억겁) : 셀 수 없을 만큼의 오랜 시간

1012 憶 忄(心) 총16획 3급Ⅱ
훈 생각할
음 억

마음 속(忄)에 담고 있는 뜻(意)이 **생각**

記憶(기억) 追憶(추억) 憶念(억념) 記憶力(기억력)

記憶(기억) : 이전의 생각 등을 간직하고 있는 것
追憶(추억) : 지나간 일을 돌이켜 생각하는 것

1013 言 言 총7획 5급Ⅱ
훈 말씀
음 언

하나하나(一)의 생각을 입(口)으로 말함

言論(언론) 言爭(언쟁) 言聲(언성) 證言(증언)
甘言利說(감언이설)⁹ 有口無言(유구무언)

言爭(언쟁) : 말로 인한 다툼
證言(증언) : 말로써 증명하는 것

1014 焉 灬(火) 총11획 3급
훈 어찌
음 언

조류(鳥)가 도리(正)를 **어찌** 알 수 있는가?

於焉(어언) 於焉間(어언간)
終焉(종언) 焉敢生心(언감생심)364

於焉間(어언간) : 알지 못하는 사이 어느덧
終焉(종언) : 존재가 완전히 사라지는 것

1015 嚴 口 총20획 4급
훈 엄할
음 엄

험하고 높은 산(厂)에서 용감하게(敢) 부르짖어 **엄함**

嚴肅(엄숙) 嚴選(엄선) 尊嚴(존엄) 謹嚴(근엄)
嚴冬雪寒(엄동설한) 峻嚴(준엄) 戒嚴令(계엄령)

嚴選(엄선) : 엄숙하게 가려 뽑는 것
謹嚴(근엄) : 점잖고 엄숙한 것

1016 業 木 총13획 6급Ⅱ
훈 업
음 업

악기를 매다는 받침틀의 모양을 본뜬 글자

職業(직업) 副業(부업) 營業(영업) 業務(업무)
業績(업적) 業種(업종) 製造業(제조업)

副業(부업) : 본업이 아닌 부수적으로 하는 업무
業績(업적) : 일이나 사업의 공

1017 予 亅 총4획 3급
훈 나
음 여

베틀의 갈고리(亅)를 밀어주는 **나**

予一人(여일인)

予一人(여일인) : 황제가 자신을 낮추어 부르는 말

1018 汝 氵(水) 총6획 3급
훈 너
음 여:

물(氵)속에 있는 여자(女)는 **너**

汝等(여등) 汝輩(여배)
汝矣島(여의도)

汝等(여등) : '너희들'의 문어적 표현

1019 如 女 총6획 4급Ⅱ
훈 같을
음 여

여종(女)이 주인의 말(口)을 그대로 따라 **같이**하는 것

如此(여차) 缺如(결여)
如意珠(여의주) 如何間(여하간) 如反掌(여반장)

缺如(결여) : 빠지거나 모자란 것
如反掌(여반장) : 손바닥을 뒤집듯 아주 쉬운 일

1020 余 人 총7획 3급
훈 나
음 여

지붕을 받치고 있는 건물의 모양을 본뜬 글자

余等(여등) 余輩(여배)

余等(여등) : '우리'의 문어적 표현

1031 驛 馬 총23획 3급Ⅱ

항상 살펴보며(睪) 탈 수 있는 말(馬)을 내어주는 역

- 훈: 역
- 음: 역

驛前(역전) 驛長(역장)
驛務員(역무원) 簡易驛(간이역)

驛長(역장): 역의 사무를 총괄하는 자
簡易驛(간이역): 역무원이 없이 정차만 하는 작은 역

1032 延 廴 총7획 4급

바른(正) 것을 길게 잡아끌어(廴) 늘임

- 훈: 늘일
- 음: 연

延期(연기) 延着(연착) 延滯(연체) 延命(연명)
遲延(지연) 順延(순연) 延長戰(연장전)

延期(연기): 정해진 기간보다 늘리는 것
延命(연명): 겨우 목숨을 이어 살아감

1033 沿 氵(水) 총8획 3급Ⅱ

산 속의 물(氵)이 골짜기(几) 입구(口)를 따라 흘러감

- 훈: 물가 따를
- 음: 연(:)

沿邊(연변) 沿革(연혁) 沿海(연해)
沿岸漁業(연안어업)

沿邊(연변): 물가, 철도 등을 따라 가는 둘레 부분
沿革(연혁): 변해 내려온 발자취

1034 宴 宀 총10획 3급Ⅱ

해(日)질 때 까지 편안히(安) 잔치를 즐기다.

- 훈: 잔치
- 음: 연:

酒宴(주연) 祝賀宴(축하연)
披露宴(피로연) 回甲宴(회갑연) 宴會席(연회석)

披露宴(피로연): 기쁜 일을 널리 알리기 위해 여는 잔치
宴會席(연회석): 잔치가 벌어지는 자리

1035 軟 車 총11획 3급Ⅱ

수레(車)가 흔들리지 않도록 부드럽게(欠) 밧줄로 감음

- 훈: 연할
- 음: 연:

軟弱(연약) 軟骨(연골) 軟膏(연고)
軟體動物(연체동물)

軟骨(연골): 나이가 어려 뼈가 아직 굳지 않은 상태
軟膏(연고): 부드러워 주로 피부의 외상 등에 사용되는 약

1036 研 石 총11획 4급Ⅱ

돌(石)을 평평(幵)해질 정도로 갈고 닦음

- 훈: 갈
- 음: 연:

硏究(연구) 硏修(연수) 硏磨(연마) 硏究所(연구소)
硏究員(연구원)

硏究(연구): 깊이 있게 조사하고 따짐
硏磨(연마): 고체를 갈고 닦거나 학문, 기술 따위를 힘써 배우는 것

1037 然 灬(火) 총12획 7급

저녁(夕)에 개(犬)고기를 불(灬)에 그슬려 먹는 데에는 그러한 이유가 있다.

- 훈: 그러할
- 음: 연

當然(당연) 忽然(홀연) 必然(필연) 不然(불연)
浩然之氣(호연지기)626 自然保護(자연보호)

忽然(홀연): 갑자기
必然(필연): 반드시 그렇게 되는 것

1038 煙 火 총13획 4급Ⅱ

불(火)을 붙이니 땅(土)에서 서(西)쪽으로 연기가 피어오름

- 훈: 연기
- 음: 연

煙氣(연기) 煙草(연초) 吸煙(흡연) 禁煙(금연)
煤煙(매연) 喫煙(끽연) 煙幕彈(연막탄)

煙草(연초): 담배
煙幕彈(연막탄): 폭발 시 짙은 연기를 내뿜는 폭탄

1039 鉛 金 총13획 4급

잿빛을 띤 광석(金)

- 훈: 납
- 음: 연

亞鉛(아연) 鉛筆(연필) 黑鉛(흑연)
亞鉛鍍金(아연도금) 色鉛筆(색연필)

亞鉛(아연): 무르고 광택이 나는 금속 원소

1040 演 氵(水) 총14획 4급Ⅱ

물(氵)이 멀리까지(寅) 퍼져 나감

- 훈: 펼
- 음: 연:

演技(연기) 演劇(연극) 演說(연설) 演習(연습)
競演大會(경연대회) 演出(연출) 講演會(강연회)

演技(연기): 연기자가 등장인물의 성격, 행동을 표현하는 일
演說(연설): 여러 사람 앞에 자신의 의견을 펼치는 일

1051 永 (水, 총5획, 5급Ⅱ)
강이 여러 갈래로 길게 흘러가는 모양을 본뜬 글자
- 훈: 길
- 음: 영:

永遠(영원) 永久(영구) 永住(영주) 永續(영속)
永生(영생) 永劫(영겁) 永世中立國(영세중립국)

永遠(영원): 끝없이 지속되는 상태
永住(영주): 한 곳에 오래도록 사는 것

1052 迎 (辶(辵), 총8획, 4급)
마중 나가(辶) 손님을 정중하게(卬) 맞이함
- 훈: 맞을
- 음: 영

歡迎(환영) 迎入(영입) 迎接(영접) 迎合(영합)

迎接(영접): 손님을 맞아 접대함
迎合(영합): 사사로운 이익을 위해 아첨하며 좇음

1053 英 (艹(艸), 총9획, 5급Ⅱ)
풀꽃(艹)의 가운데 부분(央) 꽃부리
- 훈: 꽃부리
- 음: 영

英語(영어) 英國(영국) 英雄(영웅) 英特(영특)
英韓辭典(영한사전) 英才敎育(영재교육)

英雄(영웅): 재능과 용맹함이 뛰어난 사람
英特(영특): 남달리 뛰어남

1054 泳 (氵(水), 총8획, 3급)
물(氵) 속에 오래도록(永) 헤엄치다.
- 훈: 헤엄칠
- 음: 영

水泳(수영) 遊泳(유영) 背泳(배영) 蝶泳(접영)
潛泳(잠영) 混泳(혼영)

背泳(배영): 위를 향해 누워 물을 양팔로 밀치면서 하는 수영
混泳(혼영): 구간을 나누어 한 사람이 여러 방법으로 하는 수영

1055 映 (日, 총9획, 4급)
하늘(日)의 가운데(央)를 비춤
- 훈: 비칠
- 음: 영(:)

映像(영상) 映窓(영창) 上映(상영) 放映(방영)
映寫機(영사기) 國際映畫祭(국제영화제)

映窓(영창): 빛이 잘 들어오기 위해 설치한 창
映寫機(영사기): 필름에 촬영된 상을 영사막에 확대하여 비춰주는 기계

1056 詠 (言, 총12획, 3급)
말(言)을 늘여(永) 읊음
- 훈: 읊을
- 음: 영:

詠歌(영가) 詠嘆(영탄) 吟詠(음영)

詠嘆(영탄): 목소리를 길게 뽑아 읊음
吟詠(음영): 시가 등을 읊는 것

1057 榮 (木, 총14획, 4급Ⅱ)
나무(木)를 덮은(冖) 꽃이 반짝(炏)거려 영화로움
- 훈: 영화
- 음: 영

榮華(영화) 榮光(영광) 榮譽(영예) 榮轉(영전)
榮位(영위) 榮辱(영욕) 榮枯盛衰(영고성쇠)374

榮轉(영전): 더 좋은 자리로 옮김
榮辱(영욕): 명예와 치욕

1058 影 (彡, 총15획, 3급Ⅱ)
빛(景)으로 그려낸(彡) 그림자
- 훈: 그림자
- 음: 영:

影像(영상) 影幀(영정) 撮影(촬영) 陰影(음영)
投影(투영) 影印本(영인본) 影響力(영향력)

影幀(영정): 제사 때 쓰는 죽은 이의 사진
影印本(영인본): 원본을 여러 가지 과학적 방법으로 복제한 인쇄물

1059 營 (火, 총17획, 4급)
화려한 불빛에(火) 덮힌(冖) 집(呂)을 경영함
- 훈: 경영할
- 음: 영

營利(영리) 營農(영농) 營倉(영창) 經營(경영)
兵營(병영) 營養士(영양사) 營業者(영업자)

營養士(영양사): 과학적으로 식생활의 영양 상태를 관리하는 자
營倉(영창): 위법한 행위를 한 군인을 가두기 위한 부대 안의 감옥

1060 銳 (金, 총15획, 3급)
물건을 분리하는(兌) 날카로운 쇠붙이(金)
- 훈: 날카로울
- 음: 예:

銳敏(예민) 銳利(예리) 銳角(예각) 尖銳(첨예)
精銳(정예)

銳角(예각): 직각보다 작은 각
尖銳(첨예): 날카롭고 뾰족함

1071 鳴 口 총13획 3급
까마귀(鳥)가 목청(口) 높여 울어대니 슬픔
- 훈: 슬플
- 음: 오

鳴呼(오호) 鳴咽(오열)
鳴呼痛哉(오호통재)

鳴咽(오열) : 목이 메어 우는 것

1072 傲 亻(人) 총13획 3급
멋대로 노는(敖) 거만한 사람(亻)
- 훈: 거만할
- 음: 오

傲氣(오기) 傲慢(오만) 傲然(오연)
傲慢不遜(오만불손) 傲慢放恣(오만방자)

傲氣(오기) : 지기 싫어하는 마음 혹은 잘난체하며 방자한 것

1073 誤 言 총14획 4급Ⅱ
큰소리(吳)로 말(言)을 하다 일을 그르침
- 훈: 그르칠
- 음: 오:

誤解(오해) 誤謬(오류) 誤報(오보) 誤算(오산)
誤診(오진) 誤答(오답) 錯誤(착오)

誤謬(오류) : 그릇되어 맞지 않는 것
誤診(오진) : 병의 그릇된 진단

1074 玉 玉 총5획 4급Ⅱ
왕(王)의 목에 깨알같이 생긴 점(丶)
- 훈: 구슬
- 음: 옥

玉石(옥석) 玉篇(옥편) 玉座(옥좌) 玉碎(옥쇄)
玉童子(옥동자) 金科玉條(금과옥조)92

玉篇(옥편) : 한자의 음과 뜻을 하나하나 풀이해 놓은 책
玉碎(옥쇄) : 명예나 충절을 위해 목숨을 바침

1075 屋 尸 총9획 5급
몸(尸)이 머무는(至) 장소는 집
- 훈: 집
- 음: 옥

屋上(옥상) 家屋(가옥) 韓屋(한옥) 洋屋(양옥)
社屋(사옥) 屋外集會(옥외집회)

韓屋(한옥) : 우리나라 고유의 건축 양식
社屋(사옥) : 신문사나 출판사 혹은 회사가 있는 건물

1076 獄 犭(犬) 총14획 3급Ⅱ
짖어대는(口) 개들(犭)을 가두는 감옥
- 훈: 옥
- 음: 옥

地獄(지옥) 監獄(감옥) 獄舍(옥사) 獄中(옥중)
下獄(하옥) 投獄(투옥) 脫獄囚(탈옥수)

獄舍(옥사) : 죄인을 가두어 두는 곳
脫獄囚(탈옥수) : 감옥에서 몰래 빠져 나와 도망친 자

1077 溫 氵(水) 총13획 5급Ⅱ
죄수(囚)에게 물(氵)을 담아(皿) 건네는 따뜻함
- 훈: 따뜻할
- 음: 온

溫泉(온천) 溫暖(온난) 溫和(온화) 溫水(온수)
溫情(온정) 體溫(체온)

溫和(온화) : 따뜻하고 부드러움
溫情(온정) : 사랑과 인정

1078 翁 羽 총10획 3급
어른(公)이 되고 늙어서 깃털(羽)처럼 많은 수염을 갖게 됨
- 훈: 늙은이
- 음: 옹

翁姑(옹고) 翁主(옹주) 老翁(노옹)

翁姑(옹고) : 시아버지와 시어머니

1079 擁 扌(手) 총16획 3급
두 손(扌)으로 감싸는(雍) 것이 포옹
- 훈: 안을
- 음: 옹

抱擁(포옹) 擁立(옹립) 擁護(옹호) 擁壁(옹벽)
人權擁護(인권옹호)

擁護(옹호) : 두둔하여 편드는 것

1080 瓦 瓦 총5획 3급Ⅱ
기와를 여러 개 엎어놓은 모양을 본뜬 글자
- 훈: 기와
- 음: 와:

瓦全(와전) 瓦家(와가) 瓦屋(와옥) 瓦解(와해)
瓦當(와당)

瓦全(와전) : 아무 보람 없이 목숨을 이어감
瓦解(와해) : (계획 등이) 산산이 부서짐

한자능력 검정시험 3급 (3급II 포함)

1081 臣 총8획 **3급**
臥
항상 엎드려 있는 사람(人)이 신하(臣)
- 훈: 누울
- 음: 와:

臥床(와상) 臥龍(와룡) 臥病(와병)

臥龍(와룡): 초야에 묻혀 있는 큰 인물
臥病(와병): 병으로 앓아누움

1082 宀 총7획 **5급**
完
집(宀)에 근본(元)이 서서 완전해짐
- 훈: 완전할
- 음: 완

完全(완전) 完了(완료) 完結(완결) 完璧(완벽)
完治(완치) 完快(완쾌) 未完成(미완성)

完全(완전): 모자라거나 흠이 없음
完治(완치): 병이 완전히 나음

1083 糸 총15획 **3급II**
緩
실(糸)을 당기니(爰) 느슨해짐
- 훈: 느릴
- 음: 완:

緩衝(완충) 緩慢(완만) 緩急(완급) 緩和(완화)
緩曲(완곡) 緩行列車(완행열차)

緩衝(완충): 충돌을 누그러뜨림
緩曲(완곡): 모나지 않고 부드러움

1084 曰 총4획 **3급**
曰
입(口) 안의 혀(一)로 말함
- 훈: 가로
- 음: 왈

孔子曰(공자왈) 孟子曰(맹자왈) 曰牌(왈패)
曰可曰否(왈가왈부)

曰牌(왈패): 말투나 행동이 단정치 못하고 부산한 사람

1085 王(玉) 총4획 **8급**
王
하늘, 땅, 인간 세 가지(三)를 꿰뚫는(丨) 존재가 임금
- 훈: 임금
- 음: 왕

王權(왕권) 王位(왕위) 王室(왕실) 王子(왕자)
王妃(왕비) 王冠(왕관) 朝鮮王朝(조선왕조)

王權(왕권): 왕이 지닌 권위
王冠(왕관): 임금이 머리에 쓰는 관

1086 彳 총8획 **4급II**
往
왕(主)의 명령이 전달되어(彳) 퍼져감
- 훈: 갈
- 음: 왕

往來(왕래) 往復(왕복) 往診(왕진) 往年(왕년)
旣往(기왕) 說往說來(설왕설래) 303

往診(왕진): 의사가 환자가 있는 곳으로 가 진찰함
旣往(기왕): 이미 지나감

1087 夕 총5획 **8급**
外
바깥의 달(夕) 모양으로 점(卜)을 침
- 훈: 바깥
- 음: 외

外國(외국) 外部(외부) 外出(외출) 外貌(외모)
外柔內剛(외유내강) 391 外科(외과) 外務部(외무부)

外貌(외모): 겉으로 드러난 모양
外務部(외무부): 외교 정책을 담당하는 국가 기관

1088 田 총9획 **3급**
畏
밭(田)에서 호통 치는 어른을 두려워함
- 훈: 두려워할
- 음: 외

敬畏(경외) 畏敬(외경) 畏怯(외겁) 畏忌(외기)

敬畏(경외): 공경하여 두려워함
畏忌(외기): 두려워하여 꺼림

1089 襾(両) 총9획 **5급II**
要
요긴한 것은 가리고(襾) 숨겨두는 여자(女)
- 훈: 요긴할
- 음: 요(:)

要點(요점) 要約(요약) 要所(요소) 要塞(요새)
要望(요망) 要請(요청) 募集要綱(모집요강)

要點(요점): 중심이 되는 사실 혹은 관점
要望(요망): 이루어지도록 간절히 바람

1090 扌(手) 총13획 **3급**
搖
한 손(扌)에는 질그릇(缶) 다른 손엔 고기(月)를 들고 흔들거림
- 훈: 흔들
- 음: 요

搖籃(요람) 搖動(요동) 動搖(동요)
搖之不動(요지부동)

搖籃(요람): 아기를 재우는 바구니
搖動(요동): 물체 따위가 흔들려 움직임

1091 遙
辶(辵) 총14획 3급

질그릇(缶)에 담은 고기(月)를 들고 가는(辶) 먼 길

- 훈: 멀
- 음: 요

遙遠(요원) 遙天(요천) 遙拜(요배) 逍遙(소요)

遙拜(요배) : 멀리 떨어져 있는 연고지를 향해 하는 절
逍遙(소요) : 이리저리 거닐며 돌아다님

1092 腰
月(肉) 총13획 3급

몸통(月)의 중요한(要) 부분이 허리

- 훈: 허리
- 음: 요

腰痛(요통) 腰絶(요절) 腰帶(요대) 腰椎(요추)
腰折腹痛(요절복통)

腰帶(요대) : 허리띠
腰椎(요추) : 허리등뼈

1093 謠
言 총17획 4급Ⅱ

달빛(月) 아래 질그릇(缶)을 들고 노래를 부름(言)

- 훈: 노래
- 음: 요

歌謠(가요) 童謠(동요) 民謠(민요)
大衆歌謠(대중가요)

民謠(민요) : 일반 민중들 사이에서 불려오던 노래

1094 曜
日 총18획 5급

태양(日) 아래 빛나는 새(隹)의 깃털(羽)

- 훈: 빛날
- 음: 요

曜日(요일) 日曜日(일요일)
月曜病(월요병)

月曜病(월요병) : 한 주가 시작되는 월요일마다 무기력과 피로를 느끼는 현상

1095 辱
辰 총10획 3급Ⅱ

별(辰)이 알려주는 지시를 어기는 마을(寸)은 욕을 먹음

- 훈: 욕될
- 음: 욕

辱說(욕설) 屈辱(굴욕) 侮辱(모욕) 困辱(곤욕)
恥辱(치욕) 凌辱(능욕) 汚辱(오욕)

困辱(곤욕) : 참기 힘든 모욕
汚辱(오욕) : 명예를 더럽힘

1096 浴
氵(水) 총10획 5급

물(氵)이 있는 골짜기(谷)에서 목욕을 함

- 훈: 목욕할
- 음: 욕

沐浴(목욕) 浴湯(욕탕) 浴槽(욕조) 浴室(욕실)
海水浴(해수욕) 日光浴(일광욕)

浴槽(욕조) : 목욕물을 담은 용기
海水浴(해수욕) : 바다에서 더위를 피하며 즐기는 것

1097 欲
欠 총11획 3급Ⅱ

막힌 골짜기(谷)의 통로를 열고자(欠) 함

- 훈: 하고자할
- 음: 욕

欲求(욕구) 欲海(욕해) 欲速不達(욕속부달) 395
欲求不滿(욕구불만)

欲求(욕구) : 강하게 하고자 하는 마음

1098 慾
心 총15획 3급Ⅱ

하려고 하는(欲) 마음(心)이 욕심

- 훈: 욕심
- 음: 욕

慾心(욕심) 慾望(욕망) 貪慾(탐욕) 過慾(과욕)

慾望(욕망) : 지나치게 가지고자 하는 마음
貪慾(탐욕) : 지나친 욕심

1099 用
用 총5획 6급Ⅱ

점(卜)을 맞춘(中) 후에 사용함

- 훈: 쓸
- 음: 용:

用件(용건) 用務(용무) 用途(용도) 用例(용례)
水陸兩用(수륙양용) 用器(용기) 使用量(사용량)

用途(용도) : 쓰이는 곳
使用量(사용량) : 쓰임의 양

1100 勇
力 총9획 6급Ⅱ

힘차게(力) 솟아오르는 모양(甬)이 날램

- 훈: 날랠
- 음: 용:

勇士(용사) 勇猛(용맹) 勇敢(용감) 勇氣(용기)
武勇談(무용담)

勇猛(용맹) : 날래고 사나움
武勇談(무용담) : 용감하게 싸워 공을 세운 이야기

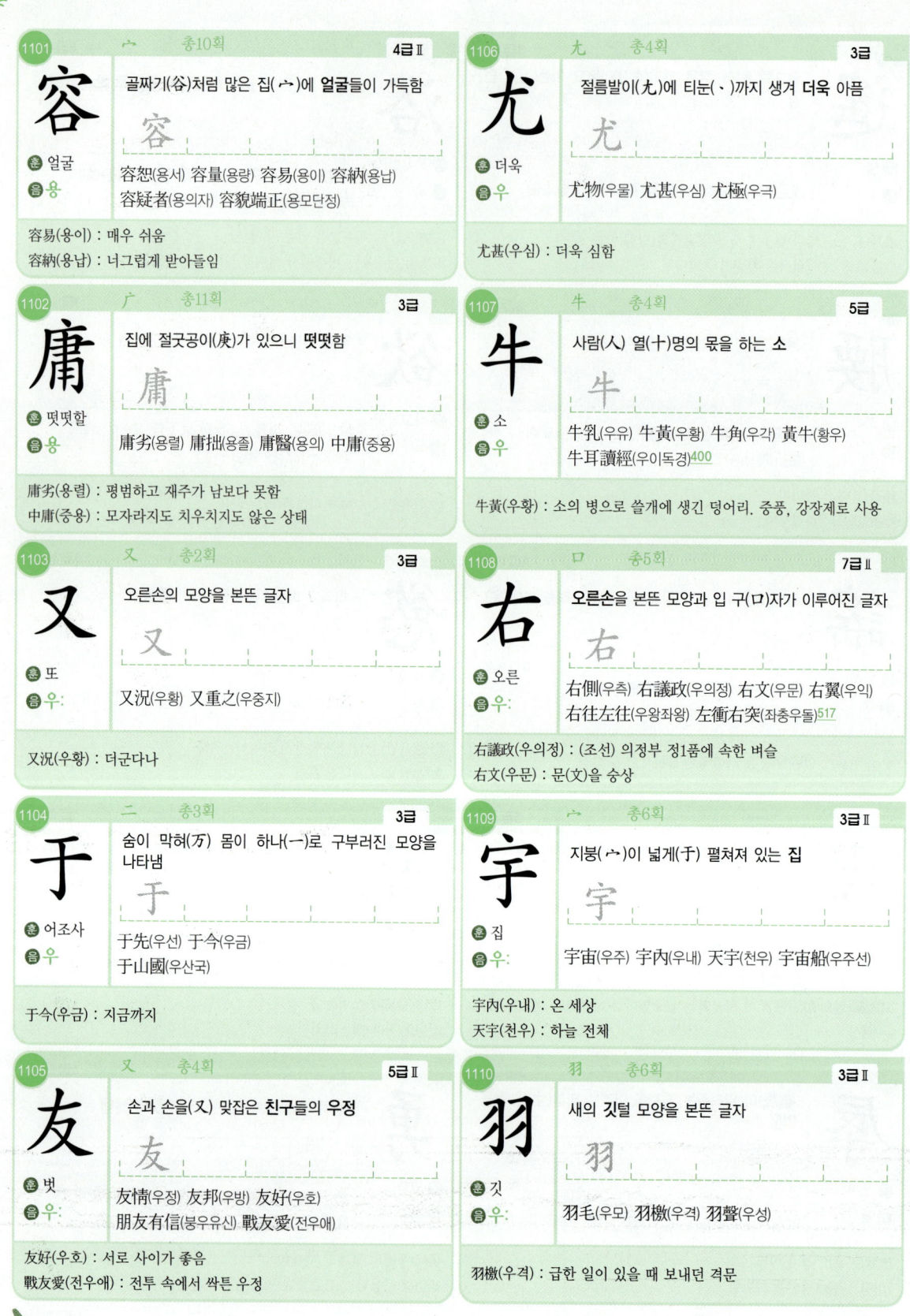

1111 雨 (총8획, 5급Ⅱ)
- 훈: 비
- 음: 우:

하나(一)의 점(丶)들은 물방울이 되고 천(巾)을 적실만큼 비가 옴

雨傘(우산) 雨雹(우박) 雨衣(우의) 雨天(우천)
降雨量(강우량) 雨後竹筍(우후죽순)402

雨天(우천): 비오는 날씨
降雨量(강우량): 일정 기간 비가 내린 양

1112 偶 (亻(人), 총11획, 3급Ⅱ)
- 훈: 짝
- 음: 우:

사람(亻)과 원숭이(禺)가 짝을 이룸

偶然(우연) 偶發(우발) 配偶(배우) 偶發的(우발적)
偶像化(우상화)

偶發(우발): 우연히 일어남
偶像化(우상화): 숭배의 대상이 됨

1113 遇 (辶(辵), 총13획, 4급)
- 훈: 만날
- 음: 우:

걸어가다(辶) 원숭이(禺)를 만남

待遇(대우) 禮遇(예우) 不遇(불우)
千載一遇(천재일우)546 處遇改善(처우개선)

禮遇(예우): 정중히 대함
不遇(불우): 때를 만나지 못해 불행함

1114 愚 (心, 총13획, 3급Ⅱ)
- 훈: 어리석을
- 음: 우

원숭이(禺)처럼 분별하는 마음(心)이 없는 어리석음

愚劣(우열) 愚鈍(우둔) 愚弄(우롱) 愚直(우직)
愚昧(우매) 愚問賢答(우문현답)

愚弄(우롱): 놀림
愚直(우직): 고지식함

1115 郵 (阝(邑), 총11획, 4급)
- 훈: 우편
- 음: 우

변두리(垂) 마을(阝)에 보내는 우편

郵送(우송) 郵票(우표)
郵遞局(우체국) 郵便配達夫(우편배달부)

郵送(우송): 우편으로 보내는 것
郵票(우표): 우편의 요금을 표시하는 증표

1116 憂 (心, 총15획, 3급Ⅱ)
- 훈: 근심
- 음: 우

머리(頁)와 마음(心)속의 근심을 걸으며(夊) 달램

憂慮(우려) 憂愁(우수) 杞憂(기우)
內憂外患(내우외환)121 憂鬱症(우울증)

憂慮(우려): 애태우며 걱정함
憂鬱症(우울증): 기분이 언짢은 상태

1117 優 (亻(人), 총17획, 4급)
- 훈: 넉넉할
- 음: 우

걱정해(憂)주는 사람(亻)이 있어 마음이 넉넉함

優勢(우세) 優良兒(우량아) 優待(우대)
優勝(우승) 優等列車(우등열차)

優勢(우세): 세력이 강함
優待(우대): 특별히 잘 대우함

1118 云 (二, 총4획, 3급)
- 훈: 이를
- 음: 운

각각(二) 아무개(厶)라고 이름

云云(운운) 云謂(운위)

云云(운운): 이러이러함

1119 雲 (雨, 총12획, 5급Ⅱ)
- 훈: 구름
- 음: 운

비(雨)를 내리게 하는(云) 것이 구름

星雲(성운) 雲霧(운무) 雲集(운집) 雲海(운해)

雲霧(운무): 구름과 안개
雲集(운집): 많은 사람이 떼를 지어 모임

1120 運 (辶(辵), 총13획, 6급Ⅱ)
- 훈: 옮길
- 음: 운:

군사(軍) 계획을 천천히 옮김

運轉(운전) 運送(운송) 運搬(운반) 運河(운하)
運命(운명) 幸運(행운)

運河(운하): 배가 운항을 위해 육지에 파 놓은 물길
運命(운명): 정해진 운수

1131 源
- 부수: 氵(水) 총13획 / 4급
- 샘(原)은 물(氵)의 근원
- 훈: 근원
- 음: 원
- 根源(근원) 發源地(발원지)
- 語源(어원) 源泉徵收(원천징수) 天然資源(천연자원)

語源(어원): 말이 이루어진 근원
發源地(발원지): 물줄기가 시작된 곳

1132 遠
- 부수: 辶(辵) 총14획 / 5급II
- 옷자락(袁)을 펄럭이며 멀어져 가는(辶) 모습
- 훈: 멀
- 음: 원:
- 遠近(원근) 遠視(원시) 遠隔(원격) 遠距離(원거리)
- 遠征隊(원정대)

遠隔(원격): 멀리 떨어짐
遠征隊(원정대): 먼 곳으로 싸우러 나간 무리

1133 願
- 부수: 頁 총19획 / 5급
- 머릿속(頁)의 근원(原)을 밝히기를 원함
- 훈: 원할
- 음: 원:
- 所願(소원) 念願(염원) 請願(청원) 歎願書(탄원서)
- 志願兵(지원병) 入學願書(입학원서)

所願(소원): 바라는 바
歎願書(탄원서): 도와주기를 간절히 바라는 글

1134 月
- 부수: 月 총4획 / 8급
- 이지러진 달의 모양을 본뜬 글자
- 훈: 달
- 음: 월
- 月給(월급) 月次(월차) 月貰(월세) 月末(월말)
- 皆旣月蝕(개기월식) 月刊(월간) 月賦金(월부금)

月末(월말): 그 달의 끝
月刊(월간): 한 달에 한 번씩 출간하는 것 혹은 간행물을 의미

1135 越
- 부수: 走 총12획 / 3급II
- 도끼(戉)를 들고 달리며(走) 산을 넘음
- 훈: 넘을
- 음: 월
- 越南(월남) 越北(월북) 越等(월등)
- 越牆(월장) 越冬(월동) 越尺(월척) 超越(초월)

超越(초월): 어떤 한계나 기준을 넘는 것
越等(월등): 현저하게 뛰어남

1136 危
- 부수: 卩(㔾) 총6획 / 4급
- 언덕(厂) 위에 사람이 웅크리고(㔾) 있어 위태로움
- 훈: 위태할
- 음: 위
- 危殆(위태) 危險(위험) 危害(위해) 危篤(위독)
- 危重(위중) 安危(안위) 危機意識(위기의식)

危篤(위독): 병이 심하여 생명이 위험함
安危(안위): 편안함과 위태로움

1137 位
- 부수: 亻(人) 총7획 / 5급
- 사람이(亻) 사람으로 설 수(立) 있게 하는 자리
- 훈: 자리
- 음: 위
- 位置(위치) 位相(위상) 順位(순위) 單位(단위)
- 位階秩序(위계질서) 地位(지위) 滿水位(만수위)

地位(지위): 차지하는 위치
滿水位(만수위): 물이 가득 찼을 때의 높이

1138 委
- 부수: 女 총8획 / 4급
- 곡식(禾)이 가득한 곳간 열쇠를 안사람(女)에게 맡김
- 훈: 맡길
- 음: 위
- 委託(위탁) 委囑(위촉) 委任狀(위임장)
- 委員會(위원회) 敎育委員會(교육위원회)

委囑(위촉): 다른 사람에게 맡기는 것

1139 胃
- 부수: 月(肉) 총9획 / 3급II
- 음식물(田)이 들어있는 몸(月) 부위가 밥통
- 훈: 밥통
- 음: 위
- 胃腸(위장) 胃癌(위암) 胃壁(위벽) 胃痛(위통)
- 胃潰瘍(위궤양) 胃酸過多(위산과다)

胃壁(위벽): 염산, 펩신 등을 분비하는 위의 안쪽 벽
胃潰瘍(위궤양): 위의 점막에 상처가 생겨 출혈하기 쉬운 상태

1140 威
- 부수: 女 총9획 / 4급
- 여자(女)들도 창을(戌) 들고 나가 나라의 위엄을 세움
- 훈: 위엄
- 음: 위
- 威嚴(위엄) 威脅(위협) 威勢(위세) 威信(위신)
- 威容(위용) 威風堂堂(위풍당당)

威嚴(위엄): 존경할만한 엄숙한 기세
威容(위용): 위엄찬 모습

1151 幼
- 훈: 어릴
- 음: 유

부수: 幺 총5획 3급Ⅱ

어려서 힘(力)이 없는 작은(幺) 아이

幼弱(유약) 幼蟲(유충) 幼年(유년)
長幼有序(장유서) 幼稚園(유치원)

幼蟲(유충): 다 자라지 않은 애벌레
幼年(유년): 미숙함이 많은 어린 나이

1152 有
- 훈: 있을
- 음: 유:

부수: 月 총6획 7급

오른손에 고기(月)를 가지고 있음

有無(유무) 有能(유능) 有效(유효) 保有(보유)
有備無患(유비무환)411 有名人士(유명인사)

有效(유효): 효력을 가짐
保有(보유): 가지고 있음

1153 酉
- 훈: 닭
- 음: 유

부수: 酉 총7획 3급

술 단지 모양을 본뜬 글자로 닭이 해에 오르는 시간에 술을 마심

酉方(유방) 酉時(유시) 酉年(유년)
癸酉靖難(계유정난)

酉時(유시): 오후 다섯 시부터 일곱 시

1154 乳
- 훈: 젖
- 음: 유

부수: 乙 총8획 4급

손(爫)으로 자식(子)을 안아 젖을 먹임

乳房(유방) 牛乳(우유) 母乳(모유) 粉乳(분유)
授乳(수유) 乳酸菌(유산균) 乳母車(유모차)

粉乳(분유): 우유속의 수분을 증발시켜 만든 가루우유
乳母車(유모차): 어린아이를 태워서 끌고 갈 수 있게 만든 수레

1155 油
- 훈: 기름
- 음: 유

부수: 氵(水) 총8획 5급Ⅱ

열매(由)에서 나온 액체(氵)가 기름처럼 부드러움

油田(유전) 油畫(유화) 石油(석유) 輕油(경유)
精油(정유) 揮發油(휘발유) 油槽船(유조선)

油田(유전): 석유가 나는 곳
油畫(유화): 물감에 기름을 개어 그리는 그림

1156 柔
- 훈: 부드러울
- 음: 유

부수: 木 총9획 3급Ⅱ

창(矛)의 손잡이로 쓰일 부드러운 나무(木)

柔順(유순) 柔軟性(유연성)
溫柔(온유)

柔軟性(유연성): 부드러운 성질
溫柔(온유): 온화하고 부드러움

1157 幽
- 훈: 그윽할
- 음: 유

부수: 幺 총9획 3급Ⅱ

작은(幺) 산(山)들이 모여 있어 그윽한 분위기가 남

幽靈(유령) 幽明(유명) 幽宅(유택) 幽閉(유폐)
深山幽谷(심산유곡)415

幽宅(유택): 무덤
幽閉(유폐): 깊이 가두어 둠

1158 悠
- 훈: 멀
- 음: 유

부수: 心 총11획 3급Ⅱ

마음(心)에 근심(攸)이 있어 실마리를 찾는 길이 멀기만 함

悠久(유구) 悠然(유연)
悠悠自適(유유자적)415

悠久(유구): 아득할 정도로 오래된 것
悠然(유연): 침착하고 여유가 있음

1159 唯
- 훈: 오직
- 음: 유

부수: 口 총11획 3급

새(隹) 주둥이(口)로 낼 수 있는 오직 한 단어

唯一(유일) 唯物論(유물론)
唯我獨尊(유아독존)412

唯一(유일): 오직 하나
唯物論(유물론): 정신 현상도 물질 작용의 하나로 보는 이론

1160 惟
- 훈: 생각할
- 음: 유

부수: 忄(心) 총11획 3급

마음 속으로(忄) 이상(隹)을 생각함

惟獨(유독) 思惟(사유) 伏惟(복유)

惟獨(유독): 많은 것 가운데 특히

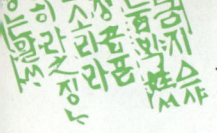

한자능력 검정시험 3급 (3급II 포함)

1161 猶 — 3급II
犭(犬) 총12획
밥보다는 **오히려** 술(酋)을 더 좋아하는 개(犭)
훈: 오히려
음: 유
猶豫(유예) 猶子(유자) 猶女(유녀) 猶不足(유부족)
猶太人(유태인)
猶豫(유예): 망설이고 미루는 기간
猶女(유녀): 조카딸

1162 裕 — 3급II
衤(衣) 총12획
골(谷)이 진 것처럼 품이 **넉넉한** 옷자락(衤)
훈: 넉넉할
음: 유
裕福(유복) 裕足(유족) 富裕(부유) 餘裕(여유)
富裕層(부유층)
裕足(유족): 여유 있고 풍족함
富裕層(부유층): 물질적으로 풍족한 계층

1163 遊 — 4급
辶(辵) 총13획
깃발(㫃)을 들고 다니면서(辶) **노는** 아이
훈: 놀
음: 유
遊戲(유희) 遊擊隊(유격대) 遊覽船(유람선)
遊園地(유원지) 遊興施設(유흥시설)
遊戲(유희): 즐겁게 놂
遊覽船(유람선): 구경하며 즐기는 사람을 태우는 배

1164 愈 — 3급
心 총13획
마음(心)속의 불안이 점점(兪) **나아짐**
훈: 나을
음: 유
韓愈(한유) 愈往愈篤(유왕유독)
韓愈(한유): 당나라의 문인이자 정치가

1165 維 — 3급II
糸 총14획
실로(糸) **벼리**를 만들어 새(隹)를 잡음
훈: 벼리
음: 유
維持(유지) 維持費(유지비)
維那(유나) 維新體制(유신체제) 維新憲法(유신헌법)
維持費(유지비): 지탱하는 데 드는 비용
維那(유나): 절에서 재(齋) 의식을 담당하는 자

1166 誘 — 3급II
言 총14획
아름다운(秀) 말(言)로 사람을 **꾀어 냄**
훈: 꾈
음: 유
誘引(유인) 誘惑(유혹) 誘發(유발) 誘拐犯(유괴범)
誘導彈(유도탄)
誘引(유인): 이끌어 냄
誘導彈(유도탄): 유도에 따라 목표물에 닿아 폭발하도록 만든 포탄

1167 遺 — 4급
辶(辵) 총16획
소중한(貴) 물건을 **남긴** 채 떠나감(辶)
훈: 남길
음: 유
遺言(유언) 遺物(유물) 遺族(유족) 遺傳子(유전자)
遺腹子(유복자) 文化遺産(문화유산)
遺族(유족): 죽은 이의 남아있는 가족
遺傳子(유전자): 생물체의 유전 형질을 발현시키는 원인이 되는 인자

1168 儒 — 4급
亻(人) 총16획
사람(亻)의 소용됨(需)을 잘 아는 자가 **선비**
훈: 선비
음: 유
儒敎(유교) 儒生(유생) 儒林(유림)
焚書坑儒(분서갱유) 247
儒生(유생): 유학을 공부하는 선비
儒林(유림): 유학을 받드는 무리

1169 肉 — 4급II
肉 총6획
잘라 낸 **고깃덩어리**의 모습을 본뜬 글자
훈: 고기
음: 육
肉類(육류) 肉聲(육성) 肉眼(육안) 精肉店(정육점)
肉體美(육체미) 肉食性(육식성)
肉聲(육성): 입에서 나오는 소리
肉食性(육식성): 육류를 일상적으로 섭취하는 성질

1170 育 — 7급
月(肉) 총8획
임산부의 몸(月)은 태어날 아이(子)를 **기르는** 소중한 몸
훈: 기를
음: 육
育兒(육아) 育成(육성) 養育(양육) 發育(발육)
飼育場(사육장) 育英事業(육영사업)
養育(양육): 보살펴 자라게 함
飼育場(사육장): 가축 등을 먹이고 기르는 곳

1171 閏 門 총12획 3급
- 훈: 윤달
- 음: 윤:

윤달에는 임금(王)이 문(門)밖 출입을 하지 않음

閏年(윤년) 閏月(윤월) 閏朔(윤삭) 閏秒(윤초)

閏月(윤월): 1년 중 달수가 어느 해보다 많은 윤달을 의미
閏秒(윤초): 시차를 조정하기 위해 더하거나 빼는 시간

1172 潤 氵(水) 총15획 3급Ⅱ
- 훈: 윤택할
- 음: 윤:

윤택하여 넘칠(閏)듯한 물(氵)

潤澤(윤택) 潤氣(윤기) 潤筆(윤필) 潤滑油(윤활유)

潤澤(윤택): 매끄럽게 반짝이는 것
潤筆(윤필): 그림이나 글을 쓰는 일

1173 恩 心 총10획 4급Ⅱ
- 훈: 은혜
- 음: 은

의지하는(因) 사람에게 베푸는 마음(心)이 은혜

恩惠(은혜) 恩寵(은총) 恩師(은사) 報恩(보은)
背恩忘德(배은망덕)222 結草報恩(결초보은)36

恩惠(은혜): 고마움
恩師(은사): 가르침을 준 스승

1174 銀 金 총14획 5급Ⅱ
- 훈: 은
- 음: 은

황금(金)이 되지 못한 채 머무른(艮) 금속이 은

銀貨(은화) 銀幕(은막) 銀髮(은발)
銀賞(은상) 銀河水(은하수)

銀幕(은막): 빛의 반사율이 높은 흰색의 막
銀髮(은발): 백색의 머리털을 아름답게 지칭하는 말

1175 隱 阝(阜) 총17획 4급
- 훈: 숨을
- 음: 은

언덕(阝)에 숨어 마음(心)을 표현하여 만든(爫) 작품(工)

隱匿(은닉) 隱退(은퇴) 隱遁(은둔) 隱語(은어)
隱喩法(은유법) 隱忍自重(은인자중)419

隱匿(은닉): 몰래 감추는 것
隱語(은어): 특정 계층의 사람들이 사용하기 위해 만든 말

1176 乙 乙 총1획 3급Ⅱ
- 훈: 새
- 음: 을

새의 모습을 본뜬 글자

甲乙(갑을) 甲論乙駁(갑론을박)13
乙未事變(을미사변) 乙巳條約(을사조약)

甲乙(갑을): 우열의 첫 번째와 두 번째

1177 吟 口 총7획 3급
- 훈: 읊을
- 음: 음

이제(今) 입(口)을 모아 외운 시를 읊어야 할 때

吟味(음미) 吟遊(음유) 呻吟(신음)
吟風弄月(음풍농월)421

吟味(음미): 개념을 느끼며 생각함
吟遊(음유): 시를 읊으며 떠돌아다님

1178 音 音 총9획 6급Ⅱ
- 훈: 소리
- 음: 음

아침(日)을 알리는 소리에 자리에서 일어남(立)

音聲(음성) 音響(음향) 音階(음계) 音標(음표)
子音(자음) 母音(모음) 音樂家(음악가)

音響(음향): 소리와 울림
音標(음표): 음의 높낮이를 나타낸 기호

1179 淫 氵(水) 총11획 3급Ⅱ
- 훈: 음란할
- 음: 음

물(氵)속에서 손(爫)을 맞잡고 희희낙락하니(壬) 음란함

淫亂(음란) 淫蕩(음탕) 淫畫(음화)
淫談悖說(음담패설) 姦淫罪(간음죄)

淫畫(음화): 음란한 내용을 담은 그림

1180 陰 阝(阜) 총11획 4급Ⅱ
- 훈: 그늘
- 음: 음

지금(今)은 언덕(阝)에 구름(云)이 끼어 그늘이 짐

陰地(음지) 陰散(음산) 陰凶(음흉)
陰謀(음모) 陰影(음영) 陰陽五行(음양오행)

陰凶(음흉): 엉큼하고 흉악함
陰影(음영): 그늘진 부분

1191 義 羊 총13획 4급Ⅱ

- 훈: 옳을
- 음: 의

내(我)가 추구하는 것은 양(羊)처럼 순하고 옳은 이미지

義理(의리) 義絕(의절) 義手(의수) 義足(의족)
義警(의경) 正義(정의) 義務感(의무감)

義手(의수) : 손이 없는 이를 위해 만들어 붙인 손
義務感(의무감) : 마땅히 해야 한다고 느끼는 마음

1192 疑 疋 총14획 4급

- 훈: 의심할
- 음: 의

말을 그치고(矢) 가던 길을(疋) 멈춰 서서 의심함

疑心(의심) 疑念(의념) 疑惑(의혹) 疑端(의단)
懷疑感(회의감) 疑問詞(의문사)

疑念(의념) : 믿지 못하는 생각
懷疑感(회의감) : 의심이 드는 마음

1193 儀 亻(人) 총15획 4급

- 훈: 거동
- 음: 의

사람이(亻) 지켜야 할 바른(義) 거동

儀禮(의례) 儀式(의식) 儀典(의전) 儀仗隊(의장대)
葬儀社(장의사) 禮儀凡節(예의범절)

儀典(의전) : 행사를 치르는 일정한 법식
葬儀社(장의사) : 장례에 제반되는 일을 담당하는 업소

1194 醫 酉 총18획 5급Ⅱ

- 훈: 의원
- 음: 의

화살(矢)과 창(殳)으로 입은 상처를 술(酉)로 소독하는 의원

醫師(의사) 醫療(의료) 醫院(의원)
醫療保險(의료보험) 韓醫院(한의원) ※ 속자: 医

醫療(의료) : 의술로 병을 치료하는 일
韓醫院(한의원) : 한의술로 병을 치료하는 곳

1195 議 言 총20획 4급Ⅱ

- 훈: 의논할
- 음: 의

옳은(義) 의견(言)을 얻기 위해 의논함

議論(의논) 議題(의제) 抗議(항의)
國會議員(국회의원) 國會議事堂(국회의사당)

議題(의제) : 의논해야 할 중심 문제
抗議(항의) : 반대의 뜻

1196 二 二 총2획 8급

- 훈: 두
- 음: 이

하나(一)에 하나(一)를 더하여 둘이 됨

二月(이월) 二重唱(이중창) 二重星(이중성)
二毛作(이모작) 二等(이등) 二律背反(이율배반)428

二重唱(이중창) : 두 사람이 한 성부를 나누어 함께 노래하는 것
二毛作(이모작) : 같은 토지에 일 년에 두 번 농사 짓는 일

1197 已 己 총3획 3급Ⅱ

- 훈: 이미
- 음: 이

뱀(巳)이 허물을 벗고 이미 도망가 버림

已往(이왕) 不得已(부득이)
已決(이결) 已往之事(이왕지사)

已往(이왕) : 이전에 혹은 그렇게 된 바에
不得已(부득이) : 어쩔 수 없이

1198 以 人 총5획 5급Ⅱ

- 훈: 써
- 음: 이

사람(人)이 쟁기를 써서 밭을 감

以上(이상) 以下(이하) 以內(이내) 以南(이남)
以熱治熱(이열치열)427 以心傳心(이심전심)426

以下(이하) : 수량이나 정도가 모자람 혹은 일정 기준 아래
以南(이남) : 기준으로 삼는 곳으로부터 남쪽

1199 而 而 총6획 3급

- 훈: 말이을
- 음: 이

턱수염을 본뜬 글자

而立(이립) 似而非(사이비) 博而不精(박이부정)207
形而上學(형이상학)

而立(이립) : 나이 서른을 이르는 말《논어》'위정편'
似而非(사이비) : 겉으로는 비슷해 보이나 완전히 다름

1200 耳 耳 총6획 5급

- 훈: 귀
- 음: 이

귀의 모양을 본뜬 글자

耳順(이순) 牛耳讀經(우이독경)400
馬耳東風(마이동풍)164 耳鼻咽喉科(이비인후과)

耳順(이순) : 예순을 이르는 말《논어》'위정편'

한자능력 검정시험 3급 (3급II 포함)

1201 夷 — 大 총6획 — 3급
활(弓)을 든 덩치 큰(大) 무리가 오랑캐
- 훈: 오랑캐
- 음: 이

夷狄(이적) 夷滅(이멸) 東夷(동이) 洋夷(양이)

夷滅(이멸): 모조리 없앰

1202 異 — 田 총11획 — 4급
밭은 함께(共) 일구지만 서로 다른 밭(田)의 임자
- 훈: 다를
- 음: 이:

異變(이변) 異論(이론) 異見(이견) 異端(이단)
異邦人(이방인)

異變(이변): 예상치 못한 재앙이나 사고
異邦人(이방인): 타국에서 온 사람

1203 移 — 禾 총11획 — 4급II
벼(禾)가 너무 많아(多) 다른 곳으로 옮김
- 훈: 옮길
- 음: 이

移徙(이사) 移植(이식) 移秧(이앙) 移住民(이주민)
移動式(이동식)

移徙(이사): 사는 곳을 옮김
移秧(이앙): 모를 못자리에서 논으로 옮겨 심는 일

1204 益 — 皿 총10획 — 4급II
그릇(皿)에 물(水)이 더해져 넘치기 일보 직전
- 훈: 더할
- 음: 익

有益(유익) 權益(권익) 損益(손익)
權益保護(권익보호) 損益計算書(손익계산서)

有益(유익): 도움이 됨
權益(권익): 권리와 이익

1205 翼 — 羽 총17획 — 3급II
두 깃(羽)이 서로 다른(異) 쪽의 날개를 형성
- 훈: 날개
- 음: 익

右翼手(우익수) 左翼手(좌익수) 右翼團體(우익단체)
左翼團體(좌익단체)

右翼手(우익수): 야구에서 외야의 오른쪽을 지키는 수비수를 의미

1206 人 — 人 총2획 — 8급
사람이 허리를 굽힌 채 서 있는 모양을 본뜬 글자
- 훈: 사람
- 음: 인

人間(인간) 人格(인격) 人權(인권) 人體(인체)
美人大會(미인대회) 人種差別(인종차별)

人格(인격): 성품
人權(인권): 인간으로서 갖는 당연한 권리

1207 仁 — 亻(人) 총4획 — 4급
두(二) 사람(人) 모두 어질다 보니 친해지는 것이 당연한 일
- 훈: 어질
- 음: 인

仁慈(인자) 仁厚(인후) 仁德(인덕) 仁術(인술)
仁政(인정) 殺身成仁(살신성인)283

仁慈(인자): 마음이 어질고 자애로움
仁術(인술): 의술을 이르는 말 혹은 어진 덕을 베푸는 방법을 의미

1208 引 — 弓 총4획 — 4급II
너무 팽팽하게 끌어당긴 활(弓)은 과녁(丨)을 뚫지 못한다.
- 훈: 끌
- 음: 인

引率(인솔) 引渡(인도) 引上(인상) 索引(색인)
引繼引受(인계인수) 萬有引力(만유인력)

引率(인솔): 사람들을 이끌고 가는 것
索引(색인): 빠르게 찾아볼 수 있도록 만든 목록

1209 因 — 囗 총6획 — 5급
누워있는 사람(大)으로 인해 사람들이 모여(囗) 웅성거림
- 훈: 인할
- 음: 인

原因(원인) 因緣(인연) 因子(인자)
因果應報(인과응보)430 因襲打破(인습타파)

原因(원인): 바탕이 되는 일이나 사건
因子(인자): 원인이 되는 요소나 물질

1210 印 — 卩 총6획 — 4급II
손(爪)에 도장처럼 병부(卩)를 표시함
- 훈: 도장
- 음: 인

印章(인장) 印朱(인주) 印刷(인쇄) 印度(인도)
印象派(인상파) 印鑑證明書(인감증명서)

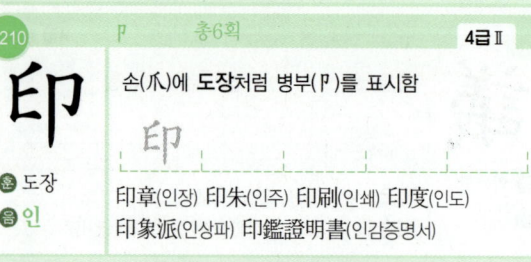

印朱(인주): 도장 찍을 때 사용되는 붉은 색의 재료
印刷(인쇄): 잉크를 사용하여 글이나 그림을 종이나 천에 박아내는 것

1211 忍 心 총7획 3급Ⅱ

충고하는 말을 귀담아 듣고 견뎌내야(忍) **참을**성이 생김

훈: 참을
음: 인

忍苦(인고) 忍辱(인욕) 強忍(강인) 殘忍(잔인)
忍冬草(인동초) 忍耐心(인내심)

忍辱(인욕) : 모욕이나 어려움을 모두 참음
殘忍(잔인) : 인정 없이 매우 모진 것

1212 姻 女 총9획 3급

인연(因)이 닿은 여인(女)과의 혼인

훈: 혼인
음: 인

姻戚(인척) 姻叔(인숙) 姻親(인친) 婚姻(혼인)

姻戚(인척) : 혼인으로 맺어진 친척관계
姻親(인친) : 사돈을 이르는 말

1213 寅 宀 총11획 3급

범 같은 집안(宀)의 어른(大)을 받드는(臼) 것이 동방예의지국의 범절

훈: 동방, 범
음: 인

寅方(인방) 寅時(인시) 寅月(인월) 寅年(인년)

寅時(인시) : 오전 세 시에서 다섯 시
寅月(인월) : 음력 정월을 이르는 말

1214 認 言 총14획 4급Ⅱ

조언(言)을 듣고 참으면서(忍) **알**게 된 사실

훈: 알
음: 인

認定(인정) 認識(인식) 認可(인가) 認許(인허)
確認(확인) 承認(승인) 默認(묵인)

認識(인식) : 분별하여 인식함
默認(묵인) : 알고도 넘겨 버리는 것

1215 一 一 총1획 8급

손가락을 하나(一) 펼침

훈: 한
음: 일

一等(일등) 一月(일월)
始終一貫(시종일관)329 一觸卽發(일촉즉발)462

一月(일월) : 열두 달 중의 첫 번째 달인 정월(正月)을 의미

1216 日 日 총4획 8급

하늘에 떠 있는 해의 모양을 본뜬 글자

훈: 날
음: 일

日曜日(일요일) 日刊紙(일간지) 日記(일기)
日氣豫報(일기예보) 日常生活(일상생활)

日刊紙(일간지) : 매일 발행하는 신문
日記(일기) : 하루에 있었던 생각이나 느낌을 기록한 것

1217 逸 辶(辵) 총12획 3급Ⅱ

토끼(兔)가 쉬엄쉬엄(辶) 가다 **편안**하게 낮잠을 잠

훈: 편안할
음: 일

逸話(일화) 逸脫(일탈) 逸品(일품) 獨逸(독일)
無事安逸(무사안일)

逸話(일화) : 알려지지 않은 흥미로운 이야기
逸脫(일탈) : 정해진 규칙이나 사상에서 벗어난 것

1218 壬 士 총4획 3급Ⅱ

선비(士)가 삐치면(丿) **북방**으로 간다.

훈: 북방
음: 임:

壬方(임방) 壬坐(임좌)
壬午軍亂(임오군란) 壬辰倭亂(임진왜란)

壬方(임방) : 서북 방향을 등지고 앉은 자리

1219 任 亻(人) 총6획 5급Ⅱ

각자(亻)에게 **맡겨**진 것을 짊어지고(壬) 가는 것이 인생

훈: 맡길
음: 임(:)

任務(임무) 任期(임기) 任用(임용) 一任(일임)
擔任先生(담임선생) 放任(방임) 責任感(책임감)

任期(임기) : 임무를 담당하는 기간
一任(일임) : 모두 맡김

1220 賃 貝 총13획 3급Ⅱ

맡은(任) 조개(貝)껍질을 까고 받은 **품삯**

훈: 품삯
음: 임:

賃金(임금) 運賃(운임) 工賃(공임) 賃借人(임차인)
賃貸料(임대료) 無賃乘車(무임승차)

賃金(임금) : 노동의 대가로 받는 보수
工賃(공임) : 품삯을 의미

1231 紫

糸 총11획 3급II

아름다운 **자줏빛** 실(糸)을 보고 발(止)이 멈춤(匕)

- 훈 자줏빛
- 음 자:

紫朱(자주) 紫水晶(자수정) 紫外線(자외선)
紫霞門(자하문) 山紫水明(산자수명)280

紫霞門(자하문) : 서울의 8개 성문 중 서북쪽에 위치한 문
紫外線(자외선) : 엑스선보다 길고 가시광선보다 짧은 전자기파

1232 慈

心 총13획 3급II

초목이 우거진(兹) 듯 온 마음(心)을 다하는 것이 **사랑**

- 훈 사랑
- 음 자

慈悲(자비) 慈愛(자애) 慈堂(자당) 慈親(자친)
仁慈(인자) 慈善事業(자선사업)

慈悲(자비) : 깊이 사랑하여 가엾게 여기는 것
慈堂(자당) : 다른 사람의 어머니를 높여 이르는 말

1233 資

貝 총13획 4급

조개(貝)를 차곡차곡 모으니(次) **재물**이 됨

- 훈 재물
- 음 자

資金(자금) 資産(자산) 資格(자격) 資質(자질)
天然資源(천연자원)

資産(자산) : 개인이 소유한 유·무한의 재산
資質(자질) : 타고난 성질이나 능력

1234 作

亻(人) 총7획 6급II

그 사람(亻)이 순식간(乍)에 글을 **지어** 냄

- 훈 지을
- 음 작

作業(작업) 作成(작성) 作戰(작전) 作曲(작곡)
作文(작문) 造作(조작) 作心三日(작심삼일)486

作戰(작전) : 일의 시행 전 미리 계획을 세우는 조치나 방법
造作(조작) : 꾸며서 만듦

1235 昨

日 총9획 6급II

해(日)가 순식간에(乍) 지나간 시간이 **어제**

- 훈 어제
- 음 작

昨日(작일) 昨今(작금) 昨年(작년) 再昨年(재작년)

昨今(작금) : 어제와 오늘 혹은 요즈음을 이르는 말

1236 酌

酉 총10획 3급

국자로(勺) 술을(酉) 술잔에 부어 마심

- 훈 술부을
- 음 작

斟酌(짐작) 酬酌(수작) 酌婦(작부)
情狀參酌(정상참작) 無酌定(무작정)

斟酌(짐작) : 어림잡아 헤아림
酬酌(수작) : 남의 행동, 계획 등을 낮잡아 이르는 말

1237 爵

爫(爪) 총18획 3급

참새 모양의 술잔을 본뜬 글자로 **벼슬**이 있는 자에게 하사하던 것

- 훈 벼슬
- 음 작

爵位(작위) 伯爵(백작) 男爵(남작) 公爵(공작)
侯爵(후작) 高官大爵(고관대작)

爵位(작위) : 벼슬과 지위
公爵(공작) : 다섯 계급으로 나눈 귀족의 계급 중 첫 번째

1238 殘

歹 총12획 4급

고기를 토막(戈)을 내어 잘게 부서져(歹) 뼈만 **남음**

- 훈 남을
- 음 잔

殘留(잔류) 殘額(잔액) 殘金(잔금) 殘餘(잔여)
殘惡(잔악) 殘忍(잔인) 衰殘(쇠잔)

殘留(잔류) : 남음
衰殘(쇠잔) : 힘이나 세력이 점점 약해짐

1239 暫

日 총15획 3급II

잠깐 비추던 빛(日)을 잘라버리듯(斬) 등장한 먹구름

- 훈 잠깐
- 음 잠(:)

暫時(잠시) 暫許(잠허) 暫間(잠간) 暫見(잠견)
暫定的(잠정적)

暫許(잠허) : 잠시 허락함
暫定的(잠정적) : 임시로 정한 것

1240 潛

氵(水) 총15획 3급II

순식간에(朁) 전부 **잠기게** 할 정도의 놀라운 수력(氵)

- 훈 잠길
- 음 잠

潛潛(잠잠) 潛水艦(잠수함)
潛行(잠행) 潛在意識(잠재의식) 潛伏勤務(잠복근무)

潛潛(잠잠) : 소란스럽지 않고 조용함
潛行(잠행) : 숨어서 오고 감 혹은 몰래 행하는 것

한자능력 검정시험 3급 (3급II 포함)

1241 雜 총18획 / 4급
- 훈: 섞일
- 음: 잡
- 사람(人), 나무(木), 새(隹)가 한 곳에 뒤섞여 정신이 없음
- 雜念(잡념) 雜談(잡담) 雜草(잡초) 雜湯(잡탕) 雜石(잡석) 混雜(혼잡) 月刊雜誌(월간잡지)
- 雜念(잡념): 여러 가지 잡스러운 생각
- 雜石(잡석): 온갖 허드렛일에 쓰는 막돌

1242 丈 총3획 / 3급II
- 훈: 어른
- 음: 장
- 또(又)다시 10(十)센티미터 이상 자라나 키로 보면 이미 어른
- 丈人(장인) 丈母(장모) 椿府丈(춘부장) 大丈夫(대장부)
- 椿府丈(춘부장): 다른 사람의 아버지를 높여 이르는 말

1243 壯 총7획 / 4급
- 훈: 씩씩할
- 음: 장:
- 나뭇조각(爿)이 날아갈 정도의 씩씩한 목소리를 가진 남자(士)
- 壯觀(장관) 壯烈(장렬) 宏壯(굉장) 健壯(건장) 天下壯士(천하장사) 壯元及第(장원급제)
- 壯烈(장렬): 씩씩하고 매우 맹렬함
- 宏壯(굉장): 보통 이상으로 대단함

1244 長 총8획 / 8급
- 훈: 긴
- 음: 장(:)
- 수염 긴 노인이 지팡이를 짚고 서 있는 모양을 본뜬 글자
- 長男(장남) 長點(장점) 長短(장단) 長期(장기) 長幼有序(장유유서)
- 長點(장점): 좋은 점 혹은 남들보다 특별히 뛰어난 점
- 長期(장기): 오랜 기간을 의미

1245 莊 총11획 / 3급II
- 훈: 풀성할
- 음: 장
- 풀(艹)이 자라서 壯 숲이 무성함
- 莊嚴(장엄) 莊重(장중) 莊園(장원) 莊敬(장경) 別莊(별장) 山莊(산장)
- 莊嚴(장엄): 웅장하고 엄숙함
- 別莊(별장): 집 외에 때때로 묵는 경치 좋은 집

1246 章 총11획 / 5급II
- 훈: 글
- 음: 장
- 열(十) 명이 입을 모아 감탄(音)할 정도로 멋진 글
- 文章(문장) 圖章(도장) 勳章(훈장) 徽章(휘장) 體力章(체력장) 敎育憲章(교육헌장)
- 圖章(도장): 나무 등에 새긴 글로 문서에 찍어 자신의 표적을 나타냄
- 徽章(휘장): 직무, 신분 따위를 나타내는 표

1247 帳 총11획 / 4급
- 훈: 장막
- 음: 장
- 길게(長) 늘인 천(巾)이 장막
- 帳幕(장막) 日記帳(일기장) 帳簿(장부) 預金通帳(예금통장) 揮帳(휘장) 布帳馬車(포장마차)
- 帳簿(장부): 돈의 출납을 기록해 두는 책

1248 張 총11획 / 4급
- 훈: 베풀
- 음: 장
- 연장자(長)가 잔치를 베풀며 후배들에게 남긴 활(弓)
- 誇張(과장) 緊張(긴장) 伸張(신장) 張皇(장황) 張本人(장본인) 張力(장력) 擴張工事(확장공사)
- 緊張(긴장): 정신을 바짝 차림
- 張皇(장황): 설명이 길고 번거로움

1249 將 총11획 / 4급II
- 훈: 장수, 장차
- 음: 장(:)
- 마을(寸)의 고기(肉)와 땔감(爿)을 조달하는 자가 장수
- 將軍(장군) 將帥(장수) 將校(장교) 將兵(장병) 將來(장래) 將次(장차) 老將(노장)
- 將次(장차): 앞으로
- 老將(노장): 경험이 많은 노련한 사람

1250 掌 총12획 / 3급II
- 훈: 손바닥
- 음: 장:
- 손(手)의 평평한(尙) 부분이 손바닥
- 掌匣(장갑) 掌握(장악) 掌篇(장편) 合掌(합장) 仙人掌(선인장) 拍掌大笑(박장대소)208
- 掌匣(장갑): 손을 보호하기 위해 끼는 물건
- 合掌(합장): 두 손을 하나로 모아 마음이 한결같음을 나타냄

154

1271 載

車　총13획　3급Ⅱ

수레(車)에 **실을** 수 있을 만큼 잘게(戈) 나눔

- 훈: 실을
- 음: 재:

載積(재적) 積載(적재) 記載(기재) 揭載(게재)
千載一遇(천재일우)546 連載漫畫(연재만화)

載籍(재적): 실어서 쌓음
揭載(게재): 신문이나 잡지 등에 글이나 그림을 싣는 것

1272 爭

爫(爪)　총8획　5급

손(爪)에 갈고리(亅)를 들고 서로 **다툼**

- 훈: 다툴
- 음: 쟁

爭點(쟁점) 戰爭(전쟁) 鬪爭(투쟁) 競爭(경쟁)
勞動爭議(노동쟁의) 論爭(논쟁) 爭奪戰(쟁탈전)

爭點(쟁점): 다툼의 중심
爭奪戰(쟁탈전): 빼앗기 위해 다투는 싸움

1273 低

亻(人)　총7획　4급Ⅱ

사람(亻)이 몸을 **낮추어** 바닥(氐)을 살핌

- 훈: 낮을
- 음: 저:

低價(저가) 低俗(저속) 低調(저조) 低質(저질)
低血壓(저혈압) 長期低利(장기저리)

低調(저조): 낮은 가락 혹은 능률이 낮음
低血壓(저혈압): 정상 수치보다 훨씬 낮은 수치의 혈압

1274 底

广　총8획　4급

집(广)을 제대로 세우기 위해선 근본(氐)이 되는 **밑** 부분이 중요

- 훈: 밑
- 음: 저:

底力(저력) 底意(저의) 基底(기저) 徹底(철저)
底邊擴大(저변확대) 海底遺物(해저유물)

底力(저력): 밑바탕에 간직하고 있는 힘
徹底(철저): 빈틈이 없을 정도의 준비성

1275 抵

扌(手)　총8획　3급Ⅱ

바탕(氐)을 이루는 것들을 손(扌)으로 **막아** 봉쇄시킴

- 훈: 막을
- 음: 저:

抵觸(저촉) 抵抗(저항)
抵當權(저당권) 根抵當(근저당)

抵觸(저촉): 모순되거나 위반됨
抵抗(저항): 거역하고 버팀

1276 著

艹(艸)　총13획　3급Ⅱ

감춰져 있던(艹) 사건(者)의 전말이 서서히 **나타남**

- 훈: 나타날
- 음: 저:

著者(저자) 著述(저술) 著書(저서) 編著者(편저자)
著作權(저작권) 著名人士(저명인사)

著述(저술): 글이나 책 따위를 지음
著作權(저작권): 저작자가 창작물에 행사하는 독점적 권리

1277 貯

貝　총12획　5급

재물(貝)을 저장할 수(宁) 없을 만큼 계속 **쌓음**

- 훈: 쌓을
- 음: 저:

貯蓄(저축) 貯金(저금) 貯藏(저장) 貯水池(저수지)
貯金筒(저금통)

貯蓄(저축): 절약하여 모음
貯藏(저장): 모아서 보관함

1278 赤

赤　총7획　5급

큰(土)불(火)이 나 세상이 온통 **붉게** 보임

- 훈: 붉을
- 음: 적

赤色(적색) 赤旗(적기) 赤潮(적조) 赤血球(적혈구)
赤裸裸(적나라) 貿易赤字(무역적자)

赤潮(적조): 플랑크톤의 이상 번식으로 바닷물이 붉게 보이는 현상
赤裸裸(적나라): 숨김없이 모두 드러남

1279 的

白　총8획　5급Ⅱ

흰(白) 판에 찍어둔 작은 점(勺)이 **과녁**의 중심

- 훈: 과녁
- 음: 적

的中(적중) 目的(목적) 標的(표적) 公的(공적)
法的(법적) 物的(물적) 人的資源(인적자원)

的中(적중): 목표물 혹은 예상에 들어맞음
標的(표적): 목표물

1280 寂

宀　총11획　3급Ⅱ

집(宀)에 어린 아이가(叔) 홀로 있어 **고요함**

- 훈: 고요할
- 음: 적

寂寞(적막) 寂寂(적적) 孤寂(고적) 閑寂(한적)
靜寂(정적) 鬱寂(울적) 入寂(입적)

寂寂(적적): 고요하고 쓸쓸함
入寂(입적): 승려의 사망을 이름

1291 籍

竹 총20획 4급

대나무(竹)를 빌어(耤) 문서를 기록한 조상들의 슬기

- 훈: 문서
- 음: 적

書籍(서적) 國籍(국적) 本籍(본적) 入籍(입적)
戶籍騰本(호적등본) 除籍(제적) 學籍簿(학적부)

國籍(국적): 한 나라의 구성원 혹은 물건들이 속한 지역
除籍(제적): 호적·학적 등에서 이름을 지워버리는 것

1292 田

田 총5획 4급Ⅱ

사방의 경계(口)와 길(十)을 지닌 밭의 모양을 본뜬 글자

- 훈: 밭
- 음: 전

田畓(전답) 桑田碧海(상전벽해)296 油田(유전)
泥田鬪狗(이전투구)429 田園住宅(전원주택)

田畓(전답): 논밭
油田(유전): 석유가 나는 곳

1293 全

入 총6획 7급Ⅱ

옥(玉)이 사람 손에 들어와(入) 온전한 모습을 갖춤

- 훈: 온전
- 음: 전

全國(전국) 全體(전체) 全部(전부) 完全(완전)
安全第一(안전제일) 全知全能(전지전능)

全部(전부): 모든 대상
完全(완전): 모자라거나 흠이 없음

1294 典

八 총8획 5급Ⅱ

제사상 위에 책(冊)을 펼쳐놓은 모습을 본뜬 글자

- 훈: 법
- 음: 전:

法典(법전) 經典(경전) 聖典(성전) 祝典(축전)
儀典(의전) 典當鋪(전당포)

法典(법전): 국가가 정한 성문 법규집
儀典(의전): 일정한 법식에 따라 이루어지는 행사

1295 前

刂(刀) 총9획 7급Ⅱ

정박한(止) 배를(月) 앞으로 갈 수 있게 하는 칼(刂)

- 훈: 앞
- 음: 전

前後(전후) 前面(전면) 前半(전반) 前奏曲(전주곡)
前科者(전과자) 前無後無(전무후무)

前科者(전과자): 죄를 지어 형벌을 받은 적이 있는 사람
前奏曲(전주곡): 19세기 이후 막이 오르기 전 연주되는 곡

1296 展

尸 총10획 5급Ⅱ

결백을 위해 몸(尸)에 걸친 옷(衣)을 모두 펼쳐 보임

- 훈: 펼
- 음: 전:

展望(전망) 展開(전개) 展眉(전미) 發展(발전)
進展(진전) 展覽會(전람회) 展示會(전시회)

展開(전개): 어떤 일을 열어서 펼치는 것
展眉(전미): 근심거리가 없어져 마음을 놓음

1297 專

寸 총11획 4급

손(寸)을 이용하여 오로지 한쪽으로 감아야 하는 물레

- 훈: 오로지
- 음: 전

專念(전념) 專門家(전문가)
專屬(전속) 專任講師(전임강사) 專攻科目(전공과목)

專念(전념): 오직 한 곳에만 마음을 씀
專屬(전속): 오로지 한 곳에 소속됨

1298 電

雨 총13획 7급Ⅱ

비(雨)가 오자마자 빛을 번쩍이며 펼쳐진(申) 번개

- 훈: 번개
- 음: 전:

電氣(전기) 電力(전력) 漏電(누전) 感電(감전)
電話機(전화기) 電光石火(전광석화)495

漏電(누전): 절연부분이 손상을 입어 전기가 밖으로 새어나가는 일
感電(감전): 전기가 순간적으로 신체 일부에 닿아 충격을 받는 일

1299 傳

亻(人) 총13획 5급Ⅱ

오직(專) 인간(亻)만이 문명을 이룩하고 후세에 전함

- 훈: 전할
- 음: 전

傳統(전통) 傳說(전설) 傳達(전달) 傳送(전송)
傳播(전파) 宣傳(선전) 傳染病(전염병)

傳統(전통): 이어져 내려오는 관습이나 사상
傳播(전파): 널리 퍼뜨리는 것

1300 殿

殳 총13획 3급Ⅱ

함부로 칠 수(殳) 없는 소중한(展) 전각

- 훈: 전각
- 음: 전:

神殿(신전) 聖殿(성전) 殿下(전하) 殿閣(전각)
殿堂(전당)

殿閣(전각): 흔히 왕이 거처하던 궁을 이르는 말
殿堂(전당): 학문, 예술 등의 한 분야에 권위 있는 기관

1311 漸 — 氵(水) 총14획 — 3급Ⅱ

부부싸움은 칼로 물(氵) 베기(斬)라지만 **점점** 잦아지는 다툼

- 훈: 점점
- 음: 점:

漸漸(점점) 漸次(점차) 漸染(점염)
漸入佳境(점입가경)505 漸進的(점진적)

漸次(점차) : 조금씩
漸染(점염) : 점차 물드는 것

1312 點 — 黑 총17획 — 4급

얼굴에 까만(黑) **점**을 지닌 용한 점쟁이(占)

- 훈: 점
- 음: 점(:)

點數(점수) 點檢(점검) 點字(점자) 點線(점선)
點燈(점등) 點呼(점호) 點火裝置(점화장치)

點字(점자) : 맹인들이 읽을 수 있도록 만든 점으로 된 글자
點燈(점등) : 불을 켬

1313 接 — 扌(手) 총11획 — 4급Ⅱ

식사에 **이어** 손수(扌) 만든 식혜를 대접하는 몸종(妾)

- 훈: 이을
- 음: 접

接續(접속) 接觸(접촉) 接見(접견) 直接(직접)
間接(간접) 隣接(인접) 接待婦(접대부)

接見(접견) : 직접 만나보는 것
隣接(인접) : 이웃하여 닿아 있음

1314 蝶 — 虫 총15획 — 3급

나무(木) 위에서 고난을 이겨내고 **나비**가 되어 세상(世)을 날아다니는 벌레(虫)

- 훈: 나비
- 음: 접

蝶泳(접영) 胡蝶(호접)
胡蝶之夢(호접지몽)

胡蝶(호접) : 나비를 이르는 말

1315 丁 — 一 총2획 — 4급

곡식이나 흙을 긁어 모으는 고무래의 모양을 본뜬 글자

- 훈: 장정
- 음: 정

兵丁(병정) 壯丁(장정) 白丁(백정) 丁字(정자)
甲乙丙丁(갑을병정)

壯丁(장정) : 나이가 젊은 건강한 남자
白丁(백정) : 가축을 잡는 일을 업으로 삼는 사람

1316 井 — 二 총4획 — 3급Ⅱ

우물과 난간의 모습을 본뜬 글자

- 훈: 우물
- 음: 정(:)

管井(관정) 天井(천정) 油井(유정) 井華水(정화수)
井邑詞(정읍사) 臨渴掘井(임갈굴정)470

管井(관정) : 대롱모양으로 둥글게 판 우물
井邑詞(정읍사) : 행상을 나간 남편을 기다리는 심정을 노래한 가요

1317 正 — 止 총5획 — 7급Ⅱ

하나(一)의 길에 머무는(止) 것이 **바른** 길

- 훈: 바를
- 음: 정(:)

正義(정의) 正直(정직) 正午(정오) 正答(정답)
正正堂堂(정정당당) 正確(정확) 正統派(정통파)

正直(정직) : 마음에 꾸밈이 없이 올바름
正確(정확) : 어긋남이 없이 바르고 확실함

1318 廷 — 廴 총7획 — 3급Ⅱ

관아(廷)의 사람들이 이끌어 가는(廴) 것이 **조정**

- 훈: 조정
- 음: 정

朝廷(조정) 法廷(법정) 休廷(휴정) 開廷(개정)
退廷(퇴정) 閉廷(폐정)

法廷(법정) : 적법한 절차에 따라 사건을 심리·판결하는 곳
閉廷(폐정) : 법정의 심리를 마침

1319 定 — 宀 총8획 — 5급Ⅱ

집(宀)안에 **정해진** 물건을 바르게(疋) 옮겨놓음

- 훈: 정할
- 음: 정:

定價(정가) 定款(정관) 定着(정착) 定足數(정족수)
定期券(정기권) 乘車定員(승차정원)

定着(정착) : 자리를 잡아 머무름
定足數(정족수) : 회의를 진행하는 데 필요한 최소 인원

1320 征 — 彳 총8획 — 3급Ⅱ

바르지(正) 못한 것들을 **치면서** 걸어감(彳)

- 훈: 칠
- 음: 정

征服(정복) 征伐(정벌) 征討(정토) 出征(출정)
大長征(대장정) 遠征隊(원정대)

征伐(정벌) : 죄 있는 무리를 무력으로 공격하는 일
出征(출정) : 싸움터에 나감

1331 精

米 총14획 4급Ⅱ

푸른(靑) 빛이 돌 정도로 **정한** 느낌의 쌀(米)

- 훈: 정할
- 음: 정

精誠(정성) 精神(정신) 精銳(정예) 精巧(정교)
精密機械(정밀기계) 精選(정선) 精肉店(정육점)

精銳(정예) : 우수한 능력과 조건을 갖춤
精選(정선) : 빈틈없이 골라 선택함

1332 整

攵(攴) 총16획 4급

볏단을 **가지런히** 하기 위해 묶어서(束) 쳐냄(攵)

- 훈: 가지런할
- 음: 정

整列(정렬) 整頓(정돈) 整理(정리) 調整(조정)
整形外科(정형외과) 端整(단정) 整備士(정비사)

整頓(정돈) : 어지러운 것을 규모 있게 정리함
整備士(정비사) : 설비가 제대로 작동하도록 살피는 일을 하는 자

1333 靜

靑 총16획 4급

마음을 이끄는(爭) 푸른(靑) 숲의 **고요함**

- 훈: 고요할
- 음: 정

靜肅(정숙) 靜寂(정적) 靜物(정물) 靜脈(정맥)
動靜(동정) 鎭靜(진정)

靜物(정물) : 움직임이 없는 물체
靜寂(정적) : 아주 고요함

1334 弟

弓 총7획 8급

아우에게 활(弓)과 화살(丨)을 다루는 방법을 가르쳐 줌

- 훈: 아우
- 음: 제:

弟子(제자) 弟婦(제부) 兄弟(형제) 妹弟(매제)
呼兄呼弟(호형호제)628 師弟之間(사제지간)

弟子(제자) : 가르침을 받는 사람
妹弟(매제) : 손아래 누이의 남편을 의미

1335 制

刂(刀) 총8획 4급Ⅱ

나무를(未) 칼(刂)로 보기 좋게 **마름질**

- 훈: 마를
- 음: 제:

制御(제어) 制動(제동) 制服(제복) 制限(제한)
制定(제정) 抑制(억제) 社會制度(사회제도)

制御(제어) : 상대방을 억누르고 제멋대로 다룸
制定(제정) : 제도나 법 등을 만들어 정함

1336 帝

巾 총9획 4급

임금이 신께 제사를 지낼 때 쓴 제수(巾)를 올려놓은(호) 것을 본뜬 글자

- 훈: 임금
- 음: 제:

帝王(제왕) 帝國(제국) 皇帝(황제) 日帝(일제)
帝國主義(제국주의)

帝王(제왕) : 한 나라의 국왕을 의미
日帝(일제) : 일본 제국주의의 줄임

1337 除

阝(阜) 총10획 4급Ⅱ

언덕(阝)에 남아있는(余) 것을 **덜어** 깨끗이 청소함

- 훈: 덜
- 음: 제

除去(제거) 除籍(제적) 除隊(제대) 除名(제명)
排除(배제) 除草劑(제초제) 除雪車(제설차)

除隊(제대) : 군복무 규정 기한을 채우고 예비역 상태가 되는 일
除草劑(제초제) : 잡초만을 없애는 김매기 약

1338 第

竹 총11획 6급Ⅱ

대나무(竹)에 아우(弟)의 **차례**를 적어 순서를 가림

- 훈: 차례
- 음: 제:

登第(등제) 第三者(제삼자)
落第(낙제) 第一主義(제일주의) 壯元及第(장원급제)

第三者(제삼자) : 직접적 관계가 없는 사람
落第(낙제) : 시험이나 업무의 결과가 좋지 않아 떨어짐

1339 祭

示 총11획 4급Ⅱ

잘 보이는(示) 곳에 고기(肉)를 차려 **제사**를 지냄

- 훈: 제사
- 음: 제:

祭祀(제사) 祭物(제물) 祭壇(제단) 祝祭(축제)
祭需用品(제수용품) 祭政一致(제정일치)

祭物(제물) : 제사에 사용되는 물품
祝祭(축제) : 기쁜 일을 기념하기 위해 벌이는 잔치

1340 堤

土 총12획 3급

흙(土)을 똑바로(是) 쌓아놓은 것이 **둑**

- 훈: 둑
- 음: 제

堤防(제방) 防波堤(방파제)
防潮堤(방조제)

堤防(제방) : 홍수나 해일을 막기 위해 돌이나 흙 등으로 쌓아놓은 둑
防波堤(방파제) : 파도를 막기 위해 쌓아놓은 둑

1351 助 力 총7획 4급Ⅱ

또(且)다시 힘(力)을 보태주어 많은 **도움을 받음**

- 훈 도울
- 음 조:

助言(조언) 助力(조력) 助長(조장) 助手(조수)
協助(협조) 援助(원조) 助敎授(조교수)

助力(조력) : 힘써 도움
助長(조장) : 무리하게 도움을 주어 오히려 일을 망침

1352 造 辶(辵) 총11획 4급Ⅱ

새로 **지은** 옷감의 우수성을 알리기(告) 위해 돌아다님(辶)

- 훈 지을
- 음 조:

造成(조성) 造景(조경) 造林(조림) 造花(조화)
造形(조형) 改造(개조) 造物主(조물주)

造形(조형) : 자연적인 것이 아니라 인위적으로 만든 것
改造(개조) : 고쳐서 다시 만듦

1353 祖 示 총10획 7급

고기를 차곡차곡(且) 담아(示) **할아버지** 제사상에 올림

- 훈 할아비
- 음 조

祖上(조상) 王祖(왕조) 元祖(원조) 始祖(시조)
祖國愛(조국애) 祖父母(조부모) 曾祖父(증조부)

始祖(시조) : 맨 처음이 되는 조상 혹은 학문을 처음 연 사람
祖國愛(조국애) : 나라를 아끼고 사랑하는 마음

1354 租 禾 총10획 3급Ⅱ

애써 지은 곡식(禾)을 또(且) **조세**로 바침

- 훈 조세
- 음 조

租稅(조세) 租借(조차) 賭租(도조) 租稅法(조세법)

賭租(도조) : 남의 논밭을 빌린 대가로 지은 벼의 일정량을 내는 것
租借(조차) : 집이나 땅 따위를 빌림

1355 鳥 鳥 총11획 4급Ⅱ

꽁지가 긴 **새**의 모양을 본뜬 글자

- 훈 새
- 음 조

鳥類(조류) 鳥瞰圖(조감도) 鳥獸(조수)
鳥足之血(조족지혈)511 吉鳥(길조)

鳥瞰圖(조감도) : 높은 곳에서 바라본 그림이나 지도의 모습
鳥獸(조수) : 조류와 네 발 달린 짐승을 의미

1356 條 木 총11획 4급

태연하게 뻗은(攸) 나무(木)의 **가지**

- 훈 가지
- 음 조

條件(조건) 不條理(부조리) 條項(조항)
條目條目(조목조목) 信條(신조)

條件(조건) : 어떤 일이 발생하는데 필요한 요소
信條(신조) : 굳게 믿는 생각

1357 組 糸 총11획 4급

많은(且) 실(糸)을 **짜** 모은 것이 천

- 훈 짤
- 음 조

組成(조성) 組立圖(조립도)
組織員(조직원) 組合員(조합원) 協同組合(협동조합)

組成(조성) : 여러 가지 요소를 얽어 만듦 혹은 그러한 요소들의 구성
組織員(조직원) : 조직을 이루는 구성원

1358 朝 月 총12획 5급Ⅱ

달(月)이 지고 해가 돋아오는 **아침**

- 훈 아침
- 음 조

朝會(조회) 朝刊新聞(조간신문) 朝餐(조찬)
朝三暮四(조삼모사)510 朝鮮王朝(조선왕조)

朝餐(조찬) : 초대한 손님과 함께 먹는 아침 식사

1359 照 灬(火) 총13획 3급Ⅱ

건물 구석구석 **비치는** 밝은(昭) 불빛(灬)

- 훈 비칠
- 음 조:

照度(조도) 照準(조준) 對照(대조) 探照(탐조)
照明燈(조명등)

照準(조준) : 총이나 화살을 명중하도록 조절함
探照(탐조) : 멀리 빛을 비춤

1360 潮 氵(水) 총15획 4급

아침(朝)저녁마다 바닷물(氵)이 바뀌는 것이 **조수**

- 훈 조수
- 음 조

潮流(조류) 潮水(조수) 滿潮(만조) 干潮(간조)
最高潮(최고조) 潮力發電(조력발전)

滿潮(만조) : 밀물이 높은 해면까지 올라오는 것
最高潮(최고조) : 가장 높은 상태

한자능력 검정시험 3급 (3급II 포함)

1361 調 — 言, 총15획, 5급II
- 훈: 고를
- 음: 조

두루(周) 사용되는 말(言)을 고를 때는 더욱 신중히

調節(조절) 調和(조화) 調理(조리) 調達廳(조달청)
調味料(조미료) 基調演說(기조연설)

調節(조절): 적당하도록 맞추는 일
調達廳(조달청): 정부 물자의 구매, 공급, 관리를 맡아보는 행정기관

1362 操 — 扌(手), 총16획, 5급
- 훈: 잡을
- 음: 조(:)

떠들썩하게 지저귀는(喿) 새들을 손(扌)으로 잡음

操業(조업) 操心(조심) 操作(조작) 體操(체조)
操鍊師(조련사) 志操(지조) 操縱士(조종사)

操業(조업): 움직여 일을 함
志操(지조): 굽히지 않고 지켜나가는 꿋꿋한 의지

1363 燥 — 火, 총17획, 3급
- 훈: 마를
- 음: 조

불타(火) 마른 나무에 새들이 떼 지어(喿) 날아옴

焦燥(초조) 乾燥(건조) 燥渴(조갈)
無味乾燥(무미건조)192 乾燥注意報(건조주의보)

焦燥(초조): 몹시 애가 탐
燥渴(조갈): 입술이나 목안의 심한 갈증

1364 足 — 足, 총7획, 7급II
- 훈: 발
- 음: 족

무릎(口)정강이와 발목(止)을 하나로 가리키면 발

足跡(족적) 足掌(족장) 手足(수족) 充足(충족)
豊足(풍족) 洽足(흡족) 滿足感(만족감)

足跡(족적): 발자취
豊足(풍족): 넉넉하여 부족함이 없음

1365 族 — 方, 총11획, 5급II
- 훈: 겨레
- 음: 족

활(矢)을 들고 모두 같은 방향(方)으로 가는 것이 겨레

族譜(족보) 族屬(족속) 親族(친족) 種族(종족)
核家族(핵가족) 白衣民族(백의민족)232

族譜(족보): 가문의 혈통과 계통을 기록한 책
種族(종족): 같은 성과 본관을 가진 무리

1366 存 — 子, 총6획, 4급
- 훈: 있을
- 음: 존

아이(子)가 마음대로 놀 수 있는(在) 장소가 있는 식당

存在(존재) 存立(존립) 存續(존속) 存置(존치)
存否(존부) 存亡(존망) 存廢(존폐)

存續(존속): 어떤 현상이 계속됨
存廢(존폐): 연결이 이어지거나 끊어지는 것

1367 尊 — 寸, 총12획, 4급II
- 훈: 높을
- 음: 존

오래 익은 술(酋)은 마을(寸)에서도 높은 가격을 매김

尊重(존중) 尊嚴(존엄) 尊貴(존귀) 尊待(존대)
自尊心(자존심) 尊稱(존칭) 尊敬心(존경심)

尊嚴(존엄): 함부로 할 수 없을 정도로 높고 엄숙함
尊敬心(존경심): 받들어 공경하는 마음

1368 卒 — 十, 총8획, 5급II
- 훈: 마칠, 군사
- 음: 졸

여러 명이(十) 같은 모양의 옷(衣)을 입는 군사

卒兵(졸병) 卒倒(졸도) 卒徒(졸도) 兵卒(병졸)
腦卒中(뇌졸중) 卒業式(졸업식)

卒倒(졸도): 정신을 잃고 쓰러짐
腦卒中(뇌졸중): 뇌에 혈액 공급 부족으로 장애를 일으키는 것

1369 拙 — 扌(手), 총8획, 3급
- 훈: 졸할
- 음: 졸

작품의 솜씨(扌)가 표준에 못 미치는(出) 졸한 작품

拙速(졸속) 拙作(졸작) 拙劣(졸렬) 拙筆(졸필)
拙直(졸직) 拙者(졸자)

拙作(졸작): 보잘것없는 작품
拙直(졸직): 고지식하고 융통성이 없음

1370 宗 — 宀, 총8획, 4급II
- 훈: 마루
- 음: 종

집(宀)밖에서도 한눈에 보이는(示) 마루

宗家(종가) 宗敎(종교) 宗廟(종묘) 宗派(종파)
宗族(종족) 宗親會(종친회)

宗家(종가): 문중의 맏아들로 이어온 큰집
宗廟(종묘): 조선시대 역대 왕과 왕비의 위패를 모시던 사당

1371 從 (4급)
- 부수: 彳, 총11획
- 앞 서 걷는(彳) 사람(人)이 멈출(止) 때까지 계속 좇음
- 훈: 좇을
- 음: 종(:)
- 從來(종래) 從僕(종복) 服從(복종) 順從(순종)
- 白衣從軍(백의종군)233 從屬關係(종속관계)

從來(종래) : 지금까지
服從(복종) : 명령이나 의사를 그대로 좇음

1372 終 (5급)
- 부수: 糸, 총11획
- 실타래(糸)를 모두 엮어 남은 겨울(冬) 준비를 마침
- 훈: 마칠
- 음: 종
- 終末(종말) 終結(종결) 臨終(임종) 終止符(종지부)
- 終盤戰(종반전) 終身刑(종신형)

臨終(임종) : 죽음을 맞이하는 것
終止符(종지부) : 끝맺음

1373 種 (5급II)
- 부수: 禾, 총14획
- 벼(禾)를 수확하는 것에 못지않게 중요한(重) 것이 씨앗을 고르는 일
- 훈: 씨
- 음: 종(:)
- 種類(종류) 種別(종별) 種子(종자) 種苗(종묘)
- 雜種(잡종) 種族保存(종족보존)

種別(종별) : 종류에 따른 구별
種苗(종묘) : 싹을 심어 가꿈

1374 縱 (3급II)
- 부수: 糸, 총17획
- 실(糸)이 나아가는 방향이(從) 세로
- 훈: 세로
- 음: 종
- 縱斷(종단) 縱帶(종대) 放縱(방종)
- 縱橫無盡(종횡무진)514 操縱士(조종사)

縱帶(종대) : 위에서 아래로 길게 두른 띠
放縱(방종) : 제멋대로 행동함

1375 鍾 (4급)
- 부수: 金, 총17획
- 쇠(金)로 만든 무거운(重) 쇠종
- 훈: 쇠북
- 음: 종
- 鍾閣(종각) 鍾塔(종탑) 鍾樓(종루) 警鍾(경종)
- 自鳴鍾(자명종)

鍾塔(종탑) : 종을 꼭대기에 매달아 칠 수 있게 만든 탑
警鍾(경종) : 위급함을 알리는 신호 혹은 충고나 경계를 의미

1376 左 (7급II)
- 부수: 工, 총5획
- 장인(工)들은 오른손과 왼손을 모두 사용하는 경우가 많다.
- 훈: 왼
- 음: 좌:
- 左右(좌우) 左翼(좌익)
- 左傾勢力(좌경세력) 左遷(좌천)

左遷(좌천) : 낮은 지위로 떨어지거나 외진 지역으로 전근됨

1377 坐 (3급II)
- 부수: 土, 총7획
- 흙(土) 위에 두 사람(人)이 앉아 있음
- 훈: 앉을
- 음: 좌:
- 坐視(좌시) 坐藥(좌약) 坐禪(좌선) 連坐(연좌)
- 獨坐(독좌)

坐視(좌시) : 그냥 보고 있음
連坐(연좌) : 여러 사람이 함께 앉아 있음

1378 佐 (3급)
- 부수: 亻(人), 총7획
- 사람(亻)의 왼손(左) 오른손은 서로 도와주는 기능을 함
- 훈: 도울
- 음: 좌:
- 佐郞(좌랑) 佐平(좌평) 輔佐(보좌) 上佐(상좌)
- 技佐(기좌) 輔佐官(보좌관)

輔佐(보좌) : 상관을 도와 업무를 보조하는 직책
佐平(좌평) : 백제 16관등 중 첫 번째 등급의 관직

1379 座 (4급)
- 부수: 广, 총10획
- 집(广)에 앉을 수 있는(坐) 자리
- 훈: 자리
- 음: 좌:
- 座席(좌석) 座談(좌담) 座標(좌표) 講座(강좌)
- 當座手票(당좌수표) 計座(계좌) 座右銘(좌우명)

座談(좌담) : 한 자리에 모여 의견을 나누는 일
座右銘(좌우명) : 곁에 두고 가르침으로 삼는 문구

1380 罪 (5급)
- 부수: 罒(网), 총13획
- 그물(罒)에 걸린 고기가 허물이 있어 걸린 것은 아니다(非).
- 훈: 허물
- 음: 죄:
- 罪囚(죄수) 罪人(죄인) 罪惡(죄악) 罪狀(죄상)
- 犯罪者(범죄자) 免罪符(면죄부)

罪惡(죄악) : 죄가 될 만한 나쁜 짓
罪狀(죄상) : 범죄의 구체적인 사실

1391 柱 木 총9획 3급II
목조물의(木) 중심이 되는(主) 부분이 **기둥**

- 훈: 기둥
- 음: 주

柱石(주석) 支柱(지주) 電柱(전주) 圓柱(원주)
四柱八字(사주팔자)277

支柱(지주): 버팀대 혹은 정신적으로 의지하는 힘을 의미
電柱(전주): 전선이나 통신선을 매기 위해 세운 전봇대

1392 奏 大 총9획 3급II
양손을 모으고 나아가 **아뢰는** 모습을 나타내는 글자

- 훈: 아뢸
- 음: 주:

奏請(주청) 演奏(연주) 伴奏(반주) 獨奏(독주)
協奏曲(협주곡)

伴奏(반주): 주가 되는 연주를 보조해주는 연주
獨奏(독주): 반주의 유무에 상관없이 혼자서 하는 연주

1393 酒 酉 총10획 4급
병(酉)에 과일과 물(氵)을 부어 담근 **술**

- 훈: 술
- 음: 주

酒客(주객) 酒幕(주막) 酒量(주량) 酒類(주류)
酒色雜技(주색잡기)

酒幕(주막): 돈을 받고 나그네를 위하여 술과 잠자리를 제공하던 집
酒類(주류): 술 종류

1394 株 木 총10획 3급II
그루가 붉은빛(朱)을 띤 나무(木)

- 훈: 그루
- 음: 주

株主(주주) 守株待兎(수주대토)321 株券(주권)
株價指數(주가지수) 株式會社(주식회사)

株主(주주): 해당 회사의 주식을 보유하며 직·간접적으로 영향력을 미치는 개인이나 단체

1395 珠 王(玉) 총10획 3급II
붉은(朱) 옥(玉)으로 만든 **구슬**

- 훈: 구슬
- 음: 주

珠玉(주옥) 珠算(주산) 珠板(주판) 珍珠(진주)
念珠(염주) 默珠(묵주) 如意珠(여의주)

珠玉(주옥): 구슬과 옥 혹은 뛰어나게 훌륭한 작품을 비유한 말
念珠(염주): 염불할 때 손이나 목에 거는 법구를 의미

1396 晝 日 총11획 5급II
밤과 낮을 나누는(聿) 기준이 되는 해(日)

- 훈: 낮
- 음: 주

晝夜(주야) 晝間(주간) 白晝(백주)
晝夜長川(주야장천) 晝耕夜讀(주경야독)519

白晝(백주): 대낮을 의미

1397 週 辶(辵) 총12획 5급II
일주일 동안 영향력이 두루(周) 미칠 수 있도록 움직임(辶)

- 훈: 주일
- 음: 주

週末(주말) 週初(주초) 週報(주보) 週休(주휴)
隔週(격주) 來週(내주) 週刊誌(주간지)

週休(주휴): 일주일에 한 번 있는 휴가
週報(주보): 주마다 발행하는 신문이나 잡지 혹은 새 소식

1398 鑄 金 총22획 3급II
금속(金)의 수명(壽)을 연장시키기 위해 받자마자 **쇠를 불림**

- 훈: 쇠 불릴
- 음: 주

鑄貨(주화) 鑄錢(주전) 鑄物(주물) 鑄造(주조)
鑄型(주형) 鑄幣(주폐)

鑄物(주물): 쇠를 녹여 만든 물건
鑄幣(주폐): 쇠를 부어 돈을 만듦

1399 竹 竹 총6획 4급II
대나무가 길게 서 있는 모양을 본뜬 글자

- 훈: 대
- 음: 죽

竹槍(죽창) 竹筍(죽순) 竹鹽(죽염) 松竹(송죽)
竹林七賢(죽림칠현)

竹鹽(죽염): 대나무 통 속에 천일염을 넣고 아홉 번 구워 얻은 가루
竹槍(죽창): 대로 만든 창 혹은 조선시대 무예 연습 시 사용하던 죽장

1400 俊 亻(人) 총9획 3급
진심어린(允) 마음으로 채찍질하여(夂) 만들어진 사람(亻)이 **준걸**

- 훈: 준걸
- 음: 준:

俊傑(준걸) 俊秀(준수) 俊豪(준호)

俊秀(준수): 외모와 재주가 매우 뛰어남
俊豪(준호): 마음이 너그러우며 호기 있음

1411 增
- 土 총15획 4급Ⅱ
- 훈: 더할
- 음: 증

흙(土)을 거듭(曾) 더하여 벽을 튼튼하게 함

增減(증감) 增加(증가) 增産(증산) 增設(증설)
增殖(증식) 增資(증자) 割增料(할증료)

增資(증자) : 사업 확장 및 부족한 자금 운용을 위해 자본금을 늘리는 일
割增料(할증료) : 웃돈. 추가금

1412 憎
- 忄(心) 총15획 3급Ⅱ
- 훈: 미울
- 음: 증

원망하는 마음(忄)이 거듭(曾) 더해져 생긴 미움

憎惡(증오) 憎怨(증원) 愛憎(애증) 可憎(가증)
憎惡心(증오심)

可憎(가증) : 괘씸하고 얄미움
憎惡心(증오심) : 마음속 깊이 미워하는 마음

1413 證
- 言 총19획 4급
- 훈: 증거
- 음: 증

말(言)을 보태기(登)전에 확보해야 하는 증거

證據(증거) 領收證(영수증) 證言(증언)
保證保險(보증보험) 證人(증인) 證憑資料(증빙자료)

領收證(영수증) : 받은 돈이나 물품의 사실을 표한 것
證言(증언) : 어떤 사실의 참과 거짓을 밝혀내는 말

1414 贈
- 貝 총19획 3급
- 훈: 줄
- 음: 증

재물(貝)을 거듭(曾) 주며 환심을 사려 함

贈與(증여) 贈呈(증정) 贈賄(증회) 贈遺(증유)
寄贈(기증) 贈與稅(증여세)

贈與(증여) : 물품 등을 선물로 주는 것 혹은 무상으로 자신의 재산을 줄 의사를 표하면 이에 승낙하는 계약

1415 之
- 丿 총4획 3급Ⅱ
- 훈: 갈
- 음: 지

발 끝이 나아가는 모양을 본뜬 글자

之次(지차) 左之右之(좌지우지)
自中之亂(자중지란)

之次(지차) : 버금 혹은 맏이를 제외한 나머지 자식들을 의미

1416 止
- 止 총4획 5급
- 훈: 그칠
- 음: 지

발목 아래 모양을 본뜬 글자로 움직임을 그친 상태

止揚(지양) 止血(지혈) 防止(방지) 中止(중지)
停止(정지) 沮止線(저지선) 入山禁止(입산금지)

防止(방지) : 일어나지 못하도록 막음
沮止線(저지선) : 일정 한도 이상 넘지 못하도록 막는 선

1417 支
- 支 총4획 4급Ⅱ
- 훈: 지탱할
- 음: 지

열 개(十)가 넘는 짐을 든 손(又)으로 힘겹게 지탱하고 있음

支店(지점) 支拂(지불) 支給(지급) 支配人(지배인)
支持者(지지자) 支援勢力(지원세력)

支給(지급) : 정해진 몫만큼 내어줌
支持者(지지자) : 어떤 일에 찬성하여 따르는 사람

1418 只
- 口 총5획 3급
- 훈: 다만
- 음: 지

입(口)에서는 다만 한숨(八)만 나올 뿐

但只(단지) 只今(지금)

但只(단지) : 다른 것이 아닌 오직 그것 하나만

1419 至
- 至 총6획 4급Ⅱ
- 훈: 이를
- 음: 지

새가 공중에서 내려와 땅에 이르는 모양을 본뜬 글자

至極(지극) 至毒(지독) 至當(지당) 至尊(지존)
冬至(동지) 夏至(하지) 至誠感天(지성감천)529

至毒(지독) : 매우 모짊
至尊(지존) : 지위가 높은 사람. 흔히 임금을 지칭함

1420 枝
- 木 총8획 3급Ⅱ
- 훈: 가지
- 음: 지

나무(木)에 여러 갈래로 갈린(支) 나뭇가지

枝葉(지엽) 枝莖(지경) 枝肉(지육) 全枝(전지)
幹枝(간지) 金枝玉葉(금지옥엽)103

枝肉(지육) : 도살한 후 아직 각을 뜨지 않은 고기
枝莖(지경) : 가지와 줄기를 의미

한자능력 검정시험 3급 (3급Ⅱ 포함)

1421 池 — 氵(水) 총6획 — 3급Ⅱ
구불구불한(也) 모양의 못에 가득한 물(氵)
- 훈: 못
- 음: 지

池沼(지소) 池塘(지당) 池畔(지반) 硯池(연지)
貯水池(저수지) 乾電池(건전지)

池沼(지소): 못과 늪
貯水池(저수지): 하천이나 골짜기를 막아 만든 물을 모아둔 큰 못

1422 地 — 土 총6획 — 7급
들쭉날쭉하게(也) 쌓여진 흙(土)이 모여 이루어진 땅
- 훈: 땅
- 음: 지

地球(지구) 地表(지표) 地盤(지반) 地獄(지옥)
熱帶地方(열대지방) 地天(지천) 地籍圖(지적도)

地盤(지반): 땅의 표면 혹은 일의 기본 바탕을 의미하는 말
地籍圖(지적도): 토지의 소재나 경계 등을 기록한 평면 지도

1423 志 — 心 총7획 — 4급Ⅱ
선비(士)가 품은 마음(心)의 뜻
- 훈: 뜻
- 음: 지

志望(지망) 志操(지조) 意志(의지) 同志(동지)
立志(입지) 三國志(삼국지) 志願兵(지원병)

志望(지망): 뜻이 있어 바람
同志(동지): 뜻을 같이하는 사람

1424 知 — 矢 총8획 — 5급Ⅱ
사람들의 말(口)을 재빨리(矢) 알아차림
- 훈: 알
- 음: 지

知識(지식) 認知(인지) 熟知(숙지) 感知(감지)
全知全能(전지전능)

熟知(숙지): 충분히 앎
感知(감지): 느껴서 아는 것

1425 持 — 扌(手) 총9획 — 4급
공공기관(寺)에서 작성된(扌) 문서는 가지고 있어야 함
- 훈: 가질
- 음: 지

持續(지속) 持病(지병) 維持(유지) 矜持(긍지)
堅持(견지) 持久力(지구력) 持參金(지참금)

持續(지속): 어떤 상태가 오래 계속되는 것
堅持(견지): 어떠한 견해나 처지를 강하게 지킴

1426 指 — 扌(手) 9획 — 4급Ⅱ
손가락으로(扌) 맛있는 음식(旨)을 가리킴
- 훈: 가리킬
- 음: 지

指向(지향) 指針(지침) 指目(지목) 指稱(지칭)
指紋(지문) 指壓(지압)

指紋(지문): 손가락 무늬
指壓(지압): 피의 순환을 위해 손을 눌러 신경을 자극하는 것

1427 紙 — 糸 총10획 — 7급
실(糸)처럼 가늘면서도 질긴 종이를 만드는 사람(氏)
- 훈: 종이
- 음: 지

紙幣(지폐) 紙匣(지갑) 壁紙(벽지) 更紙(갱지)
白紙(백지) 紙物鋪(지물포) 印紙稅(인지세)

更紙(갱지): 거칠고 품질이 낮은 종이
紙物鋪(지물포): 다양한 종류의 종이를 파는 가게

1428 智 — 日 총12획 — 4급
사물의 밝고(日) 어두운 면을 모두 꿰뚫는(知) 지혜
- 훈: 지혜
- 음: 지

智慧(지혜) 智略(지략) 機智(기지) 智德體(지덕체)

智慧(지혜): 사물의 이치를 빨리 깨닫고 처리하는 능력
機智(기지): 뛰어난 지혜

1429 誌 — 言 총14획 — 4급
뜻한 바(志)를 말하고(言) 기록해 두는 것이 중요
- 훈: 기록할
- 음: 지

誌面(지면) 日誌(일지) 校誌(교지) 本誌(본지)
月刊雜誌(월간잡지) 會誌(회지) 週刊誌(주간지)

校誌(교지): 학생들이 편집과 발행에 참여하여 만드는 잡지
會誌(회지): 특정기관에서 펴내는 잡지

1430 遲 — 辶(辵) 총16획 — 3급
굳은(犀) 결심을 하고 달려왔지만 (辶) 점차 더딘 발걸음
- 훈: 더딜
- 음: 지

遲刻(지각) 遲延(지연) 遲滯(지체) 遲留(지류)
遲進兒(지진아) 遲遲不進(지지부진)

遲滯(지체): 시일을 늦추면서 끄는 것
遲進兒(지진아): 학업이나 정신적 성숙의 발달 정도가 더딘 아이

172

1431 直
- 目 총8획 7급Ⅱ
- 훈: 곧을
- 음: 직
- 열 개(十)의 눈(目)이 항상 곧게 생각하고 행동하도록 감시함
- 直接(직접) 直觀(직관) 直感(직감) 直行(직행)
- 當直(당직) 直線的(직선적) 垂直線(수직선)

直感(직감) : 다른 설명에 따른 것이 아니라 즉각적으로 느끼는 것
直線的(직선적) : 꼬임이나 비유가 없이 있는 그대로 하는 것

1432 職
- 耳 총18획 4급Ⅱ
- 훈: 벼슬
- 음: 직
- 사관은 들은(耳) 내용을 바르게 기록하고(戈) 말해야 하는(音) 벼슬
- 職業(직업) 職場(직장) 職員(직원) 職位(직위)
- 職種(직종) 職責(직책) 轉職(전직) 退職(퇴직)

職種(직종) : 직무의 종류
職責(직책) : 해당 업무를 맞은 사람의 책임

1433 織
- 糸 총18획 4급
- 훈: 짤
- 음: 직
- 창(戈)을 부딪치듯 실(糸)을 짜는 소리(音)가 시끄러움
- 織物(직물) 織造(직조) 紡織(방직) 染織(염직)
- 牽牛織女(견우직녀) 組織暴力(조직폭력)

織造(직조) : 베틀을 이용하여 무명이나 비단 등을 짜는 일
染織(염직) : 피륙에 물을 들이는 일

1434 辰
- 辰 총7획 3급Ⅱ
- 훈: 1)별 2)때
- 음: 1)진 2)신
- 농사철을 알리는 별을 나타내는 글자
- 辰時(진시) 辰韓(진한) 日辰(일진) 生辰(생신)
- 誕辰(탄신)

辰時(진시) : 오전 일곱 시부터 아홉 시
誕辰(탄신) : 제왕이나 성인이 태어난 날을 지칭

1435 珍
- 王(玉) 총9획 4급
- 훈: 보배
- 음: 진
- 옥(玉)처럼 빛나는 사람(人)의 머릿결(彡)은 보배와 같음
- 珍珠(진주) 珍品(진품) 珍貴(진귀) 珍寶(진보)
- 珍羞盛饌(진수성찬)533 山海珍味(산해진미)

珍品(진품) : 남달리 귀한 물품
珍寶(진보) : 매우 진귀한 보배를 의미

1436 眞
- 目 총10획 4급Ⅱ
- 훈: 참
- 음: 진
- 여러(八) 눈(目)들이 감시하고 칼(匕)로 위협해도 참이 아니면 하지 않음
- 眞理(진리) 眞實(진실) 眞率(진솔) 眞善美(진선미)
- 寫眞機(사진기) 天眞爛漫(천진난만)547

眞理(진리) : 참된 이치
眞率(진솔) : 꾸밈이 없이 솔직함

1437 振
- 扌(手) 총10획 3급Ⅱ
- 훈: 떨칠
- 음: 진:
- 조개(辰) 속의 모래들을 세게 흔들어(扌) 떨침
- 振興(진흥) 振動(진동) 振幅(진폭) 振作(진작)

振興(진흥) : 떨치어 일어나는 것
振動(진동) : 심한 움직임 혹은 냄새 등이 심하게 나는 것

1438 陣
- 阝(阜) 총10획 4급
- 훈: 진칠
- 음: 진
- 언덕(阝) 아래 수레(車)를 펼쳐 진을 침
- 陣地(진지) 陣營(진영) 敵陣(적진) 退陣(퇴진)
- 背水陣(배수진) 陣頭指揮(진두지휘)

陣營(진영) : 대립되는 세력의 어느 한쪽 혹은 군대가 진을 친 곳을 의미
背水陣(배수진) : 물을 등지고 공격하는 방법

1439 陳
- 阝(阜) 총11획 3급Ⅱ
- 훈: 늘어놓을
- 음: 진:
- 해가 뜨는 동쪽(東) 언덕(阝)에 생선을 늘어놓음
- 陳列(진열) 陳腐(진부) 開陳(개진) 陳述書(진술서)
- 陳情書(진정서) 新陳代謝(신진대사)334

陳腐(진부) : 오래되어 새롭지 못함
開陳(개진) : 전쟁 등에서 이기고 돌아오는 것

1440 進
- 辶(辵) 총12획 4급Ⅱ
- 훈: 나아갈
- 음: 진:
- 새(隹)가 총총걸음을 하며(辶) 앞으로 나아감
- 進路(진로) 進步(진보) 進學(진학) 漸進的(점진적)
- 急進派(급진파) 進退兩難(진퇴양난)534

進步(진보) : 정도나 수준이 높아지는 것
急進派(급진파) : 관행 등을 급격한 속도로 변화할 것을 주장하는 무리

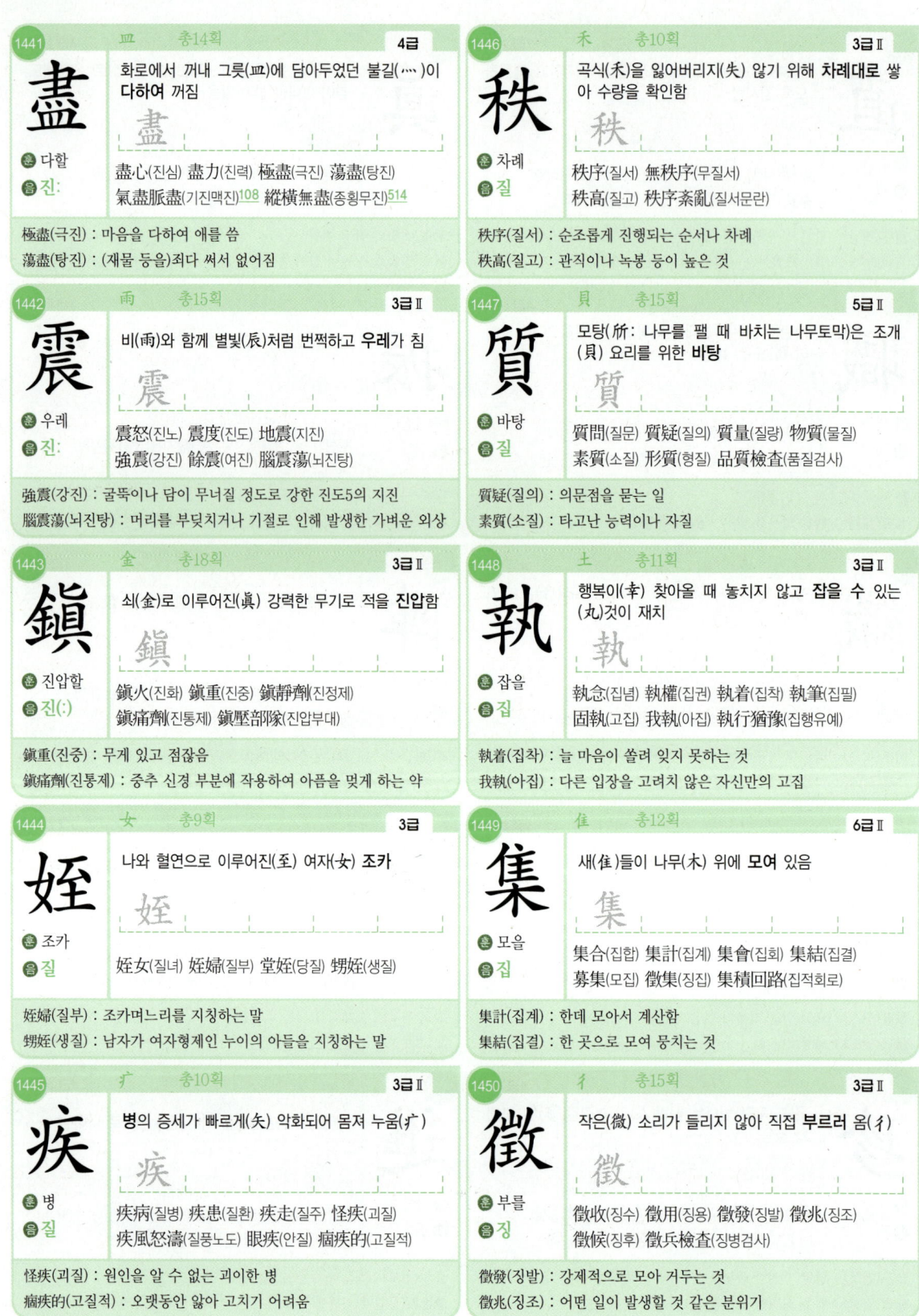

배정한자

1451 懲 心 총19획 3급
바르지 못한 마음(心)을 지닌 자를 불러(徵) 징계함
- 훈: 징계할
- 음: 징

懲役(징역) 懲罰(징벌) 膺懲(응징)
懲戒處分(징계처분)

懲罰(징벌): 죄를 지은 데 대하여 주는 벌
膺懲(응징): 죄를 깨우치도록 나무라며 경계함

1452 且 一 총5획 3급
물건을 쌓아두고 또 쌓아두어 창고가 가득함
- 훈: 또
- 음: 차:

且說(차설) 且置(차치) 苟且(구차) 重且大(중차대)

且說(차설): 화제를 다른 쪽으로 돌리는 것
重且大(중차대): 매우 중요함

1453 次 欠 총6획 4급Ⅱ
두 사람(二) 모두 부족한 잠(欠) 때문에 일정을 다음으로 미룸
- 훈: 버금
- 음: 차

次男(차남) 次官(차관) 次元(차원) 月次(월차)
年次(연차) 將次(장차) 次善策(차선책)

次官(차관): 장관을 보좌하고 임무를 대행할 수 있는 별정직 공무원
次善策(차선책): 최선책의 다음가는 방책

1454 此 止 총6획 3급Ⅱ
언제나 사람들의 발길(止)이 머무는(匕) 이 곳
- 훈: 이
- 음: 차

此後(차후) 此際(차제) 彼此(피차) 如此(여차)
於此彼(어차피) 此日彼日(차일피일)535

此際(차제): 적절한 시기에 주어진 기회
彼此(피차): 저것과 이것의 양자간

1455 差 工 총10획 4급
왼쪽으로(左) 늘어져(羊) 있다 보니 팔다리의 길이가 다름
- 훈: ①다를 ②어긋날
- 음: ①차 ②치

差異(차이) 差減(차감) 差等(차등) 參差(참치)
千差萬別(천차만별)548 人種差別(인종차별)

差減(차감): 덜어내거나 줄어든 차이
參差(참치): 들쭉날쭉하여 가지런하지 않음

1456 借 亻(人) 총10획 3급Ⅱ
오랜(昔) 기간 남(亻)에게 빌린 땅으로 농사짓는 소작인
- 훈: 빌릴
- 음: 차:

借名(차명) 借款(차관) 借入(차입) 借邊(차변)
假借(가차) 借用證(차용증) 賃貸借(임대차)

借入(차입): 돈이나 물건 등을 꾸어 들인 것
借款(차관): 정부나 은행이 외국 기관으로부터 자금을 빌려오는 일

1457 捉 扌(手) 총10획 3급
손(扌)과 발(足)을 잡아 꼼짝 못하게 함
- 훈: 잡을
- 음: 착

捉囚(착수) 捉送(착송) 捉去(착거) 捕捉(포착)

捉囚(착수): 어떤 일을 시작함
捉去(착거): 사람을 붙잡아가는 것

1458 着 目 총12획 5급Ⅱ
풀(艹)이 이 사람(者) 저 사람 옷에 달라붙음
- 훈: 붙을
- 음: 착

着陸(착륙) 着地(착지) 着用(착용) 着服(착복)
終着驛(종착역) 執着(집착) 自家撞着(자가당착)474

着用(착용): 의복이나 모자 등을 입고 쓰는 것
終着驛(종착역): 기차나 전철 등이 마지막으로 도착하는 역

1459 錯 金 총16획 3급Ⅱ
여러 금속(金)을 섞고 거듭(昔) 더하여 만든 무기
- 훈: 섞일
- 음: 착

錯覺(착각) 錯亂(착란) 錯視(착시) 錯誤(착오)
錯雜(착잡) 交錯(교착)

錯亂(착란): 어지럽고 수선스러움
交錯(교착): 여기저기 엇갈려 뒤섞임

1460 贊 貝 총19획 3급Ⅱ
나아가(兟) 쌓인 조개(貝)껍데기를 치우는 작업을 돕다.
- 훈: 도울
- 음: 찬:

贊成(찬성) 贊助(찬조) 贊同(찬동) 贊否(찬부)
協贊(협찬) 贊反兩論(찬반양론)

贊助(찬조): 어떤 일을 옳다고 판단하여 도와줌
協贊(협찬): 어떤 일에 대하여 재정적인 도움을 주는 것

한자능력 검정시험 3급 (3급II 포함)

1461 讚 (言, 총26획) — 4급
- 훈: 기릴
- 음: 찬ː
- 계획하고 있는 일이 잘 되도록(贊) 기리는 말(言)
- 讚揚(찬양) 讚辭(찬사) 讚嘆(찬탄) 過讚(과찬)
- 自畵自讚(자화자찬)485 禮讚(예찬) 讚頌歌(찬송가)
- 讚嘆(찬탄): 칭찬하며 감탄함
- 禮讚(예찬): 훌륭하고 아름다운 것을 공경하며 찬양함

1462 察 (宀, 총14획) — 4급II
- 훈: 살필
- 음: 찰
- 집(宀)에서 제사(祭)를 지낼 때는 음식을 더욱 각별히 살핌
- 警察(경찰) 檢察(검찰) 巡察(순찰) 査察(사찰)
- 監察(감찰) 診察室(진찰실) 偵察機(정찰기)
- 巡察(순찰): 돌아보며 사정을 살핌
- 偵察機(정찰기): 적의 정세나 지형을 살피는 데 쓰이는 군용기

1463 參 (厶, 총11획) — 5급II
- 훈: 1)참여할 2)석
- 음: 1)참 2)삼
- 아무나(厶) 참여할 수 있는 회의는 언제나 복잡함(彡)
- 參加(참가) 參與(참여) 參酌(참작) 參拜(참배)
- 參謀(참모) 參十(삼십) 情狀參酌(정상참작)
- 參與(참여): 끼어들어 관계함
- 參酌(참작): 여러모로 살펴보아 헤아림

1464 慘 (忄(心), 총14획) — 3급
- 훈: 참혹할
- 음: 참
- 마음(忄)이 여러 갈래로 흩어지는(參) 참혹한 느낌
- 慘酷(참혹) 慘事(참사) 慘憺(참담) 慘狀(참상)
- 慘敗(참패) 悲慘(비참) 悽慘(처참) 無慘(무참)
- 慘酷(참혹): 더할 나위 없이 슬프고 끔찍함
- 無慘(무참): 비참하고 끔찍함

1465 慙 (心, 총15획) — 3급
- 훈: 부끄러울
- 음: 참
- 칼로 도려내고(斬) 싶을 만큼 부끄러운 마음(心)
- 慙悔(참회) 慙愧(참괴) 慙色(참색) 慙伏(참복)
- 慙色(참색): 부끄러워하는 낯빛
- 慙伏(참복): 스스로 부끄러운 마음이 들어 고개를 숙이는 것

1466 昌 (日, 총8획) — 3급II
- 훈: 창성할
- 음: 창(ː)
- 태양처럼(日) 앞을 향해 뻗어나가는 것이 창성
- 昌盛(창성) 昌運(창운) 繁昌(번창) 昌德宮(창덕궁)
- 碧昌牛(벽창우 → 벽창호)
- 昌運(창운): 좋은 운수
- 繁昌(번창): 번성하고 화려하게 뻗어나감

1467 倉 (人, 총10획) — 3급II
- 훈: 곳집
- 음: 창(ː)
- 음식(食)을 넣어두는 곳(口)이 창고
- 倉庫(창고) 倉卒(창졸) 船倉(선창) 彈倉(탄창)
- 營倉(영창) 穀倉(곡창)
- 倉卒(창졸): 매우 급작스러움
- 彈倉(탄창): 탄알을 보관해 두는 통

1468 窓 (穴, 총11획) — 6급II
- 훈: 창
- 음: 창
- 구멍(穴) 속 밝은 빛이 들어오는 창
- 窓門(창문) 窓口(창구) 鐵窓(철창) 車窓(차창)
- 封窓(봉창) 窓戶紙(창호지)
- 車窓(차창): 차, 비행기 등의 교통수단에 달려 있는 창문
- 窓戶紙(창호지): 한옥 집의 문을 바를 때 사용하던 얇은 재래식 종이

1469 唱 (口, 총11획) — 5급
- 훈: 부를
- 음: 창ː
- 입(口)을 벌려 우렁차게(昌) 부르는 노래
- 唱劇(창극) 唱法(창법) 先唱(선창) 獨唱(독창)
- 復唱(복창) 愛唱曲(애창곡) 合唱團(합창단)
- 先唱(선창): 노래나 구령을 제일 먼저 부르는 것
- 復唱(복창): 남의 말을 그대로 다시 받아 외는 것

1470 創 (刂(刀), 총12획) — 4급II
- 훈: 비롯할
- 음: 창ː
- 칼(刂)로 비롯하여 만들어진 창고(倉)
- 創造(창조) 創設(창설) 創意(창의) 創作品(창작품)
- 獨創力(독창력) 創氏改名(창씨개명)
- 創設(창설): 어떤 기관이나 단체를 새로 만들어 세우는 것
- 獨創力(독창력): 모방 없이 새로 만들어 내는 능력

176

1471 蒼
- ++(艸) 총14획 3급Ⅱ
- 창고(倉)에 쌓아둔 풀(++)에 물이 들어 옷이 푸른 빛을 띰
- 훈: 푸를
- 음: 창
- 蒼空(창공) 蒼白(창백) 蒼生(창생) 蒼茫(창망) 鬱蒼(울창) 古色蒼然(고색창연)

蒼生(창생): 세상의 모든 사람을 의미
蒼茫(창망): 멀고 아득함

1472 暢
- 日 총14획 3급
- 빛(昜)이 널리 퍼지니(申) 화창함
- 훈: 화창할
- 음: 창
- 暢達(창달) 暢懷(창회) 和暢(화창) 流暢(유창)

暢達(창달): 주장하려는 의견 따위를 막힘없이 펼치는 것
流暢(유창): 물이 흐르듯 거침이 없음

1473 菜
- ++(艸) 총12획 3급Ⅱ
- 캐어서(采) 먹을 수 있는 풀(++)이 나물
- 훈: 나물
- 음: 채
- 菜食(채식) 菜蔬(채소) 菜根(채근) 野菜(야채) 生菜(생채) 山菜(산채) 菜松花(채송화)

生菜(생채): 익히지 않고 무친 나물을 의미
菜根(채근): 거칠고 보잘것없는 음식을 의미

1474 採
- 扌(手) 총11획 4급
- 손(扌)으로 가려서(采) 캐어낸 나물
- 훈: 캘
- 음: 채
- 採集(채집) 採取(채취) 採掘(채굴) 採鑛(채광) 採擇(채택) 採點(채점) 採伐(채벌) 特採(특채)

採掘(채굴): 땅을 파내어 광석을 캐내는 것
特採(특채): 특별히 인재를 가려 뽑음

1475 彩
- 彡 총11획 3급Ⅱ
- 여러(彡) 색을 가려서(采) 적절하게 채색한 그림
- 훈: 채색
- 음: 채
- 彩色(채색) 彩畵(채화) 色彩(색채) 光彩(광채) 異彩(이채) 水彩畵(수채화)

彩畵(채화): 색을 칠한 그림
異彩(이채): 색다른 빛 혹은 눈에 띄게 두드러짐을 의미

1476 債
- 亻(人) 총13획 3급Ⅱ
- 사람(亻)에게 빚을 독촉함(責)
- 훈: 빚
- 음: 채
- 債券(채권) 負債(부채) 福債(복채) 債權者(채권자) 債務者(채무자) 轉換社債(전환사채)

負債(부채): 남에게 진 빚 혹은 빚을 진 상태를 의미
福債(복채): 추첨을 통해 일치하는 것에 상품을 수여하도록 만든 표

1477 冊
- 冂 총5획 4급
- 죽간을 가죽으로 엮어서 만든 책
- 훈: 책
- 음: 책
- 冊房(책방) 冊床(책상) 冊張(책장) 冊子(책자) 冊曆(책력) 冊封(책봉) 別冊(별책)

冊張(책장): 책의 낱낱의 장을 의미
別冊(별책): 따로 엮어 만든 딸림 책

1478 責
- 貝 총11획 5급Ⅱ
- 돈(貝)을 함부로 쓰는 것을 채찍질하며(朿) 꾸짖음
- 훈: 꾸짖을
- 음: 책
- 責望(책망) 責任感(책임감) 呵責(가책) 歸責事由(귀책사유) 罪責(죄책) 免責特權(면책특권)

呵責(가책): 꾸짖어 책망함
罪責(죄책): 잘못의 책임

1479 策
- 竹 총12획 3급Ⅱ
- 가시 돋친(朿) 마음을 올곧게(竹) 만들어 놓을 수 있는 꾀
- 훈: 꾀
- 음: 책
- 策略(책략) 政策(정책) 對策(대책) 祕策(비책) 妙策(묘책) 計策(계책) 窮餘之策(궁여지책)85

策略(책략): 일을 꾸미고 이루어 나가는 방법
計策(계책): 어떤 일을 이루기 위해 생각해내는 대책

1480 妻
- 女 총8획 3급Ⅱ
- 빗자루(ヨ)를 들고(又) 청소하고 있는 여자(女)가 내 아내
- 훈: 아내
- 음: 처
- 妻弟(처제) 恐妻家(공처가) 妻男(처남) 喪妻(상처) 賢母良妻(현모양처)618 糟糠之妻(조강지처)508

喪妻(상처): 아내가 죽은 것
恐妻家(공처가): 아내에게 눌려 지내는 남편

1491 践

足 총15획 3급II

쌓인(戔) 빨래를 발(효)로 **밟아** 세탁함

- 훈: 밟을
- 음: 천:

践修(천수) 践踏(천답) 践極(천극) 践行(천행)
践言(천언) 實践(실천)

践踏(천답) : 발로 짓밟는 것
践言(천언) : 말한 그대로 실행하는 것

1492 賤

貝 총15획 3급II

돈(貝) 때문에 남을 다치게(戔) 하는 **천한** 짓

- 훈: 천할
- 음: 천:

賤民(천민) 賤待(천대) 賤視(천시) 賤稱(천칭)
貴賤(귀천) 微賤(미천)

賤待(천대) : 업신여기며 함부로 대함
微賤(미천) : 신분이나 지위 등이 매우 하찮음

1493 遷

辶(辵) 총16획 3급II

쉬엄쉬엄(辶) 발걸음을 높은 곳을 향해 **옮김**

- 훈: 옮길
- 음: 천:

遷都(천도) 遷移(천이) 變遷(변천) 左遷(좌천)

變遷(변천) : 세월의 흐름에 따라 변함

1494 薦

艹(艸) 총17획 3급

풀(艹)을 잘 먹는 외뿔 양을(薦) 뽑는 것처럼 인재를 **천거함**

- 훈: 천거할
- 음: 천:

薦居(천거) 推薦狀(추천장)
供薦(공천)

薦居(천거) : 어떤 일을 맡아 잘 처리할 수 있는 사람을 추천하는 일
供薦(공천) : 신이나 부처에게 음식을 올리는 일

1495 哲

口 총10획 3급II

옳고 그름을 잘라(折) 말하는(口) 것이 사리에 **밝은** 것

- 훈: 밝을
- 음: 철

哲學(철학) 哲人(철인) 哲理(철리) 名哲(명철)
哲學者(철학자)

哲理(철리) : 깊고 오묘한 이치
名哲(명철) : 소크라테스와 같은 뛰어난 철학가

1496 徹

彳 총15획 3급II

아이의 잘못된 점을 때리며(攵) 길러(育) 사물에 **통달**하도록 함

- 훈: 통할
- 음: 철

徹夜(철야) 徹底(철저) 貫徹(관철)
徹天之冤(철천지원) 徹頭徹尾(철두철미)550

徹夜(철야) : 밤새움을 의미
貫徹(관철) : 어려움을 뚫고 나아가 목적을 이룸

1497 鐵

金 총21획 5급

금속(金)으로 된 무기(戈)는 대부분 **쇠**로 만든 것

- 훈: 쇠
- 음: 철

鐵骨(철골) 鐵筋(철근) 鐵絲(철사) 鐵網(철망)
鐵鋼産業(철강산업) 鐵道(철도) 鐵面皮(철면피)

鐵骨(철골) : 너무 야위어 뼈만 남은 상태
鐵面皮(철면피) : 염치가 없는 뻔뻔한 사람

1498 尖

小 총6획 3급

큰(大) 연장이 작아질(小) 정도로 다듬어 **뾰족하**게 만듦

- 훈: 뾰족할
- 음: 첨

尖端(첨단) 尖銳(첨예) 尖兵(첨병) 尖塔(첨탑)
尖端技術(첨단기술)

尖端(첨단) : 사상이나 유행의 맨 앞자리
尖兵(첨병) : 맨 앞에서 경계와 수색을 담당하는 선봉장

1499 添

氵(水) 총11획 3급

빗물(氵)이 자꾸 **더해져** 결국 옷을 더럽히다(忝).

- 훈: 더할
- 음: 첨

添加(첨가) 添削(첨삭) 添附(첨부) 別添(별첨)

添削(첨삭) : 내용의 일부를 더하거나 고쳐서 삭제하는 것
添附(첨부) : 본래 있던 것에 덧붙이는 것

1500 妾

女 총8획 3급

마음고생(辛)이 심한 여자(女)가 **첩**

- 훈: 첩
- 음: 첩

妾室(첩실) 妾子(첩자) 小妾(소첩) 愛妾(애첩)
賤妾(천첩)

妾子(첩자) : 기밀정보를 빼내어 경쟁상대에 제공하는 사람
賤妾(천첩) : 종이나 기녀의 신분으로 첩이 된 여자

배정한자

1511 體 — 骨 총23획 — 6급Ⅱ
많은(豊) 뼈(骨)로 이루어진 사람의 몸
- 훈: 몸
- 음: 체

體力(체력) 體操(체조) 體溫(체온) 媒體(매체)
體育大會(체육대회) 體感景氣(체감경기)

體操(체조): 신체 발육과 건강 증진을 위하여 하는 운동
媒體(매체): 한 쪽에서 다른 쪽으로 전달하는 역할을 하는 것

1512 肖 — 月(肉) 총7획 — 3급Ⅱ
인형을 닮은 작은(小) 몸(月)
- 훈: 닮을
- 음: 초

肖像(초상) 肖像畫(초상화)
肖像權(초상권) 不肖子(불초자)

肖像權(초상권): 자신의 얼굴이나 모습에 관한 독점적인 권리

1513 抄 — 扌(手) 총7획 — 3급
손(扌)으로 뽑아낼 정도의 적은(少) 실의 양
- 훈: 뽑을
- 음: 초

抄本(초본) 抄譯(초역) 抄錄(초록) 抄掠(초략)
戶籍抄本(호적초본)

抄譯(초역): 필요한 부분만을 뽑아서 한 번역
抄掠(초략): 강제로 빼앗음

1514 初 — 刀 총7획 — 5급
옷(衤)을 만들기 전에 처음으로 하는 것이 천을 잘 라내는(刀) 일
- 훈: 처음
- 음: 초

初步(초보) 初級(초급) 初俸(초봉) 初任(초임)
初動搜査(초동수사) 初志一貫(초지일관)562

初級(초급): 맨 처음 단계
初俸(초봉): 입사 후 처음으로 받는 월급

1515 招 — 扌(手) 총8획 — 4급
손(扌)으로 부르며 상대방을 불러냄(召)
- 훈: 부를
- 음: 초

招來(초래) 招聘(초빙) 招待(초대) 問招(문초)
招人鍾(초인종) 招請狀(초청장) 招待狀(초대장)

招聘(초빙): 정중하게 맞아들임
問招(문초): 잘못을 따져 물음

1516 草 — 艹(艸) 총10획 — 7급
이른(早) 봄 파릇파릇 돋아나는(艹) 풀
- 훈: 풀
- 음: 초

草原(초원) 草木(초목) 草案(초안) 草稿(초고)
蘭草(난초) 藥草(약초) 草創期(초창기)

草木(초목): 모든 풀과 나무
草創期(초창기): 시작하는 시기

1517 秒 — 禾 총9획 — 3급
식물의 줄기(禾)가 돋아나듯 짧은(少) 시간이 분초
- 훈: 분초
- 음: 초

秒速(초속) 秒針(초침)
時分秒(시분초)

秒針(초침): 초바늘

1518 超 — 走 총12획 — 3급Ⅱ
부르면(召) 장애물이라도 뛰어넘으며 달려 나가는(走) 적극성
- 훈: 뛰어넘을
- 음: 초

超越(초월) 超然(초연) 超能力(초능력)
超音波(초음파) 超特急(초특급) 超滿員(초만원)

超然(초연): 어떤 상황에 아랑곳하지 않고 의젓함
超能力(초능력): 과학적으로 설명할 수 없는 초자연적인 능력

1519 礎 — 石 총18획 — 3급Ⅱ
돌(石)을 가지런히 세우며(楚) 쌓은 것이 주춧돌
- 훈: 주춧돌
- 음: 초

礎石(초석) 基礎(기초) 柱礎(주초)
基礎工事(기초공사)

礎石(초석): 사물의 기초

1520 促 — 亻(人) 총9획 — 3급Ⅱ
사람(亻)이 달려 나가(足) 일을 더욱 재촉함
- 훈: 재촉할
- 음: 촉

促求(촉구) 促迫(촉박) 督促(독촉) 販促(판촉)
促進劑(촉진제)

促求(촉구): 재촉하며 요구함
販促(판촉): 판매가 증가하도록 유도하는 일

한자능력 검정시험 3급 (3급II 포함)

1521 燭 火 총17획 **3급**
촛불처럼 촉나라를(蜀) 밝혀주는(火) 책사 제갈량
- 훈: 촛불
- 음: 촉

燭臺(촉대) 燭光(촉광) 華燭(화촉) 洞燭(통촉)

華燭(화촉): 결혼식에 사용되는 화려한 빛깔의 초
洞燭(통촉): 윗사람이 아랫사람의 사정을 깊이 헤아림

1522 觸 角 총20획 **3급II**
곤충(蜀)들은 서로의 뿔(角)을 맞대어 싸움
- 훈: 닿을
- 음: 촉

觸感(촉감) 觸覺(촉각) 觸手(촉수) 接觸(접촉)
一觸卽發(일촉즉발) 462 抵觸(저촉)

觸手(촉수): 무척추동물의 입
抵觸(저촉): 서로 부딪치거나 위반됨

1523 寸 寸 총3획 **8급**
맥박을 짚기 위해 손목의 **마디**를 재는 것에서 나온 글자
- 훈: 마디
- 음: 촌

寸劇(촌극) 寸評(촌평) 寸陰(촌음) 寸志(촌지)
寸數(촌수) 三寸(삼촌) 四寸(사촌)

寸評(촌평): 짧은 비평
寸數(촌수): 친족 사이의 멀고 가까운 관계

1524 村 木 총7획 **7급**
나무(木)로 각 마을의 마디(寸)를 구분함
- 훈: 마을
- 음: 촌:

村長(촌장) 村落(촌락) 農村(농촌) 漁村(어촌)
江村(강촌) 山村(산촌) 富村(부촌)

村落(촌락): 여러 집이 모여 사는 마을
江村(강촌): 강가에 위치한 마을

1525 銃 金 총14획 **4급II**
쇠(金)로 만든 탄이 채워진(充) 것이 총
- 훈: 총
- 음: 총

銃彈(총탄) 銃聲(총성) 銃擊(총격) 銃殺(총살)
拳銃(권총) 獵銃(엽총) 銃砲商(총포상)

銃殺(총살): 총을 쏘아 죽임
獵銃(엽총): 사냥총

1526 聰 耳 총17획 **3급**
의견을 수렴하는(耳) **귀가 밝아** 일을 슬기롭게 (悤) 처리함
- 훈: 귀 밝을
- 음: 총

聰明(총명) 聰慧(총혜) 聰氣(총기) 聰敏(총민)
聰達(총달)

聰達(총달): 슬기롭고 사리에 밝음
聰敏(총민): 총명하고 민첩함

1527 總 糸 총17획 **4급II**
빠른 시간 안에(悤) 흩어져 있던 실(糸)을 다 모음
- 훈: 다
- 음: 총:

總括(총괄) 總點(총점) 總額(총액) 總長(총장)
國務總理(국무총리) 總務(총무) 總體的(총체적)

總括(총괄): 한데 모아 묶음
總額(총액): 전체 액수

1528 最 日 총12획 **5급**
해(日)가 뜨자마자 **가장** 먼저 취해(取)옴
- 훈: 가장
- 음: 최:

最高(최고) 最新(최신) 最多(최다) 最善(최선)
最惡(최악) 最低(최저) 最適化(최적화)

最適化(최적화): 어떤 상황에서 가장 알맞도록 함

1529 催 亻(人) 총13획 **3급II**
높은(崔) 곳을 향해 자신을 **재촉하는** 사람(亻)만이 얻을 수 있는 행복
- 훈: 재촉할
- 음: 최:

主催(주최) 開催(개최)
催淚彈(최루탄) 催眠術(최면술) 公示催告(공시최고)

主催(주최): 중심이 되어 기획하고 엶
催眠術(최면술): 인위적으로 수면상태에 가깝게 이끌어 내는 술법

1530 抽 扌(手) 총8획 **3급**
손(扌)을 넣어 항아리(由)에 담긴 것을 **뽑아냄**
- 훈: 뽑을
- 음: 추

抽籤(추첨) 抽出(추출) 抽身(추신) 抽象化(추상화)

抽籤(추첨): 제비뽑기
抽出(추출): 뽑아냄

1531 秋 [7급]
禾 총9획
곡식(禾)을 볕(火)에 말리는 계절이 **가을**

- 훈: 가을
- 음: 추

仲秋節(중추절) 秋夕(추석) 秋收(추수)
春夏秋冬(춘하추동) 晩秋(만추) 秋穀收買(추곡수매)

仲秋節(중추절): 추석, 한가위
晩秋(만추): 음력 9월의 늦가을을 의미

1532 追 [3급II]
辶(辵) 총10획
달려 나가(辶) 앞사람을 **쫓음**

- 훈: 쫓을
- 음: 추

追憶(추억) 追跡(추적) 追放(추방) 追慕(추모)
追徵(추징) 追擊(추격) 責任追窮(책임추궁)

追跡(추적): 자취를 쫓음
追慕(추모): 죽은 사람을 생각하며 그리워함

1533 推 [4급]
扌(手) 총11획
새(隹)가 날아오를 수 있도록 손으로(扌) **밀어올림**

- 훈: 밀
- 음: 추, 퇴

推進(추진) 推究(추구) 推定(추정) 類推(유추)
推敲(퇴고) 推理力(추리력) 推薦書(추천서)

推定(추정): 추측하여 결정함
推敲(퇴고): 글을 여러 번 고치고 다듬음

1535 丑 [3급]
一 총4획
손으로(又) 잡아끄는 **소**

- 훈: 소
- 음: 축

丑生(축생) 丑年(축년) 丑日(축일) 丑時(축시)

丑時(축시): 오전 한 시부터 세시

1536 醜 [3급]
酉 총17획
술(酉)에 취해 귀신처럼(鬼) 날뛰는 모습이 **추함**

- 훈: 추할
- 음: 추

醜惡(추악) 醜行(추행) 醜態(추태) 醜雜(추잡)
醜聞(추문) 醜男(추남) 醜女(추녀)

醜行(추행): 더럽고 지저분한 짓
醜聞(추문): 지저분하고 좋지 못한 소문

1536 畜 [3급II]
田 총10획
밭(田)에 검은(玄)콩을 **기름**

- 훈: 기를
- 음: 축

畜舍(축사) 家畜(가축)
牧畜業(목축업) 畜産業(축산업) 養畜農家(양축농가)

牧畜業(목축업): 많은 수의 소나 말과 같은 가축을 기르는 일을 업으로 삼는 일

1537 祝 [5급]
示 총10획
입구(口)에 있는 사람(儿)의 형상을 한 사천왕상을 보고(示) 잘못을 비는 모녀

- 훈: 빌
- 음: 축

祝福(축복) 祝賀(축하) 祝祭(축제) 祝杯(축배)
祝電(축전) 奉祝(봉축) 慶祝日(경축일)

祝杯(축배): 기쁜 일을 축하하기 위해 마시는 술
奉祝(봉축): 극진히 받드는 마음으로 축하를 드림

1538 逐 [3급]
辶(辵) 총11획
달려가는(辶) 돼지(豕)를 쫓는 사람들

- 훈: 쫓을
- 음: 축

逐條(축조) 逐出(축출)
驅逐艦(구축함) 角逐戰(각축전) 逐條審議(축조심의)

角逐戰(각축전): 이기기 위해 다툼
驅逐艦(구축함): 적의 주력 군함을 공격하는 작고 빠른 군함

1539 蓄 [4급II]
艹(艸) 총14획
비축하며(畜) 모아둔 풀(艹)들을 한꺼번에 옮김

- 훈: 모을
- 음: 축

貯蓄(저축) 備蓄(비축) 含蓄(함축) 蓄積(축적)
蓄財(축재) 蓄電池(축전지) 蓄膿症(축농증)

含蓄(함축): 드러내지 않고 속에 간직함
蓄財(축재): 재산을 모음

1540 築 [4급II]
竹 총16획
주운(筑) 나무(木)를 쌓아 장작으로 사용함

- 훈: 쌓을
- 음: 축

築造(축조) 築臺(축대) 新築(신축) 增築(증축)
建築樣式(건축양식) 改築(개축) 建築物(건축물)

增築(증축): 이미 있던 건물에 늘여 지음
改築(개축): 건축물을 새로 고쳐 지음

1551 就 (총12획) 4급
서울(京)을 향해 더욱(尤) 나아감
- 훈: 나아갈
- 음: 취:

就業(취업) 就職(취직) 就寢(취침) 成就(성취)
日就月將(일취월장)464 就學年齡(취학연령)

就業(취업): 일정한 직장을 구해 다님
就寢(취침): 잠자리에 들어 잠을 잠

1552 醉 酉 (총15획) 3급Ⅱ
술(酉)을 마신 병사(卒)들이 취함
- 훈: 취할
- 음: 취:

醉氣(취기) 醉客(취객) 醉中(취중) 陶醉(도취)
深醉(심취) 宿醉(숙취) 痲醉劑(마취제)

醉氣(취기): 술에 취한 기운
醉客(취객): 술에 취한 사람

1553 趣 走 (총15획) 4급
뜻을 이루기 위해 필요한 물건을 취하여(取) 달려 감(走)
- 훈: 뜻
- 음: 취:

趣向(취향) 趣旨(취지) 興趣(흥취) 情趣(정취)
惡趣味(악취미) 趣味生活(취미생활)

趣向(취향): 하고 싶은 마음이 생기는 경향
趣旨(취지): 일의 목적이나 뜻

1554 側 亻(人) (총11획) 3급Ⅱ
사람(亻)은 본받고(則) 싶은 사람 곁에 있기를 바란다.
- 훈: 곁
- 음: 측

側面(측면) 側近(측근) 兩側(양측) 北側(북측)
南側(남측) 右側(우측) 左側通行(좌측통행)

側面(측면): 사물 등의 옆면
側近(측근): 곁의 가까운 곳

1555 測 氵(水) (총12획) 4급Ⅱ
물(氵)처럼 깊고 복잡한 법칙(則)을 헤아림
- 훈: 헤아릴
- 음: 측

測量(측량) 測定(측정) 豫測(예측) 計測(계측)
怪常罔測(괴상망측) 觀測(관측) 測雨器(측우기)

測量(측량): 사물의 깊이나 넓이 등을 도구를 사용해 헤아림
測定(측정): 헤아려 결정함

1556 層 尸 (총15획) 4급
지붕(尸) 밑에 돌을 겹쳐(曾) 쌓아 층을 만듦
- 훈: 층
- 음: 층

層階(층계) 深層(심층) 上流層(상류층)
堆積層(퇴적층) 階層(계층) 高層建物(고층건물)

層階(층계): 걸어 오를 수 있도록 턱을 만들어 놓은 것
深層(심층): 사물의 내부 깊숙한 곳

1557 治 氵(水) (총8획) 4급Ⅱ
물(氵)을 헤아리기 어렵듯 나(台)를 헤아려 다스리는 것도 어렵다.
- 훈: 다스릴
- 음: 치

治療(치료) 治癒(치유) 治安(치안) 治粧(치장)
自治團體(자치단체) 政治(정치) 統治者(통치자)

治療(치료): 병 등을 돌봐서 낫게 함
治癒(치유): 치료하여 병을 낫게 함

1558 値 亻(人) (총10획) 3급Ⅱ
사람(亻)이 장사할 때 값을 바르게(直) 정해야 함
- 훈: 값
- 음: 치

價値(가치) 價値觀(가치관) 加重値(가중치)
近似値(근사치) 數値(수치) 稀少價値(희소가치)

價値(가치): 대상이 가지는 중요성
加重値(가중치): 평균보다 더 중요한 것에 개별적으로 부여하는 값

1559 恥 心 (총10획) 3급Ⅱ
귀(耳)가 벌게질 정도로 마음(心)속에서 부끄러움을 느낌
- 훈: 부끄러울
- 음: 치

恥辱(치욕) 恥部(치부) 恥事(치사) 廉恥(염치)
羞恥(수치) 國恥日(국치일) 破廉恥(파렴치)

恥辱(치욕): 수치와 모욕
恥部(치부): 드러내고 싶지 않은 부끄러운 곳

1560 致 至 (총10획) 5급
빨리 정해진 목표에 이르도록(至) 회초리(攵)를 침
- 훈: 이를
- 음: 치:

送致(송치) 韻致(운치) 致賀(치하) 致死(치사)
拉致犯(납치범) 滿場一致(만장일치)

送致(송치): 물건 등을 정해진 곳에 이르도록 보냄
韻致(운치): 우아하고 고상한 멋

한자능력 검정시험 3급 (3급Ⅱ 포함)

1561 置 — 4급Ⅱ
- 부수: 罒(网), 총13획
- 훈: 둘
- 음: 치:

사냥을 위해 그물(罒)을 바르게(直) 쳐 둠

位置(위치) 設置(설치) 配置(배치) 放置(방치)
置重(치중) 留置場(유치장) 拘置所(구치소)

位置(위치) : 차지하고 있는 자리
設置(설치) : 베풀어 둠

1562 稚 — 3급Ⅱ
- 부수: 禾, 총13획
- 훈: 어릴
- 음: 치

벼(禾) 이삭처럼 새(隹)가 아직 어림

稚拙(치졸) 稚魚(치어) 稚心(치심) 幼稚(유치)
幼稚園(유치원) ※ 穉과 同字

稚拙(치졸) : 유치하고 졸렬함
稚魚(치어) : 어린 물고기

1563 齒 — 4급Ⅱ
- 부수: 齒, 총15획
- 훈: 이
- 음: 치

입을 잘 움직여 음식물을 씹는 **치아나 이빨**을 뜻함

齒科(치과) 齒牙(치아) 齒痛(치통) 齒藥(치약)
齒周炎(치주염) 切齒腐心(절치부심)504

齒科(치과) : 이를 치료하는 병원
齒痛(치통) : 이가 아픈 고통

1564 則 — 5급
- 부수: 刂(刀), 총9획
- 훈: 1)법칙 2)곧
- 음: 1)칙 2)즉

조개(貝)를 칼(刂)로 자르는 데도 **법칙**이 있음

法則(법칙) 罰則(벌칙) 總則(총칙) 學則(학칙)
則效(즉효) 然則(연즉) 不規則(불규칙)

法則(법칙) : 지켜야 하는 규범
罰則(벌칙) : 법칙을 어긴 행위를 규제하기 위해 정해 놓은 규칙

1565 親 — 5급Ⅱ
- 부수: 見, 총16획
- 훈: 친할
- 음: 친

입구에 서(立)있는 나무(木)까지 보러(見) 나올 정도로 **친한** 사이

親舊(친구) 親近(친근) 親熟(친숙) 親密(친밀)
先親(선친) 親睦會(친목회)

親舊(친구) : 가깝게 오래 사귄 사람
親近(친근) : 친하고 가깝게 지냄

1566 七 — 8급
- 부수: 一, 총2획
- 훈: 일곱
- 음: 칠

다섯 손가락을 위로 펴고 나머지 손의 두 손가락을 옆으로 편 모양을 본뜬 글자

七月(칠월) 七面鳥(칠면조) 七夕(칠석) 七旬(칠순)
七顚八起(칠전팔기)571 北斗七星(북두칠성)

七面鳥(칠면조) : 색이 여러 가지로 변한다고 해서 이름 붙여진 새
七夕(칠석) : 견우와 직녀가 만난다는 음력 칠월 초이렛날 밤

1567 漆 — 3급Ⅱ
- 부수: 氵(水), 총14획
- 훈: 옻
- 음: 칠

진액(氵)있는 나무(木)를 사람(人)이 물기(氺)를 제거하면 검붉은 색 옻이 나옴

漆板(칠판) 漆黑(칠흑) 漆器(칠기) 漆欌(칠장)
漆木(칠목) 金漆(금칠)

漆板(칠판) : 분필 등으로 쓸 수 있게 만든 넓은 판
漆器(칠기) : 옻칠을 입혀 만든 도자기

1568 沈 — 3급Ⅱ
- 부수: 氵(水), 총7획
- 훈: 1)잠길 2)성
- 음: 1)침 2)심

사람(儿)이 흙으로 덮어(冖) 몰래 숨겨 놓은 것이 물(氵)에 잠김

沈默(침묵) 沈痛(침통) 沈鬱(침울) 沈降(침강)
景氣沈滯(경기침체) 擊沈(격침) 沈淸傳(심청전)

沈默(침묵) : 말없이 조용한 상태
沈痛(침통) : 슬픔에 잠겨 괴로움

1569 枕 — 3급
- 부수: 木, 총8획
- 훈: 베개
- 음: 침

나무(木)로 만든 **베개**를 베고 이불을 덮고(冖) 자는 사람(儿)

枕木(침목) 枕席(침석) 木枕(목침)
高枕短命(고침단명) 鴛鴦枕(원앙침)

枕木(침목) : 물건을 괴는 데 쓰는 나무
枕席(침석) : 베개와 자리를 아울러 잠자리를 이름

1570 侵 — 4급Ⅱ
- 부수: 亻(人), 총9획
- 훈: 침노할
- 음: 침

사람(亻)이 손(彐)에 무기를 들고 적으로 덮여있는(冖) 곳에 또(又) **침노함**

侵攻(침공) 侵犯(침범) 侵奪(침탈) 侵害(침해)
侵略戰爭(침략전쟁) 不可侵條約(불가침조약)

侵攻(침공) : 다른 곳을 침하여 공격함
侵犯(침범) : 남의 것을 침노하여 범함

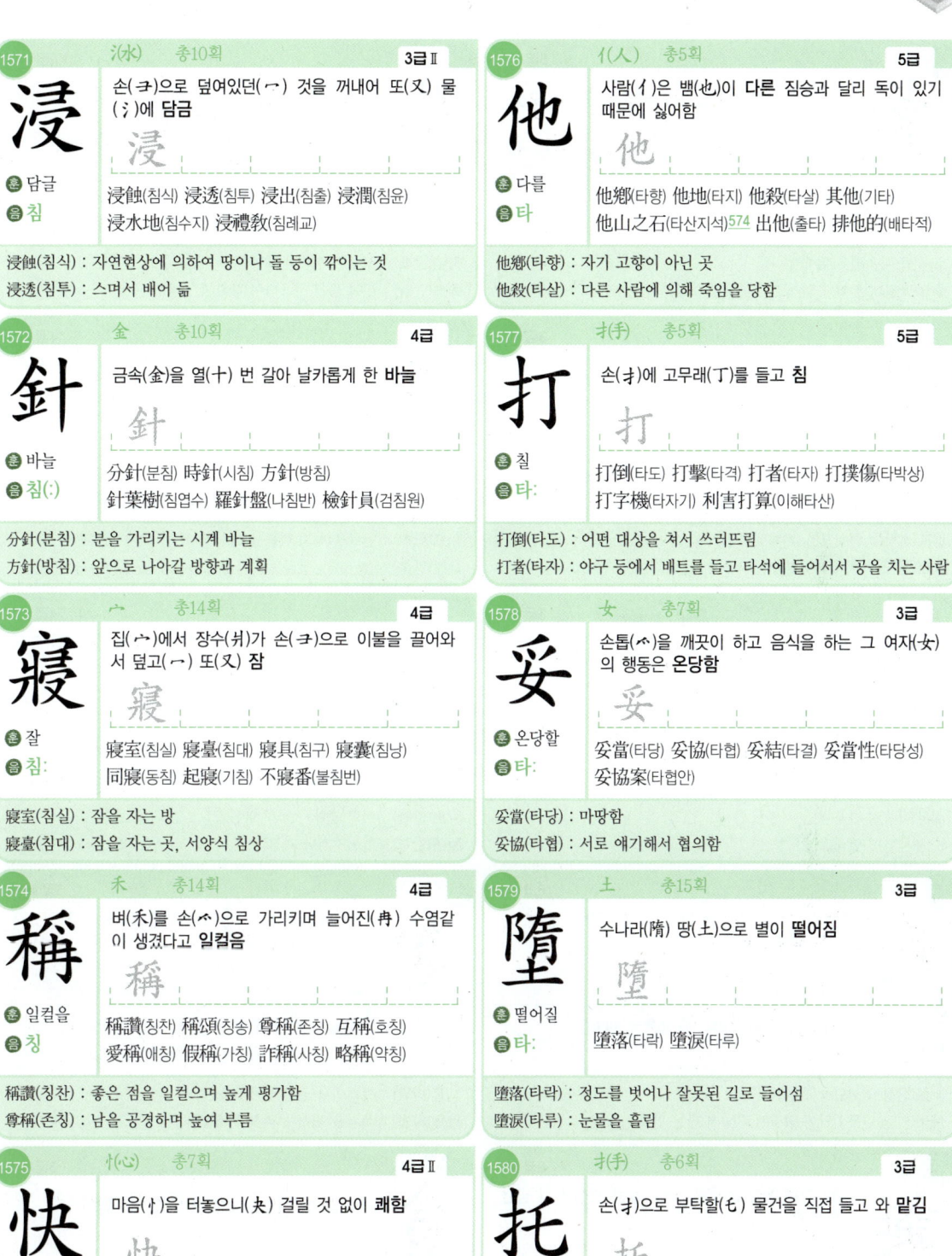

1591 探 扌(手) 총11획 — 4급
덮어(冖) 놓은 여덟(八) 개의 나무(木)판을 거둬내고 손(扌)을 더듬어 **찾음**

- 훈: 찾을
- 음: 탐

探究(탐구) 探査(탐사) 探索(탐색) 探偵(탐정)
探險(탐험) 探知(탐지) 廉探(염탐) 偵探(정탐)

探究(탐구) : 학문을 깊이 파고들어 연구함
探査(탐사) : 일을 세세히 조사함

1592 塔 土 총13획 — 3급Ⅱ
흙(土)과 풀(艹)이 다 더해져(合) 더러워진 오래된 **탑**

- 훈: 탑
- 음: 탑

石塔(석탑) 金塔(금탑) 鐵塔(철탑) 尖塔(첨탑)
管制塔(관제탑) 多寶塔(다보탑) 釋迦塔(석가탑)

石塔(석탑) : 돌을 쌓아 만든 탑
金塔(금탑) : 금으로 만들거나 도금하여 만든 탑

1593 湯 氵(水) 총12획 — 3급Ⅱ
날(日)마다 요리를 하나(一)씩 하려고 넘치지 않게(勿) 물(氵)을 붓고 **끓임**

- 훈: 끓을
- 음: 탕

溫湯(온탕) 冷湯(냉탕) 湯藥(탕약) 湯劑(탕제)
藥湯器(약탕기) 蔘鷄湯(삼계탕) 沐浴湯(목욕탕)

溫湯(온탕) : 따뜻한 탕
湯藥(탕약) : 따뜻하게 달여서 먹는 약

1594 太 大 총4획 — 5급Ⅱ
큰 대(大)에 점(丶)을 찍어 더 **큼**을 나타냄

- 훈: 클
- 음: 태

太陽(태양) 太平洋(태평양) 太陰曆(태음력)
太極旗(태극기) 太初(태초) 太白山脈(태백산맥)

太陽(태양) : 태양계의 중심이 되는 별
太陰曆(태음력) : 달이 지구를 도는 것을 기준으로 만든 달력

1595 怠 心 총9획 — 3급

내(台) 마음(心)이 편해지니 점점 **게을러** 짐

- 훈: 게으를
- 음: 태

怠慢(태만) 怠業(태업) 懶怠(나태) 倦怠(권태)
過怠料(과태료)

怠慢(태만) : 의욕 없이 게으름
怠業(태업) : 일을 게을리 함

1596 殆 歹 총9획 — 3급Ⅱ
죽음(歹)이 내(台) 가까이 오니 **위태로운** 상황

- 훈: 위태할
- 음: 태

危殆(위태) 殆無(태무) 殆半(태반)

危殆(위태) : 어떤 일이나 상황이 위험함
殆無(태무) : 거의 없음

1597 泰 水 총10획 — 3급Ⅱ
큰(大) 두(二) 개의 물(氺)줄기가 더해지니 더 크고 넓어짐

- 훈: 클
- 음: 태

泰山(태산) 泰國(태국) 泰平(태평) 泰然(태연)
國泰民安(국태민안) 天下泰平(천하태평)

泰山(태산) : 크고 높은 산
泰平(태평) : 나라에 근심이 없이 평안함

1598 態 心 총14획 — 4급Ⅱ
일을 능히(能) 해내는 모양을 보면 마음(心)이 놓임

- 훈: 모양
- 음: 태

態度(태도) 狀態(상태) 姿態(자태) 變態(변태)
舊態依然(구태의연) 實態把握(실태파악)

態度(태도) : 동작을 하는 모양
姿態(자태) : 어떤 모습이나 모양

1599 宅 宀 총6획 — 5급Ⅱ
집(宀)에 몸을 의탁하여(乇) 지냄

- 훈: 집
- 음: 택, 댁

宅地(택지) 家宅(가택) 宅內(댁내)
自宅軟禁(자택연금) 共同住宅(공동주택)

宅地(택지) : 집을 짓는 땅
家宅(가택) : 법률상에서 집을 이르는 용어

1600 澤 氵(水) 총16획 — 3급Ⅱ
연못 물(氵)에 쳐놓은 그물(罒)에 다행히(幸) 고기가 걸렸음

- 훈: 못
- 음: 택

惠澤(혜택) 德澤(덕택) 恩澤(은택) 光澤(광택)
潤澤(윤택) 河海之澤(하해지택)

德澤(덕택) : 덕분
光澤(광택) : 반짝이는 빛

한자능력 검정시험 3급 (3급Ⅱ 포함)

1601 擇 — 扌(手) 총16획 — 4급
- 훈: 가릴
- 음: 택

그물(罒)로 잡은 고기가 운 좋게(幸) 상하지 않아 손(扌)으로 구별해 산 것만 **가려놓음**

選擇(선택) 取捨選擇(취사선택)
採擇(채택) 兩者擇一(양자택일) 357

選擇(선택): 여럿 가운데 골라 뽑음
採擇(채택): 어떤 것을 고름

1602 土 — 土 총3획 — 8급
- 훈: 흙
- 음: 토

싹이 흙을 뚫고 돋아나는 모습을 본뜬 글자

土地(토지) 土壤(토양) 土臺(토대) 土俗的(토속적)
土曜日(토요일) 土亭祕訣(토정비결)

土地(토지): 땅
土壤(토양): 식물에 영양을 공급해주는 흙

1603 吐 — 口 총6획 — 3급Ⅱ
- 훈: 토할
- 음: 토(:)

입(口)을 열어 흙(土) 위에 **토하듯** 뱉어 냄

吐血(토혈) 吐露(토로) 實吐(실토)
吐盡肝膽(토진간담) 嘔吐泄瀉(구토설사)

吐血(토혈): 피를 토해 냄
吐露(토로): 마음에 있는 것을 터놓고 얘기 함

1604 兎 — 儿 총8획 — 3급Ⅱ
- 훈: 토끼
- 음: 토

긴 귀와 짧은 꼬리를 가진 **토끼**를 본뜬 글자

兎月(토월) 龜毛兎角(귀모토각)
兎營三窟(토영삼굴)

兎月(토월): 달

1605 討 — 言 총10획 — 4급
- 훈: 칠
- 음: 토(:)

말(言)로 한마디(寸)씩 맹점을 지적하며 상대를 공격함

討論(토론) 討議(토의) 討伐(토벌) 檢討(검토)
聲討(성토)

討論(토론): 어떤 문제를 두고 여러 사람이 자기의 의견을 내고 얘기함
討議(토의): 어떤 문제를 두고 여럿이 같이 협의함

1606 通 — 辶(辵) 총11획 — 5급Ⅱ
- 훈: 통할
- 음: 통

지도를 따라 쉬엄쉬엄 걸어가니(辶) 막힌 길(甬) 없이 다 **통함**

通路(통로) 通達(통달) 通風(통풍) 通帳(통장)
一脈相通(일맥상통) 444 一方通行(일방통행)

通路(통로): 통하여 다니도록 한 길
通達(통달): 아주 능숙하게 앎

1607 痛 — 疒 총12획 — 4급
- 훈: 아플
- 음: 통:

병이 나니(疒) 몸속의 모든 길(甬)이 막힌 듯 아프다.

痛症(통증) 痛快(통쾌) 痛恨(통한) 苦痛(고통)
大聲痛哭(대성통곡) 憤痛(분통) 鎭痛劑(진통제)

痛症(통증): 아픈 증세
痛快(통쾌): 즐겁고 유쾌함

1608 統 — 糸 총12획 — 4급Ⅱ
- 훈: 거느릴
- 음: 통:

일꾼을 잘 **거느려** 실(糸)을 가득 채우도록(充) 함

統制(통제) 統合(통합) 統括(통괄) 統長(통장)
正統派(정통파) 統率力(통솔력) 大統領(대통령)

統制(통제): 어떤 행위를 제약함
統合(통합): 둘 이상의 것을 합함

1609 退 — 辶(辵) 총10획 — 4급Ⅱ
- 훈: 물러날
- 음: 퇴:

가던(辶) 길을 그치고(艮) 뒤로 **물러남**

退勤(퇴근) 退院(퇴원) 退學(퇴학) 退步(퇴보)
停年退職(정년퇴직)

退勤(퇴근): 근무를 마치고 집으로 돌아감
退院(퇴원): 병원에서 머물던 환자가 치료를 마치고 나옴

1610 投 — 扌(手) 총7획 — 4급
- 훈: 던질
- 음: 투

손(扌)에 든 몽둥이(殳)를 집어 **던짐**

投票(투표) 投資(투자) 投手(투수) 投球(투구)
投獄(투옥) 投稿(투고) 投藥(투약) 投網(투망)

投票(투표): 선거를 할 때 자신의 의사를 표시한 종이를 내는 일
投資(투자): 자본을 이득 볼 수 있는 일에 씀

1611 透

辶(辵) 총11획 3급Ⅱ

- 훈: 통할
- 음: 투

빼어난(秀) 재주를 통하여 난관을 헤치고 계속 길을 걸어감(辶)

透明(투명) 透映(투영) 透寫(투사) 透徹(투철)
透視圖(투시도) 透明度(투명도)

透明(투명) : 속이 다 보일 정도로 맑음
透寫(투사) : 글이나 글씨를 얇은 종이를 대고 베낌

1612 鬪

門 총20획 4급

- 훈: 싸움
- 음: 투

배가 고프니 콩(豆)을 조금(寸) 더 먹겠다고 싸움(門)이 남

鬪志(투지) 鬪魂(투혼) 激鬪(격투) 鬪牛士(투우사)
戰鬪機(전투기) 孤軍奮鬪(고군분투)51

鬪志(투지) : 싸우고자 하는 굳센 의지
激鬪(격투) : 서로 치고 받으며 싸움

1613 特

牛 총10획 5급Ⅱ

- 훈: 특별할
- 음: 특

소(牛)가 절(寺)에서 자라니 특별하다.

特技(특기) 特級(특급) 特別(특별) 特輯(특집)
特講(특강) 特報(특보) 特許權(특허권)

特技(특기) : 특별한 기술이나 재능
特級(특급) : 특별한 등급

1614 波

氵(水) 총8획 4급Ⅱ

- 훈: 물결
- 음: 파

물(氵)이 짐승의 가죽(皮)에 있는 무늬처럼 물결을 이루면서 흐름

波濤(파도) 波及(파급) 波長(파장) 腦波(뇌파)
一波萬波(일파만파)465 寒波(한파) 電磁波(전자파)

波濤(파도) : 바다에서 이는 물결
波及(파급) : 어떤 일이 영향을 미침

1615 派

氵(水) 총9획 4급

- 훈: 갈래
- 음: 파

물(水)이 길게 이어지는 것을 뒤집어 갈라지는 모양을 본뜬 글자

派遣(파견) 派兵(파병) 左派(좌파) 右派(우파)
派出所(파출소) 派出婦(파출부) 特派員(특파원)

派遣(파견) : 임무를 주고 보냄
派兵(파병) : 군대를 보냄

1616 破

石 총10획 4급Ⅱ

- 훈: 깨뜨릴
- 음: 파:

작은 돌(石)로 가죽(皮)을 벗기려고 힘을 주니 깨져버림

破壞(파괴) 破裂(파열) 破産(파산) 爆破(폭파)
破竹之勢(파죽지세)586 讀破(독파) 破傷風(파상풍)

破壞(파괴) : 깨지고 부서짐
破裂(파열) : 깨지고 찢어져 갈라짐

1617 頗

頁 총14획 3급

- 훈: 자못
- 음: 파

가죽(皮)으로 만든 모자를 머리(頁)에 쓰니 자못 어울린다.

頗多(파다) 偏頗(편파)
偏頗的(편파적)

頗多(파다) : 아주 많음
偏頗(편파) : 한쪽으로 치우쳐 짐

1618 罷

罒(网) 총15획 3급

- 훈: 파할
- 음: 파:

그물(罒)로 고기를 능히(能) 잡는 것을 보여준 후 일을 파하고 쉼

罷免(파면) 罷職(파직) 罷業(파업) 罷場(파장)
封庫罷職(봉고파직)241 革罷(혁파) 總罷業(총파업)

罷免(파면) : 잘못을 저지른 사람에게서 직책을 거둠
罷業(파업) : 일을 중지함

1619 播

扌(手) 총15획 3급

- 훈: 뿌릴
- 음: 파(:)

손(扌)에 쥔 씨를 차례대로(番) 뿌림

播種(파종) 播植(파식) 播多(파다) 散播(산파)
傳播(전파) 直播(직파) 俄館播遷(아관파천)

播種(파종) : 논밭에 씨앗을 뿌림
播植(파식) : 씨앗을 뿌려 심음

1620 把

扌(手) 총7획 3급

- 훈: 잡을
- 음: 파

손(扌)으로 뱀(巴)을 잡음

把握(파악) 把守兵(파수병)
把持(파지) 實態把握(실태파악)

把握(파악) : 어떤 것을 이해하고 앎
把持(파지) : 꽉 쥐고 있음

한자능력 검정시험 3급 (3급II 포함)

1621 判 훈: 판단할 / 음: 판 / ⺉(刀) 총7획 / 4급
물건을 반(半)으로 자른(⺉) 것이 짝이 맞는 지 판단함
判斷(판단) 判決(판결) 判讀(판독) 判例(판례)
批判(비판) 裁判官(재판관) 判斷力(판단력)
判斷(판단): 어떤 사물을 기준에 따라 판정함
判決(판결): 어떤 일을 판단하여 결정함

1622 板 훈: 널 / 음: 판 / 木 총8획 / 5급
나무(木)를 넓은 쪽으로 뒤집어(反) 잘라 널을 만든다.
板子(판자) 漆板(칠판) 氷板(빙판) 鋼板(강판)
看板(간판) 黑板(흑판) 懸板(현판)
板子(판자): 널빤지
看板(간판): 가게 등이 눈에 잘 보이도록 걸어놓는 표지

1623 版 훈: 조각 / 음: 판 / 片 총8획 / 3급II
조각(片)을 뒤집어(反) 반대편도 조각함
版畵(판화) 版權(판권) 原版(원판) 再版(재판)
絶版(절판) 複寫版(복사판) 出版社(출판사)
版畵(판화): 나무나 돌로 만든 판에 조각을 해 찍어낸 그림
版權(판권): 저작권의 하나로 도서출판에 관한 이익을 가지는 권리

1624 販 훈: 팔 / 음: 판 / 貝 총11획 / 3급
돈(貝)을 주고 사온 것을 반대로(反) 다시 판다.
販賣(판매) 販促(판촉) 販路(판로) 總販(총판)
街販(가판) 外販員(외판원) 自販機(자판기)
販賣(판매): 물건을 팖
販促(판촉): 여러 가지 방법을 동원해 판매를 늘리는 일

1625 八 훈: 여덟 / 음: 팔 / 八 총2획 / 8급
네 손가락씩 두 손을 편 모양으로 여덟을 뜻함
八角亭(팔각정) 八等身(팔등신) 八月(팔월)
四通八達(사통팔달)278
八角亭(팔각정): 지붕의 모서리가 여덟인 정자

1626 貝 훈: 조개 / 음: 패: / 貝 총7획 / 3급
조개의 모양을 본뜬 글자
貝類(패류) 貝物(패물) 貝塚(패총) 貝貨(패화)
種貝(종패) 貝石灰(패석회)
貝類(패류): 조개의 종류
貝物(패물): 사람의 몸을 치장하는 데 쓰는 귀금속이나 보석

1627 敗 훈: 패할 / 음: 패: / 攵(攴) 총11획 / 5급
돈(貝)을 들여 무기를 갖추고 적을 쳤으나(攵) 패함
敗者(패자) 敗北(패배) 敗亡(패망) 慘敗(참패)
敗家亡身(패가망신)589 腐敗(부패) 敗血症(패혈증)
敗者(패자): 싸움이나 경기에 진 사람
敗亡(패망): 싸움에 져서 망함

1628 片 훈: 조각 / 음: 편(:) / 片 총4획 / 3급II
나무 목(木)을 반으로 나눈 모양으로 조각을 뜻함
片道(편도) 片紙紙(편지지) 片面(편면) 破片(파편)
一片丹心(일편단심)467 阿片中毒(아편중독)
片道(편도): 길의 한 쪽
片面(편면): 한쪽 면

1629 便 훈: 1)편할 2)똥오줌 / 음: 1)편(:) 2)변: / 亻(人) 총9획 / 7급
사람(亻)은 불편한 것을 고쳐(更) 편하게 함
便安(편안) 便利(편리) 郵便(우편) 便所(변소)
便祕(변비) 用便(용변) 便宜施設(편의시설)
便安(편안): 편하고 좋음
便利(편리): 편하고 이로움

1630 偏 훈: 치우칠 / 음: 편 / 亻(人) 총11획 / 3급II
사람(亻)은 작은(扁) 것에도 감정이 치우침
偏見(편견) 偏食(편식) 偏愛(편애) 偏頭痛(편두통)
偏頗的(편파적) 偏母膝下(편모슬하)590
偏見(편견): 한쪽으로 치우친 생각이나 견해
偏食(편식): 음식을 가려 먹음

1631 遍

辶(辵) 총13획　3급

길을 걸으며(辶) 작은(扁) 것도 놓치지 않고 두루 살펴봄

- 훈: 두루
- 음: 편

遍歷(편력) 遍在(편재)
普遍性(보편성)

遍歷(편력): 여러 가지를 경험함
遍在(편재): 널리 있음

1632 篇

竹 총15획　4급

대나무(竹)를 납작하게(扁) 엮어 만든 책

- 훈: 책
- 음: 편

玉篇(옥편) 長篇(장편) 上篇(상편) 下篇(하편)
千篇一律(천편일률)549 短篇映畫(단편영화)

玉篇(옥편): 한자를 정해진 순서대로 풀이한 책
長篇(장편): 내용이 긴 문학 작품

1633 編

糸 총15획　3급Ⅱ

실(糸)로 작은(扁)것을 모아서 엮음

- 훈: 엮을
- 음: 편

編曲(편곡) 編成(편성) 編隊(편대) 編入(편입)
改編(개편) 編輯部(편집부) 編著者(편저자)

編曲(편곡): 기존의 곡을 바꿔서 다시 연주 하는 것
編隊(편대): 비행 부대를 구성하는 단위

1634 平

干 총5획　7급Ⅱ

방패(干)를 많이(八) 두드리니 평평해짐

- 훈: 평평할
- 음: 평

平和(평화) 平等(평등) 平均(평균) 平地(평지)
平準化(평준화) 衡平(형평) 平價切下(평가절하)

平和(평화): 평온하고 화목함
平等(평등): 치우침이 없이 고르고 한결같음

1635 評

言 총12획　4급

그릇된 말(言)을 바로잡기(平) 위해 평을 하다.

- 훈: 평할
- 음: 평

評價(평가) 評判(평판) 評決(평결) 論評(논평)
寸評(촌평) 批評(비평) 時事漫評(시사만평)

評價(평가): 사람이나 사물의 가치를 판단함
評判(평판): 비평하여 시비를 판정함

1636 肺

月(肉) 총9획　3급Ⅱ

몸(月)에서 특히 근원(市)이 되는 장기가 허파이다.

- 훈: 허파
- 음: 폐:

肺病(폐병) 肺癌(폐암) 肺炎(폐렴) 心肺(심폐)
肺結核(폐결핵) 肺活量(폐활량)

肺病(폐병): 폐에 관한 질병의 총칭
心肺(심폐): 심장과 폐

1637 閉

門 총11획　4급

문(門)은 기본(才)적으로 닫혀 있다.

- 훈: 닫을
- 음: 폐:

閉鎖(폐쇄) 閉校(폐교) 閉塞(폐색) 閉業(폐업)
閉幕(폐막) 自閉症(자폐증) 閉會式(폐회식)

閉鎖(폐쇄): 문을 닫고 자물쇠를 채움
閉校(폐교): 학교를 폐지함

1638 廢

广 총15획　3급Ⅱ

일꾼들을 전부 집(广)에서 떠나보내(發)고 폐하다.

- 훈: 폐할
- 음: 폐:

廢棄(폐기) 廢止(폐지) 廢鑛(폐광) 廢水(폐수)
存廢(존폐) 撤廢(철폐) 統廢合(통폐합)

廢棄(폐기): 못 쓰게 된 것을 버림
廢止(폐지): 실시하던 법규, 제도 등을 없애거나 그만둠

1639 蔽

艹(艸) 총16획　3급

해진(敝) 것을 풀(艹)로 덮다.

- 훈: 덮을
- 음: 폐:

隱蔽(은폐) 掩蔽(엄폐) 遮蔽(차폐) 建蔽率(건폐율)

隱蔽(은폐): 가리어 숨김
掩蔽(엄폐): 보이지 않도록 가려서 숨김

1640 弊

廾 총15획　3급Ⅱ

옷이 해지기를(敝) 스무(廾)번이나 해져 폐기하다.

- 훈: 해질
- 음: 폐:

弊端(폐단) 弊習(폐습) 弊害(폐해) 民弊(민폐)
語弊(어폐) 疲弊(피폐) 惡弊(악폐)

弊端(폐단): 어떤 일이나 행동에서 나타나는 옳지 못한 경향
民弊(민폐): 민간에 끼치는 폐해

1651 暴
- 부수: 日 총15획 4급II
- 훈: 1)사나울 2)모질
- 음: 1)폭 2)포

햇빛(日)을 함께(共) 받은 곡식(米)은 모진 바람에도 잘 버틴다.

暴虐(포학) 暴徒(폭도) 暴炎(폭염) 暴行(폭행)
自暴自棄(자포자기)484 橫暴(횡포) 暴風雨(폭풍우)

- 暴虐(포학) : 횡포하고 잔악함
- 暴炎(폭염) : 날이 몹시 더운 상태

1652 爆
- 부수: 火 총19획 4급
- 훈: 불터질
- 음: 폭

불(火)이 사납게(暴) 터짐

爆彈(폭탄) 爆發(폭발) 爆藥(폭약) 爆笑(폭소)
原爆(원폭) 爆發的(폭발적) 爆擊機(폭격기)

- 爆彈(폭탄) : 안에 폭약을 채워 던지거나 투하해서 터뜨리는 병기
- 爆笑(폭소) : 여럿이 폭발하듯 갑자기 웃는 웃음

1653 表
- 부수: 衣 총8획 6급II
- 훈: 겉
- 음: 표

옷(衣)을 두(二)번 뒤집어 겉을 안쪽으로 입는다.

表現(표현) 表出(표출) 辭表(사표) 圖表(도표)
表裏不同(표리부동)593 意思表示(의사표시)

- 表現(표현) : 생각이나 느낌을 말이나 행동을 통해 밖으로 드러내는 것
- 表出(표출) : 겉으로 나타남

1654 票
- 부수: 示 총11획 4급II
- 훈: 표
- 음: 표

서쪽(西)에 둔 물건이 잘 보이도록(示) 표를 붙여 둠

投票(투표) 得票(득표) 郵票(우표) 暗票(암표)
傳票(전표) 開票區(개표구) 賣票所(매표소)

- 投票(투표) : 선거 때 자신의 의견이나 뜻을 표지에 적어 내는 것
- 暗票(암표) : 뒷거래 되는 표

1655 漂
- 부수: 氵(水) 총14획 3급
- 훈: 떠다닐
- 음: 표

표(票)가 물(氵)에 떠다님.

漂流(표류) 漂迫(표박) 漂着(표착) 浮漂(부표)
漂白劑(표백제)

- 漂流(표류) : 물에 떠서 흘러감
- 浮漂(부표) : 물위에 떠서 떠돌아다님

1656 標
- 부수: 木 총15획 4급
- 훈: 표할
- 음: 표

나무(木)에 표시(票)를 표한다.

標的(표적) 標札(표찰) 標識(표지) 標榜(표방)
目標(목표) 里程標(이정표) 標準語(표준어)

- 標的(표적) : 목표가 되는 물건
- 標識(표지) : 어떤 것을 알리기 위해 눈에 띄도록 해놓은 표시

1657 品
- 부수: 口 총9획 5급II
- 훈: 물건
- 음: 품

여러 사람의 입(口)을 거쳐야 물건의 품질을 알 수 있다.

品性(품성) 品格(품격) 品種(품종) 品位(품위)
物品(물품) 商品(상품) 廢品(폐품) 部品(부품)

- 品性(품성) : 사람된 바탕과 성질
- 商品(상품) : 장사하는 물품

1658 風
- 부수: 風 총9획 6급II
- 훈: 바람
- 음: 풍

모든(凡) 벌레(虫)가 바람에 전부 사라지다.

風景(풍경) 風俗畫(풍속화) 風車(풍차) 風船(풍선)
馬耳東風(마이동풍)164 疾風怒濤(질풍노도)

- 風車(풍차) : 바람의 힘을 기계적으로 바꾸는 장치
- 風船(풍선) : 기구, 고무풍선

1659 楓
- 부수: 木 총13획 3급II
- 훈: 단풍
- 음: 풍

나무(木)가 바람(風)이 들면 단풍이 든다.

丹楓(단풍) 楓葉(풍엽)
楓嶽山(풍악산)

- 楓葉(풍엽) : 단풍나무의 잎

1660 豊
- 부수: 豆 총13획 4급II
- 훈: 풍년
- 음: 풍

콩(豆)을 바구니가 휠(曲)만큼 담을 수 있는 풍년

豊年(풍년) 豊作(풍작) 豊富(풍부) 豊盛(풍성)
豊滿(풍만) 豊足(풍족) 豊饒(풍요)

- 豊作(풍작) : 풍년이 되어 곡식이 잘 됨
- 豊富(풍부) : 넉넉하고 많음

한자능력 검정시험 3급 (3급II 포함)

1661 皮 총5획 3급II
짐승의 겉껍질(广)을 다시(又) 뚫어(|) 벗겨낸 가죽
- 훈: 가죽
- 음: 피

皮膚(피부) 皮革(피혁) 毛皮(모피) 桂皮(계피)
鹿皮(녹비) 皮相的(피상적) 鐵面皮(철면피)

皮膚(피부): 동물 몸의 겉을 싼 외피
皮革(피혁): 가죽의 총칭

1662 彳 총8획 3급II
겉만(皮) 보일 만큼 먼 저 사람(亻)
- 훈: 저
- 음: 피

彼此(피차) 彼岸(피안) 彼地(피지)
此日彼日(차일피일)535 於此彼(어차피)

彼此(피차): 서로
彼岸(피안): 강의 건너편 기슭

1663 疒 총10획 4급
겉(皮)만 봐도 아픈(疒) 것처럼 피곤해 보인다.
- 훈: 피곤할
- 음: 피

疲勞(피로) 疲困(피곤) 疲弊(피폐) 疲乏(피핍)

疲困(피곤): 몸과 마음이 지쳐 고달픔
疲乏(피핍): 피곤하고 노곤함

1664 衤(衣) 총10획 3급II
옷(衤)과 가죽(皮)을 입음
- 훈: 입을
- 음: 피:

被殺(피살) 被襲(피습) 被擊(피격) 被拉(피랍)
被服(피복) 被疑者(피의자) 被告人(피고인)

被殺(피살): 죽임을 당함
被服(피복): 옷, 의복

1665 辶(辵) 총17획 4급
허물(辟)을 피해 가다(辶).
- 훈: 피할
- 음: 피:

逃避(도피) 忌避(기피) 避身(피신) 避姙(피임)
現實逃避(현실도피) 避難(피난) 避暑地(피서지)

逃避(도피): 도망하여 몸을 피함
避身(피신): 몸을 숨기어 피함

1666 匸 총4획 3급
사람(儿)은 감추어진(匸) 짝을 찾아다님
- 훈: 짝
- 음: 필

匹敵(필적) 匹夫(필부) 匹馬(필마) 配匹(배필)
匹馬單騎(필마단기) 匹夫匹婦(필부필부)598

匹敵(필적): 능력과 세력이 엇비슷함
匹馬(필마): 말 한 필

1667 心 총5획 5급II
마음(心)을 나누면(丿) 반드시 통한다.
- 훈: 반드시
- 음: 필

必勝(필승) 必需品(필수품) 必然(필연) 必要(필요)
事必歸正(사필귀정)279 必須科目(필수과목)

必勝(필승): 반드시 이김
必然(필연): 반드시 그리됨

1668 田 총11획 3급II
많은(十) 풀(艹)을 제거하고 밭(田)일을 모두(一) 마침
- 훈: 마칠
- 음: 필

畢竟(필경) 畢納(필납) 畢業(필업) 未畢(미필)
檢査畢(검사필) 納稅畢證(납세필증)

畢業(필업): 학업 등을 마침
未畢(미필): 아직 다 끝내지 못함

1669 竹 총12획 5급II
대나무(竹) 붓(聿)이 제일 좋은 붓
- 훈: 붓
- 음: 필

筆體(필체) 筆筒(필통) 筆跡(필적) 鉛筆(연필)
萬年筆(만년필) 執筆(집필) 筆記試驗(필기시험)

筆體(필체): 글씨체
筆筒(필통): 필기구를 넣는 통

1670 一 총3획 7급II
사람이나 물건이 아래에 있음을 나타낸 글자
- 훈: 아래
- 음: 하:

下落(하락) 下級(하급) 下流(하류) 下請(하청)
天下統一(천하통일) 下部(하부) 地下鐵(지하철)

下落(하락): 값이나 등급이 떨어짐
下級(하급): 아래 등급이나 계급

1671 何
- 훈: 어찌
- 음: 하
- 부수: 亻(人) 총7획 / 3급Ⅱ

사람(亻)이 옳은(可) 말만 어찌 합니까.

何必(하필) 何人(하인) 何等(하등)
幾何級數(기하급수) 何如歌(하여가)

何必(하필): 어찌하여 반드시
何人(하인): 어떤 사람

1672 河
- 훈: 물
- 음: 하
- 부수: 氵(水) 총8획 / 5급

강에는 물(氵)이 얼마쯤(可) 있을까.

河川(하천) 河口(하구) 河馬(하마) 運河(운하)
渡河(도하) 氷河(빙하) 百年河淸(백년하청)227

河川(하천): 강과 시내
河口(하구): 강물이 큰 곳으로 흘러 들어가는 입구

1673 夏
- 훈: 여름
- 음: 하:
- 부수: 夂 총10획 / 7급

천천히 걸어도(夂) 머리(頁)에 땀나는 여름

夏至(하지) 夏季(하계) 夏服(하복) 夏節(하절)
春夏秋冬(춘하추동) 夏爐冬扇(하로동선)600

夏季(하계): 여름철
夏服(하복): 여름옷

1674 荷
- 훈: 멜
- 음: 하
- 부수: ⺾(艸) 총11획 / 3급Ⅱ

이 많은 풀(⺾)을 어찌(何) 다 멜까.

荷重(하중) 荷役(하역) 出荷(출하) 集荷(집하)
賊反荷杖(적반하장)489 負荷(부하) 手荷物(수하물)

荷重(하중): 짐의 무게
荷役(하역): 짐을 싣고 내리는 일

1675 賀
- 훈: 하례
- 음: 하:
- 부수: 貝 총12획 / 3급Ⅱ

돈(貝)을 더 보태(加) 하례함

賀禮(하례) 賀客(하객) 慶賀(경하) 祝賀宴(축하연)
年賀狀(연하장) 謹賀新年(근하신년)

賀禮(하례): 축하하는 예식
慶賀(경하): 기쁘고 즐거운 일에 대해 축하의 뜻을 표함

1676 學
- 훈: 배울
- 음: 학
- 부수: 子 총16획 / 8급

아이(子)들은 덮어놓고(冖) 어울려(臼) 사귀는(爻) 가운데 배운다.

學校(학교) 學生(학생) 學者(학자) 學說(학설)
學院(학원) 就學(취학) 博學多識(박학다식)209

學者(학자): 학문에 능통한 사람이나 연구하는 사람
學說(학설): 학문적인 문제에 대해 학자들이 내세우는 주장이나 이론

1677 鶴
- 훈: 학
- 음: 학
- 부수: 鳥 총21획 / 3급Ⅱ

새(鳥) 중에서도 특히 머리(亠)가 예쁜 새(隹)인 학

鶴舞(학무) 群鷄一鶴(군계일학)82 仙鶴(선학)
鶴首苦待(학수고대)602

鶴舞(학무): 학의 탈을 쓴 두 사람이 나와 추던 궁중춤
仙鶴(선학): 두루미

1678 汗
- 훈: 땀
- 음: 한(:)
- 부수: 氵(水) 총6획 / 3급Ⅱ

흐르는 물(氵)을 막으려니(干) 땀이 난다.

汗蒸(한증) 汗腺(한선)
不汗黨(불한당) 汗蒸幕(한증막) 汗馬之勞(한마지로)

汗腺(한선): 땀샘

1679 旱
- 훈: 가물
- 음: 한:
- 부수: 日 총7획 / 3급

해(日)가 비를 막아(干) 가물다.

旱氣(한기) 旱路(한로) 旱魃(한발) 旱害(한해)
旱災(한재)

旱氣(한기): 오래도록 비가 오지 않는 날씨
旱災(한재): 가뭄으로 인한 재앙

1680 恨
- 훈: 한할
- 음: 한:
- 부수: 忄(心) 총9획 / 4급

마음(忄)이 어긋나(艮) 한을 품음

恨歎(한탄) 怨恨(원한) 痛恨(통한)
悔恨(회한) 餘恨(여한) 徹天之恨(철천지한)552

恨歎(한탄): 원망하거나 뉘우침이 있을 때 한숨짓는 탄식
餘恨(여한): 남은 원한

한자능력 검정시험 3급 (3급II 포함)

1681 限 阝(阜) 총9획 4급II
- 훈: 한계
- 음: 한:

크게(阝) 어긋나(艮)는 것에도 **한계**가 있다.

限界(한계) 限度(한도) 限定(한정) 局限(국한)
無限軌道(무한궤도) 權限(권한) 期限附(기한부)

限界(한계) : 사물의 정해놓은 경계
局限(국한) : 범위를 어느 한 부분에 한정함

1682 寒 宀 총12획 5급
- 훈: 찰
- 음: 한

집(宀)안에 있는 사람(人) 모두(一) 함께(共) **찬** 얼음(冫)을 이겨낸다.

寒氣(한기) 寒波(한파) 寒食(한식) 惡寒(오한)
嚴冬雪寒(엄동설한) 寒冷前線(한랭전선)

寒氣(한기) : 겨울철의 찬 기운
惡寒(오한) : 몸에 열이 나면서 오슬오슬 춥고 괴로운 증세

1683 閑 門 총12획 4급
- 훈: 한가할
- 음: 한

집 안(門) 나무(木)그늘에 **한가하게** 누워 있음

閑暇(한가) 閑散(한산) 閑寂(한적) 閑良(한량)
有閑階級(유한계급) 閑談(한담) 忙中閑(망중한)

閑暇(한가) : 일이 없어 몸과 마음이 여유로움
閑良(한량) : 놀기 좋아하고 돈을 잘 쓰는 사람

1684 漢 氵(水) 총14획 7급II
- 훈: 1)한수 2)한나라
- 음: 한:

물(氵) 건너 중국(中)사람(夫)들이 많은(卄) **한나라**

漢字(한자) 漢文(한문) 漢江(한강) 漢城(한성)
怪漢(괴한) 惡漢(악한) 無賴漢(무뢰한)

漢字(한자) : 중국 고유의 문자로 우리나라, 일본에서도 사용함
怪漢(괴한) : 행동이 수상한 사나이

1685 韓 韋 총17획 8급
- 훈: 나라이름
- 음: 한(:)

많은(十) 이들이 부러워하는 조용한(韋) 아침(卓)의 나라 **한국**

韓國(한국) 韓服(한복) 韓紙(한지) 韓藥(한약)
大韓民國(대한민국) 南韓(남한) 韓半島(한반도)

韓國(한국) : 대한민국의 약칭
韓服(한복) : 한국 고유의 옷

1686 割 刂(刀) 총12획 3급II
- 훈: 벨
- 음: 할

해치기(害) 위해 칼(刂)로 적들을 **벰**

割引(할인) 割賦金(할부금) 割當(할당) 役割(역할)
群雄割據(군웅할거)[83] 分割償還(분할상환)

割引(할인) : 일정한 값에서 얼마를 덜어냄
割當(할당) : 여러 몫으로 나누는 것

1687 含 口 총7획 3급II
- 훈: 머금을
- 음: 함

이제(今) 입(口)에 **머금다**.

含蓄(함축) 含量(함량) 含有(함유) 含笑(함소)
含哺鼓腹(함포고복) 包含(포함) 含蓄性(함축성)

含蓄(함축) : 짧은 말이나 글에 어떤 뜻이 집약되어 있음
包含(포함) : 함유하고 있음

1688 咸 口 총9획 3급
- 훈: 다
- 음: 함

입구(口)를 전부 **다** 정연해 아름답다(戌).

咸池(함지) 咸告(함고) 咸卦(함괘)
咸興差使(함흥차사)[609]

咸池(함지) : 오곡을 주관하는 별
咸告(함고) : 전부 다 일러바침

1689 陷 阝(阜) 총11획 3급II
- 훈: 빠질
- 음: 함:

언덕(阝)에서 사람(人)이 함정(臼)에 **빠지다**.

陷穽(함정) 陷落(함락) 陷沒(함몰) 陷溺(함닉)
缺陷(결함) 謀陷(모함)

陷穽(함정) : 짐승을 잡기 위해 파 놓은 구덩이
陷落(함락) : 성이나 요새 등이 공격당해 점령당함

1690 合 口 총6획 5급II
- 훈: 합할
- 음: 합

사람(人)들의 입(口)을 하나로(一) **합함**

合格(합격) 合同(합동) 合勢(합세) 混合(혼합)
融合(융합) 和合(화합) 意氣投合(의기투합)

合同(합동) : 여럿이 어울려서 하나를 이룸
合勢(합세) : 세력을 하나로 모음

1691 抗 扌(手) 총7획 4급
손(扌)을 높이 들고(亢) 겨룸
- 훈: 겨룰
- 음: 항

抗議(항의) 抗爭(항쟁) 抗辯(항변) 抗訴(항소)
抗戰(항전) 抵抗(저항) 抗生劑(항생제)

抗議(항의): 반대하는 뜻을 폄
抗爭(항쟁): 버티어 다툼

1692 巷 己 총9획 3급
함께(共) 다스리는(己) 거리
- 훈: 거리
- 음: 항

巷間(항간) 巷談(항담) 閭巷(여항)
街談巷說(가담항설)

巷間(항간): 일반 사람들 사이
巷談(항담): 거리에서 떠도는 소문

1693 恒 忄(心) 총9획 3급Ⅱ
마음(忄)을 펴고(亘) 항상 즐겁게!
- 훈: 항상
- 음: 항

恒常(항상) 恒時(항시) 恒星(항성) 恒溫(항온)
恒久的(항구적) 恒茶飯事(항다반사)

恒常(항상): 끊임없이
恒時(항시): 늘, 언제나, 보통 때

1694 航 舟 총10획 4급Ⅱ
배(舟)를 타고 바다 위로 오름(亢)
- 훈: 배
- 음: 항

航海(항해) 航路(항로) 航法(항법) 缺航(결항)
密航(밀항) 歸航(귀항) 航空機(항공기)

航海(항해): 배로 바다 위를 다님
航路(항로): 배가 다니는 길

1695 港 氵(水) 총12획 4급Ⅱ
물(氵)길(巷)의 끝은 항구
- 훈: 항구
- 음: 항

港口(항구) 港灣(항만) 港都(항도) 漁港(어항)
國際空港(국제공항)

港都(항도): 항구 도시의 줄임말
漁港(어항): 고깃배가 정박하는 항구

1696 項 頁 총12획 3급Ⅱ
머리(頁)로 교묘하게(工) 항목들을 나누다.
- 훈: 항목
- 음: 항

項目(항목) 事項(사항) 條項(조항)
公知事項(공지사항)

項目(항목): 낱낱의 조항, 조목
事項(사항): 사물을 나눈 조항, 항목

1697 亥 亠 총6획 3급
돼지의 모양을 본뜬 글자
- 훈: 돼지
- 음: 해

亥年(해년) 亥月(해월) 亥日(해일) 亥時(해시)

亥月(해월): 음력 10월의 다른 이름
亥時(해시): 12지의 끝 시간, 밤 9~11시 사이

1698 害 宀 총10획 5급Ⅱ
개가 입(口)을 벌려 집(宀)주인(主)을 물어 다치게(해하게) 하다.
- 훈: 해할
- 음: 해

被害(피해) 傷害(상해) 障害(장해) 迫害(박해)
被害妄想(피해망상) 陰害(음해) 加害者(가해자)

被害(피해): 재물이나 신체적, 정신적 해를 입은 상태
陰害(음해): 넌지시 남을 해롭게 함

1699 奚 大 총10획 3급
작은(幺) 손톱(爫)을 어찌 크게(大) 기르나.
- 훈: 어찌
- 음: 해

奚琴(해금) 奚必(해필) 奚特(해특)

奚必(해필): 다른 방도가 아닌 어찌 꼭
奚特(해특): 어찌 특히

1700 海 氵(水) 총10획 7급Ⅱ
언제나 늘(每) 물(氵)만 보이는 바다
- 훈: 바다
- 음: 해

海邊(해변) 海軍(해군) 海賊(해적) 東海(동해)
茫茫大海(망망대해) 深海(심해) 海岸線(해안선)

海邊(해변): 바다와 땅이 잇닿은 곳
海賊(해적): 배를 습격해 재물을 빼앗는 바다의 도적

1711 許 — 言 총11획 — 5급

말(言)을 거스르지(午) 않아 **허락함**

훈: 허락
음: 허

許諾(허락) 許可(허가) 許容(허용) 許多(허다)
特許出願(특허출원) 不許(불허) 免許證(면허증)

許諾(허락): 청하고 바라는 바를 들어줌
許容(허용): 허락하여 받아들임

1712 虛 — 虍 총12획 — 4급II

처음(一) 갓 나온 어린(卄) 호랑이(虍)는 **약하다**.

훈: 빌
음: 허

虛構(허구) 虛僞(허위) 虛點(허점) 謙虛(겸허)
虛禮虛飾(허례허식) 虛虛實實(허허실실)615

虛僞(허위): 사실이 아닌 것을 사실처럼 꾸민 것
虛點(허점): 비거나 허술한 부분

1713 軒 — 車 총10획 — 3급

비 등을 막아(干)주는 차(車)가 쉬는 **집**

훈: 집
음: 헌

軒昻(헌앙) 軒燈(헌등) 軒號(헌호)
軒軺(헌초) 東軒(동헌)

軒燈(헌등): 처마에 다는 등
軒號(헌호): 남의 당호를 높여 부르는 말

1714 憲 — 心 총16획 — 4급

집(宀) 주인(主)이 법망(罒)을 어겨 마음(心)이 불편하다.

훈: 법
음: 헌:

憲法(헌법) 憲政(헌정) 憲兵(헌병) 違憲(위헌)
敎育憲章(교육헌장) 改憲(개헌) 制憲節(제헌절)

違憲(위헌): 법률이나 명령 등의 법이 헌법정신에 위배되는 일
改憲(개헌): 헌법의 내용을 고침

1715 獻 — 犬 총20획 — 3급II

솥(鬳)에 든 음식을 개(犬)에게 **바침**

훈: 바칠
음: 헌:

獻血(헌혈) 獻納(헌납) 獻花(헌화) 獻身(헌신)
獻金(헌금) 貢獻(공헌) 文獻(문헌) 進獻(진헌)

獻血(헌혈): 자기 피를 다른 사람에게 뽑아주는 것
獻花(헌화): 꽃을 바침

1716 險 — 阝(阜) 총16획 — 4급

언덕(阝)이 전부 다(僉) **험한** 것은 아니다.

훈: 험할
음: 험:

險難(험난) 險惡(험악) 險談(험담) 危險(위험)
健康保險(건강보험) 冒險(모험) 探險隊(탐험대)

險惡(험악): 거칠고 사나움, 마음씨가 험하고 악함
冒險(모험): 어떤 일을 위험을 무릅쓰고 하는 것

1717 驗 — 馬 총23획 — 4급II

준마(馬)를 고르기(僉) 위해 **시험함**

훈: 시험할
음: 험:

試驗(시험) 經驗(경험) 效驗(효험) 靈驗(영험)
受驗生(수험생) 實驗室(실험실) 體驗談(체험담)

試驗(시험): 사물의 성질, 능력, 정도 등에 관해 실제로 증험해 봄
效驗(효험): 약 따위의 효력

1718 革 — 革 총9획 — 4급

가죽을 손으로 벗기고 있는 모양을 본뜬 글자

훈: 가죽
음: 혁

革帶(혁대) 革新(혁신) 改革(개혁) 變革(변혁)
沿革(연혁) 皮革(피혁) 軍事革命(군사혁명)

革新(혁신): 일체의 묵은 제도나 방식을 고쳐서 새롭게 함
變革(변혁): 급격하게 바뀌어 아주 달라짐

1719 玄 — 玄 총5획 — 3급II

새끼(幺) 돼지의 머리(亠)는 **검다**.

훈: 검을
음: 현

玄米(현미) 玄黃(현황) 玄武(현무) 玄妙(현묘)
玄孫(현손) 玄奧(현오) 玄關門(현관문)

玄米(현미): 속겨를 벗기지 않은 쌀
玄武(현무): 북쪽 방위를 지키는 신령한 동물로 거북과 유사함

1720 現 — 王(玉) 총11획 — 6급II

구슬(王)을 자꾸 보니(見) 상이 **나타난다**.

훈: 나타날
음: 현:

現代(현대) 現實(현실) 現況(현황) 現在(현재)
現金(현금) 表現(표현) 現場檢證(현장검증)

現代(현대): 지금 시대
現況(현황): 현재의 상황이나 형편

한자능력 검정시험 3급 (3급II 포함)

1721 糸 총11획 3급
絃
훈 줄
음 현
거문고는 검은(玄) 실(糸)을 줄로 쓴다.
三絃(삼현) 絃樂器(현악기) 管絃樂(관현악)
絃樂三重奏(현악삼중주)

三絃(삼현) : 거문고, 가야금, 향비파 세 현악기

1722 貝 총15획 4급II
賢
훈 어질
음 현
재물(貝)을 마다하는 신하(臣)가 바르고(又) 어진 신하
賢者(현자) 賢人(현인) 賢明(현명) 聖賢(성현)

賢者(현자) : 어질고 현명하여 성인 다음가는 사람
聖賢(성현) : 성인과 현인

1723 糸 총16획 3급
縣
훈 고을
음 현:
작은(小) 일도 고치고(直) 이어가는(糸) 것을 고을 현감이 하는 일
縣監(현감) 縣令(현령)
州府郡縣(주부군현)

縣監(현감) : 현의 우두머리 벼슬아치(고려, 조선 때)
縣令(현령) : 현의 우두머리(신라 때)

1724 心 총20획 3급II
懸
훈 매달
음 현:
현감은 오직 고을(縣) 일에만 매달려야 함
懸案(현안) 懸隔(현격) 懸板(현판) 懸欄(현란)
懸垂幕(현수막) 懸賞金(현상금)

懸案(현안) : 해결되지 않고 걸려있는 안건
懸隔(현격) : 그 차이가 뚜렷하게 두드러진 상태

1725 頁 총23획 4급
顯
훈 나타날
음 현:
낮(日)에 난 작은(幺) 불(火)로 인해 사람들에게서 머리(頁)가 아픈 증세가 나타남
顯著(현저) 顯示(현시) 顯考(현고) 顯旌(현정)
顯忠日(현충일) 顯微鏡(현미경) 顯忠塔(현충탑)

顯著(현저) : 드러나서 두드러짐
顯旌(현정) : 바람에 나부끼는 기

1726 穴 총5획 3급II
穴
훈 구멍
음 혈
동굴의 모양을 본뜬 글자
穴居(혈거) 穴處(혈처) 經穴(경혈) 洞穴(동혈)
墓穴(묘혈) 孔穴(공혈) 三姓穴(삼성혈)

穴居(혈거) : 동굴 속에서 삶
洞穴(동혈) : 깊고 넓은 굴의 구멍

1727 血 총6획 4급II
血
훈 피
음 혈
제사 때 짐승의 피를 담은 그릇의 모양을 본뜬 글자
血液(혈액) 腦出血(뇌출혈) 血壓(혈압)
毛細血管(모세혈관) 血統(혈통) 血氣旺盛(혈기왕성)

血液(혈액) : 피
腦出血(뇌출혈) : 뇌의 혈관이 터지면서 피가 흐르는 상태

1728 女 총13획 3급
嫌
훈 싫어할
음 혐
여자(女)는 다른 사람과 겸(兼)해 준 선물은 싫어한다.
嫌惡(혐오) 嫌怨(혐원) 嫌忌(혐기) 嫌疑者(혐의자)
嫌惡感(혐오감) 嫌氣性(혐기성)

嫌惡(혐오) : 싫어하고 미워함
嫌怨(혐원) : 싫어하고 원망함

1729 十 총8획 4급II
協
훈 화할
음 협
열(十) 사람이 힘(力)을 더해 화합함
協商(협상) 協力(협력) 協助(협조) 協贊(협찬)
停戰協定(정전협정) 協會(협회) 協奏曲(협주곡)

協商(협상) : 여럿이 의논하여 결정함
協力(협력) : 힘을 더하여 서로 도움

1730 月(肉) 총10획 3급II
脅
훈 위협할
음 협
힘(力)으로 상대방의 몸(月)을 완전히 제압한 후 위협함
脅迫(협박) 脅約(협약) 脅奪(협탈) 脅勒(협륵)
威脅(위협) 脅迫狀(협박장)

脅迫(협박) : 남을 위협해 어떤 일을 하도록 함
脅約(협약) : 위협을 해 이룬 약속

1731 兄

儿 총5획 — 8급

입(口)을 열어 아우들에게 지시하는 사람(儿)이 형

- 훈: 맏
- 음: 형

兄弟(형제) 兄夫(형부) 兄嫂(형수) 妹兄(매형)
難兄難弟(난형난제)114 妻兄(처형) 義兄弟(의형제)

兄弟(형제): 형과 아우를 이르는 말
兄夫(형부): 언니의 남편

1732 刑

刂(刀) 총6획 — 4급

평평한(开) 곳에 사람을 묶어 두고 칼(刂)로 베어 벌함

- 훈: 형벌
- 음: 형

刑罰(형벌) 刑事(형사) 刑法(형법) 處刑(처형)
極刑(극형) 斬刑(참형) 絞首刑(교수형)

刑罰(형벌): 범죄자에게 가하는 제재
刑事(형사): 범죄를 수사하고 범인을 찾는 일을 하는 사람

1733 亨

亠 총7획 — 3급

머리(亠)속 생각을 입(口)으로 명백히 말하고 나니(了) 모든 일이 형통할 것 같음

- 훈: 형통할
- 음: 형

亨通(형통) 萬事亨通(만사형통)

亨通(형통): 모든 일이 뜻한바 대로 잘 됨

1734 形

彡 총7획 — 6급Ⅱ

평평한(开) 머리에 머리카락(彡)이 없으니 모양이 더 이상함

- 훈: 모양
- 음: 형

形態(형태) 形成(형성) 形勢(형세) 形質(형질)
象形文字(상형문자) 形式(형식) 容形詞(형용사)

形態(형태): 사물의 생김새와 모양
形成(형성): 형상을 이룸

1735 螢

虫 총16획 — 3급

덮어(冖) 놓아도 불(火)처럼 빛을 내는 곤충(虫)이 반딧불

- 훈: 반딧불
- 음: 형

螢光(형광) 螢光燈(형광등) 螢石(형석)
螢雪之功(형설지공)620 螢光物質(형광물질)

螢光(형광): 반딧불

1736 衡

行 총16획 — 3급Ⅱ

사람(亻)이 밭(田)에서 캔 큰(大) 작물을 저울대처럼 양손에 들고 걸어감(行)

- 훈: 저울대
- 음: 형

平衡(평형) 均衡(균형) 銓衡(전형) 衡平(형평)
度量衡(도량형) 不均衡(불균형)

平衡(평형): 한쪽으로 기울지 않고 안정된 상태
均衡(균형): 치우치지 않고 고른 상태

1737 兮

八 총4획 — 3급

여러(八) 수조(丁)의 모양을 본뜬 글자

- 훈: 어조사
- 음: 혜

兮呀(혜아) 歸去來兮(귀거래혜)

1738 惠

心 총12획 — 4급Ⅱ

언행을 삼가고(車) 어진 마음(心)을 베푸니 은혜가 있음

- 훈: 은혜
- 음: 혜:

惠澤(혜택) 恩惠(은혜) 特惠(특혜) 慈惠(자혜)
互惠(호혜) 天惠(천혜) 最惠國(최혜국)

惠澤(혜택): 은혜와 덕택
恩惠(은혜): 고맙게 베풀어 주는 혜택

1739 慧

心 총15획 — 3급Ⅱ

비(彗)처럼 지혜가 마음(心)에 가득하니 슬기로움

- 훈: 슬기로울
- 음: 혜:

智慧(지혜) 慧眼(혜안) 慧悟(혜오) 慧聖(혜성)
慧敏(혜민) 慧命(혜명)

智慧(지혜): 사물의 이치를 깨닫고 아는 능력
慧眼(혜안): 사물을 꿰뚫어 보는 안목

1740 戶

戶 총4획 — 4급Ⅱ

문의 반쪽을 본뜬 글자

- 훈: 집
- 음: 호:

戶主(호주) 窓戶紙(창호지) 戶數(호수)
門戶開放(문호개방) 戶口(호구) 戶籍謄本(호적등본)

窓戶紙(창호지): 주로 문에 바르던 얇은 종이
戶口(호구): 호적상 가족의 수

한자능력 검정시험 3급 (3급II 포함)

1741 互 — 二 총4획 — 3급
새끼줄을 감는 도구의 모양을 본뜬 글자

- 훈: 서로
- 음: 호

互選(호선) 互換(호환) 互稱(호칭) 互惠(호혜)
互角之勢(호각지세) 相互扶助(상호부조)

互選(호선): 조직 구성원이 투표하여 구성원 가운데서 사람을 뽑음
互換(호환): 서로 교환함

1742 乎 — 丿 총5획 — 3급
삐침(丿)과 (兮)의 합자

- 훈: 어조사
- 음: 호

斷乎(단호) 確乎(확호)
不亦樂乎(불역낙호)

斷乎(단호): 태도 등이 엄격하고 과단성 있음
確乎(확호): 아주 굳세어 흔들림 없음

1743 好 — 女 총6획 — 4급II
여자(女)와 남자(子)가 같이 있으면 좋다.

- 훈: 좋을
- 음: 호

好感(호감) 好材(호재) 好況(호황) 絶好(절호)
好衣好食(호의호식)627 選好(선호) 好奇心(호기심)

好感(호감): 좋게 여기는 마음
好材(호재): 좋은 재료

1744 虎 — 虍 총8획 — 3급II
호랑이의 모습을 본뜬 글자

- 훈: 범
- 음: 호

虎狼(호랑) 虎口(호구) 虎班(호반) 猛虎(맹호)
龍虎相搏(용호상박) 虎視眈眈(호시탐탐)625

虎狼(호랑): 호랑이와 이리, 욕심 많은 사람을 이르는 말
虎口(호구): 호랑이의 아가리, 매우 위태로운 상태

1745 呼 — 口 총8획 — 4급II
입(口)을 열어 내는 숨소리(乎)로 부름을 뜻함

- 훈: 부를
- 음: 호

呼稱(호칭) 呼吸(호흡) 呼出(호출)
呼應(호응) 呼兄呼弟(호형호제)628 歡呼聲(환호성)

呼稱(호칭): 부르는 이름
呼吸(호흡): 숨을 쉼

1746 胡 — 月(肉) 총9획 — 3급II
예전에는 (古) 달(月)이 뜨는 밤에 오랑캐를 토벌하러 감

- 훈: 오랑캐
- 음: 호

胡蝶(호접) 胡笛(호적) 胡桃(호도) 胡虜(호로)
丙子胡亂(병자호란)

胡蝶(호접): 나비
胡笛(호적): 태평소를 잘못 이르는 말

1747 浩 — 氵(水) 총10획 — 3급II
물(氵)처럼 넓은 마음을 가진 사람에겐 뭐든 말하기(告) 쉬움

- 훈: 넓을
- 음: 호

浩蕩(호탕) 浩氣(호기) 浩大(호대)
浩然之氣(호연지기)626

浩蕩(호탕): 물이 넓어서 끝이 없음
浩氣(호기): 넓고 큰 기개

1748 毫 — 毛 총11획 — 3급
높을 고(高)의 축약형과 털 모(毛)의 합자로 터럭을 뜻함

- 훈: 터럭
- 음: 호

毫髮(호발) 毫末(호말) 豪端(호단) 秋毫(추호)
揮毫(휘호)

毫髮(호발): 가늘고 짧은 털
毫末(호말): 털끝, 아주 작은 일을 비유적으로 뜻함

1749 湖 — 氵(水) 총12획 — 5급
물(氵) 위에 비친 오래된(古) 달빛(月)이 더 아름답게 보이는 호수

- 훈: 호수
- 음: 호

湖水(호수) 湖畔(호반) 湖西(호서) 江湖(강호)
湖南平野(호남평야) 畿湖地方(기호지방)

湖水(호수): 땅이 파여 물이 괴인 넓고 깊은 곳
湖畔(호반): 호숫가

1750 號 — 虍 총13획 — 5급II
호랑이(虎)가 입을 크게 벌리고(号) 부르짖는 모양을 본뜬 글자

- 훈: 이름
- 음: 호

號數(호수) 號俸(호봉) 號外(호외) 番號(번호)
暗號(암호) 商號(상호) 電話番號(전화번호)

號數(호수): 차례로 매겨진 번호
號俸(호봉): 급여의 등급

1751 豪
- 훈: 호걸
- 음: 호
- 부수: 豕 총14획 / 3급Ⅱ

높은(高) 지위에 있는 사람 중 돼지(豕)처럼 풍채가 좋은 **호걸**

豪傑(호걸) 豪言(호언) 豪奢(호사) 豪族(호족)
豪雨警報(호우경보) 豪快(호쾌) 豪華版(호화판)

豪傑(호걸) : 지혜와 용기가 있고 풍모도 좋은 사람
豪言(호언) : 자신감에 넘쳐 호기롭게 하는 말

1752 護
- 훈: 보호할
- 음: 호
- 부수: 言 총21획 / 4급Ⅱ

말(言)로 풀밭(艹)에 있는 새(隹)를 쫓아내 위험에서 또(又) **보호해 줌**

看護(간호) 警護(경호) 護送(호송) 護身術(호신술)
護衛兵(호위병) 護國英靈(호국영령)

看護(간호) : 환자를 보살펴 돌봄
警護(경호) : 미리 주변을 경계하며 보호함

1753 或
- 훈: 혹
- 음: 혹
- 부수: 戈 총8획 / 4급

성의 입구(口)에서 한(一) 사람이 **혹시**나 하며 무기(戈)를 들고 있음

或是(혹시) 或時(혹시) 或者(혹자) 或如(혹여)
或間(혹간) 間或(간혹) 設或(설혹)

或是(혹시) : 어쩌다 만약에
或者(혹자) : 어떤 사람

1754 惑
- 훈: 미혹할
- 음: 혹
- 부수: 心 총12획 / 3급Ⅱ

혹시나(或) 하는 마음(心)에 정신이 **미혹함**

迷惑(미혹) 當惑(당혹) 困惑(곤혹) 魅惑(매혹)
誘惑(유혹) 疑惑(의혹) 眩惑(현혹) 不惑(불혹)

當惑(당혹) : 무슨 일을 당하여 정신이 혼란스럽고 어찌할 바를 모름
困惑(곤혹) : 곤란한 일을 당하여 어찌할 바를 모름

1755 昏
- 훈: 저물, 어두울
- 음: 혼
- 부수: 日 총8획 / 3급

존칭(氏)을 들으며 존경받던 사람의 권세도 날(日)이 **저물듯** 기울어짐

昏絶(혼절) 昏迷(혼미) 黃昏(황혼) 昏沈(혼침)
昏定晨省(혼정신성)632 昏睡狀態(혼수상태)

昏絶(혼절) : 정신이 아찔하여 까무러침
昏迷(혼미) : 의식이 흐려지는 상태

1756 混
- 훈: 섞을
- 음: 혼
- 부수: 氵(水) 총11획 / 4급

모든 물(氵)이 같이(昆) **섞여** 바다를 이룸

混合(혼합) 混亂(혼란) 混線(혼선) 混沌(혼돈)
混聲(혼성) 混宿(혼숙) 交通混雜(교통혼잡)

混合(혼합) : 뒤죽박죽 섞어서 한데 합함
混亂(혼란) : 섞여서 어지러움

1757 婚
- 훈: 혼인할
- 음: 혼
- 부수: 女 총11획 / 4급

여자(女)가 **결혼** 할 때 날이 저무는(昏) 시간에 식을 치름

婚姻(혼인) 結婚式(결혼식) 請婚(청혼)
冠婚喪祭(관혼상제) 離婚(이혼)

婚姻(혼인) : 남자와 여자가 결혼하여 부부가 됨
結婚式(결혼식) : 남자와 여자가 부부의 서약을 하는 의식

1758 魂
- 훈: 넋
- 음: 혼
- 부수: 鬼 총14획 / 3급Ⅱ

말을 하여(云) 귀신(鬼)의 **넋**을 달래줌

魂靈(혼령) 靈魂(영혼) 商魂(상혼) 鎭魂(진혼)
鬪魂(투혼) 忠魂(충혼) 魂飛魄散(혼비백산)630

魂靈(혼령) : 영혼
商魂(상혼) : 이익을 추구하는 상인의 정신

1759 忽
- 훈: 갑자기
- 음: 홀
- 부수: 心 총8획 / 3급Ⅱ

없어진(勿) 물건을 **갑자기** 찾게 돼 마음(心)이 좋음

忽然(홀연) 忽待(홀대) 忽視(홀시) 疏忽(소홀)
忽顯忽沒(홀현홀몰)

忽然(홀연) : 갑자기
忽待(홀대) : 소홀하게 대접함

1760 弘
- 훈: 클
- 음: 홍
- 부수: 弓 총5획 / 3급

활(弓) 중에 내(厶) 것이 가장 **큼**

弘益(홍익) 弘文館(홍문관)
弘報(홍보) 弘益人間(홍익인간)

弘益(홍익) : 널리 이롭게 함
弘報(홍보) : 널리 알림

한자능력 검정시험 3급 (3급II 포함)

1761 洪 — 3급II
부수: 氵(水), 총9획
물(氵)이 사방에서 함께(共) 모였기 때문에 바다는 넓다.
- 훈: 넓을
- 음: 홍

洪水(홍수) 洪魚(홍어) 洪福(홍복)
洪吉童傳(홍길동전) 洪水警報(홍수경보)

洪水(홍수): 큰물
洪魚(홍어): 가오릿과의 바닷물고기

1762 紅 — 4급
부수: 糸, 총9획
실(糸)을 뽑는 장인(工)이 붉은색으로 실을 염색함
- 훈: 붉을
- 음: 홍

紅蔘(홍삼) 紅桃(홍도) 紅柿(홍시) 紅茶(홍차)
紅東白西(홍동백서) 紅疫(홍역) 紅一點(홍일점)

紅蔘(홍삼): 증기로 쪄서 붉은 빛을 내는 삼
紅柿(홍시): 물렁하게 익은 감

1763 鴻 — 3급
부수: 鳥, 총17획
강가(江)에 사는 큰 새(鳥)는 기러기임
- 훈: 기러기
- 음: 홍

鴻雁(홍안) 鴻鵠(홍곡) 鴻毛(홍모) 鴻爪(홍조)
鴻恩(홍은)

鴻雁(홍안): 큰 기러기와 작은 기러기
鴻鵠(홍곡): 큰 기러기와 고니

1764 火 — 8급
부수: 火, 총4획
불이 타고 있는 모양을 본뜬 글자
- 훈: 불
- 음: 화(:)

火災(화재) 火傷(화상) 火焰(화염) 火藥(화약)
火葬(화장) 火曜日(화요일) 風前燈火(풍전등화)595

火災(화재): 불로 인한 재난
火傷(화상): 불로 인해 피부에 입는 손상

1765 化 — 5급II
부수: 匕, 총4획
사람(亻)이 비수(匕)를 꽂게 됨
- 훈: 될
- 음: 화(:)

化學(화학) 化石(화석) 變化(변화) 融化(융화)
化粧室(화장실) 化粧品(화장품) 國際化(국제화)

化石(화석): 동물이나 식물의 유해가 매몰된 채로 남아 있는 것
變化(변화): 사물의 성질이나 형태 등이 변하는 것

1766 禾 — 3급
부수: 禾, 총5획
곡물의 이삭이 늘어진 모양을 본뜬 글자
- 훈: 벼
- 음: 화

禾穀(화곡) 禾苗(화묘) 禾穗(화수) 嘉禾(가화)

禾穀(화곡): 벼에 딸린 곡식을 이르는 말
禾穗(화수): 벼의 이삭

1767 花 — 7급
부수: 艹(艸), 총8획
풀(艹)이 변하여(化) 꽃이 됨
- 훈: 꽃
- 음: 화

花園(화원) 花壇(화단) 花草(화초) 梅花(매화)
無窮花(무궁화) 菊花(국화)

花園(화원): 꽃을 심은 동산
花壇(화단): 꽃을 심기 위해 꾸며 놓은 꽃밭

1768 和 — 6급II
부수: 口, 총8획
수확한 벼(禾)를 여럿이 나누어 먹으며(口) 화합함
- 훈: 화할
- 음: 화

和睦(화목) 和解(화해) 和答(화답) 和音(화음)
飽和狀態(포화상태) 國民和合(국민화합)

和解(화해): 싸움을 멈추고 감정을 풀어냄
和音(화음): 다른 둘 이상의 소리가 어우러짐

1769 華 — 4급
부수: 艹(艸), 총12획
풀(艹)과 버드나무 가지가 늘어진 모양을 본뜬 글자
- 훈: 빛날
- 음: 화

華麗(화려) 繁華街(번화가) 華燭(화촉)
中華民國(중화민국) 昇華(승화) 富貴榮華(부귀영화)

華麗(화려): 환하게 빛남
繁華街(번화가): 번성하여 화려한 거리

1770 貨 — 4급II
부수: 貝, 총11획
화폐(貝)를 사용하여 필요한 물품을 바꾸니(化) 재물을 뜻함
- 훈: 재물
- 음: 화:

貨幣(화폐) 財貨(재화) 鑄貨(주화) 寶貨(보화)
外貨獲得(외화획득) 通貨(통화) 貨物車(화물차)

財貨(재화): 재물
鑄貨(주화): 쇠붙이로 만든 화폐

1771 畫 田 총12획 5급Ⅱ
- 훈: 그림
- 음: 화

붓(聿)으로 밭(田)의 풍경을 하나(一)씩 채워가며 그린 그림

畫家(화가) 畫像(화상) 壁畫(벽화) 錄畫(녹화)
畫龍點睛(화룡점정)634 漫畫映畫(만화영화)

畫家(화가): 그림을 그리는 사람
畫像(화상): 사람의 얼굴을 그림으로 그린 것

1772 話 言 총13획 7급Ⅱ
- 훈: 말씀
- 음: 화

말(言)할 때 혀(舌)를 내밀어가며 이야기를 재밌게 함

話題(화제) 對話(대화) 偶話(우화) 童話(동화)
千一夜話(천일야화) 逸話(일화) 電話機(전화기)

話題(화제): 이야깃거리
對話(대화): 마주하여 이야기를 나눔

1773 禍 示 총14획 3급Ⅱ
- 훈: 재앙
- 음: 화

해(日)가 비추는 성(冂)의 입구(口)에 보이지(示) 않는 재앙이 들이닥침

災禍(재화) 慘禍(참화) 飛禍(비화) 士禍(사화)
輪禍(윤화) 禍根(화근) 轉禍爲福(전화위복)500

慘禍(참화): 비참한 재난
飛禍(비화): 남의 일 때문에 당하는 재앙

1774 確 石 총15획 4급Ⅱ
- 훈: 굳을
- 음: 확

돌(石)로 덮어(冖) 놓은 지붕 위에 새(隹)가 굳은 것처럼 가만히 앉아 있음

確信(확신) 確實(확실) 確立(확립) 確保(확보)
確證(확증) 確率(확률) 確固不動(확고부동)638

確信(확신): 굳게 믿는 마음
確實(확실): 틀림없이 그러함

1775 擴 扌(手) 총18획 3급
- 훈: 넓힐
- 음: 확

손(扌)으로 넓은(廣) 곳을 더 넓힘

擴大(확대) 擴散(확산) 擴充(확충) 擴聲器(확성기)
擴大鏡(확대경) 擴張工事(확장공사)

擴大(확대): 규모를 더 크게 넓힘
擴散(확산): 널리 퍼짐

1776 穫 禾 총19획 3급
- 훈: 거둘
- 음: 확

벼(禾)나 풀(艹)을 새(隹)가 먹지 못하게 손(又)으로 거둬들임

收穫(수확) 收穫物(수확물)
秋穫(추확) 收穫量(수확량)

收穫(수확): 익은 농작물을 거둬들임
秋穫(추확): 가을철에 수확함

1777 丸 丶 총3획 3급
- 훈: 둥글
- 음: 환

아홉(九) 명이 점(丶)을 중심으로 둥글게 서 있음

彈丸(탄환) 砲丸(포환) 睾丸(고환) 丸藥(환약)
投砲丸(투포환) 淸心丸(청심환)

彈丸(탄환): 탄알
砲丸(포환): 대포의 탄알

1778 患 心 총11획 5급
- 훈: 근심
- 음: 환

습관(串)처럼 마음(心)에 근심이 항상 있음

患者(환자) 患亂(환란) 病患(병환) 老患(노환)
憂患(우환) 宿患(숙환) 有備無患(유비무환)411

患者(환자): 아파서 치료를 받아야 하는 사람
患亂(환란): 근심과 재앙

1779 換 扌(手) 총12획 3급Ⅱ
- 훈: 바꿀
- 음: 환

손(扌)으로 오래된 전구를 바꿔 달아서 빛(奐)을 냄

換率(환율) 換錢(환전) 換算(환산) 交換(교환)
換骨奪胎(환골탈태)639 轉換社債(전환사채)

換算(환산): 어떤 단위를 다른 단위로 바꾸어 셈함
換錢(환전): 돈을 바꿈

1780 還 辶(辵) 총17획 3급Ⅱ
- 훈: 돌아올
- 음: 환

쉬엄쉬엄 가다(辶) 놀라서(睘) 돌아옴

還拂(환불) 還生(환생) 還甲(환갑) 還給(환급)
返還(반환) 歸還(귀환) 送還(송환) 奪還(탈환)

還拂(환불): 돈이나 물건을 바꾸어 돌려줌
還生(환생): 죽은 사람이 다시 태어남

한자능력 검정시험 3급 (3급II 포함)

1781 環 王(玉) 총17획 · 4급
평범한 옥(玉)구슬을 놀랍게도(睘) 고리로 만듦
- 훈: 고리
- 음: 환

環境(환경) 環狀(환상) 循環(순환) 花環(화환)
血液循環(혈액순환) 環境污染(환경오염)

環境(환경) : 살아가고 있는 주변의 상태
環狀(환상) : 고리처럼 둥글게 생긴 형태

1782 歡 欠 총22획 · 4급
풀(艹)을 쪼아 입으로(口) 먹는 새(隹)를 발견하고 **기뻐서** 하품(欠)하듯 입이 벌어짐
- 훈: 기쁠
- 음: 환

歡迎(환영) 歡待(환대) 歡心(환심) 歡談(환담)
哀歡(애환) 歡樂街(환락가) 歡呼聲(환호성)

歡迎(환영) : 기쁘게 반김
歡待(환대) : 후하게 대접함

1783 活 氵(水) 총9획 · 7급II
물(氵)이 **살아** 있는 혀(舌)처럼 움직임
- 훈: ①살 ②물소리
- 음: ①활 ②괄

活潑(활발) 死活(사활) 快活(쾌활) 復活(부활)
活活(괄괄) 活力素(활력소) 生活苦(생활고)

活潑(활발) : 생기 있고 힘참
死活(사활) : 죽음과 삶. 중대한 문제를 이르는 말

1784 況 氵(水) 총8획 · 4급
물(氵)도 위에서 아래로 흐르는데, **하물며** 사람은 윗사람(兄)을 더 존경해야 함
- 훈: 하물며
- 음: 황:

況且(황차) 現況(현황) 狀況(상황) 景況(경황)
近況(근황) 情況(정황) 不況(불황) 好況(호황)

現況(현황) : 현재의 상황
景況(경황) : 정신적인 여유

1785 皇 白 총9획 · 3급II
하얀(白) 관을 쓴 왕(王)이 **임금**
- 훈: 임금
- 음: 황

皇帝(황제) 皇妃(황비) 皇后(황후) 皇宮(황궁)
皇室(황실) 敎皇(교황) 皇國史觀(황국사관)

皇妃(황비) : 황제의 아내
皇宮(황궁) : 황제의 궁궐

1786 艹(艸) 총10획 · 3급II
풀(艹)이 죽고(亡) 흐르는 물(川)도 없는 **거친** 땅
- 훈: 거칠
- 음: 황

荒野(황야) 荒涼(황량) 虛荒(허황) 荒蕪地(황무지)
荒廢化(황폐화) 荒唐無稽(황당무계) 641

荒野(황야) : 거친 들판
荒涼(황량) : 황폐하여 쓸쓸함

1787 黃 黃 총12획 · 5급II
빛(光)과 밭(田)의 합자로 땅에 비치는 빛이 **노랗**다는 뜻
- 훈: 누를
- 음: 황

黃金(황금) 黃砂(황사) 黃牛(황우) 黃昏(황혼)
黃桃(황도) 亞黃酸(아황산) 朱黃色(주황색)

黃金(황금) : 누런빛의 금
黃砂(황사) : 누런 모래

1788 灰 火 총6획 · 4급
손(又)의 변형글자로 손으로 불(火)에 타고 남은 **재**를 모으는 모양을 본뜬 글자
- 훈: 재
- 음: 회

灰色(회색) 石灰巖(석회암)
洋灰(양회) 灰白色(회백색) 灰色分子(회색분자)

灰色(회색) : 재의 빛을 띤 색
洋灰(양회) : 건축의 재료가 되는 접합제

1789 回 口 총6획 · 4급II
성(口)의 입구(口)를 통해 **돌아옴**
- 훈: 돌아올
- 음: 회

回復(회복) 回想(회상) 回避(회피) 回答(회답)
回轉木馬(회전목마) 回甲(회갑) 回顧錄(회고록)

回復(회복) : 원상태로 돌아감
回想(회상) : 지난 일을 생각함

1790 悔 忄(心) 총10획 · 3급II
잘못한 일을 마음(忄)속으로 매일(每)같이 **뉘우침**
- 훈: 뉘우칠
- 음: 회:

悔心(회심) 悔恨(회한) 悔改(회개) 悔悟(회오)
懺悔錄(참회록) 後悔莫及(후회막급)

悔心(회심) : 뉘우치는 마음
悔恨(회한) : 뉘우치고 한탄함

1791 會

日 · 총13획　6급Ⅱ

여덟(八) 명이 마음을 합하여(合) 날마다(日)같이 모임

- 훈 모일
- 음 회

會社(회사) 會議(회의) 會食(회식) 會計(회계)
頂上會談(정상회담) 朝會(조회) 博覽會(박람회)

會議(회의) : 여럿이 모여서 의논함
會食(회식) : 여럿이 모여 같이 식사함

1792 懷

忄(心) · 총19획　3급Ⅱ

생각을 마음(忄)에 품고(褱) 있음

- 훈 품을
- 음 회

懷抱(회포) 懷柔(회유) 懷古(회고) 感懷(감회)
虛心坦懷(허심탄회)613 述懷(술회) 懷疑的(회의적)

懷抱(회포) : 마음에 품고 있는 생각이나 감정
懷柔(회유) : 어루만져 달램

1793 劃

刂(刀) · 총14획　3급Ⅱ

그림(畫)을 칼(刂)로 그어 나눔

- 훈 그을
- 음 획

劃一(획일) 劃策(획책) 劃數(획수) 企劃(기획)
家族計劃(가족계획) 區劃(구획) 劃期的(획기적)

劃一(획일) : 하나 같이 다 같음
劃策(획책) : 어떤 일을 꾸밈

1794 獲

犭(犬) · 총17획　3급Ⅱ

사냥개(犭)가 풀(艹) 위에 앉아 있는 새(隹)를 또(又) 잡아옴

- 훈 얻을
- 음 획

獲得(획득) 捕獲(포획) 濫獲(남획) 漁獲(어획)
外貨獲得(외화획득)

獲得(획득) : 얻어서 가짐
捕獲(포획) : 짐승 따위를 잡음

1795 橫

木 · 총16획　3급Ⅱ

나무(木)의 노란(黃) 속을 가로로 자름

- 훈 가로
- 음 횡

橫列(횡렬) 橫隊(횡대) 橫財(횡재) 橫暴(횡포)
橫領(횡령) 專橫(전횡) 橫斷步道(횡단보도)

橫列(횡렬) : 가로로 줄을 지음
橫隊(횡대) : 가로로 줄을 지어 놓은 대형

1796 孝

子 · 총7획　7급Ⅱ

늙은(老) 부모를 자녀(子)가 업고 가는 것이 효도

- 훈 효도
- 음 효

孝心(효심) 孝行(효행) 孝子(효자) 孝女(효녀)
孝道(효도) 孝婦(효부) 忠孝思想(충효사상)

孝心(효심) : 효성스러운 마음
孝行(효행) : 효성스러운 행동

1797 效

攵(攴) · 총10획　5급Ⅱ

본받을 수 있는 사람을 사귀라고(交) 회초리를 치며(攵) 가르침

- 훈 본받을
- 음 효

效果(효과) 效用(효용) 效能(효능) 無效(무효)
藥效(약효) 發效(발효) 效率的(효율적)

效果(효과) : 어떤 행위에 의해 나타나는 결과
效能(효능) : 효험 있는 능력

1798 曉

日 · 총16획　3급

해(日)가 먼(堯) 곳에서 뜨고 있는 새벽

- 훈 새벽
- 음 효

曉星(효성) 曉月(효월) 曉得(효득) 曉然(효연)
曉習(효습) 曉悟(효오)

曉星(효성) : 샛별
曉月(효월) : 새벽달

1799 厚

厂 · 총9획　4급

굴 바위(厂) 아래 햇빛(日)도 안 드는 곳에 사는 그 아이(子)는 인정만큼은 두텁다.

- 훈 두터울
- 음 후

厚德(후덕) 厚生(후생) 厚謝(후사) 濃厚(농후)
仁厚(인후) 厚顔無恥(후안무치)645

厚德(후덕) : 덕이 후함
厚生(후생) : 넉넉하게 삶

1800 侯

亻(人) · 총9획　3급

언덕(厂)에 올라서 화살(矢)을 쏘는 사람(亻)이 제후

- 훈 제후
- 음 후

諸侯(제후) 王侯(왕후) 侯爵(후작)
王侯將相(왕후장상) 土侯國(토후국)

王侯(왕후) : 제왕과 제후

한자능력 검정시험 3급 (3급Ⅱ 포함)

1801 後 / 彳 / 총9획 / 7급Ⅱ
걸어가는(彳) 아이(幺)의 걸음걸이가 늦어(夂) 뒤로 처짐
- 훈: 뒤
- 음: 후:

後世(후세) 後退(후퇴) 後尾(후미) 後食(후식)
前後(전후) 死後(사후) 後遺症(후유증)

後世(후세): 다음 세대
後退(후퇴): 뒤로 물러남

1802 候 / 亻(人) / 총10획 / 4급
송곳(丨)이 과녁(侯)을 뚫듯 날카롭게 기후를 관찰함
- 훈: 기후
- 음: 후

氣候(기후) 徵候(징후) 候補(후보)
立候補者(입후보자)

氣候(기후): 대기의 상태
徵候(징후): 겉으로 보이는 낌새

1803 訓 / 言 / 총10획 / 5급Ⅱ
말(言)을 물(川) 흐르듯 잘 해서 가르침
- 훈: 가르칠
- 음: 훈:

訓練(훈련) 訓示(훈시) 訓戒(훈계) 訓讀(훈독)
訓蒙字會(훈몽자회)646 訓長(훈장) 敎訓的(교훈적)

訓練(훈련): 가르쳐 익히게 함
訓示(훈시): 가르쳐 보임

1804 毁 / 殳 / 총13획 / 3급
잘못 만든 절구(臼)를 장인(工)이 몽둥이(殳)로 쳐서 부숨
- 훈: 헐
- 음: 훼:

毁損(훼손) 毁謗(훼방) 毁壞(훼괴) 毁棄(훼기)
毁瘠(훼척) 名譽毁損(명예훼손)

毁謗(훼방): 남의 일을 방해함
毁壞(훼괴): 헐어서 깨뜨림

1805 揮 / 扌(手) / 총12획 / 4급
손(扌)을 휘둘러 군대(軍)를 지휘함
- 훈: 휘두를
- 음: 휘

指揮(지휘) 發揮(발휘) 揮毫(휘호) 揮發油(휘발유)
指揮者(지휘자) 一筆揮之(일필휘지)468

指揮(지휘): 손 등을 통하여 여러 사람의 행동을 통솔함
揮毫(휘호): 붓을 휘두른다는 뜻으로 글이나 그림을 쓰거나 그림

1806 輝 / 車 / 총15획 / 3급
덮개(冖)를 열자 차(車)에서 빛(光)이 날 정도로 반짝거림
- 훈: 빛날
- 음: 휘

輝度(휘도) 輝光(휘광)
輝煌燦爛(휘황찬란)

輝光(휘광): 빛이 남

1807 休 / 亻(人) / 총6획 / 7급
사람(亻)이 나무(木) 옆에 앉아서 쉼
- 훈: 쉴
- 음: 휴

休暇(휴가) 休業(휴업) 休講(휴강) 連休(연휴)
休戰線(휴전선) 休憩室(휴게실) 公休日(공휴일)

休暇(휴가): 직장 등을 일정한 기간 동안 쉼
休業(휴업): 사업 등을 일시적으로 쉼

1808 携 / 扌(手) / 총13획 / 3급
손(扌)으로 새(隹)를 끌어와 너(乃)에게 줌
- 훈: 이끌
- 음: 휴

携帶(휴대) 携帶品(휴대품) 提携(제휴)
技術提携(기술제휴) 携帶電話機(휴대전화기)

携帶(휴대): 물건을 손에 지니고 다님
提携(제휴): 함께 행동을 하기 위해 서로 도와줌

1809 凶 / 凵 / 총4획 / 5급Ⅱ
그릇(凵)에 금(×)이 가니 운수가 흉함
- 훈: 흉할
- 음: 흉

凶家(흉가) 凶作(흉작) 凶器(흉기) 凶測(흉측)
吉凶禍福(길흉화복) 凶計(흉계) 凶惡犯(흉악범)

凶家(흉가): 흉한일이 있는 불길한 집
凶作(흉작): 수확이 평년에 많이 못 미치는 일

1810 胸 / 月(肉) / 총10획 / 3급Ⅱ
몸(月)에서 빈(凶) 곳을 싸고(勹) 있는 곳이 가슴
- 훈: 가슴
- 음: 흉

胸部(흉부) 胸像(흉상) 胸廓(흉곽) 胸腹(흉복)
胸圍(흉위) 胸背(흉배)

胸部(흉부): 가슴
胸像(흉상): 사람의 모습을 가슴까지만 표현한 조각상

배정한자

1811 黑 (총12획) 5급
불(火)을 피워 창이 **검게** 그을리는 모양을 본뜬 글자
- 훈: 검을
- 음: 흑

黑人(흑인) 黑死病(흑사병) 黑色(흑색)
黑白論理(흑백논리) 黑鉛(흑연) 近墨者黑(근묵자흑)91

黑死病(흑사병) : 페스트
黑鉛(흑연) : 연필심의 재료가 되는 탄소로 이뤄진 광물

1812 吸 口 (총7획) 4급Ⅱ
입(口)을 열어 신선한 산소를 **마시니** 정신이 맑은 상태에 이름(及)
- 훈: 마실
- 음: 흡

吸收(흡수) 吸入(흡입) 吸煙(흡연) 吸着(흡착)
吸引力(흡인력) 呼吸(호흡) 吸血鬼(흡혈귀)

吸收(흡수) : 빨아서 거둬들임
吸入(흡입) : 빨아들임

1813 興 臼 (총16획) 4급Ⅱ
절구(臼)를 여러 명이 같이(同) 받쳐 **들어**(舁) 올림
- 훈: 일어날
- 음: 흥(:)

興奮(흥분) 遊興(유흥) 復興(부흥) 餘興(여흥)
興亡盛衰(흥망성쇠)647 興味津津(흥미진진)

興奮(흥분) : 자극을 받아 일어나는 감정
遊興(유흥) : 흥겹게 놂

1814 希 巾 (총7획) 4급Ⅱ
사귈 효(爻)와 수건 건(巾)의 합자
- 훈: 바랄
- 음: 희

希望(희망) 希求(희구) 希願(희원) 希臘語(희랍어)

希望(희망) : 앞일에 대해 바라고 기대함
希求(희구) : 바라고 구함

1815 喜 口 (총12획) 4급
열(十) 개씩 콩(료)을 입(口)에 넣고 먹으니 **기쁘다**.
- 훈: 기쁠
- 음: 희

喜劇(희극) 喜悅(희열) 喜悲(희비) 歡喜(환희)
喜消息(희소식)

喜劇(희극) : 관객을 웃기는 장면이 많은 연극
喜悅(희열) : 기쁘고 즐거워함

1816 稀 禾 (총12획) 3급Ⅱ
벼(禾)가 성기게(希) 열려 쌀알이 **드물다**.
- 훈: 드물
- 음: 희

稀貴(희귀) 稀微(희미) 稀釋(희석) 稀薄(희박)
古稀(고희) 稀少價値(희소가치)

稀微(희미) : 흐릿하고 어렴풋함

1817 戲 戈 (총17획) 3급Ⅱ
호랑이(虍)가 콩(豆)을 갖고 놀듯 무기(戈)를 들고 상대 장수를 **희롱함**
- 훈: 희롱할
- 음: 희

戲弄(희롱) 戲曲(희곡) 戲劇(희극)
戲畫(희화) 戲筆(희필) 戲稱(희칭) 遊戲(유희)

戲弄(희롱) : 제멋대로 가지고 놂
戲曲(희곡) : 무대에 올릴 것을 목적으로 하는 대본

흥

한자능력 검정시험 3급(3급II 포함)

전용한자(250자)

暇刻覺干看簡甘敢甲降更巨居拒據傑儉激擊犬堅傾鏡驚系戒
季階繼鷄孤庫穀困骨孔攻管鑛構君群屈窮券卷勸歸均劇筋勤
奇紀寄機納段逃徒盜卵亂覽略糧慮烈龍柳輪離妹勉鳴模妙墓
舞拍髮妨犯範辯普伏複否負粉憤批秘碑私射絲辭散象傷宣舌
屬損松頌秀叔肅崇氏額樣嚴與易域延鉛燃緣迎映營豫遇郵優
怨援源危委威圍慰乳遊遺儒隱依疑儀異仁姉姿資殘雜壯帳張
裝腸奬底賊適積績籍專錢轉折占點丁整靜帝條組潮存從鍾座
朱周酒證持智誌織珍陣盡差讚採冊泉聽廳招推縮就趣層針寢
稱彈歎脫探擇討痛投鬪派判篇評閉胞爆標疲避恨閑抗核憲險
革顯刑或混婚紅華環歡況灰厚候揮喜

 전용한자(250자)

假街減監康講個檢缺潔經境慶警係故官句求究宮權極禁起器
暖難努怒單端檀斷達擔黨帶隊導毒督銅斗豆得燈羅兩麗連列
錄論留律滿脈毛牧武務未味密博防房訪拜背配伐罰壁邊步保
報寶復府婦副富佛非飛悲備貧寺舍師謝殺床狀常想設星城盛
聖誠聲細稅勢素笑掃俗續送守收受修授純承是施視詩試息申
深眼暗壓液羊如餘逆研煙演榮藝誤玉往謠容員圓爲衛肉恩陰
應義議移益引印認將障低敵田絶接政程精制除祭提製際濟早
助造鳥尊宗走竹準衆增支至志指職眞進次察創處請銃總蓄築
忠蟲取測治置齒侵快態統退波破布包砲暴票豊限航港解香鄕
虛驗賢血協惠戶好呼護貨確回吸興希

212

讀破 독하게 파고들자!
새로운 유형의 한자 학습서!

韓國漢字能力檢定
한자능력검정시험

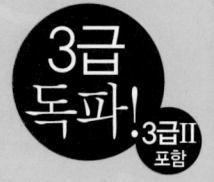

한자 깊이 익히기

1. 유의자
2. 반의자
3. 반의어
4. 동음이의어/동자이음어
5. 잘못 읽기 쉬운 한자/틀리기 쉬운 한자
6. 장음으로 발음되는 한자
   장·단음으로 발음되는 한자
7. 사자성어
8. 약자/속자

한자능력 검정시험 3급 (3급II 포함)

1 유의자

가옥	家 집 가 ≒ 屋 집 옥
가요	歌 노래 가 ≒ 謠 노래 요
가증	加 더할 가 ≒ 增 증가할 증
가택	家 집 가 ≒ 宅 집 택
각오	覺 깨달을 각 ≒ 悟 깨달을 오
간격	間 사이 간 ≒ 隔 사이뜰 격
간음	姦 음란할 간 ≒ 淫 음란할 음
감시	監 볼 감 ≒ 視 볼 시
거대	巨 클 거 ≒ 大 큰 대
거주	居 살 거 ≒ 住 살 주
견고	堅 굳을 견 ≒ 固 굳을 고
견인	牽 끌 견 ≒ 引 끌 인
결단	決 도려낼 결 ≒ 斷 끊을 단
결별	訣 이별할 결 ≒ 別 헤어질 별
경계	境 지경 경 ≒ 界 지경 계
경쟁	競 다툴 경 ≒ 爭 다툴 쟁
계급	階 섬돌 계 ≒ 級 계단 급
계단	階 섬돌 계 ≒ 段 층계 단
계층	階 섬돌 계 ≒ 層 층 층
고독	孤 외로울 고 ≒ 獨 홀로 독
고려	考 생각할 고 ≒ 慮 생각할 려
고용	雇 품팔 고 ≒ 傭 품팔 용

곤장	棍 몽둥이 곤 ≒ 杖 지팡이 장
공격	攻 칠 공 ≒ 擊 칠 격
공경	恭 공손할 공 ≒ 敬 공경 경
공포	恐 두려울 공 ≒ 怖 두려워할 포
공허	空 빌 공 ≒ 虛 빌 허
공헌	貢 바칠 공 ≒ 獻 바칠 헌
과실	果 과실 과 ≒ 實 열매 실
과오	過 실수할 과 ≒ 誤 잘못할 오
관철	觀 꿸 관 ≒ 徹 통할 철
관통	貫 꿸 관 ≒ 通 통할 통
교만	驕 무례할 교 ≒ 慢 오만할 만
교훈	敎 가르칠 교 ≒ 訓 가르칠 훈
구비	具 갖출 구 ≒ 備 갖출 비
규칙	規 법 규 ≒ 則 법칙 칙
기술	技 재주 기 ≒ 術 재주 술
기아	飢 주릴 기 ≒ 餓 주릴 아
기예	伎 재주 기 ≒ 藝 재주 예
나약	懦 나약할 나 ≒ 弱 약할 약
단계	段 층계 단 ≒ 階 섬돌 계
단절	斷 끊을 단 ≒ 絶 끊을 절
담화	談 말씀 담 ≒ 話 말씀 화
도당	徒 무리 도 ≒ 黨 무리 당

214

유의자

도로	道	길	도	≒	路	길	로
도적	盜	도둑	도	≒	賊	도둑	적
도피	逃	도망할	도	≒	避	피할	피
도화	圖	그림	도	≒	畫	그림	화
돈독	敦	도타울	돈	≒	篤	도타울	독
말단	末	끝	말	≒	端	끝	단
말미	末	끝	말	≒	尾	꼬리	미
면려	勉	힘쓸	면	≒	勵	힘쓸	려
멸망	滅	멸할	멸	≒	亡	망할	망
명령	命	명령할	명	≒	令	명령할	령
모발	毛	털	모	≒	髮	터럭	발
모범	模	법	모	≒	範	법	범
묘사	廟	사당	묘	≒	祠	사당	사
무성	茂	무성할	무	≒	盛	성할	성
문장	文	글월	문	≒	章	글	장
반환	返	돌이킬	반	≒	還	돌아올	환
발사	發	쏠	발	≒	射	쏠	사
방어	防	막을	방	≒	禦	막을	어
법식	法	법	법	≒	式	법	식
법전	法	법	법	≒	典	법	전
보고	報	알릴	보	≒	告	고할	고
보상	報	갚을	보	≒	償	갚을	상
보수	保	지킬	보	≒	守	지킬	수
보호	保	지킬	보	≒	護	도울	호

부속	附	붙을	부	≒	屬	붙일	속
부조	扶	도울	부	≒	助	도울	조
부차	副	버금	부	≒	次	버금	차
분노	忿	성낼	분	≒	怒	성낼	노
분묘	墳	무덤	분	≒	墓	무덤	묘
비상	飛	날	비	≒	翔	날	상
빈궁	貧	가난할	빈	≒	窮	궁할	궁
사고	思	생각	사	≒	考	생각할	고
사념	思	생각	사	≒	念	생각	념
사려	思	생각	사	≒	慮	생각할	려
사상	思	생각	사	≒	想	생각할	상
사설	辭	말씀	사	≒	說	말씀	설
사택	舍	집	사	≒	宅	집	택
상념	想	생각	상	≒	念	생각할	념
생산	生	날	생	≒	産	낳을	산
석방	釋	풀	석	≒	放	놓을	방
선택	選	가릴	선	≒	擇	가릴	택
세탁	洗	씻을	세	≒	濯	씻을	탁
소송	訴	호소할	소	≒	訟	송사할	송
속박	束	묶을	속	≒	縛	얽을	박
수목	樹	나무	수	≒	木	나무	목
숙련	熟	익을	숙	≒	練	익힐	련
숭고	崇	높을	숭	≒	高	높을	고
승계	承	이을	승	≒	繼	이을	계

한자능력 검정시험 3급 (3급Ⅱ 포함)

시설	施 베풀 시	≒	設 베풀 설	위조	萎 시들 위	≒	凋 시들 조
시초	始 처음 시	≒	初 처음 초	유랑	流 흐를 류	≒	浪 물결 랑
시험	試 시험 시	≒	驗 시험할 험	윤회	輪 바퀴 윤	≒	廻 돌 회
신음	呻 읊조릴 신	≒	吟 읊을 음	은닉	隱 숨길 은	≒	匿 숨길 닉
신장	伸 펼 신	≒	張 긴 장	은혜	恩 은혜 은	≒	惠 은혜 혜
신체	身 몸 신	≒	體 몸 체	음성	音 소리 음	≒	聲 소리 성
안목	眼 눈 안	≒	目 눈 목	의논	議 의논할 의	≒	論 논할 론
애도	哀 슬플 애	≒	悼 슬퍼할 도	의료	醫 의원 의	≒	療 병고칠 료
억압	抑 누를 억	≒	壓 누를 압	의복	衣 옷 의	≒	服 옷 복
언어	言 말씀 언	≒	語 말씀 어	의지	意 뜻 의	≒	志 뜻 지
역경	域 지경 역	≒	境 지경 경	이별	離 떠날 리(이)	≒	別 헤어질 별
연락	連 이을 련	≒	絡 이을 락	인연	因 인할 인	≒	緣 인연 연
연세	年 해 년	≒	歲 해 세	잉여	剩 남을 잉	≒	餘 남을 여
연속	連 이을 련	≒	續 이을 속	재화	災 재앙 재	≒	禍 재앙 화
연습	練 익힐 연	≒	習 익힐 습	재화	財 재물 재	≒	貨 재물 화
염려	念 생각 념	≒	慮 생각할 려	저주	咀 저주할 저	≒	呪 빌 주
예술	藝 재주 예	≒	術 재주 술	저축	貯 쌓을 저	≒	蓄 모을 축
오류	誤 그르칠 오	≒	謬 그르칠 류	저항	抵 막을 저	≒	抗 겨룰 항
온난	溫 따뜻할 온	≒	暖 따뜻할 난	전투	戰 싸움 전	≒	鬪 싸움 투
완전	完 완전할 완	≒	全 온전 전	절도	竊 훔칠 절	≒	盜 도둑 도
우수	憂 근심 우	≒	愁 근심 수	정결	淨 깨끗할 정	≒	潔 깨끗할 결
운반	運 옮길 운	≒	搬 옮길 반	정류	停 머무를 정	≒	留 머무를 류
원한	怨 원망할 원	≒	恨 한 한	정벌	征 칠 정	≒	伐 칠 벌
위대	偉 클 위	≒	大 큰 대	정직	正 바를 정	≒	直 곧을 직

유의자

정탐	偵	염탐할	정	≒	探	찾을	탐	채소	菜	나물	채	≒ 蔬	나물 소
제왕	帝	임금	제	≒	王	임금	왕	청결	淸	맑을	청	≒ 潔	깨끗할 결
제작	製	지을	제	≒	作	지을	작	청문	聽	들을	청	≒ 聞	들을 문
제조	製	지을	제	≒	造	지을	조	청정	淸	맑을	청	≒ 淨	깨끗할 정
조우	遭	만날	조	≒	遇	만날	우	촉급	促	재촉할	촉	≒ 急	급할 급
존재	存	있을	존	≒	在	있을	재	취지	趣	뜻	취	≒ 旨	뜻 지
졸병	卒	군사	졸	≒	兵	군사	병	층계	層	층	층	≒ 階	섬돌 계
종료	終	마칠	종	≒	了	마칠	료	타격	打	칠	타	≒ 擊	칠 격
주거	住	살	주	≒	居	살	거	탁월	卓	높을	탁	≒ 越	넘을 월
주류	駐	머무를	주	≒	留	머무를	류	토벌	討	칠	토	≒ 伐	칠 벌
주홍	朱	붉을	주	≒	紅	붉을	홍	투쟁	鬪	싸움	투	≒ 爭	다툴 쟁
준엄	峻	준엄할	준	≒	嚴	엄할	엄	편찬	編	엮을	편	≒ 纂	모을 찬
준험	峻	높을	준	≒	險	높을	험	포획	捕	잡을	포	≒ 獲	얻을 획
중앙	中	가운데	중	≒	央	가운데	앙	표피	表	겉	표	≒ 皮	가죽 피
증가	增	더할	증	≒	加	더할	가	한랭	寒	찰	한	≒ 冷	찰 랭
지방	脂	기름	지	≒	肪	기름	방	함정	艦	큰배	함	≒ 艇	배 정
지식	知	알	지	≒	識	알	식	항상	恒	항상	항	≒ 常	항상 상
진보	珍	보배	진	≒	寶	보배	보	협화	協	화할	협	≒ 和	화할 화
진취	進	나아갈	진	≒	就	나아갈	취	화목	和	화할	화	≒ 睦	화목할 목
집단	集	모을	집	≒	團	모을	단	환희	歡	기쁠	환	≒ 喜	기쁠 희
차이	差	다를	차	≒	異	다를	이	황제	皇	임금	황	≒ 帝	임금 제
착오	錯	어긋날	착	≒	誤	그르칠	오	회사	會	모일	회	≒ 社	모일 사
참호	塹	구덩이	참	≒	壕	구덩이	호	희귀	稀	드물	희	≒ 貴	귀할 귀
창고	倉	곳집	창	≒	庫	곳집	고	희망	希	바랄	희	≒ 望	바랄 망

한자능력 검정시험 3급(3급II 포함)

2 반의자

가감	加	더할	가	⇔	減	덜할	감		관민	官	벼슬	관	⇔	民	백성	민
가부	可	옳을	가	⇔	否	아닐	부		교학	敎	가르칠	교	⇔	學	배울	학
간과	干	방패	간	⇔	戈	창	과		군신	君	임금	군	⇔	臣	신하	신
간만	干	막을	간	⇔	滿	찰	만		귀천	貴	귀할	귀	⇔	賤	천할	천
감고	甘	달	감	⇔	苦	쓸	고		근원	近	가까울	근	⇔	遠	멀	원
강산	江	강	강	⇔	山	뫼	산		근태	勤	부지런할	근	⇔	怠	게으를	태
강약	強	강할	강	⇔	弱	약할	약		금수	禽	새	금	⇔	獸	짐승	수
개폐	開	열	개	⇔	閉	닫을	폐		급락	及	미칠	급	⇔	落	떨어질	락
거래	去	갈	거	⇔	來	올	래		기복	起	일어날	기	⇔	伏	엎드릴	복
건곤	乾	하늘	건	⇔	坤	땅	곤		기침	起	일어날	기	⇔	寢	잘	침
건습	乾	마를	건	⇔	濕	젖을	습		길흉	吉	길할	길	⇔	凶	흉할	흉
경조	慶	경사	경	⇔	弔	조상할	조		난이	難	어려울	난	⇔	易	쉬울	이
경중	輕	가벼울	경	⇔	重	무거울	중		남녀	男	사내	남	⇔	女	계집	녀
경향	京	서울	경	⇔	鄕	시골	향		남북	南	남녘	남	⇔	北	북녘	북
고락	苦	쓸	고	⇔	樂	즐거울	락		내외	內	안	내	⇔	外	바깥	외
고부	姑	시어미	고	⇔	婦	며느리	부		농담	濃	짙을	농	⇔	淡	맑을	담
고저	高	높을	고	⇔	低	낮을	저		다소	多	많을	다	⇔	少	적을	소
곡직	曲	굽을	곡	⇔	直	곧을	직		단복	單	홑	단	⇔	複	겹칠	복
공과	功	공	공	⇔	過	지날	과		단석	旦	아침	단	⇔	夕	저녁	석
공방	攻	칠	공	⇔	防	막을	방		단속	斷	끊을	단	⇔	續	이을	속
공사	公	공평할	공	⇔	私	사사로울	사		대소	大	큰	대	⇔	小	작을	소
공수	攻	칠	공	⇔	守	지킬	수		대차	貸	빌릴	대	⇔	借	빌릴	차

반의자

동서	東	동녘	동	⇔	西	서녘	서		부처	夫	지아비	부	⇔	妻	아내	처
동정	動	움직일	동	⇔	靜	고요할	정		부침	浮	뜰	부	⇔	沈	잠길	침
득실	得	얻을	득	⇔	失	잃을	실		비희	悲	슬플	비	⇔	喜	기쁠	희
래(내)왕	來	올	래	⇔	往	갈	왕		빈부	貧	가난할	빈	⇔	富	부자	부
로(노)사	勞	일할	로	⇔	使	부릴	사		빙탄	氷	얼음	빙	⇔	炭	숯	탄
로(노)상	露	이슬	로	⇔	霜	서리	상		사제	師	스승	사	⇔	弟	아우	제
로(노)소	老	늙을	로	⇔	少	젊을	소		사활	死	죽을	사	⇔	活	살	활
리(이)합	離	떠날	리	⇔	合	합할	합		산천	山	메	산	⇔	川	내	천
리(이)해	利	이로울	리	⇔	害	해할	해		산하	山	메	산	⇔	河	물	하
만조	晩	늦을	만	⇔	早	이를	조		산해	山	메	산	⇔	海	바다	해
매매	賣	팔	매	⇔	買	살	매		상벌	賞	상줄	상	⇔	罰	벌할	벌
명암	明	밝을	명	⇔	暗	어두울	암		상하	上	위	상	⇔	下	아래	하
모순	矛	창	모	⇔	盾	방패	순		생사	生	날	생	⇔	死	죽을	사
문답	問	물을	문	⇔	答	대답	답		선악	善	착할	선	⇔	惡	악할	악
문무	文	글월	문	⇔	武	굳셀	무		선후	先	먼저	선	⇔	後	뒤	후
물심	物	물건	물	⇔	心	마음	심		성쇠	盛	성할	성	⇔	衰	쇠할	쇠
미추	美	아름다울	미	⇔	醜	추할	추		손익	損	덜	손	⇔	益	더할	익
반상	班	나눌	반	⇔	常	항상	상		송영	送	보낼	송	⇔	迎	맞을	영
발착	發	필	발	⇔	着	붙을	착		수급	需	쓰일	수	⇔	給	줄	급
복배	腹	배	복	⇔	背	등	배		수미	首	머리	수	⇔	尾	꼬리	미
본말	本	근본	본	⇔	末	끝	말		수수	授	줄	수	⇔	受	받을	수
봉별	逢	만날	봉	⇔	別	나눌	별		수족	手	손	수	⇔	足	발	족
부부	夫	지아비	부	⇔	婦	지어미	부		수화	水	물	수	⇔	火	불	화

한자능력 검정시험 3급 (3급II 포함)

승강	昇	오를	승	⇔	降	내릴	강	요철	凹	오목할	요	⇔	凸	볼록할	철
승부	勝	이길	승	⇔	負	질	부	우열	優	뛰어날	우	⇔	劣	못할	렬
승패	勝	이길	승	⇔	敗	패할	패	원근	遠	멀	원	⇔	近	가까울	근
시말	始	처음	시	⇔	末	끝	말	유무	有	있을	유	⇔	無	없을	무
시비	是	옳을	시	⇔	非	아닐	비	은원	恩	은혜	은	⇔	怨	원망할	원
시종	始	처음	시	⇔	終	마칠	종	음양	陰	그늘	음	⇔	陽	볕	양
신구	新	새	신	⇔	舊	예	구	이동	異	다를	이	⇔	同	한가지	동
신축	伸	펼	신	⇔	縮	줄일	축	인과	因	인할	인	⇔	果	과실	과
심신	心	마음	심	⇔	身	몸	신	일월	日	날	일	⇔	月	달	월
심천	深	깊을	심	⇔	淺	얕을	천	임면	任	맡길	임	⇔	免	면할	면
안위	安	편안할	안	⇔	危	위태할	위	자매	姉	손위누이	자	⇔	妹	누이	매
애오	愛	사랑	애	⇔	惡	미워할	오	자웅	雌	암컷	자	⇔	雄	수컷	웅
애증	愛	사랑	애	⇔	憎	미울	증	자타	自	스스로	자	⇔	他	다를	타
애환	哀	슬플	애	⇔	歡	기쁠	환	장단	長	긴	장	⇔	短	짧을	단
억양	抑	누를	억	⇔	揚	날릴	양	장병	將	장수	장	⇔	兵	병사	병
언행	言	말씀	언	⇔	行	다닐	행	장유	長	어른	장	⇔	幼	어릴	유
여야	與	더불	여	⇔	野	들	야	장졸	將	장수	장	⇔	卒	군사	졸
역순	逆	거스를	역	⇔	順	순할	순	전답	田	밭	전	⇔	畓	논	답
영욕	榮	영화	영	⇔	辱	욕될	욕	전화	戰	싸울	전	⇔	和	화할	화
옥석	玉	구슬	옥	⇔	石	돌	석	전후	前	앞	전	⇔	後	뒤	후
온랭	溫	따뜻할	온	⇔	冷	찰	랭	정오	淨	깨끗할	정	⇔	汚	더러울	오
완급	緩	느릴	완	⇔	急	급할	급	정오	正	바를	정	⇔	誤	그르칠	오
왕래	往	갈	왕	⇔	來	올	래	조만	早	이를	조	⇔	晩	늦을	만
왕복	往	갈	왕	⇔	復	돌아올	복	조석	朝	아침	조	⇔	夕	저녁	석

반의자

조손	祖	할아비	조	⇔	孫	손자	손
존망	存	있을	존	⇔	亡	망할	망
존비	尊	높을	존	⇔	卑	낮을	비
존폐	存	있을	존	⇔	廢	폐할	폐
종횡	縱	세로	종	⇔	橫	가로	횡
좌우	左	왼	좌	⇔	右	오른	우
주객	主	주인	주	⇔	客	손	객
주야	晝	낮	주	⇔	夜	밤	야
주종	主	주인	주	⇔	從	좇을	종
중과	衆	무리	중	⇔	寡	적을	과
증감	增	더할	증	⇔	減	덜	감
지속	遲	더딜	지	⇔	速	빠를	속
진가	眞	참	진	⇔	假	거짓	가
진위	眞	참	진	⇔	僞	거짓	위
진퇴	進	나아갈	진	⇔	退	물러날	퇴
집배	集	모을	집	⇔	配	나눌	배
집산	集	모을	집	⇔	散	흩을	산
착발	着	붙을	착	⇔	發	필	발
찬반	贊	도울	찬	⇔	反	돌이킬	반
천지	天	하늘	천	⇔	地	땅	지
첨삭	添	더할	첨	⇔	削	깎을	삭
청담	晴	갤	청	⇔	曇	흐릴	담
청탁	淸	맑을	청	⇔	濁	흐릴	탁
초종	初	처음	초	⇔	終	마칠	종

춘추	春	봄	춘	⇔	秋	가을	추
출결	出	날	출	⇔	缺	이지러질	결
출납	出	날	출	⇔	納	들일	납
출몰	出	날	출	⇔	沒	빠질	몰
출입	出	날	출	⇔	入	들	입
취사	取	가질	취	⇔	捨	버릴	사
표리	表	겉	표	⇔	裏	속	리
풍흉	豊	풍성할	풍	⇔	凶	흉할	흉
피아	彼	저	피	⇔	我	나	아
피차	彼	저	피	⇔	此	이	차
한난	寒	찰	한	⇔	暖	따뜻할	난
한서	寒	찰	한	⇔	暑	더울	서
해륙	海	바다	해	⇔	陸	뭍	륙
허실	虛	빌	허	⇔	實	열매	실
현우	賢	어질	현	⇔	愚	어리석을	우
협광	狹	좁을	협	⇔	廣	넓을	광
형제	兄	맏	형	⇔	弟	아우	제
호오	好	좋을	호	⇔	惡	미워할	오
화복	禍	재앙	화	⇔	福	복	복
후박	厚	두터울	후	⇔	薄	엷을	박
흑백	黑	검을	흑	⇔	白	흰	백
흥망	興	일어날	흥	⇔	亡	망할	망
희노	喜	기쁠	희	⇔	怒	성낼	노
희비	喜	기쁠	희	⇔	悲	슬플	비

한자능력 검정시험 3급(3급Ⅱ 포함)

3 반의어

ㄱ

可決(가결)	否決(부결)	傑作(걸작)	拙作(졸작)	光明(광명)	暗黑(암흑)
架空(가공)	實際(실제)	儉約(검약)	浪費(낭비)	廣義(광의)	狹義(협의)
假象(가상)	實在(실재)	缺乏(결핍)	豊富(풍부)	拘束(구속)	釋放(석방)
加熱(가열)	冷却(냉각)	謙遜(겸손)	傲慢(오만)	具體(구체)	抽象(추상)
加入(가입)	脫退(탈퇴)	輕減(경감)	加重(가중)	舊派(구파)	新派(신파)
却下(각하)	受理(수리)	經度(경도)	緯度(위도)	國內(국내)	國外(국외)
干涉(간섭)	放任(방임)	輕蔑(경멸)	尊敬(존경)	君子(군자)	小人(소인)
間歇(간헐)	綿延(면연)	輕率(경솔)	愼重(신중)	屈服(굴복)	抵抗(저항)
減少(감소)	增加(증가)	輕視(경시)	重視(중시)	屈辱(굴욕)	雪辱(설욕)
感情(감정)	理性(이성)	高潔(고결)	低俗(저속)	權利(권리)	義務(의무)
剛健(강건)	柔弱(유약)	高雅(고아)	卑俗(비속)	歸納(귀납)	演繹(연역)
強硬(강경)	柔和(유화)	固定(고정)	流動(유동)	勤勉(근면)	懶怠(나태)
開放(개방)	閉鎖(폐쇄)	高調(고조)	低調(저조)	僅少(근소)	過多(과다)
個別(개별)	全體(전체)	困難(곤란)	容易(용이)	急性(급성)	慢性(만성)
開業(개업)	閉業(폐업)	供給(공급)	需要(수요)	急行(급행)	緩行(완행)
客觀(객관)	主觀(주관)	空想(공상)	現實(현실)	肯定(긍정)	否定(부정)
客體(객체)	主體(주체)	公的(공적)	私的(사적)	旣決(기결)	未決(미결)
巨大(거대)	微小(미소)	空虛(공허)	充實(충실)	奇拔(기발)	平凡(평범)
巨富(거부)	極貧(극빈)	過去(과거)	未來(미래)	奇數(기수)	偶數(우수)
拒絶(거절)	承諾(승낙)	過激(과격)	穩健(온건)	飢餓(기아)	飽食(포식)
建設(건설)	破壞(파괴)	灌木(관목)	喬木(교목)	緊密(긴밀)	疏遠(소원)
乾燥(건조)	濕潤(습윤)	官尊(관존)	民卑(민비)	緊張(긴장)	弛緩(이완)

222

반의어

吉兆(길조)	凶兆(흉조)	單式(단식)	複式(복식)	微官(미관)	顯官(현관)
加害者(가해자)	被害者(피해자)	單一(단일)	複合(복합)	未備(미비)	完備(완비)
公有物(공유물)	專有物(전유물)	短縮(단축)	延長(연장)	敏感(민감)	鈍感(둔감)
具體的(구체적)	抽象的(추상적)	唐慌(당황)	沈着(침착)	敏速(민속)	遲鈍(지둔)
錦上添花(금상첨화)	雪上加霜(설상가상)	貸邊(대변)	借邊(차변)	密接(밀접)	疎遠(소원)
急進的(급진적)	漸進的(점진적)	大乘(대승)	小乘(소승)	密集(밀집)	散在(산재)
懦弱(나약)	強勇(강용)	對話(대화)	獨白(독백)	門外漢(문외한)	專門家(전문가)
樂觀(낙관)	悲觀(비관)	動機(동기)	結果(결과)	反目(반목)	和睦(화목)
落第(낙제)	及第(급제)	登場(등장)	退場(퇴장)	發達(발달)	退步(퇴보)
樂天(낙천)	厭世(염세)	對內的(대내적)	對外的(대외적)	潑剌(발랄)	萎縮(위축)
暖流(난류)	寒流(한류)	大丈夫(대장부)	拙丈夫(졸장부)	跋文(발문)	序文(서문)
濫讀(남독)	精讀(정독)	同義語(동의어)	反義語(반의어)	放心(방심)	操心(조심)
濫用(남용)	節約(절약)	漠然(막연)	確然(확연)	背恩(배은)	報恩(보은)
朗讀(낭독)	默讀(묵독)	忘却(망각)	記憶(기억)	白髮(백발)	紅顔(홍안)
來生(내생)	前生(전생)	埋沒(매몰)	發掘(발굴)	繁榮(번영)	衰退(쇠퇴)
內容(내용)	形式(형식)	滅亡(멸망)	興起(흥기)	凡人(범인)	超人(초인)
內包(내포)	外延(외연)	名譽(명예)	恥辱(치욕)	別居(별거)	同居(동거)
老練(노련)	未熟(미숙)	母音(모음)	子音(자음)	別館(별관)	本館(본관)
濃厚(농후)	稀薄(희박)	模糊(모호)	分明(분명)	保守(보수)	進步(진보)
訥辯(눌변)	能辯(능변)	無能(무능)	有能(유능)	保守(보수)	革新(혁신)
能動(능동)	被動(피동)	無形(무형)	有形(유형)	普遍(보편)	特殊(특수)
凌蔑(능멸)	崇仰(숭앙)	文語(문어)	口語(구어)	複雜(복잡)	單純(단순)
多元(다원)	一元(일원)	文化(문화)	自然(자연)	本業(본업)	副業(부업)
單純(단순)	複雜(복잡)	物質(물질)	精神(정신)	富貴(부귀)	貧賤(빈천)

한자능력 검정시험 3급 (3급Ⅱ 포함)

不實(부실)	充實(충실)	相剋(상극)	相生(상생)	先天的(선천적)	後天的(후천적)
敷衍(부연)	省略(생략)	詳述(상술)	略述(약술)	實質的(실질적)	形式的(형식적)
富裕(부유)	貧困(빈곤)	上昇(상승)	下降(하강)	安全(안전)	危險(위험)
否認(부인)	是認(시인)	喪失(상실)	獲得(획득)	暗示(암시)	明示(명시)
否定(부정)	肯定(긍정)	生家(생가)	養家(양가)	曖昧(애매)	明瞭(명료)
分擔(분담)	全擔(전담)	生食(생식)	火食(화식)	愛護(애호)	虐待(학대)
分離(분리)	統合(통합)	生花(생화)	造花(조화)	語幹(어간)	語尾(어미)
分析(분석)	綜合(종합)	先輩(선배)	後輩(후배)	逆境(역경)	順境(순경)
紛爭(분쟁)	和解(화해)	善意(선의)	惡意(악의)	連作(연작)	輪作(윤작)
不運(불운)	幸運(행운)	成功(성공)	失敗(실패)	連敗(연패)	連勝(연승)
卑怯(비겁)	勇敢(용감)	成熟(성숙)	未熟(미숙)	永劫(영겁)	刹那(찰나)
悲劇(비극)	喜劇(희극)	消極(소극)	積極(적극)	榮轉(영전)	左遷(좌천)
祕密(비밀)	公開(공개)	所得(소득)	損失(손실)	靈魂(영혼)	肉滯(육체)
非番(비번)	當番(당번)	騷亂(소란)	靜肅(정숙)	愚昧(우매)	賢明(현명)
非凡(비범)	平凡(평범)	消費(소비)	生産(생산)	優勢(우세)	劣勢(열세)
悲哀(비애)	歡喜(환희)	疎遠(소원)	親近(친근)	偶然(우연)	必然(필연)
卑語(비어)	敬語(경어)	守勢(수세)	攻勢(공세)	憂鬱(우울)	明朗(명랑)
悲運(비운)	幸運(행운)	收縮(수축)	弛緩(이완)	優越(우월)	劣等(열등)
部分的(부분적)	全體的(전체적)	淑女(숙녀)	紳士(신사)	原告(원고)	被告(피고)
不法化(불법화)	合法化(합법화)	純粹(순수)	不純(불순)	原因(원인)	結果(결과)
奢侈(사치)	儉素(검소)	順坦(순탄)	險難(험난)	輪廓(윤곽)	核心(핵심)
死後(사후)	生前(생전)	順行(순행)	逆行(역행)	恩惠(은혜)	怨恨(원한)
削減(삭감)	添加(첨가)	勝利(승리)	敗北(패배)	陰氣(음기)	陽氣(양기)
散文(산문)	韻文(운문)	相對的(상대적)	絶對的(절대적)	義務(의무)	權利(권리)

반의어

依他(의타)	自立(자립)	竣工(준공)	起工(기공)	統合(통합)	分割(분할)
異端(이단)	正統(정통)	增進(증진)	減退(감퇴)	退院(퇴원)	入院(입원)
裏面(이면)	表面(표면)	直系(직계)	傍系(방계)	退化(퇴화)	進化(진화)
理想(이상)	現實(현실)	直線(직선)	曲線(곡선)	投手(투수)	捕手(포수)
利益(이익)	損失(손실)	直接(직접)	間接(간접)	破婚(파혼)	約婚(약혼)
人爲(인위)	自然(자연)	進步(진보)	退步(퇴보)	販賣(판매)	賣出(매출)
立體(입체)	平面(평면)	眞實(진실)	虛僞(허위)	敗戰(패전)	勝戰(승전)
入港(입항)	出港(출항)	進取(진취)	退嬰(퇴영)	膨脹(팽창)	收縮(수축)
自動(자동)	手動(수동)	質疑(질의)	應答(응답)	平坦(평탄)	險峻(험준)
自律(자율)	他律(타율)	差別(차별)	平等(평등)	閉幕(폐막)	開幕(개막)
自意(자의)	他意(타의)	斬新(참신)	陳腐(진부)	暴露(폭로)	隱蔽(은폐)
長點(장점)	短點(단점)	創造(창조)	模倣(모방)	彼岸(피안)	此岸(차안)
長篇(장편)	短篇(단편)	淺學(천학)	碩學(석학)	合理(합리)	矛盾(모순)
低俗(저속)	高尙(고상)	聰明(총명)	愚鈍(우둔)	合法(합법)	不法(불법)
敵對(적대)	友好(우호)	縮小(축소)	擴大(확대)	幸福(행복)	不幸(불행)
嫡子(적자)	庶子(서자)	沈着(침착)	唐惶(당황)	許多(허다)	稀少(희소)
前半(전반)	後半(후반)	債權者(채권자)	債務者(채무자)	許多(허다)	稀貴(희귀)
前進(전진)	後進(후진)	快樂(쾌락)	苦痛(고통)	虛費(허비)	儉素(검소)
絶對(절대)	相對(상대)	快勝(쾌승)	慘敗(참패)	虛榮(허영)	內實(내실)
正當(정당)	不當(부당)	他殺(타살)	自殺(자살)	好材(호재)	惡材(악재)
精密(정밀)	粗雜(조잡)	濁音(탁음)	淸音(청음)	好轉(호전)	逆轉(역전)
正常(정상)	異常(이상)	脫黨(탈당)	入黨(입당)	好況(호황)	不況(불황)
定着(정착)	漂流(표류)	脫落(탈락)	合格(합격)	厚待(후대)	薄待(박대)
弔客(조객)	賀客(하객)	脫色(탈색)	染色(염색)	興奮(흥분)	鎭靜(진정)

4 동음이의어·동자이음어

동음이의어 | 동자이음어

가구
- 家口 주거와 생계를 같이하는 단위
- 家具 가정 살림에 쓰이는 온갖 세간

감사
- 監事 공공단체의 서무를 맡아보는 직책, 또는 그 직책의 사람
- 感謝 고마움을 나타내는 인사
- 監査 감독하고 검사함

감상
- 感想 마음에 느끼어 일어나는 생각
- 感傷 대상에서 받은 느낌으로 마음 아파하는 일
- 感賞 감동하여 칭찬함
- 鑑賞 예술작품을 음미하여 이해하고 즐김

개량
- 改良 고치어 좋게 함
- 改量 토지를 다시 측량함

개정
- 改正 바르게 고침
- 改定 한번 정했던 것을 고치어 다시 정함
- 改訂 책의 잘못된 내용을 바로잡음

검사
- 劍士 검객
- 檢事 검찰권을 행사하는 단독제 관청인 국가 사법기관
- 檢査 옳고 그름, 좋고 나쁨 따위의 사실을 살피어 검토하거나 조사하여 판정함

경계
- 經界 사물의 옳고 그름이 분간되는 한계
- 境界 지역이 갈라지는 한계
- 警戒 범죄나 사고 등 좋지 않은 일이 일어나지 않도록 미리 마음을 가다듬어 조심함

경기
- 景氣 매매나 거래 따위에 나타난 경제활동의 상황
- 競技 기술의 낫고 못함을 서로 겨루는 일

경로
- 經路 지나는 길
- 敬老 노인을 공경함

경비
- 經費 어떠한 일을 하는 데 드는 비용
- 警備 만일에 대비하여 경계하고 지킴

공동
- 空洞 아무것도 없이 텅 빈 굴
- 共同 두 사람 이상이 일을 같이 함

공약
- 公約 사회 공중에 대한 약속을 함
- 空約 헛된 약속을 함

과거
- 科擧 왕조 때 벼슬아치를 뽑기 위하여 보이던 시험
- 過去 지나간 때, 지난날

동음이의어 동자이음어

과정
- 過程 일이 되어 가는 경로
- 課程 과업의 정도

교감
- 校監 학교장을 보좌하여 교무를 감독하는 직책
- 交感 서로 접촉되어 감응함

교단
- 敎團 같은 교의를 믿는 사람끼리 모여 만든 종교단체
- 敎壇 교실에서 선생님이 강의할 때 올라서는 단

교정
- 校庭 학교의 운동장
- 校正 교정지와 원고를 대조하여 틀린 글자나 빠진 글자 따위를 바로잡는 일
- 校訂 책의 잘못된 글자나 어구 따위를 고치는 일
- 矯正 좋지 않은 버릇이나 결점 따위를 바로잡아 고침

구상
- 具象 사물이 실제로 뚜렷한 모양이나 형태를 갖추고 있는 것
- 求償 배상 또는 상환을 청구함
- 構想 무슨 일에 대하여 그 전체의 내용이나 규모, 실현하는 방법 등에 대해서 이리저리 생각하는 일

구조
- 構造 어떤 물건이나 조직체 따위의 전체를 이루고 있는 부분들의 서로 짜인 관계나 그 체계
- 救助 위험한 상태에 있는 사람을 도와서 구원함

구축
- 構築 큰 구조물이나 진지 등을 쌓아올려 만듦
- 驅逐 어떤 세력이나 해로운 것을 몰아냄

구호
- 口號 대중집회나 시위 등에서 어떤 요구나 주장 따위를 나타내는 짤막한 호소
- 救護 어려움에 처해 있는 사람, 특히 재난을 당한 사람이나 병자·부상자 등을 도와 보호함

귀중
- 貴中 편지나 물품 등을 보낼 때 받는 쪽의 기관이나 단체이름 뒤에 써서 상대편을 높이는 말
- 貴重 매우 소중함

극단
- 極端 맨 끄트머리, 중용을 벗어나 한쪽을 치우치는 일
- 劇團 연극의 상연을 목적으로 결성된 단체

근간
- 近間 요사이, 요즈음
- 根幹 뿌리와 줄기, 사물의 바탕이나 중심
- 近刊 최근에 출판된 간행물

급수
- 級數 기술 따위의 우열에 따라 매기는 등급
- 給水 물을 공급함

기사
- 技士 국가기술자격법에 따른 검정시험을 통하여 공인되는 기술계 기술자격 등급의 한 가지
- 技師 관청이나 회사 등에서 전문적인 기술을 필요로 하는 일을 맡아보는 사람
- 奇事 신기하고 희한한 일
- 騎士 말을 탄 무사, 중세 유럽의 무인
- 棋士 바둑이나 장기를 잘 두는 사람
- 記事 신문이나 잡지 등에 어떤 사실을 실어 알리는 글, 또는 기록된 사실

한자능력 검정시험 3급 (3급II 포함)

기상
- 氣象 비·눈·바람·구름·기온·기압 등 대기 속에서 일어나는 현상
- 氣像 사람이 타고난 꿋꿋한 바탕이나 올곧은 마음씨, 또는 그것이 겉으로 드러난 모습
- 起床 잠자리에서 일어남

기수
- 基數 수를 나타내는 기본이 되는 수
- 旗手 군대나 단체 따위의 행렬 또는 행진시 앞에서 기를 드는 사람
- 騎手 말을 타는 사람
- 旣遂 이미 일을 끝냄, 형법상 범죄의 실행을 완전히 끝내는 일

기술
- 技術 어떤 일을 정확하고 능률적으로 해내는 솜씨
- 奇術 기묘한 재주
- 旣述 앞에 쓴 글에 이미 서술함
- 記述 문장으로 적음, 사물의 특질을 객관적·조직적·학문적으로 적음

기원
- 紀元 역사상의 햇수를 세는 기준이 되는 해
- 起源 사물의 생긴 근원
- 棋院 바둑을 즐기는 사람에게 시설과 장소를 제공하는 업소
- 祈願 소원이 이루어지기를 빎

내수
- 內水 한 나라 영토 안의 바다를 제외한 국토 안의 하천·호수 따위
- 內需 국내의 수요
- 耐水 물이 묻어도 젖거나 배지 않음

내용
- 內容 그릇이나 포장 따위의 속에 들어 있는 것
- 內用 안살림에 드는 비용 또는 그 쓰임씀이

노숙
- 老宿 수양이 깊고 학덕이 높은 사람
- 老熟 오랫동안 경험을 쌓아 아주 익숙함
- 露宿 한데서 밤을 지냄

노후
- 老後 늙을 뒤
- 老朽 오래되거나 낡아서 쓸모가 없음

녹음
- 綠陰 푸른 잎이 우거진 나무의 그늘
- 錄音 소리를 재생할 수 있도록 기계로 기록하는 일

농담
- 濃淡 빛깔이나 맛 따위의 짙고 옅은 정도
- 弄談 실없이 하는 우스갯소리

단결
- 斷決 일을 딱 잘라서 확실하게 결정함
- 團結 한마음 한뜻으로 여러 사람이 한데 뭉침

단서
- 但書 본문 다음에 덧붙여, 본문의 내용에 대한 조건이나 예외 등을 밝혀 적은 글
- 端緒 일의 시초, 어떤 사건이나 문제를 푸는 실마리

단정
- 端整 깔끔하고 가지런함
- 端正 모습이나 몸가짐이 흐트러진 데 없이 얌전하고 깔끔함
- 斷情 정을 끊음

동음이의어 동자이음어

斷定 분명한 태도로 결정함

답사
答辭 식장에서 축사나 환영사·환송사 따위에 대한 답례로 하는 말
踏査 실지로 현장에 가서 보고 조사함

대사
大使 특명 전권 대사
大事 큰 일
大師 고승을 높이어 일컫는 말
臺詞 배우가 무대 위에서 하는 대화·독백·방백 등을 통틀어 이르는 말

독자
獨子 외아들
獨自 저 혼자
讀者 책·신문·잡지 따위의 출판물을 읽는 사람

동기
冬期 겨울철, 동절기
同氣 형제자매를 통틀어 이르는 말
同期 같은 시기, 같은 연도
動機 사람으로 하여금 행동을 일으키게 하는 내적인 요인이나 계기

동정
動靜 어떤 행동이나 상황 등이 전개되거나 변화되어 가는 낌새나 상태
童貞 이성과 아직 성적 관계를 가진 일이 없는 사람
同情 남의 불행이나 슬픔 따위를 자기 일처럼 생각하여 가슴 아파하고 위로함

동지
冬至 24절기의 하나, 대설과 소한 사이로 12월 22일경임

同志 뜻을 같이하는 일, 또는 그런 사람
動止 움직이는 일과 멈추는 일

매장
賣場 판매소
埋葬 시체나 유골을 땅에 묻음
埋藏 광물 따위가 묻혀 있음

맹아
盲兒 눈이 먼 아이
盲啞 소경과 벙어리를 아울러 이르는 말
萌芽 식물에 새로 튼 싹, 새로운 일의 시초

명명
明命 신령이나 임금에게서 받은 명령
明明 아주 환하게 밝음
冥冥 나타나지 아니하여 모양을 알 수 없음
命名 사람이나 물건 따위에 이름을 지어 붙임

모사
毛絲 털실
謀士 계책을 세우는 사람, 또는 계책에 능한 사람
模寫 무엇을 흉내내어 그대로 나타냄
謀事 일을 꾀함, 또는 일의 해결을 위한 꾀를 냄

문호
文豪 크게 뛰어난 문학가
門戶 집으로 드나드는 문, 외부와 교류하기 위한 통로나 수단

미수
米壽 여든여덟 살
未收 아직 다 거두지 못함
未遂 뜻한 바를 아직 이루지 못함

밀어
- 蜜語 남녀 간에 은밀히 나누는 달콤한 말
- 密語 남이 알아듣지 못하게 비밀스레 하는 말

반감
- 反感 상대편의 말이나 태도 등을 불쾌하게 생각하여 반발하거나 반항하는 감정
- 半減 절반으로 줆, 또는 절반으로 줄임

발전
- 發電 전기를 일으킴
- 發展 세력 따위가 성하게 뻗어 나감

방문
- 房門 방으로 드나드는 문
- 榜文 여러 사람에게 널리 알리기 위하여 길거리나 사람이 많이 모이는 곳에 써 붙이는 글
- 訪問 어떤 사람이나 장소를 찾아가서 만나거나 봄

변사
- 辯士 입담이 좋아서 말을 잘하는 사람
- 變死 뜻밖의 사고로 죽음, 횡사
- 變詐 요사스럽게 요랬다조랬다 함, 요리조리 속임

보고
- 寶庫 보물처럼 귀중한 것이 갈무리되어 있는 곳
- 報告 주어진 임무에 대하여 그 결과나 내용을 말이나 글로 알림

보도
- 步道 인도
- 輔導 도와서 바르게 이끎
- 報道 신문이나 방송으로 새 소식을 널리 알림

보수
- 保守 오랜 습관·제도·방법 등을 소중히 여겨 그대로 지킴
- 報酬 고마움에 보답함, 노력의 대가나 사례의 뜻으로 주는 돈이나 물품
- 補修 상했거나 부서진 부분을 손질하여 고침

보조
- 步調 여럿이 줄지어 걸을 때의 걸음걸이 또는 걸음의 속도
- 補助 모자라거나 넉넉지 못한 것을 보태어 돕는 일, 또는 도움이 되는 그것

부상
- 副賞 정식의 상 외에 따로 덧붙여서 주는 상
- 富商 자본이 넉넉한 상인
- 負傷 몸에 상처를 입음
- 浮上 물 위로 떠오름

부양
- 浮揚 가라앉은 것이 떠오름, 또는 떠오르게 함
- 扶養 생활능력이 없는 사람의 생활을 돌봄

부인
- 夫人 남을 높이어 그의 아내를 일컫는 말
- 婦人 결혼한 여자
- 否認 시인하지 않음

부자
- 父子 아버지와 아들
- 富者 재산이 많은 사람

부정
- 不正 바르지 않음, 바르지 못한 일
- 不定 일정하지 않음

동음이의어 동자이음어

不貞 남편으로서 또는 아내로서 정조를 지키지 않음
不淨 깨끗하지 못함
否定 그렇다고 인정하지 아니함

비명
非命 재해나 사고 따위로 죽는 일
悲鳴 몹시 놀라거나 괴롭거나 다급하거나 할 때에 지르는 외마디 소리
碑銘 비면에 새긴 글

비보
悲報 슬픈 소식
飛報 급히 통지함, 급보
祕報 남몰래 보고함

비행
非行 도리나 도덕 또는 법규에 어긋나는 행위
飛行 항공기 따위가 하늘을 날아다님

사경
四經 시경·서경·역경·춘추의 네 경서
四境 사방의 경계, 사방의 국경
死境 죽음에 이른 경지, 죽게 된 경지

사고
史庫 조선시대에 역사에 관한 기록이나 중요한 서적을 보관하던 정부의 곳집
事故 뜻밖에 일어난 사건이나 탈
思考 생각함, 궁리함

사관
士官 병사를 거느리는 무관, 장교를 통틀어 이르는 말
史觀 역사적 사실을 파악하여 해석하는 근본적인 견해, 역사관

사기
士氣 싸우려 하는 병사들의 씩씩한 기개
史記 역사적 사실을 적은 책
事記 사건 내용을 적은 기록
沙器 사기그릇
詐欺 못된 목적으로 남을 속임

사설
私設 아직 공인되지 않은 개인의 학설이나 의견
社說 신문이나 잡지 따위에서 그 사(社)의 주장으로 싣는 논설
私說 개인이나 민간에서 설립함, 또는 그 기관이나 시설
辭說 잔소리로 늘어놓는 말

사수
射手 총포나 활 따위를 쏘는 사람, 사격수
死守 목숨을 걸고 지킴

사유
事由 일의 까닭, 연고, 연유
私有 개인이 소유함, 또는 그 소유물
思惟 논리적으로 생각함

사인
死人 죽은 사람
死因 죽게 된 원인
私人 사적 자격으로서의 개인

사전
事典 여러 가지 사항을 모아 일정한 순서로 배열하여 설명·해설한 책
事前 무슨 일이 있기 전
辭典 낱말을 모아 일정한 순서로 배열하여 발음·뜻·용법·어원 등을 해설한 책

231

한자능력 검정시험 3급 (3급II 포함)

사정

- 邪正 그릇됨과 올바름
- 私情 사사로운 정
- 射程 사격에서 탄환이 나가는 최대 거리
- 司正 공직에 있는 사람의 규율과 질서를 바로잡는 일
- 事情 일의 형편이나 그렇게 된 까닭
- 査正 그릇된 것을 조사하여 바로잡음
- 査定 조사하거나 심사하여 결정함

사지

- 四肢 짐승의 네 다리, 사람의 팔 다리
- 死地 죽을 곳, 살아날 길이 없는 매우 위험한 곳
- 私地 개인 소유의 땅, 소유지

상가

- 商家 장사를 업으로 하는 집
- 商街 상점이 많이 늘어서 있는 거리
- 喪家 초상집

상품

- 上品 높은 품격
- 商品 사고파는 물품
- 賞品 상으로 주는 물품

선전

- 宣戰 다른 나라에 대하여 전쟁 개시를 선언함
- 善戰 실력 이상으로 잘 싸움, 최선을 다하여 잘 싸움
- 宣傳 주의·주장이나 어떤 사물의 존재·효능 따위를 사람들에게 설명하고 이해와 공감을 얻기 위해 널리 알림

성대

- 盛大 아주 성하고 큼
- 聲帶 후두의 중앙에 있는 소리를 내는 기관, 목청

성전

- 成典 성문화된 법전, 정해진 법식이나 의식
- 盛典 성대한 의식
- 聖典 어떤 종교에서 교의의 근본이 되는 책
- 聖殿 신성한 전당
- 聖戰 거룩한 사명을 띤 전쟁

수도

- 水道 상수도
- 首都 한 나라의 중앙정부가 있는 도시
- 修道 도를 닦음

수상

- 手相 손금
- 水上 물 위
- 首相 내각의 우두머리
- 隨想 사물을 대할 때의 느낌이나 떠오르는 생각
- 受像 텔레비전이나 전송사진 등에서 영상을 전파로 받아 상을 비침
- 受賞 상을 받음

수석

- 水石 물과 돌
- 首席 석차 따위의 제1위
- 壽石 실내 등에 두고 감상하는 생긴 모양이나 빛깔·무늬 따위가 묘하고 아름다운 천연석

수신

- 受信 금융기관이 고객으로부터 신용을 받는 일, 우편·전보 등의 통신을 받음
- 守身 자기의 본분을 지켜 불의에 빠지지 않도록 함
- 修身 마음과 행실을 바르게 하도록 심신을 닦음

순종

- 純種 딴 계통과 섞이지 않은 순수한 종

동음이의어 동자이음어

順從 순순히 복종함

시가
市街 도시의 큰 거리, 또는 번화한 거리
市價 상품이 시장에서 팔리는 값, 시장가격
時價 가격이 바뀌는 상품의 거래할 때의 가격
媤家 시집
詩歌 시와 노래와 창곡을 통틀어 이르는 말

시각
時刻 시간의 흐름 속의 어느 순간
視角 보고 있는 물체의 양 끝에서 눈에 이르는 두 직선이 이루는 각
視覺 오감(五感)의 하나로 물체의 모양이나 빛깔 등을 분간하는 눈의 감각

시비
侍婢 곁에서 시중드는 여자 종
是非 옳고 그름, 잘잘못
施肥 논밭에 거름을 주는 일

시사
時事 그때그때의 세상의 정세나 일어난 일
示唆 미리 암시하여 알려 줌
試寫 영화를 개봉하기 전에 시험적으로 신문기자, 평론가, 제작 관계자 등에게 상영해 보이는 일

시인
時人 그 당시의 사람
詩人 시를 짓는 사람
是認 옳다고 또는 그러하다고 인정함

신축
伸縮 늘이고 줄임
新築 새로 축조하거나 건축함

실례
實例 구체적인 실제의 예
失禮 언행이 예의에 벗어남

실수
實數 유리수와 무리수를 통틀어 이르는 말
失手 부주의로 잘못을 저지름

실정
實情 실제의 사정, 실제의 상황
失政 정치를 잘못함 또는 잘못된 정치

약관
約款 계약이나 조약 등에서 정해진 하나하나의 조항
弱冠 남자의 나이 스무 살

양식
良識 건전한 사고방식, 건전한 판단력
洋食 서양식의 음식, 서양 요리
樣式 역사적·사회적으로 자연히 그렇게 정해진 공통의 형식이나 방식
糧食 살아가는 데 필요한 먹을거리, 식량
養殖 물고기·굴·김 따위의 해산물을 기르고 번식시키는 일

양호
良好 매우 좋음
養護 기르고 보호함

역전
驛前 정거장 앞
逆戰 적으로부터 공격을 받다가 역습하여 싸움
歷戰 여러 차례의 싸움터에서 전투를 겪음, 역전의 용사
逆轉 형세나 순위 따위가 지금까지와는 반대의 상황으로 됨

233

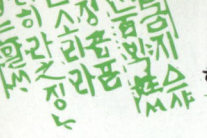

연기
- 煙氣 물건이 탈 때 생기는 빛깔이 있는 기체
- 演技 관객 앞에서 연극·노래·춤·곡예 따위의 재주를 나타내 보임
- 延期 정해 놓은 기한을 물림

연장
- 年長 서로 비교하여 나이가 많음
- 延長 일정 기준보다 길이 또는 시간을 늘임

우수
- 右手 오른손
- 雨水 24절기의 하나로 입춘과 경칩 사이 2월 19일경임
- 憂愁 근심과 걱정
- 優秀 여럿 가운데 뛰어남

원수
- 元首 한 나라의 최고 통치권을 가진 사람
- 元帥 군인의 가장 높은 계급, 오성장군
- 怨讐 자기 또는 자기 집이나 나라에 해를 끼쳐 원한이 맺힌 사람

유지
- 有志 어떤 일에 관심이나 뜻이 있는 사람, 지역 유지
- 油脂 동·식물에서 얻는 기름을 통틀어 이르는 말
- 油紙 기름을 먹인 종이
- 乳脂 유지방
- 遺志 죽은 이가 생전에 이루지 못하고 남긴 뜻
- 維持 어떤 상태를 그대로 지니어 감

이성
- 理性 사물의 이치를 논리적으로 생각하고 판단하는 마음의 작용
- 異姓 다른 성
- 異性 남성 쪽에서 본 여성, 또는 여성 쪽에서 본 남성을 이르는 말

이해
- 利害 이익과 손해
- 理解 사리를 분별하여 앎

인도
- 人道 사람이 다니는 길, 인간으로서 마땅히 지켜야 할 도리
- 印度 인디아의 한자음 표기
- 引渡 물건이나 권리 따위를 남에게 넘겨줌
- 引導 가르쳐 일깨움

인상
- 人相 사람의 얼굴 생김새와 골격
- 印象 외래의 사물이 사람의 마음에 주는 감각
- 引上 끌어 올림, 값을 올림

인정
- 人情 사람이 본디 지니고 있는 온갖 감정, 남을 생각하고 도와주는 따뜻한 마음씨
- 仁政 어진 정치
- 認定 옳다고 믿고 정함

일정
- 日程 그날에 할 일, 또는 그 분량이나 차례
- 一定 정해져 있어 바뀌거나 달라지지 않고 한결같음

장관
- 壯觀 굉장하여 볼만한 경관
- 長官 국무를 맡아보는 행정 각부의 책임자
- 將官 장수

동음이의어 동자이음어

재고
- 在庫 창고에 있음
- 再考 한 번 정한 일을 다시 한 번 생각함

재화
- 災禍 재앙과 화난
- 財貨 재물
- 載貨 차나 배에 화물을 실음

적기
- 赤旗 붉은 빛의 기
- 適期 알맞은 시기
- 敵機 적의 비행기
- 摘記 요점만 뽑아 적음, 또는 그 기록

전경
- 全景 전체의 경치
- 前景 눈앞에 펼쳐져 보이는 경치
- 戰警 전투 경찰대

전공
- 全功 모든 공로나 공적
- 前功 전에 세운 공로나 공적
- 電工 전기공업
- 戰功 전투에서 세운 공로
- 專攻 어느 일정한 부문에 대하여 전문적으로 연구함

전기
- 前期 어떤 기간을 두 기(期)로 나누었을 때 그 앞의 기간
- 傳奇 있을 수 없는 기이한 일을 내용으로 한 이야기
- 傳記 한 개인의 일생의 활동을 적을 기록
- 電氣 전자의 이동으로 생기는 에너지의 한 형태
- 轉機 사물이나 형세가 어떤 상태에서 다른 상태로 변하는 계기

전기
- 前記 앞에 기록함
- 轉記 어떤 기재사항을 한 장부에서 다른 장부로 옮기어 적음

전례
- 典例 전거(典據)가 되는 선례
- 典禮 왕실 또는 나라의 의식
- 前例 이전의 사례, 선례

전반
- 全般 통틀어 모두, 여러 가지 것의 전부
- 前半 전체를 둘로 나누었을 때 앞부분이 되는 절반

전시
- 全市 시(市)의 전체
- 戰時 전쟁을 하고 있는 때
- 展示 물품 따위를 늘어놓아 보임

전원
- 田園 논밭과 동산, 시골이나 도시의 교외
- 全員 전체의 인원
- 電源 전력을 공급하는 원천

절감
- 切感 절실히 느낌, 깊이 느낌
- 節減 아껴서 줄임

절개
- 節槪 옳은 일을 지키어 뜻을 굽히지 않는 굳건한 마음이나 태도
- 切開 치료를 위해 칼·가위 따위로 몸의 일부를 째어서 엶

접수
- 接收 돈이나 물건 따위를 받음

235

接受 공문서 따위의 서류나, 구두로 신청한 사실들을 처리하기 위하여 받아들임

정교

正教 바른 종교
政教 정치와 종교
精巧 기계나 세공물 따위가 아주 세세한 부분까지 정밀하게 잘 되어 있음
情交 친밀하게 사귐, 또는 그런 교제

정당

正當 바르고 마땅함, 이치가 당연함
政黨 정치상의 이념이나 이상을 함께 하는 사람들이 정권을 잡아 그 이념이나 이상을 실현하기 위하여 모인 단체
精當 매우 자세하고 마땅함

정도

正道 올바른 길, 바른 도리
征途 여행길, 전쟁이나 경기에 나가는 길
定道 저절로 정해져 변하지 않는 도리
政道 정치의 방침
程道 알맞은 한도
精度 정밀도
精到 매우 정묘한 경지에 다다름

정사

正史 정확한 사실을 바탕으로 하여 편찬한 역사
正邪 바른 일과 사악한 일
政事 정치에 관한 일, 행정에 관한 일
情史 남녀의 애정에 관한 기록, 연애를 다룬 소설
情事 남녀 간의 사랑에 관한 일
情思 남녀가 서로 사랑하는 마음
正射 활 따위를 정면에서 쏨, 수학에서 수직으로 투영하는 일
靜思 조용히 생각함

精査 아주 작은 것도 빼놓지 않고 자세히 조사함

정원

正員 어떤 조직체 따위에서 정식 인원으로서의 자격을 가지고 있는 사람
定員 일정한 규정에 따라 정해진 인원
庭園 잘 가꾸어 놓은 넓은 뜰

정전

正殿 임금이 나와서 조회를 하던 궁전
征戰 출정하여 싸움
停電 송전이 한때 끊어짐
停戰 교전 중이던 두 나라가 합의에 의해 한때 어떤 지역 또는 전역에 걸쳐 전투행위를 그치는 일

제명

題銘 책머리에 쓰는 제사(題詞)와 기물에 새기는 명
題名 책이나 시문 따위의 표제의 이름
除名 명부에서 결격자 등의 이름을 빼어 버림

제재

題材 예술작품이나 학술연구 따위에서 주제의 재료가 되는 것
制裁 어떤 태도나 행위에 대한 대응으로 불이익이나 벌을 줌
製材 베어 낸 나무를 켜서 각목·널빤지 따위를 만듦

조리

條理 어떤 일이나 말·글 등에서 앞뒤가 들어맞고 체계가 서는 갈피
調理 음식·거처·동작 등을 알맞게 하여 몸을 보살피고 병을 다스림
笊籬 쌀을 이는 데 쓰는 기구

조선

祖先 조상

朝鮮 이성계가 고려를 멸하고 세운 나라
造船 배를 건조함

조정
朝廷 임금의 나라의 정치를 집행하던 곳
漕艇 보트를 저음
調定 조사하여 확정함
調停 분쟁을 중간에서 화해시킴
調整 고르지 못한 것이나 과부족이 있는 것 따위를 알맞게 조절하여 정상상태가 되게 함

조화
弔花 조상(弔喪)하는 뜻으로 바치는 꽃
造化 천지자연의 이치
造花 종이나 헝겊 따위로 만든 꽃
彫花 도자기에 꽃무늬를 새김
調和 대립이나 어긋남이 없이 서로 잘 어울림

존속
尊屬 부모와 그 항렬 이상의 친족
存續 계속 존재함, 그대로 있음

주간
晝間 낮 동안
週間 월요일부터 일요일까지 한 주일 동안
主幹 어떤 일을 주장하여 맡아 처리함, 또는 그 사람
週刊 한 주일마다 한 번씩 펴냄, 또는 그 간행물

중복
中伏 삼복(三伏)의 두 번째 복날
重複 거듭함, 겹침, 이중

중지
中指 가운데 손가락
中智 보통의 슬기

衆志 뭇사람의 뜻이나 생각
中止 일을 중도에서 그만둠

지각
地角 땅의 한 모퉁이라는 뜻으로 땅의 맨 끝
地殼 지구의 표층을 이루고 있는 단단한 부분
遲刻 정해진 시각보다 늦음
知覺 느끼어 앎, 깨달음

지급
至急 매우 급함
支給 어떤 특정한 조건을 갖춘 사람에게 돈이나 물품 따위를 내줌

지대
至大 더없이 큼
地代 남의 토지를 빌린 사람이 빌려 준 사람에게 무는 세
地帶 자연적 또는 인위적으로 한정된 일정한 구역

지도
地圖 지구 표면의 일부나 전부를 일정한 축척에 따라 평면 위에 나타낸 그림
指導 어떤 목적이나 방향에 따라 가르치어 이끎

지성
至性 더없이 착한 성질
至聖 지덕을 아울러 갖추어 더없이 뛰어난 성인
知性 사물을 알고 생각하고 판단하는 능력
至誠 지극한 정성

지원
支院 지방법원이나 가정법원 등에 따로 분설된 하부 기관
支援 뒷받침하거나 편들어서 도움, 원조함

至願 지극히 바람, 또는 그러한 소원
志願 뜻하여 바람

진정
眞情 거짓이 없는 참된 정이나 애틋한 마음
眞正 참으로, 바로, 정말
陳情 실정을 털어놓고 말함
鎭定 반대 세력이나 기세 따위를 억눌러서 평정함
鎭靜 흥분이나 아픔 따위를 가라앉힘

천재
天才 태어날 때부터 갖춘 뛰어난 재주, 또는 그런 재주를 가진 사람
天災 자연현상으로 일어나는 재난
淺才 얕은 재주나 꾀

초대
初代 어떤 계통의 첫 번째 사람
招待 남을 청하여 대접함

초상
初喪 사람이 죽어서 장사 지내기까지의 일
肖像 그림이나 사진 따위에 나타난 어떤 사람의 얼굴이나 모습

최고
最古 가장 오래됨
最高 가장 높음
催告 법률상 일정한 결과를 일으키기 위하여 상대편의 행위 또는 불행위를 재촉하는 일

추상
秋霜 가을의 찬 서리
抽象 개별적인 사물이나 구체적인 개념으로부터 공통적인 요소를 뽑아 일반적인 개념으로 파악함

追想 지나간 일을 생각하고 그리워함
推想 앞으로 올 일 등을 미루어 생각함

축전
祝典 축하하는 의식이나 식전
祝電 축하의 뜻을 나타낸 전보
蓄電 전기를 모아 둠

취사
炊事 음식을 장만하는 일
取捨 쓸 것은 쓰고 버릴 것은 버림

치부
恥部 남에게 알리고 싶지 않은 부끄러운 부분
致富 재물을 모아 부자가 됨
置簿 금전이나 물품의 출납을 적어 넣음

타도
他道 당사자가 살고 있지 않거나 관계가 없는 행정 구역상의 다른 도
打倒 어떤 대상이나 세력을 때리어 거꾸러뜨림

탄성
彈性 외부로부터 힘을 받아 모양이 달라진 물체가 그 힘이 없어지면 다시 본디의 모양으로 되돌아가려 하는 성질
歎聲 탄식하는 소리

탈모
脫毛 털이 빠짐
脫帽 모자를 벗음

탈취
脫臭 냄새를 뺌
奪取 남의 것을 억지로 빼앗아 가짐

통화
- 通貨 한 나라 안에서 통용되고 있는 화폐를 통틀어 이르는 말
- 通話 전화로 말을 주고받음

특수
- 特秀 특별히 빼어남, 특히 우수함
- 特需 특별한 수요
- 特殊 보통과 아주 다름, 특별함

파다
- 頗多 자못 많음, 매우 많음
- 播多 소문이 널리 퍼져 있음

표지
- 表紙 책의 겉장
- 標紙 증거의 표로 글을 적은 종이
- 標識 다른 것과 구별하여 알게 하는 데 필요한 표시나 특징

필적
- 筆跡 손수 쓴 글씨나 그림의 형적
- 匹敵 재주나 힘 따위가 엇비슷하여 서로 견줄만함

해독
- 害毒 나쁜 영향을 끼치는 요소, 해와 독
- 解毒 독기를 풀어서 없앰
- 解讀 알기 쉽도록 풀어서 읽음

향수
- 香水 향료를 알코올 따위에 풀어서 만든 액체 화장품의 한 가지
- 鄕愁 고향을 그리워하는 마음이나 시름
- 享受 복이나 혜택 따위를 받아서 누림

현상
- 現狀 현재의 상태, 지금의 형편
- 現象 지각할 수 있는 사물의 모양이나 형태
- 現像 형상을 나타냄, 촬영한 필름이나 인화지 따위를 약품으로 처리하여 영상이 드러나게 하는 일
- 懸賞 어떤 목적으로 조건을 붙여 상금이나 상품을 내거는 일

호기
- 好期 꼭 좋은 시기, 알맞은 시기
- 好機 무슨 일을 하는 데 좋은 기회
- 浩氣 호연한 기운
- 豪氣 씩씩한 기상, 호방한 기상
- 好奇 신기한 것에 흥미를 가짐
- 呼氣 내쉬는 숨, 날숨

혼수
- 昏睡 정신없이 혼혼히 잠듦
- 婚需 혼인에 드는 물품 또는 비용

회기
- 回忌 해마다 돌아오는 기일
- 回期 돌아올 시기
- 會期 집회나 회의 따위가 열리는 시기

회유
- 回遊 두루 돌아다니며 유람함
- 懷柔 어루만져 달램, 잘 구슬려 따르게 함

훈장
- 訓長 글방의 선생님
- 勳章 훈공이 있는 사람에게 국가에서 표창하기 위하여 내리는 휘장

한자능력 검정시험 3급 (3급II 포함)

동자이음어 | **동음이의어**

賈	성	가	賈氏(가씨)	
	장사	고	賈人(고인)	商賈扇(상고선)
邯	사람이름	감	姜邯贊(강감찬)	
	조나라서울	한	邯鄲之步(한단지보)	
降	내릴	강	降雨量(강우량)	昇降機(승강기)
	항복할	항	降伏(항복)	投降(투항)
更	다시	갱	更新(갱신)	更年期(갱년기)
	고칠	경	變更(변경)	更迭(경질)
車	수레	거	自轉車(자전거)	停車場(정거장)
	수레	차	駐車(주차)	途中下車(도중하차)
乾	하늘	건	乾性(건성)	乾坤一擲(건곤일척)
	마를	간	乾物(간물)	
見	볼	견	見解(견해)	見物生心(견물생심)
	뵈올	현	謁見(알현)	
串	땅이름	곶	長山串(장산곶)	
	꿸	관	石串洞(석관동)	
廓	둘레	곽	輪廓(윤곽)	外廓(외곽)
	클	확	廓淸(확청)	
龜	땅이름	구	龜尾市(구미시)	
	거북	귀	龜甲(귀갑)	
	터질	균	龜裂(균열)	
金	쇠	금	金錢(금전)	金庫(금고)
	성	김	金氏(김씨)	
奈	어찌	내	奈何(내하)	莫無可奈(막무가내)
	나락	나	奈落(나락)	
茶	차	다	茶房(다방)	茶菓(다과)
	차	차	綠茶(녹차)	紅茶(홍차)
讀	읽을	독	讀書(독서)	晝耕夜讀(주경야독)
	구절	두	吏讀(이두)	句讀點(구두점)
糖	엿	당	糖分(당분)	血糖(혈당)
	사탕	탕	砂糖(사탕)	雪糖(설탕)
度	법도	도	溫度(온도)	難易度(난이도)
	헤아릴	탁	忖度(촌탁)	度支部(탁지부)

洞	골	동	洞窟(동굴)	空洞(공동)
	꿰뚫을	통	洞達(통달)	洞察(통찰)
樂	즐거울	락	快樂(쾌락)	娛樂(오락)
	풍류	악	音樂(음악)	樂譜(악보)
	좋아할	요	樂山樂水(요산요수)	
率	비율	률	確率(확률)	比率(비율)
	거느릴	솔	率直(솔직)	統率力(통솔력)
畝	밭이랑	묘	農畝(농묘)	田畝(전묘)
	밭이랑	무	頃畝法(경무법)	
否	아닐	부	否定(부정)	曰可曰否(왈가왈부)
	막힐	비	否運(비운)	否塞(비색)
不	아닐	불	不滿(불만)	不良輩(불량배)
	아닐	부	不正(부정)	優柔不斷(우유부단)
洑	보	보	洑稅(보세)	
	스며흐를	복	洑流(복류)	
復	돌아올	복	復學(복학)	原狀回復(원상회복)
	다시	부	復興(부흥)	復活節(부활절)
北	북녘	북	北韓(북한)	北極星(북극성)
	달아날	배	敗北(패배)	
殺	죽일	살	殺害(살해)	殺身成仁(살신성인)
	빠를	쇄	殺到(쇄도)	相殺(상쇄)
狀	형상	상	狀況(상황)	現狀(현상)
	문서	장	令狀(영장)	表彰狀(표창장)
塞	변방	새	要塞(요새)	塞翁之馬(새옹지마)
	막힐	색	窮塞(궁색)	政局梗塞(정국경색)
索	찾을	색	探索(탐색)	索引(색인)
	동아줄	삭	索莫(삭막)	鐵索(철삭)
說	말씀	설	說明(설명)	說往說來(설왕설래)
	달랠	세	誘說(유세)	
	기쁠	열	說樂(열락)	
省	살필	성	反省(반성)	人事不省(인사불성)
	덜	생	省略(생략)	

동음이의어 동자이음어

數	셈	수	數學(수학)	算數(산수)
	자주	삭	數尿症(삭뇨증)	
宿	잘	숙	宿泊(숙박)	寄宿舍(기숙사)
	별자리	수	星宿(성수)	
拾	주울	습	拾得(습득)	收拾(수습)
	열	십	拾億(십억)	
食	밥	식	飮食(음식)	弱肉强食(약육강식)
	먹일	사	簞食(단사)	蔬食(소사)
識	알	식	常識(상식)	知識産業(지식산업)
	표할	지	標識(표지)	
惡	악할	악	惡緣(악연)	惡戰苦鬪(악전고투)
	미워할	오	惡寒(오한)	憎惡(증오)
若	같을	약	萬若(만약)	明若觀火(명약관화)
	반야	야	般若心經(반야심경)	
於	어조사	어	於此彼(어차피)	甚至於(심지어)
	탄식할	오	於乎(오호)	於戱(오희)
易	바꿀	역	貿易(무역)	易地思之(역지사지)
	쉬울	이	容易(용이)	簡易驛(간이역)
咽	목구멍	인	咽喉(인후)	耳鼻咽喉科(이비인후과)
	목멜	열	硬咽(경열)	嗚咽(오열)
刺	찌를	자	刺客(자객)	諷刺(풍자)
	찌를	척	刺殺(척살)	
炙	구울	자	膾炙(회자)	
	구울	적	散炙(산적)	魚炙(어적)
切	끊을	절	切斷(절단)	切望(절망)
	온통	체	一切(일체)	
繰	야청	조	繰絲(조사)	繰綿(조면)
	고치켤	소	繰絹(소견)	
辰	별	진	日辰(일진)	壬辰倭亂(임진왜란)
	때	신	生辰(생신)	誕辰(탄신)
什	세간	집	什器(집기)	什物(집물)
	열사람	십	什長(십장)	
差	다를	차	差異(차이)	人種差別(인종차별)
	어긋날	치	參差(참치)	

參	참여할	참	參加(참가)	情狀參酌(정상참작)
	석	삼	參十(삼십)	
拓	넓힐	척	拓土(척토)	干拓地(간척지)
	박을	탁	拓本(탁본)	
醋	식초	초	醋醬(초장)	食醋(식초)
	술권할	작	酬醋(수작)	
推	밀	추	推進(추진)	推薦書(추천서)
	밀	퇴	推敲(퇴고)	
則	법칙	칙	法則(법칙)	不規則(불규칙)
	곧	즉	則效(즉효)	然則(연즉)
沈	잠길	침	沈默(침묵)	景氣沈滯(경기침체)
	성	심	沈淸傳(심청전)	
宅	집	택	宅地(택지)	共同住宅(공동주택)
	집	댁	宅內(댁내)	
槌	던질	퇴	槌擊(퇴격)	鐵槌(철퇴)
	망치	추	槌鑿(추착)	
便	편할	편	便安(편안)	郵便(우편)
	똥오줌	변	便祕(변비)	用便(용변)
布	베	포	宣傳布告(선전포고)	布帳馬車(포장마차)
	보시	보	布施(보시)	
暴	사나울	폭	暴行(폭행)	暴風雨(폭풍우)
	모질	포	暴虐(포학)	自暴自棄(자포자기)
馮	성	풍	馮夷(풍이)	
	탈	빙	馮據(빙거)	馮虛(빙허)
皮	가죽	피	皮膚(피부)	鐵面皮(철면피)
	가죽	비	鹿皮(녹비)	
行	다닐	행	旅行(여행)	飛行機(비행기)
	항렬	항	行列(항렬)	行伍(항오)
活	살	활	活潑(활발)	活力素(활력소)
	물소리	괄	活活(괄괄)	
滑	미끄러울	활	圓滑(원활)	潤滑油(윤활유)
	익살스러울	골	滑稽(골계)	

241

한자능력 검정시험 3급(3급II 포함)

5-1 잘못 읽기 쉬운 한자

可憐	가련(O)	가린(X)	團欒	단란(O)	단락(X)	拔萃	발췌(O)	발졸(X)
苛斂	가렴(O)	가검(X)	撞着	당착(O)	동착(X)	拔擢	발탁(O)	발요(X)
恪別	각별(O)	격별(X)	對蹠	대척(O)	대서(X)	拜謁	배알(O)	배갈(X)
角逐	각축(O)	각추(X)	對峙	대치(O)	대지(X)	範疇	범주(O)	범수(X)
看做	간주(O)	간고(X)	宅內	댁내(O)	택내(X)	兵站	병참(O)	병점(X)
間歇	간헐(O)	간흠(X)	陶冶	도야(O)	도치(X)	報酬	보수(O)	보주(X)
減殺	감쇄(O)	감살(X)	瀆職	독직(O)	속직(X)	布施	보시(O)	포시(X)
甘蔗	감자(O)	감저(X)	獨擅	독천(O)	독단(X)	補塡	보전(O)	포진(X)
槪括	개괄(O)	개활(X)	冬眠	동면(O)	동안(X)	復活	부활(O)	복활(X)
改悛	개전(O)	개준(X)	遁走	둔주(O)	돈주(X)	分泌	분비(O)	분필(X)
改竄	개찬(O)	개서(X)	滿腔	만강(O)	만공(X)	不尠	불선(O)	불감(X)
坑道	갱도(O)	항도(X)	蔓延	만연(O)	만정(X)	不朽	불후(O)	불구(X)
更生	갱생(O)	경생(X)	邁進	매진(O)	만진(X)	沸騰	비등(O)	불등(X)
更張	경장(O)	갱장(X)	盟誓	맹세(O)	맹서(X)	使嗾	사주(O)	사족(X)
更迭	경질(O)	갱질(X)	明晳	명석(O)	명철(X)	社稷	사직(O)	사목(X)
汨沒	골몰(O)	일몰(X)	明澄	명징(O)	명증(X)	奢侈	사치(O)	사다(X)
刮目	괄목(O)	활목(X)	木瓜	모과(O)	목과(X)	撒布	살포(O)	산포(X)
敎唆	교사(O)	교준(X)	木鐸	목탁(O)	목택(X)	三昧	삼매(O)	삼미(X)
交驩	교환(O)	교관(X)	夢寐	몽매(O)	몽침(X)	相殺	상쇄(O)	상살(X)
口腔	구강(O)	구공(X)	杳然	묘연(O)	향연(X)	上梓	상재(O)	상자(X)
句讀	구두(O)	구독(X)	母論	무론(O)	모론(X)	省略	생략(O)	성략(X)
拘礙	구애(O)	구득(X)	無聊	무료(O)	무류(X)	棲息	서식(O)	처식(X)
句節	구절(O)	귀절(X)	未洽	미흡(O)	미합(X)	先塋	선영(O)	선형(X)
救恤	구휼(O)	구혈(X)	撲滅	박멸(O)	업멸(X)	葉氏	섭씨(O)	엽씨(X)
詭辯	궤변(O)	위변(X)	反駁	반박(O)	반교(X)	洗淨	세정(O)	세쟁(X)
旗幟	기치(O)	기식(X)	反哺	반포(O)	반보(X)	洗滌	세척(O)	세조(X)
鹿茸	녹용(O)	녹이(X)	潑剌	발랄(O)	발자(X)	贖罪	속죄(O)	독죄(X)

242

잘못 읽기 쉬운 한자

한자	O	X	한자	O	X	한자	O	X
殺到	쇄도(O)	살도(X)	沮止	저지(O)	차지(X)	洞察	통찰(O)	동찰(X)
水洗	수세(O)	수선(X)	傳播	전파(O)	전번(X)	推敲	퇴고(O)	추고(X)
示唆	시사(O)	시준(X)	點睛	점정(O)	점청(X)	派遣	파견(O)	파유(X)
辛辣	신랄(O)	신극(X)	接吻	접문(O)	접물(X)	破綻	파탄(O)	파정(X)
軋轢	알력(O)	알락(X)	正鵠	정곡(O)	정호(X)	敗北	패배(O)	패북(X)
謁見	알현(O)	갈견(X)	造詣	조예(O)	조지(X)	膨脹	팽창(O)	팽장(X)
隘路	애로(O)	익로(X)	措置	조치(O)	차치(X)	平坦	평탄(O)	평단(X)
領袖	영수(O)	영유(X)	躊躇	주저(O)	수저(X)	閉塞	폐색(O)	폐한(X)
誤謬	오류(O)	오륙(X)	眞摯	진지(O)	진집(X)	暴惡	포악(O)	폭악(X)
嗚咽	오열(O)	명인(X)	叱責	질책(O)	힐책(X)	捕捉	포착(O)	포촉(X)
惡寒	오한(O)	악한(X)	執拗	집요(O)	집유(X)	標識	표지(O)	표식(X)
訛傳	와전(O)	화전(X)	斬新	참신(O)	점신(X)	割引	할인(O)	활인(X)
渦中	와중(O)	과중(X)	懺悔	참회(O)	섬회(X)	陜川	합천(O)	협천(X)
外艱	외간(O)	외난(X)	刺殺	척살(O)	자살(X)	肛門	항문(O)	홍문(X)
要塞	요새(O)	요색(X)	喘息	천식(O)	서식(X)	降將	항장(O)	강장(X)
容喙	용훼(O)	용탁(X)	鐵槌	철퇴(O)	철추(X)	偕老	해로(O)	개로(X)
遊說	유세(O)	유설(X)	諦念	체념(O)	제념(X)	解弛	해이(O)	해야(X)
吟味	음미(O)	금미(X)	涕泣	체읍(O)	제읍(X)	享樂	향락(O)	형락(X)
凝結	응결(O)	의결(X)	寵愛	총애(O)	용애(X)	忽然	홀연(O)	총연(X)
義捐	의연(O)	의손(X)	撮影	촬영(O)	최영(X)	花瓣	화판(O)	화변(X)
移徙	이사(O)	이도(X)	秋毫	추호(O)	추모(X)	花卉	화훼(O)	화에(X)
溺死	익사(O)	약사(X)	衷心	충심(O)	애심(X)	廓然	확연(O)	곽연(X)
一括	일괄(O)	일활(X)	熾熱	치열(O)	직열(X)	恍惚	황홀(O)	광홀(X)
一擲	일척(O)	일정(X)	鍼術	침술(O)	함술(X)	橫暴	횡포(O)	횡폭(X)
剩餘	잉여(O)	승여(X)	拓本	탁본(O)	척본(X)	欣快	흔쾌(O)	근쾌(X)
自矜	자긍(O)	자금(X)	度地	탁지(O)	도지(X)	詰責	힐책(O)	길책(X)
箴言	잠언(O)	함언(X)	綻露	탄로(O)	정로(X)			
將帥	장수(O)	장사(X)	彈劾	탄핵(O)	탄효(X)			

243

5-2 틀리기 쉬운 한자

한자	훈	음	예
佳	아름다울	가	百年佳約(백년가약)
往	갈	왕	說往說來(설왕설래)
住	살	주	衣食住(의식주)
假	거짓	가	假面(가면)
暇	겨를/틈	가	休暇(휴가)
各	각각	각	各種(각종)
名	이름	명	姓名(성명)
干	방패/막을	간	干涉(간섭)
于	어조사	우	于先(우선)
減	덜	감	加減(가감)
滅	멸할	멸	滅亡(멸망)
甲	갑옷	갑	甲富(갑부)
申	납	신	申告(신고)
綱	벼리	강	三綱五倫(삼강오륜)
網	그물	망	聯絡網(연락망)
槪	대개	개	槪念(개념)
慨	슬퍼할	개	憤慨(분개)
客	손	객	顧客(고객)
容	얼굴	용	容恕(용서)
巨	클	거	巨人(거인)
臣	신하	신	臣下(신하)
擧	들	거	選擧(선거)
譽	기릴	예	名譽(명예)
檢	검사할	검	檢事(검사)
儉	검소할	검	儉素(검소)
險	험할	험	危險(위험)
堅	굳을	견	堅固(견고)
緊	긴할	긴	緊急(긴급)
驚	놀랄	경	驚異(경이)
警	경계할	경	警戒(경계)
經	지날	경	經濟(경제)
徑	지름길	경	直徑(직경)
孤	외로울	고	孤獨(고독)
派	갈래	파	派兵(파병)
狐	여우	호	九尾狐(구미호)
苦	쓸	고	苦生(고생)
若	같을	약	萬若(만약)
曲	굽을	곡	曲線(곡선)
典	법	전	法典(법전)
困	곤할	곤	困難(곤란)
囚	가둘	수	罪囚(죄수)
因	인할	인	因緣(인연)
功	공	공	功勞(공로)
切	끊을	절	切斷(절단)
橋	다리	교	橋梁(교량)
僑	더부살이	교	僑胞(교포)
矯	바로잡을	교	矯導所(교도소)

틀리기 쉬운 한자

具貝	갖출 조개	구 패	家具(가구) 貝類(패류)
郡群	고을 무리	군 군	郡守(군수) 群衆(군중)
卷券	책 문서	권 권	壓卷(압권) 旅券(여권)
勸觀歡	권할 볼 기쁠	권 관 환	勸告(권고) 觀覽(관람) 歡迎(환영)
級吸	등급 마실	급 흡	等級(등급) 吸收(흡수)
給絡	줄 이을	급 락	給與(급여) 脈絡(맥락)
己巳巳	몸 이미 뱀	기 이 사	知彼知己(지피지기) 已往之事(이왕지사) 乙巳條約(을사조약)
起赴	일어날 나아갈	기 부	起床(기상) 赴任(부임)
踏蹈	밟을 밟을	답 도	現地踏査(현지답사) 舞蹈會(무도회)
大太犬	큰 클 개	대 태 견	大學(대학) 太陽(태양) 忠犬(충견)
代伐	대신 칠	대 벌	代表(대표) 伐草(벌초)
待侍	기다릴 모실	대 시	待避(대피) 內侍(내시)

刀力	칼 힘	도 력	果刀(과도) 力道(역도)
端瑞	끝 상서	단 서	末端(말단) 祥瑞(상서)
徒徙	무리 옮길	도 사	徒步(도보) 移徙(이사)
讀贖續	읽을 속바칠 이을	독 속 속	讀書(독서) 贖罪(속죄) 繼續(계속)
剌刺	어그러질 찌를	랄 자	潑剌(발랄) 刺戟(자극)
郎朗	사내 밝을	랑 랑	新郞(신랑) 明朗(명랑)
旅族施旋	나그네 겨레 베풀 돌	려 족 시 선	旅行(여행) 族譜(족보) 施工(시공) 旋盤(선반)
歷曆	지낼 책력	력 력	歷史(역사) 陰曆(음력)
老考孝	늙을 생각할 효도	로 고 효	老人(노인) 思考(사고) 孝女(효녀)
綠緣錄祿	푸를 인연 기록할 녹	록 연 록 록	綠茶(녹차) 因緣(인연) 登錄(등록) 貫祿(관록)

245

한자능력 검정시험 3급 (3급II 포함)

한자	훈	음	예
論	논할	론	論爭(논쟁)
倫	인륜	륜	人倫(인륜)
輪	바퀴	륜	輪廓(윤곽)
栗	밤	률	栗谷(율곡)
粟	조	속	粟米(속미)
末	끝	말	末期(말기)
未	아닐	미	未來(미래)
免	면할	면	免除(면제)
兎	토끼	토	龜毛兎角(귀모토각)
眠	잠잘	면	睡眠(수면)
眼	눈	안	眼鏡(안경)
明	밝을	명	明暗(명암)
朋	벗	붕	朋友有信(붕우유신)
侮	업신여길	모	侮辱(모욕)
悔	뉘우칠	회	悔改(회개)
暮	저물	모	朝三暮四(조삼모사)
墓	무덤	묘	國立墓地(국립묘지)
幕	장막	막	園頭幕(원두막)
慕	그리워할	모	追慕(추모)
微	작을	미	微力(미력)
徵	부를	징	徵用(징용)
徽	아름다울	휘	徽章(휘장)
密	빽빽할	밀	密着(밀착)
蜜	꿀	밀	蜜柑(밀감)
辯	말씀	변	辯論(변론)
辨	분별할	변	辨償(변상)

한자	훈	음	예
薄	엷을	박	淺薄(천박)
簿	문서	부	帳簿(장부)
拍	칠	박	拍手(박수)
泊	배댈	박	民泊(민박)
排	밀칠	배	排球(배구)
俳	배우	배	俳優(배우)
復	돌아올	복	復學(복학)
複	겹칠	복	複製(복제)
佛	부처	불	佛敎(불교)
拂	떨칠	불	支拂(지불)
比	견줄	비	比率(비율)
此	이	차	此後(차후)
貧	가난할	빈	貧富(빈부)
貪	탐할	탐	貪慾(탐욕)
唆	부추길	사	示唆(시사)
俊	준걸	준	俊傑(준걸)
士	선비	사	博士(박사)
土	흙	토	土地(토지)
祀	제사	사	祭祀(제사)
祝	빌	축	祝福(축복)
思	생각	사	思想(사상)
恩	은혜	은	恩惠(은혜)
師	스승	사	敎師(교사)
帥	장수	수	將帥(장수)
象	코끼리	상	形象(형상)
像	형상	상	銅像(동상)

틀리기 쉬운 한자

恕怒	용서할 성낼	서 노	容恕(용서) 憤怒(분노)
暑署	더울 관청	서 서	處暑(처서) 支署(지서)
宣宜	베풀 마땅	선 의	宣言(선언) 宜當(의당)
釋譯澤擇	풀 번역할 못 가릴	석 역 택 택	解釋(해석) 飜譯(번역) 惠澤(혜택) 選擇(선택)
姓性	성 성품	성 성	姓名(성명) 性格(성격)
俗裕	풍속 넉넉할	속 유	風俗(풍속) 富裕(부유)
遂逐	이룰 쫓을	수 축	完遂(완수) 逐出(축출)
熟熱	익을 더울	숙 열	熟達(숙달) 熱氣(열기)
崇宗	높을 마루	숭 종	崇高(숭고) 宗敎(종교)
僧憎增	중 미울 더할	승 증 증	僧侶(승려) 憎惡(증오) 增減(증감)
矢失	화살 잃을	시 실	弓矢(궁시) 失手(실수)
仰抑	우러를 누를	앙 억	信仰(신앙) 抑壓(억압)

哀衷衰	슬플 속마음 쇠할	애 충 쇠	哀痛(애통) 苦衷(고충) 衰退(쇠퇴)
治冶	다스릴 불릴	치 야	政治(정치) 冶金(야금)
讓壤壞懷孃	사양할 흙덩이 무너질 품을 아가씨	양 양 괴 회 양	讓步(양보) 土壤(토양) 破壞(파괴) 懷抱(회포) 金孃(김양)
捐損	버릴 덜	연 손	捐金(연금) 損失(손실)
延廷	늘일 조정	연 정	延期(연기) 法廷(법정)
葉棄	잎 버릴	엽 기	葉書(엽서) 抛棄(포기)
午牛	낮 소	오 우	正午(정오) 牛乳(우유)
烏鳥島	까마귀 새 섬	오 조 도	烏鵲橋(오작교) 鳥類(조류) 獨島(독도)
穩隱	편안할 숨을	온 은	平穩(평온) 隱退(은퇴)
雨兩	비 두	우 량	雨傘(우산) 兩者(양자)

247

한자	훈	음	예
遺遣	남길 / 보낼	유 / 견	遺言(유언) / 派遣(파견)
泣位	울 / 자리	읍 / 위	泣訴(읍소) / 位置(위치)
日曰	날 / 가로	일 / 왈	日曜日(일요일) / 孔子曰(공자왈)
任仕	맡길 / 섬길	임 / 사	任務(임무) / 奉仕(봉사)
炙灸	구울 / 뜸	자 / 구	膾炙(회자) / 鍼灸(침구)
栽裁載戴	심을 / 마를 / 실을 / 일	재 / 재 / 재 / 대	栽培(재배) / 獨裁(독재) / 積載(적재) / 戴冠式(대관식)
積績	쌓을 / 길쌈	적 / 적	積金(적금) / 業績(업적)
滴摘	물방울 / 딸	적 / 적	硯滴(연적) / 摘要(적요)
折析	꺾을 / 쪼갤	절 / 석	折半(절반) / 分析(분석)
弟第	아우 / 차례	제 / 제	弟子(제자) / 落第(낙제)
燥操	마를 / 잡을	조 / 조	乾燥(건조) / 操作(조작)
晝書畵	낮 / 글 / 그림	주 / 서 / 화	晝夜(주야) / 書店(서점) / 畵家(화가)
柱桂	기둥 / 계수나무	주 / 계	柱石(주석) / 桂樹(계수)
枝枚技	가지 / 낱 / 재주	지 / 매 / 기	全枝(전지) / 枚數(매수) / 技能(기능)
陳陣	늘어놓을 / 진칠	진 / 진	陳列(진열) / 敵陣(적진)
津律	나루 / 법칙	진 / 률	松津(송진) / 法律(법률)
且旦	또 / 아침	차 / 단	苟且(구차) / 元旦(원단)
撤徹	거둘 / 통할	철 / 철	撤收(철수) / 貫徹(관철)
淸請晴	맑을 / 청할 / 갤	청 / 청 / 청	淸潔(청결) / 請託(청탁) / 快晴(쾌청)
招紹昭	부를 / 이을 / 밝을	초 / 소 / 소	招待(초대) / 紹介(소개) / 昭詳(소상)
村材	마을 / 재목	촌 / 재	江村(강촌) / 材料(재료)
墜墮	떨어질 / 떨어질	추 / 타	墜落(추락) / 墮落(타락)
衝衡	찌를 / 저울대	충 / 형	衝動(충동) / 平衡(평형)

틀리기 쉬운 한자

한자	뜻	음	예
枕	베개	침	枕木(침목)
沈	잠길	침/성 심	沈默(침묵)
濁	흐릴	탁	混濁(혼탁)
燭	촛불	촉	華燭(화촉)
獨	홀로	독	獨立(독립)
脫	벗을	탈	脫出(탈출)
稅	세금	세	稅金(세금)
悅	기쁠	열	喜悅(희열)
說	말씀	설	說明(설명)
設	베풀	설	建設(건설)
他	다를	타	他鄕(타향)
地	땅	지	地球(지구)
探	찾을	탐	探究(탐구)
深	깊을	심	深夜(심야)
閉	닫을	폐	閉鎖(폐쇄)
閑	한가할	한	閑暇(한가)
弊	해질	폐	弊端(폐단)
幣	비단	폐	貨幣(화폐)
抱	안을	포	抱擁(포옹)
泡	물거품	포	水泡(수포)
胞	세포	포	細胞(세포)
捕	잡을	포	捕虜(포로)
浦	개	포	浦港(포항)
補	기울	보	補修(보수)
鋪	펼/가게	포	店鋪(점포)
抗	겨룰	항	抗議(항의)
坑	구덩이	갱	坑道(갱도)
項	항목	항	項目(항목)
頃	잠깐	경	頃刻(경각)
旱	가물	한	旱氣(한기)
早	이를	조	早退(조퇴)
鄕	시골	향	故鄕(고향)
卿	벼슬	경	樞機卿(추기경)
幸	다행	행	幸福(행복)
辛	매울	신	辛辣(신랄)
刑	형벌	형	刑罰(형벌)
形	모양	형	形態(형태)
刊	새길	간	出刊(출간)
亨	형통할	형	亨通(형통)
享	누릴	향	享樂(향락)
活	살	활	死活(사활)
浩	넓을	호	浩蕩(호탕)
互	서로	호	互稱(호칭)
瓦	기와	와	瓦全(와전)
悔	뉘우칠	회	悔改(회개)
梅	매화	매	梅花(매화)
侮	업신여길	모	侮辱(모욕)
海	바다	해	東海(동해)
侯	제후	후	諸侯(제후)
候	기후	후	氣候(기후)

한자능력 검정시험 3급 (3급II 포함)

6-1 장음으로 발음되는 한자

ㄱ

한자	훈	음	장음:	
可	옳을	가:	可能(가능)	可否(가부)
佳	아름다울	가:	佳實(가실)	佳景(가경)
架	시렁	가:	架設(가설)	架橋(가교)
假	거짓	가:	假說(가설)	假定(가정)
姦	간음할	간:	姦通(간통)	強姦(강간)
懇	간절할	간:	懇切(간절)	懇請(간청)
減	덜	감:	減縮(감축)	減量(감량)
敢	감히/구태여	감:	敢鬪(감투)	敢行(감행)
感	느낄	감:	感激(감격)	感謝(감사)
講	욀	강:	講義(강의)	講壇(강단)
介	낄	개:	介入(개입)	介在(개재)
改	고칠	개:	改革(개혁)	改選(개선)
蓋	덮을	개:	蓋石(개석)	蓋瓦(개와)
慨	슬퍼할	개:	慨歎(개탄)	慨世(개세)
槪	대개	개:	槪念(개념)	槪論(개론)
塏	높은땅	개:	塏塏(개개)	
更	다시	갱:	更新(갱신)	更生(갱생)
去	갈	거:	去就(거취)	去勢(거세)
巨	클	거:	巨人(거인)	巨物(거물)
拒	막을	거:	拒否(거부)	拒絶(거절)
距	떨어질	거:	距離(거리)	
據	근거	거:	據點(거점)	
擧	들	거:	擧國(거국)	擧動(거동)

한자	훈	음	장음:	
建	세울	건:	建國(건국)	建物(건물)
健	굳셀	건:	健康(건강)	健全(건전)
鍵	열쇠/자물쇠	건:	鍵盤(건반)	鍵盤樂器(건반악기)
儉	검소할	검:	儉素(검소)	儉約(검약)
劍	칼	검:	劍道(검도)	劍客(검객)
檢	검사할	검:	檢事(검사)	檢討(검토)
揭	높이들/걸	게:	揭示(게시)	揭載(게재)
見	볼견:/뵈올현:		見學(견학)	見本(견본)
遣	보낼	견:	遣奠祭(견전제)	
竟	마침내	경:	竟夜(경야)	
敬	공경	경:	敬禮(경례)	敬愛(경애)
慶	경사	경:	慶事(경사)	慶祝(경축)
警	경계할	경:	警戒(경계)	警笛(경적)
鏡	거울	경:	鏡臺(경대)	
競	다툴	경:	競技(경기)	競走(경주)
儆	경계할	경:	儆戒(경계)	儆備(경비)
瓊	구슬	경:	瓊玉(경옥)	瓊團(경단)
系	이을	계:	系統(계통)	系列(계열)
戒	경계할	계:	戒律(계율)	戒嚴令(계엄령)
季	계절	계:	季節(계절)	季節風(계절풍)
界	지경	계:	界面(계면)	界標(계표)
癸	북방/천간	계:	癸亥(계해)	癸未(계미)
契	맺을	계:	契約(계약)	契機(계기)

250

장음으로 발음되는 한자

한자	훈	음	장음:	
係	맬	계:	係數(계수)	係長(계장)
計	셀	계:	計算(계산)	計劃(계획)
桂	계수나무	계:	桂樹(계수)	桂皮(계피)
啓	열	계:	啓蒙(계몽)	啓示(계시)
繫	맬	계:	繫留(계류)	繫屬(계속)
繼	이을	계:	繼承(계승)	繼續(계속)
古	예	고:	古典(고전)	古宮(고궁)
告	고할	고:	告訴(고소)	告發(고발)
困	곤할	곤:	困難(곤란)	困境(곤경)
孔	구멍	공:	孔子(공자)	
共	한가지	공:	共同(공동)	共感(공감)
攻	칠	공:	攻擊(공격)	攻守(공수)
供	이바지할	공:	供給(공급)	供託(공탁)
貢	바칠	공:	貢納(공납)	貢獻(공헌)
恐	두려울	공:	恐怖(공포)	恐慌(공황)
果	과실	과:	果實(과실)	果刀(과도)
過	지날	과:	過去(과거)	過速(과속)
誇	자랑할	과:	誇張(과장)	誇示(과시)
寡	적을	과:	寡默(과묵)	寡慾(과욕)
廣	넓을	광:	廣場(광장)	廣野(광야)
鑛	쇳돌	광:	鑛山(광산)	鑛物(광물)
愧	부끄러울	괴:	愧色(괴색)	
壞	무너질	괴:	壞滅(괴멸)	壞血病(괴혈병)
校	학교	교:	校長(교장)	校監(교감)
敎	가르칠	교:	敎授(교수)	敎育(교육)
矯	바로잡을	교:	矯正(교정)	矯導所(교도소)
久	오랠	구:	久遠(구원)	
救	구원할	구:	救出(구출)	救濟(구제)
舊	예	구:	舊面(구면)	舊式(구식)
郡	고을	군:	郡廳(군청)	郡守(군수)
拳	주먹	권:	拳鬪(권투)	拳法(권법)
勸	권할	권:	勸誘(권유)	勸告(권고)
鬼	귀신	귀:	鬼神(귀신)	鬼才(귀재)
貴	귀할	귀:	貴族(귀족)	貴賓(귀빈)
歸	돌아갈	귀:	歸鄕(귀향)	歸省(귀성)
近	가까울	근:	近處(근처)	近況(근황)
僅	겨우	근:	僅少(근소)	僅僅(근근)
謹	삼갈	근:	謹嚴(근엄)	謹愼(근신)
槿	무궁화	근:	槿花(근화)	槿域(근역)
瑾	아름다운옥	근:	瑾瑜匿瑕(근유닉하)	
禁	금할	금:	禁煙(금연)	禁慾(금욕)
錦	비단	금:	錦上添花(금상첨화)	
肯	즐길	긍:	肯定(긍정)	肯志(긍지)
兢	떨릴	긍:	兢懼(긍구)	兢兢業業(긍긍업업)
那	어찌	나:	那落(나락)	那邊(나변)
暖	따뜻할	난:	暖流(난류)	暖冬(난동)
乃	이에	내:	乃祖(내조)	乃至(내지)
內	안	내:	內外(내외)	內容(내용)

251

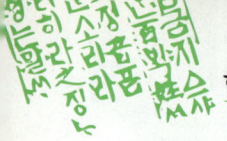

한자능력 검정시험 3급 (3급Ⅱ 포함)

한자	훈	음	장음:	
耐	견딜	내:	耐性(내성)	耐久性(내구성)
念	생각	념:	念慮(염려)	念頭(염두)
怒	성낼	노:	怒髮(노발)	怒色(노색)
但	다만	단:	但只(단지)	但書(단서)
短	짧을	단:	短期(단기)	短命(단명)
斷	끊을	단:	斷絶(단절)	斷念(단념)
膽	쓸개	담:	膽力(담력)	膽囊(담낭)
代	대신	대:	代身(대신)	代表(대표)
待	기다릴	대:	待機(대기)	待避(대피)
貸	빌릴	대:	貸金(대금)	貸出(대출)
對	대할	대:	對話(대화)	對答(대답)
戴	일	대:	戴白(대백)	戴冠式(대관식)
到	이를	도:	到着(도착)	到達(도달)
度	법도	도:	度量(도량)	
倒	넘어질	도:	倒産(도산)	倒壞(도괴)
途	길	도:	途中下車(도중하차)	
道	길/행정	도:	道路(도로)	道廳(도청)
導	인도할	도:	導入(도입)	導出(도출)
洞	골동/꿰뚫을통:		洞窟(동굴)	洞達(통달)
凍	얼	동:	凍傷(동상)	凍結(동결)
動	움직일	동:	動物(동물)	動力(동력)
童	아이	동:	童話(동화)	童謠(동요)
等	무리	등:	等級(등급)	等數(등수)
裸	벗을	라:	裸體(나체)	裸地(나지)

한자	훈	음	장음:	
亂	어지러울	란:	亂暴(난폭)	
爛	빛날	란:	爛發(난발)	爛熟(난숙)
濫	넘칠	람:	濫用(남용)	濫發(남발)
浪	물결	랑:	浪漫(낭만)	
朗	밝을	랑:	朗讀(낭독)	朗報(낭보)
冷	찰	랭:	冷凍(냉동)	冷水(냉수)
兩	두	량:	兩者(양자)	兩國(양국)
勵	힘쓸	려:	勵精(여정)	
呂	법칙	려:	呂宋煙(여송연)	
礪	숫돌	려:	礪山(여산)	礪石(여석)
練	익힐	련:	練習(연습)	練修學院(연수원)
戀	그리워할	련:	戀人(연인)	戀慕(연모)
例	법식	례:	例外(예외)	
禮	예도	례:	禮儀凡節(예의범절)	
醴	단술	례:	醴酒(예주)	醴泉(예천)
老	늙을	로:	老人(노인)	老衰(노쇠)
路	길	로:	路上(노상)	
弄	희롱할	롱:	弄談(농담)	弄奸(농간)
累	묶을	루:	累積(누적)	累計(누계)
淚	눈물	루:	淚液(누액)	淚眼(누안)
屢	여러	루:	屢次(누차)	屢代奉祀(누대봉사)
漏	샐	루:	漏水(누수)	漏電(누전)
柳	버들	류:	柳眉(유미)	柳寬順(유관순)
類	무리	류:	類推(유추)	類例(유례)

252

장음으로 발음되는 한자

한자	훈	음	장음:	
里	마을	리:	里長(이장)	
理	다스릴	리:	理念(이념)	理解(이해)
利	이할	리:	利用(이용)	利害得失(이해득실)
離	떠날	리:	離別(이별)	離婚(이혼)
裏	속	리:	裏書(이서)	裏面(이면)
履	밟을	리:	履修(이수)	履行(이행)
李	오얏	리:	李氏(이씨)	李朝(이조)
馬	말	마:	馬車(마차)	馬耳東風(마이동풍)
萬	일만	만:	萬能(만능)	萬物(만물)
晩	늦을	만:	晩學(만학)	晩鍾(만종)
漫	퍼질	만:	漫畫(만화)	漫談(만담)
妄	망령될	망:	妄靈(망령)	妄覺(망각)
望	바랄	망:	望夫石(망부석)	望遠鏡(망원경)
買	살	매:	買入(매입)	買受人(매수인)
孟	맏	맹:	孟子(맹자)	
猛	사나울	맹:	猛獸(맹수)	猛犬(맹견)
免	면할	면:	免除(면제)	免許證(면허증)
面	낯	면:	面會(면회)	面接(면접)
勉	힘쓸	면:	勉學(면학)	勉勵(면려)
冕	면류관	면:	冕服(면복)	冕旒冠(면류관)
俛	구부릴	면:	俛仰(면앙)	俛首(면수)
命	목숨	명:	命令(명령)	
母	어미	모:	母親(모친)	母國(모국)
某	아무	모:	某某(모모)	某氏(모씨)

한자	훈	음	장음:	
侮	업신여길	모:	侮辱(모욕)	侮蔑(모멸)
慕	그리워할	모:	慕戀(모련)	慕化(모화)
暮	저물	모:	暮色(모색)	暮雨(모우)
卯	토끼	묘:	卯時(묘시)	
妙	묘할	묘:	妙策(묘책)	妙手(묘수)
苗	싹	묘:	苗木(묘목)	苗種(묘종)
墓	무덤	묘:	墓碑(묘비)	墓所(묘소)
廟	사당	묘:	廟堂(묘당)	廟廷(묘정)
昴	별이름	묘:	昴星(묘성)	
戊	천간	무:	戊夜(무야)	戊辰(무진)
茂	무성할	무:	茂盛(무성)	茂林(무림)
武	굳셀	무:	武士(무사)	武器(무기)
務	힘쓸	무:	務望(무망)	務實(무실)
貿	무역할	무:	貿易(무역)	貿易風(무역풍)
舞	춤출	무:	舞踊(무용)	舞姬(무희)
霧	안개	무:	霧散(무산)	霧露(무로)
問	물을	문:	問題(문제)	問責(문책)
反	돌이킬	반:	反應(반응)	反射(반사)
半	반	반:	半徑(반경)	半導體(반도체)
伴	짝	반:	伴奏(반주)	伴侶者(반려자)
返	돌아올	반:	返品(반품)	返送(반송)
叛	배반할	반:	叛逆(반역)	叛軍(반군)
倣	본뜰	방:	倣似(방사)	倣此(방차)
訪	찾을	방:	訪韓(방한)	訪問客(방문객)

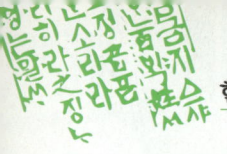

한자능력 검정시험 3급 (3급II 포함)

한자	훈	음	장음:		한자	훈	음	장음:	
拜	절	배:	拜上(배상)	拜謁(배알)	報	갚을/알릴	보:	報道(보도)	報償(보상)
背	등	배:	背景(배경)	背反(배반)	譜	족보	보:	譜學(보학)	譜所(보소)
倍	곱	배:	倍達(배달)	倍率(배율)	寶	보배	보:	寶物(보물)	寶石(보석)
配	짝/나눌	배:	配達(배달)	配匹(배필)	輔	도울	보:	輔導(보도)	輔弼(보필)
培	북돋을	배:	培養(배양)	培根(배근)	復	다시	부:	復興(부흥)	復活節(부활절)
輩	무리	배:	輩出(배출)	輩行(배행)	奉	받들	봉:	奉養(봉양)	奉祝(봉축)
犯	범할	범:	犯行(범행)	犯罪(범죄)	鳳	새	봉:	鳳凰(봉황)	鳳德(봉덕)
汎	넓을	범:	汎濫(범람)	汎神論(범신론)	付	부칠	부:	付託(부탁)	
範	법	범:	範圍(범위)	範疇(범주)	否	아닐	부:	否定(부정)	否認(부인)
辨	분별할	변:	辨償(변상)	辨濟(변제)	府	관청	부:	府院君(부원군)	
辯	말씀	변:	辯論(변론)	辯護士(변호사)	附	붙을	부:	附錄(부록)	附則(부칙)
變	변할	변:	變化(변화)	變更(변경)	負	질	부:	負擔(부담)	負債(부채)
卞	성	변:	卞急(변급)	卞季良(변계량)	副	버금	부:	副業(부업)	副賞(부상)
弁	고깔	변:	弁言(변언)	弁髦(변모)	富	부자	부:	富者(부자)	富豪(부호)
竝	나란히	병:	竝列(병렬)	竝行(병행)	簿	문서	부:	簿記(부기)	
病	병	병:	病名(병명)	病席(병석)	阜	언덕	부:	阜傍(부방)	
倂	아우를	병:	倂用(병용)	倂合(병합)	傅	스승	부:	傅育(부육)	傅儀(부의)
昞	밝을	병:	昞月(병월)		憤	분할	분:	憤怒(분노)	憤慨(분개)
昺	밝을	병:	昺日(병일)		奮	떨칠	분:	奮發(분발)	奮戰(분전)
柄	자루	병:	柄臣(병신)		比	견줄	비:	比率(비율)	比重(비중)
秉	잡을	병:	秉權(병권)	秉法(병법)	批	비평할	비:	批評(비평)	批判(비판)
步	걸음	보:	步幅(보폭)	步兵(보병)	非	아닐	비:	非理(비리)	非難(비난)
普	넓을	보:	普遍(보편)	普及所(보급소)	肥	살찔	비:	肥沃(비옥)	肥滿(비만)
補	기울	보:	補修(보수)	補强(보강)	卑	낮을	비:	卑怯(비겁)	卑俗(비속)

장음으로 발음되는 한자

한자	훈	음	장음:	
匪	비적	비:	匪賊(비적)	匪魁(비괴)
祕	숨길	비:	祕密(비밀)	祕訣(비결)
悲	슬플	비:	悲劇(비극)	悲嘆(비탄)
費	쓸	비:	費用(비용)	
備	갖출	비:	備蓄(비축)	備考欄(비고란)
鼻	코	비:	鼻音(비음)	鼻炎(비염)
士	선비	사:	士兵(사병)	士氣(사기)
巳	뱀	사:	巳時(사시)	
四	넉	사:	四季節(사계절)	四君子(사군자)
史	사기	사:	史劇(사극)	史籍(사적)
死	죽을	사:	死別(사별)	死活(사활)
似	같을	사:	似而非(사이비)	
事	일	사:	事業(사업)	事故(사고)
使	하여금/부릴	사:	使臣(사신)	使命感(사명감)
赦	용서할	사:	赦罪(사죄)	赦免(사면)
賜	줄	사:	賜藥(사약)	
謝	사례할	사:	謝過(사과)	謝罪(사죄)
泗	물이름	사:	泗泌城(사비성)	泗川城(사천성)
産	낳을	산:	産業(산업)	産母(산모)
散	흩을	산:	散漫(산만)	散策(산책)
算	셈	산:	算數(산수)	算出(산출)
上	위	상:	上流(상류)	上部(상부)
狀	형상 상/문서 장:		表彰狀(표창장)	
想	생각	상:	想像力(상상력)	

한자	훈	음	장음:	
序	차례	서:	序論(서론)	序幕(서막)
恕	용서할	서:	恕容(서용)	恕免(서면)
庶	여러	서:	庶民(서민)	庶子(서자)
暑	더울	서:	暑夏(서하)	暑退(서퇴)
署	관청	서:	署長(서장)	
瑞	상서	서:	瑞光(서광)	瑞氣(서기)
誓	맹세할	서:	誓約(서약)	誓約書(서약서)
緖	실마리	서:	緖論(서론)	緖戰(서전)
舒	펼	서:	舒遲(서지)	舒川(서천)
善	착할	선:	善惡(선악)	善良(선량)
選	가릴	선:	選擇(선택)	選別(선별)
繕	기울	선:	繕補(선보)	繕寫(선사)
性	성품	성:	性格(성격)	性質(성질)
姓	성	성:	姓名(성명)	姓銜(성함)
盛	성할	성:	盛大(성대)	盛況(성황)
聖	성인	성:	聖經(성경)	聖堂(성당)
世	인간	세:	世界(세계)	世習(세습)
洗	씻을	세:	洗手(세수)	洗面(세면)
細	가늘	세:	細胞(세포)	細菌(세균)
稅	세금	세:	稅金(세금)	稅率(세율)
歲	해	세:	歲月(세월)	歲拜(세배)
勢	형세	세:	勢力(세력)	勢道家(세도가)
貰	세놓을	세:	貰房(세방)	
小	작을	소:	小說(소설)	小便(소변)

255

한자능력 검정시험 3급 (3급II 포함)

한자	훈	음	장음:	
少	적을	소:	少年(소년)	少額(소액)
所	바	소:	所望(소망)	所感(소감)
笑	웃음	소:	笑談(소담)	笑話(소화)
損	덜	손:	損傷(손상)	損失(손실)
送	보낼	송:	送年(송년)	送舊迎新(송구영신)
訟	송사할	송:	訟事(송사)	訴訟(소송)
頌	기릴	송:	頌辭(송사)	頌祝(송축)
宋	송나라	송:	宋書(송서)	宋詩(송시)
刷	인쇄할	쇄:	刷新(쇄신)	
鎖	쇠사슬	쇄:	鎖國政策(쇄국정책)	
數	셈	수:	數學(수학)	數量(수량)
宿	별자리	수:	宿泊(숙박)	宿直(숙직)
順	순할	순:	順序(순서)	順從(순종)
市	저자	시:	市廳(시청)	市民(시민)
示	보일	시:	示威(시위)	示範(시범)
矢	화살	시:	矢石(시석)	矢心(시심)
侍	모실	시:	侍女(시녀)	侍從(시종)
始	처음	시:	始初(시초)	始作(시작)
是	옳을/이	시:	是非(시비)	是認(시인)
屍	주검	시:	屍體(시체)	屍身(시신)
施	베풀	시:	施行(시행)	施工(시공)
視	볼	시:	視力(시력)	視覺(시각)
信	믿을	신:	信用(신용)	信賴(신뢰)
腎	콩팥	신:	腎臟(신장)	腎莖(신경)

한자	훈	음	장음:	
愼	삼갈	신:	愼重(신중)	愼辭(신사)
紳	큰띠	신:	紳士(신사)	紳士服(신사복)
甚	심할	심:	甚難(심난)	甚深(심심)
審	살필	심:	審議(심의)	審理(심리)
瀋	즙/물이름	심:	瀋陽(심양)	
我	나	아:	我軍(아군)	我執(아집)
餓	주릴	아:	餓鬼(아귀)	餓殺(아살)
岸	언덕	안:	岸壁(안벽)	
案	책상	안:	案內(안내)	案件(안건)
眼	눈	안:	眼鏡(안경)	眼科(안과)
雁	기러기	안:	雁信(안신)	雁陳(안진)
顔	낯	안:	顔面(안면)	顔色(안색)
暗	어두울	암:	暗誦(암송)	暗示(암시)
癌	암	암:	癌的(암적)	癌細胞(암세포)
仰	우러를	앙:	仰望(앙망)	仰騰(앙등)
愛	사랑	애:	愛國(애국)	愛人(애인)
也	어조사	야:	也無妨(야무방)	
夜	밤	야:	夜間(야간)	夜勤(야근)
野	들	야:	野黨(야당)	野球(야구)
惹	이끌	야:	惹端(야단)	惹起(야기)
養	기를	양:	養殖(양식)	養育(양육)
壤	흙덩이	양:	壤土(양토)	
讓	사양할	양:	讓步(양보)	讓受(양수)
襄	도울	양:	襄禮(양례)	襄陽郡(양양군)

256

장음으로 발음되는 한자

한자	훈	음	장음:	
御	거느릴	어:	御命(어명)	御用(어용)
語	말씀	어:	語彙(어휘)	語源(어원)
彦	선비	언:	彦士(언사)	彦陽面(언양면)
汝	너	여:	汝等(여등)	汝輩(여배)
與	더불/줄	여:	與否(여부)	與黨(여당)
宴	잔치	연:	宴會席(연회석)	
軟	연할	연:	軟弱(연약)	軟骨(연골)
硏	갈	연:	硏究(연구)	硏修(연수)
硯	벼루	연:	硯滴(연적)	硯池(연지)
演	펼	연:	演技(연기)	演劇(연극)
燕	제비	연:	燕雀(연작)	燕息(연식)
姸	고울	연:	姸人(연인)	姸粧(연장)
衍	넓을	연:	衍文(연문)	
染	물들일	염:	染色(염색)	染料(염료)
厭	싫어할	염:	厭症(염증)	厭忌(염기)
永	길	영:	永遠(영원)	永久(영구)
詠	읊을	영:	詠歌(영가)	詠嘆(영탄)
影	그림자	영:	影像(영상)	影幀(영정)
暎	비칠	영:	暎窓(영창)	
預	맡길/미리	예:	預託(예탁)	預置(예치)
銳	날카로울	예:	銳敏(예민)	銳利(예리)
豫	미리	예:	豫想(예상)	豫見(예견)
藝	재주	예:	藝術(예술)	藝能(예능)
譽	기릴	예:	譽望(예망)	譽聲(예성)
濊	종족이름	예:	濊貊(예맥)	
睿	슬기	예:	睿德(예덕)	睿哲(예철)
午	낮	오:	午前(오전)	午後(오후)
五	다섯	오:	五月(오월)	五穀(오곡)
汚	더러울	오:	汚物(오물)	汚名(오명)
悟	깨달을	오:	悟道(오도)	
娛	즐길	오:	娛樂(오락)	娛樂室(오락실)
傲	거만할	오:	傲氣(오기)	傲慢(오만)
誤	그르칠	오:	誤解(오해)	誤謬(오류)
墺	물가	오:	墺地利(오지리)	
穩	편안할	온:	穩當(온당)	穩便(온편)
擁	안을	옹:	擁立(옹립)	擁護(옹호)
甕	독	옹:	甕器(옹기)	甕棺(옹관)
瓦	기와	와:	瓦全(와전)	瓦家(와가)
臥	누울	와:	臥床(와상)	臥龍(와룡)
緩	느릴	완:	緩衝(완충)	緩慢(완만)
往	갈	왕:	往來(왕래)	往復(왕복)
旺	왕성할	왕:	旺盛(왕성)	旺運(왕운)
外	바깥	외:	外國(외국)	外部(외부)
畏	두려워할	외:	畏敬(외경)	畏怯(외겁)
用	쓸	용:	用件(용건)	用務(용무)
勇	날랠	용:	勇士(용사)	勇猛(용맹)
又	또	우:	又況(우황)	又重之(우중지)
友	벗	우:	友情(우정)	友邦(우방)

한자능력 검정시험 3급 (3급II 포함)

한자	훈	음	장음:	
右	오른	우:	右側(우측)	右翼(우익)
宇	집	우:	宇宙(우주)	宇內(우내)
羽	깃	우:	羽檄(우격)	
雨	비	우:	雨傘(우산)	雨雹(우박)
偶	짝	우:	偶然(우연)	偶發(우발)
佑	도울	우:	佑啓(우계)	
禹	성	우:	禹王(우왕)	
運	옮길	운:	運轉(운전)	運送(운송)
韻	운	운:	韻律(운율)	韻文(운문)
怨	원망할	원:	怨恨(원한)	怨望(원망)
援	도울	원:	援助(원조)	援用(원용)
遠	멀	원:	遠近(원근)	遠視(원시)
願	원할	원:	願望(원망)	願書(원서)
有	있을	유:	有無(유무)	有效(유효)
裕	넉넉할	유:	裕福(유복)	裕足(유족)
閏	윤달	윤:	閏年(윤년)	閏月(윤월)
潤	윤택할	윤:	潤澤(윤택)	潤氣(윤기)
允	맏	윤:	允許(윤허)	允可(윤가)
飮	마실	음:	飮食(음식)	飮料水(음료수)
凝	엉길	응:	凝固(응고)	凝結(응결)
應	응할	응:	應答(응답)	應用(응용)
意	뜻	의:	意見(의견)	意圖(의도)
義	옳을	의:	義理(의리)	義絶(의절)
二	두	이:	二月(이월)	二等(이등)

한자	훈	음	장음:	
已	이미	이:	已往(이왕)	已決(이결)
以	써	이:	以上(이상)	以下(이하)
耳	귀	이:	耳順(이순)	
異	다를	이:	異變(이변)	異論(이론)
貳	두	이:	貳極(이극)	
珥	귀걸이	이:	李珥(이이)	
壬	북방	임:	壬方(임방)	壬坐(임좌)
賃	품삯	임:	賃金(임금)	賃貸料(임대료)
妊	아이밸	임:	姙娠(임신)	姙産婦(임산부)

ㅈ

한자	훈	음	장음:	
刺	찌를	자:	刺戟(자극)	刺客(사객)
姿	모양	자:	姿勢(자세)	姿態(자태)
恣	방자할	자:	恣行(자행)	恣樂(자락)
紫	자줏빛	자:	紫朱(자주)	紫外線(자외선)
諮	물을	자:	諮問(자문)	諮問機關(자문기관)
丈	어른	장:	丈母(장모)	丈人(장인)
壯	씩씩할	장:	壯觀(장관)	壯烈(장렬)
掌	손바닥	장:	掌匣(장갑)	掌握(장악)
葬	장사지낼	장:	葬地(장지)	葬禮式(장례식)
獎	장려할	장:	獎勵(장려)	獎學金(장학금)
在	있을	재:	在職(재직)	在庫(재고)
再	두	재:	再建(재건)	再考(재고)
宰	재상	재:	宰相(재상)	宰臣(재신)
栽	심을	재:	栽培(재배)	
載	실을	재:	載積(재적)	

장음으로 발음되는 한자

한자	훈	음	장음	
低	낮을	저:	低價(저가)	低俗(저속)
底	밑	저:	底力(저력)	底意(저의)
抵	막을	저:	抵觸(저촉)	抵抗(저항)
沮	막을	저:	沮喪(저상)	沮止線(저지선)
著	나타날	저:	著者(저자)	著述(저술)
貯	쌓을	저:	貯蓄(저축)	貯金(저금)
典	법	전:	典型(전형)	典禮(전례)
展	펼	전:	展望(전망)	展開(전개)
電	번개	전:	電氣(전기)	電力(전력)
殿	전각	전:	殿閣(전각)	殿堂(전당)
錢	돈	전:	錢主(전주)	
戰	싸움	전:	戰爭(전쟁)	戰術(전술)
轉	구를	전:	轉學(전학)	轉勤(전근)
店	가게	점:	店鋪(점포)	店員(점원)
漸	점점	점:	漸漸(점점)	漸次(점차)
定	정할	정:	定價(정가)	定款(정관)
整	가지런할	정:	整列(정렬)	整頓(정돈)
鄭	나라	정:	鄭重(정중)	鄭聲(정성)
弟	아우	제:	弟子(제자)	弟婦(제부)
制	마를	제:	制御(제어)	制動(제동)
帝	임금	제:	帝王(제왕)	帝國(제국)
第	차례	제:	第一(제일)	第三者(제삼자)
祭	제사	제:	祭祀(제사)	祭物(제물)
製	지을	제:	製品(제품)	製鐵(제철)

한자	훈	음	장음	
濟	건널	제:	濟度(제도)	濟州道(제주도)
弔	조상할	조:	弔旗(조기)	弔意(조의)
早	이를	조:	早熟(조숙)	早産(조산)
助	도울	조:	助言(조언)	助力(조력)
造	지을	조:	造成(조성)	造景(조경)
釣	낚시	조:	釣魚(조어)	釣臺(조대)
照	비칠	조:	照度(조도)	照準(조준)
趙	나라	조:	趙光祖(조광조)	
左	왼	좌:	左右(좌우)	左翼(좌익)
坐	앉을	좌:	坐視(좌시)	坐藥(좌약)
佐	도울	좌:	佐郞(좌랑)	佐平(좌평)
座	자리	좌:	座席(좌석)	座談(좌담)
罪	허물	죄:	罪囚(죄수)	罪人(죄인)
住	살	주:	住所(주소)	住居(주거)
宙	집	주:	宇宙(우주)	宇宙船(우주선)
注	물댈	주:	注目(주목)	注視(주시)
奏	아뢸	주:	奏請(주청)	
駐	머무를	주:	駐屯(주둔)	駐在(주재)
俊	준걸	준:	俊傑(준걸)	俊秀(준수)
准	비준	준:	准尉(준위)	准將(준장)
準	준할	준:	準備(준비)	準據(준거)
遵	좇을	준:	遵守(준수)	遵據(준거)
埈	가파를	준:	埈高(준고)	
峻	높을	준:	峻嚴(준엄)	峻險(준험)

259

한자능력 검정시험 3급 (3급II 포함)

한자	훈	음	장음:	
浚	깊게할	준:	浚渫(준설)	浚井(준정)
濬	깊을	준:	濬川(준천)	濬池(준지)
駿	준마	준:	駿馬(준마)	駿驄(준총)
重	무거울	중:	重複(중복)	重態(중태)
衆	무리	중:	衆論(중론)	衆生(중생)
振	떨칠	진:	振動(진동)	振幅(진폭)
陳	늘어놓을	진:	陳列(진열)	陳腐(진부)
進	나아갈	진:	進路(진로)	進步(진보)
盡	다할	진:	盡心(진심)	盡力(진력)
震	우레	진:	震怒(진노)	震度(진도)
晋	진나라	진:	晋州市(진주시)	
且	또	차:	且說(차설)	且置(차치)
借	빌릴	차:	借名(차명)	借款(차관)
贊	도울	찬:	贊成(찬성)	贊助(찬조)
讚	기릴	찬:	讚揚(찬양)	讚辭(찬사)
燦	빛날	찬:	燦然(찬연)	燦爛(찬란)
璨	옥빛	찬:	璨幽(찬유)	
唱	부를	창:	唱劇(창극)	唱法(창법)
創	비롯할	창:	創造(창조)	創設(창설)
敞	시원할	창:	敞然(창연)	
採	캘	채:	採集(채집)	採取(채취)
彩	채색	채:	彩色(채색)	彩畫(채화)
債	빚	채:	債權者(채권자)	債務者(채무자)
埰	사패지	채:	埰地(채지)	
蔡	성	채:	蔡濟恭(채제공)	
采	풍채	채:	采色(채색)	
處	곳	처:	處理(처리)	處所(처소)
悽	슬퍼할	처:	悽慘(처참)	悽絶(처절)
淺	얕을	천:	淺薄(천박)	淺狹(천협)
踐	밟을	천:	踐修(천수)	踐踏(천답)
賤	천할	천:	賤民(천민)	賤待(천대)
遷	옮길	천:	遷都(천도)	遷移(천이)
薦	천거할	천:	薦擧(천거)	
村	마을	촌:	村長(촌장)	村落(촌락)
總	다	총:	總括(총괄)	總點(총점)
最	가장	최:	最高(최고)	最新(최신)
催	재촉할	최:	催淚彈(최루탄)	催眠術(최면술)
吹	불	취:	吹笛(취적)	吹奏(취주)
取	가질	취:	取消(취소)	取扱(취급)
臭	냄새	취:	臭氣(취기)	臭敗(취패)
就	나아갈	취:	就業(취업)	就職(취직)
醉	취할	취:	醉客(취객)	醉中(취중)
趣	뜻	취:	趣向(취향)	趣旨(취지)
炊	불땔	취:	炊事(취사)	炊飯(취반)
聚	모을	취:	聚落(취락)	聚合(취합)
致	이를	치:	致賀(치하)	致死(치사)
置	둘	치:	置重(치중)	
寢	잘	침:	寢室(침실)	寢臺(침대)

장음으로 발음되는 한자

한자	훈	음	장음:	
ㅌ				
打	칠	타:	打倒(타도)	打擊(타격)
妥	온당할	타:	妥當(타당)	妥協(타협)
墮	떨어질	타:	墮落(타락)	墮淚(타루)
炭	숯	탄:	炭鑛(탄광)	炭素(탄소)
誕	낳을/거짓	탄:	誕生(탄생)	誕辰(탄신)
彈	탄알	탄:	彈丸(탄환)	彈劾(탄핵)
歎	탄식할	탄:	歎息(탄식)	歎服(탄복)
湯	끓을	탕:	湯藥(탕약)	湯劑(탕제)
態	모양	태:	態度(태도)	
痛	아플	통:	痛症(통증)	痛快(통쾌)
統	거느릴	통:	統制(통제)	統合(통합)
退	물러날	퇴:	退勤(퇴근)	退院(퇴원)
ㅍ				
破	깨뜨릴	파:	破壞(파괴)	破産(파산)
罷	파할	파:	罷免(파면)	罷職(파직)
貝	조개	패:	貝類(패류)	貝物(패물)
敗	패할	패:	敗者(패자)	敗北(패배)
霸	으뜸	패:	霸氣(패기)	霸權(패권)
評	평할	평:	評價(평가)	評判(평판)
肺	허파	폐:	肺病(폐병)	肺癌(폐암)
閉	닫을	폐:	閉鎖(폐쇄)	閉校(폐교)
廢	폐할	폐:	廢棄(폐기)	廢止(폐지)
弊	해질	폐:	弊端(폐단)	弊習(폐습)
幣	비단	폐:	幣物(폐물)	幣帛(폐백)
抛	던질	포:	抛棄(포기)	抛擲(포척)

한자	훈	음	장음:	
抱	안을	포:	抱擁(포옹)	抱負(포부)
捕	잡을	포:	捕虜(포로)	捕獲(포획)
砲	대포	포:	砲擊(포격)	砲兵(포병)
飽	배부를	포:	飽和(포화)	飽食(포식)
品	물건	품:	品性(품성)	品格(품격)
彼	저	피:	彼此(피차)	彼岸(피안)
被	입을	피:	被殺(피살)	被襲(피습)
避	피할	피:	避身(피신)	避姙(피임)
ㅎ				
下	아래	하:	下落(하락)	下流(하류)
夏	여름	하:	夏至(하지)	夏季(하계)
賀	하례	하:	賀禮(하례)	賀客(하객)
旱	가물	한:	旱氣(한기)	旱路(한로)
恨	한할	한:	恨歎(한탄)	
限	한계	한:	限界(한계)	限度(한도)
漢	한나라	한:	漢字(한자)	漢文(한문)
翰	편지	한:	翰林院(한림원)	翰林別曲(한림별곡)
陷	빠질	함:	陷穽(함정)	陷落(함락)
艦	큰배	함:	艦艇(함정)	艦隊(함대)
抗	겨룰	항:	抗議(항의)	抗爭(항쟁)
巷	거리	항:	巷間(항간)	巷談(항담)
航	배	항:	航海(항해)	航路(항로)
港	항구	항:	港口(항구)	港灣(항만)
項	항목	항:	項目(항목)	
害	해할	해:	害毒(해독)	害惡(해악)

한자능력 검정시험 3급 (3급Ⅱ 포함)

한자	훈	음	장음:	
海	바다	해:	海邊(해변)	海軍(해군)
解	풀	해:	解決(해결)	解釋(해석)
杏	살구	행:	杏花(행화)	杏林(행림)
向	향할	향:	向上(향상)	向後(향후)
享	누릴	향:	享樂(향락)	享有(향유)
響	울릴	향:	響應(향응)	
憲	법	헌:	憲法(헌법)	憲兵(헌병)
獻	바칠	헌:	獻血(헌혈)	獻納(헌납)
險	험할	험:	險難(험난)	險惡(험악)
驗	시험할	험:	驗算(험산)	驗左(험좌)
現	나타날	현:	現代(현대)	現實(현실)
縣	고을	현:	縣監(현감)	縣令(현령)
懸	매달	현:	懸案(현안)	懸板(현판)
顯	나타날	현:	顯著(현저)	顯示(현시)
峴	고개	현:	峴底洞(현저동)	
炫	밝을	현:	炫惑(현혹)	炫耀(현요)
惠	은혜	혜:	惠澤(혜택)	
慧	슬기로울	혜:	慧眼(혜안)	慧悟(혜오)
戶	집	호:	戶主(호주)	戶口(호구)
互	서로	호:	互選(호선)	互換(호환)
好	좋을	호:	好感(호감)	好材(호재)
虎	범	호:	虎狼(호랑)	虎口(호구)
浩	넓을	호:	浩蕩(호탕)	浩氣(호기)
號	이름	호:	號數(호수)	號俸(호봉)

한자	훈	음	장음:	
護	보호할	호:	護送(호송)	護身術(호신술)
扈	따를	호:	扈從(호종)	扈衛(호위)
昊	하늘	호:	昊天(호천)	昊天罔極(호천망극)
晧	밝을	호:	晧肝(호간)	
浩	넓을	호:	浩然之氣(호연지기)	
皓	흴	호:	皓皓(호호)	皓月(호월)
鎬	호경	호:	鎬京(호경)	
混	섞을	혼:	混合(혼합)	混亂(혼란)
貨	재물	화:	貨幣(화폐)	
畫	그림	화:	畫家(화가)	畫像(화상)
禍	재앙	화:	禍根(화근)	
患	근심	환:	患者(환자)	患亂(환란)
換	바꿀	환:	換率(환율)	換錢(환전)
況	하물며	황:	況且(황차)	
悔	뉘우칠	회:	悔心(회심)	悔恨(회한)
會	모일	회:	會社(회사)	會議(회의)
孝	효도	효:	孝心(효심)	孝行(효행)
效	본받을	효:	效果(효과)	效用(효용)
曉	새벽	효:	曉星(효성)	曉月(효월)
厚	두터울	후:	厚生(후생)	厚謝(후사)
後	뒤	후:	後世(후세)	後退(후퇴)
后	임금	후:	后稷(후직)	
訓	가르칠	훈:	訓練(훈련)	訓示(훈시)
毁	헐	훼:	毁損(훼손)	毁謗(훼방)

6-2 장·단음으로 발음되는 한자

한자		단어	
街 거리 가(:)	장음 단음	街道(가도) 街路燈(가로등)	街頭行進(가두행진)
肝 간 간(:)	장음 단음	肝癌(간암) 肝腸(간장)	肝炎(간염)
間 사이 간(:)	장음 단음	間食(간식) 間隔(간격)	間接(간접)
簡 대쪽 간(:)	장음 단음	簡紙(간지) 簡略(간략)	簡易驛(간이역) 簡潔(간결)
強 강할 강(:)	장음 단음	強盜(강도) 強力(강력)	強制(강제) 強大國(강대국)
個 낱 개(:)	장음 단음	個性(개성) 個人(개인)	個體(개체)
景 볕 경(:)	장음 단음	景福宮(경복궁) 景致(경치)	
考 생각할 고(:)	장음 단음	考試(고시) 考察(고찰)	
故 연고 고(:)	장음 단음	故人(고인) 故鄕(고향)	故意的(고의적)
菓 과자/실과 과(:)	장음 단음	菓品(과품) 菓子(과자)	
貫 꿸 관(:)	장음 단음	貫祿(관록) 貫通(관통)	貫徹(관철)
怪 괴이할 괴(:)	장음 단음	怪物(괴물) 怪異(괴이)	怪談(괴담)
口 입 구(:)	장음 단음	口號(구호) 口文(구문)	口頭(구두)
具 갖출 구(:)	장음 단음	具氏(구씨) 具備書類(구비서류)	
勤 부지런할 근(:)	장음 단음	勤勉(근면) 勤苦(근고)	勤勞者(근로자)
難 어려울 난(:)	장음 단음	難堪(난감) 難關(난관)	
大 큰 대(:)	장음 단음	大勢(대세) 大田(대전)	
帶 띠 대(:)	장음 단음	帶同(대동) 帶紋(대문)	帶妻僧(대처승) 帶分數(대분수)
冬 겨울 동(:)	장음 단음	冬眠(동면) 冬至(동지)	
來 올 래(:)	장음 단음	來賓(내빈) 來年(내년)	來日(내일)
料 헤아릴 료(:)	장음 단음	料金(요금) 料理(요리)	
麻 삼 마(:)	장음 단음	麻雀(마작) 麻衣(마의)	麻布(마포)
滿 찰 만(:)	장음 단음	滿員(만원) 滿足(만족)	
每 매양 매(:)	장음 단음	每年(매년) 每日(매일)	每事(매사)
賣 팔 매(:)	장음 단음	賣店(매점) 賣買(매매)	
聞 들을 문(:)	장음 단음	聞見(문견) 聞慶(문경)	聞道(문도)
未 아닐 미(:)	장음 단음	未滿(미만) 未安(미안)	未來(미래)
美 아름다울 미(:)	장음 단음	美術(미술) 美國(미국)	
迷 미혹할 미(:)	장음 단음	迷路(미로) 迷惑(미혹)	迷夢(미몽) 迷兒(미아)
放 놓을 방(:)	장음 단음	放送局(방송국) 放學(방학)	

한자능력 검정시험 3급 (3급II 포함)

한자	훈음	장음	단음
凡	무릇 범(:)	凡例(범례)	凡節(범절)
保	지킬 보(:)	保管(보관)	保證(보증)
符	부호 부(:)	符籍(부적)	符節(부절)
分	나눌 분(:)	分量(분량)	分斷(분단) 分明(분명)
粉	가루 분(:)	粉紅色(분홍색)	粉筆(분필) 粉末(분말)
仕	섬길 사(:)	仕宦(사환)	仕途(사도)
思	생각 사(:)	思想(사상)	思考(사고) 思春期(사춘기)
尙	오히려 상(:)	尙古(상고) 尙武(상무)	尙宮(상궁)
喪	잃을 상(:)	喪妻(상처)	喪失(상실) 喪服(상복) 喪家(상가)
徐	천천할 서(:)	徐行(서행) 徐步(서보)	徐羅伐(서라벌)
素	본디/흴 소(:)	素服(소복)	素質(소질)
掃	쓸 소(:)	掃除(소제) 掃地(소지)	掃射(소사) 掃蕩(소탕)
燒	사를 소(:)	燒紙(소지)	燒却(소각)
孫	손자 손(:)	孫世(손세)	孫女(손녀)
手	손 수(:)	手巾(수건)	手術(수술)
試	시험 시(:)	試圖(시도)	試驗(시험) 試合(시합)
亞	버금 아(:)	亞流(아류) 亞熱帶(아열대)	亞鉛(아연)
雅	맑을 아(:)	雅量(아량) 雅號(아호)	雅樂(아악)
沿	물가/따를 연(:)	沿革(연혁)	沿海(연해) 沿岸漁業(연안어업)
映	비칠 영(:)	映窓(영창)	映像(영상) 映畫(영화)
要	요긴할 요(:)	要塞(요새)	要所(요소)
爲	할 위(:)	爲民(위민)	爲主(위주)
任	맡길 임(:)	任務(임무) 任期(임기)	任氏(임씨)
暫	잠깐 잠(:)	暫時(잠시) 暫許(잠허)	暫間(잠간) 暫見(잠견)
長	긴 장(:)	長男(장남) 長幼有序(장유유서)	長點(장점) 長期(장기)
將	장수/장차 장(:)	將校(장교) 將兵(장병)	將軍(장군) 將來(장래)
占	차지할/점칠 점(:)	占有(점유) 占領軍(점령군)	占星術(점성술)
點	점 점(:)	點射(점사) 點心(점심)	點燈(점등) 點火裝置(점화장치)
井	우물 정(:)	井邑詞(정읍사)	井華水(정화수)
正	바를 정(:)	正直(정직) 正義(정의)	正月(정월) 正初(정초)

장단음으로 발음되는 한자

한자	장음	단음		한자	장음	단음	
操 잡을 조(:)	操業(조업)	操作(조작)	操心(조심) / 操縱士(조종사)	播 뿌릴 파(:)	播種(파종)	播植(파식)	播多(파다)
從 좇을 종(:)	從兄(종형)	從來(종래)		片 조각 편(:)	片紙紙(편지지)	片道(편도)	片面(편면)
種 씨 종(:)	種類(종류) / 種別(종별)	種子(종자) / 種族保存(종족보존)		便 편할 편(:)	便紙(편지)	便利(편리)	
仲 버금 중(:)	仲氏(중씨) / 仲兄(중형)	仲媒(중매) / 仲介(중개)		布 베 포(:)	布敎(포교)	布帳馬車(포장마차)	
津 나루 진(:)	津液(진액)	津渡(진도)		包 쌀 포(:)	包攝(포섭) / 包括的(포괄적)	包裝(포장) / 包含(포함)	
鎭 진압할 진(:)	鎭火(진화)	鎭靜劑(진정제)		胞 세포 포(:)	胞胎(포태)	胞子(포자)	
遮 가릴 차(:)	遮路(차로) / 遮斷器(차단기)	遮陽(차양) / 遮光(차광)		汗 땀 한(:)	汗蒸(한증) / 汗腺(한선)	汗蒸幕(한증막)	
斬 벨 참(:)	斬首(참수) / 斬刑(참형)	斬新(참신)		韓 나라이름 한(:)	韓服(한복) / 韓藥(한약)	韓氏(한씨)	
昌 창성할 창(:)	昌盛(창성) / 昌德宮(창덕궁)	昌運(창운)		行 다닐 행(:)	行實(행실)	行動(행동) / 行進(행진)	
倉 곳집 창(:)	倉卒(창졸)	倉庫(창고)		火 불 화(:)	火傷(화상)	火曜日(화요일)	
針 바늘 침(:)	針母(침모) / 針線(침선)	針葉樹(침엽수)		化 될 화(:)	化石(화석)	化學(화학) / 化粧品(화장품)	
吐 토할 토(:)	吐血(토혈)	吐露(토로)		興 일어날 흥(:)	興味津津(흥미진진)	興奮(흥분) / 興亡盛衰(흥망성쇠)	
討 칠 토(:)	討論(토론) / 討議(토의)	討伐(토벌)					

7 사자성어

1. 街談巷說 (가담항설) [3급]
길거리나 세상 사람들 사이에 떠도는 근거 없는 이야기, 세상에 떠도는 뜬 소문
- 街談巷議(가담항의)
- 道聽塗說(도청도설)

2. 苛斂誅求 (가렴주구) [1급]
관리가 가혹하게 세금을 거두거나 백성의 재물을 억지로 빼앗음
- 苛政猛於虎(가정맹어호)
- 塗炭之苦(도탄지고)

3. 佳人薄命 (가인박명) [3급II]
아름다운 사람은 명이 짧다는 뜻으로, 여자의 용모가 너무 아름다우면 운명이 기박하고 명이 짧다는 말
- 美人薄命(미인박명)
- 紅顔薄命(홍안박명)

4. 刻骨難忘 (각골난망) [3급]
입은 은혜에 대한 고마운 마음이 뼈에까지 사무쳐 잊혀지지 아니함
- 白骨難忘(백골난망)
- 結草報恩(결초보은)

5. 角者無齒 (각자무치) [4급II]
뿔이 있는 놈은 이가 없다는 뜻으로, 한 사람이 모든 복을 겸하지는 못함

6. 刻舟求劍 (각주구검) [3급]
칼을 강물에 떨어뜨리자 뱃전에 그 자리를 표시했다가 나중에 그 칼을 찾으려 한다는 뜻으로, 판단력이 둔하여 세상일에 어둡고 어리석다는 뜻
- 守株待兔(수주대토)

7. 肝膽相照 (간담상조) [2급]
간과 쓸개를 내놓고 서로에게 내보인다는 뜻으로, 서로 마음을 터놓고 친밀하게 사귐

8. 敢不生心 (감불생심) [4급]
힘이 부치어 감히 마음을 먹지 못함
- 敢不生意(감불생의)
- 焉敢生心(언감생심)

9. 甘言利說 (감언이설) [4급]
달콤한 말과 새로운 이야기란 뜻으로, 남의 비위에 맞도록 꾸민 달콤한 말과 이로운 조건을 내세워 남을 꾀하는 말
- 巧言令色(교언영색)

10. 感之德之 (감지덕지) [3급II]
이를 감사하게 생각하고 이를 덕으로 생각한다는 뜻으로, 대단히 고맙게 여김

11. 甘呑苦吐 (감탄고토) [1급]
달면 삼키고 쓰면 뱉는다는 뜻으로, 사리에 옳고 그름을 돌보지 않고 자기 비위에 맞으면 취하고 싫으면 버린다는 뜻

12. 甲男乙女 (갑남을녀) [3급II]
甲이라는 남자와 乙이라는 여자라는 뜻으로, 신분이나 이름이 알려지지 아니한 그저 평범한 사람들을 이르는 말
- 匹夫匹婦(필부필부), 張三李四(장삼이사), 善男善女(선남선녀)

13. 甲論乙駁 (갑론을박) [1급]
甲이 논하면 乙이 논박한다는 뜻으로, 여러 사람이 서로 논란하고 반박함

14. 江湖煙波 (강호연파) [4급II]
강이나 호수 위에 안개처럼 보얗게 이는 잔물결로 산수의 좋은 경치를 말함
- 淸風明月(청풍명월)
- 山紫水明(산자수명)

15. 改過遷善 (개과천선) [3급II]
지난날의 잘못을 고치어 착하게 됨
- 改過自新(개과자신)

16. 蓋世之才 (개세지재) [3급II]
세상을 마음대로 다스릴만한 뛰어난 재주

17. 去頭截尾 (거두절미) [1급]
머리와 꼬리를 잘라버린다는 뜻으로, 군더더기 말을 빼고 요점만 말함
- 單刀直入(단도직입)

18. 居安思危 (거안사위) [4급]
평안할 때에도 위험과 곤란이 닥칠 것을 생각하며 잊지말고 미리 대비해야 함
- 有備無患(유비무환)

사자성어

19 3급 **擧案齊眉** 거안제미
밥상을 눈썹 높이로 들어 공손히 남편 앞에 가지고 간다는 뜻으로, 남편을 깍듯이 공경함을 일컫는 말

20 3급Ⅱ **車載斗量** 거재두량
수레에 싣고 말(斗)로 될 수 있는 정도라는 뜻으로, 물건이 아주 많음을 비유함

21 1급 **乾坤一擲** 건곤일척
하늘이냐 땅이냐를 한 번 던져서 결정한다는 뜻으로, 운명과 흥망을 걸고 단판으로 승부나 성패를 겨룸 또는 오직이 한번에 흥망성쇠가 걸려있는 일
유 在此一擧(재차일거)

22 3급 **乞人憐天** 걸인연천
거지가 하늘을 불쌍히 여긴다는 뜻으로, 부질없는 걱정을 하거나 또는 불행한 처지에 있는 사람이 행복한 사람을 동정한다는 말

23 5급 **格物致知** 격물치지
사물의 이치를 구명하여 자기의 지식을 확고하게 함

24 3급Ⅱ **隔世之感** 격세지감
아주 바뀌어 딴 세상 또는 딴 세대와 같이 많은 변화가 있었음을 비유하는 말
유 桑田碧海(상전벽해)
今昔之感(금석지감)

25 1급 **隔靴搔癢** 격화소양
신을 신은 위로 가려운 곳을 긁는다는 뜻으로, 어떤 일의 핵심을 찌르지 못하고 겉돌기만 하여 매우 안타까운 상태를 말함
유 隔靴爬癢(격화파양)

26 3급 **牽强附會** 견강부회
이치에 맞지 않는 말을 억지로 끌어 붙여 자기 주장의 조건에 맞도록 함
유 我田引水(아전인수)

27 4급Ⅱ **見利思義** 견리사의
눈앞에 이익을 보거든 먼저 그것을 취함이 의리에 합당한지를 생각하라는 말

28 3급Ⅱ **犬馬之勞** 견마지로
개나 말의 하찮은 수고라는 뜻으로, 임금이나 나라 또는 윗사람에게 바치는 자기의 노력을 낮추어 말할 때 쓰는 말
유 犬馬之心(견마지심), 犬馬之誠(견마지성), 狗馬之心(구마지심)

29 1급 **見蚊拔劍** 견문발검
모기를 보고 칼을 뽑는다는 뜻으로, 보잘 것 없는 작은 일에 어울리지 않는 큰 대책을 쓴다는 말
유 怒蠅拔劍(노승발검)

30 5급 **見物生心** 견물생심
물건을 보면 욕심이 생긴다는 뜻

31 1급 **犬猿之間** 견원지간
개와 원숭이 사이처럼 매우 사이가 나쁜 관계

32 4급 **見危授命** 견위수명
위험을 보면 목숨을 바친다는 뜻으로, 나라의 위태로운 지경을 보고 목숨을 바쳐 나라를 위해 싸우는 것을 말함
유 見危致命(견위치명)

33 3급Ⅱ **堅忍不拔** 견인불발
굳게 참고 견디어 마음을 빼앗기지 아니함, 즉 뜻을 변치 아니함

34 3급Ⅱ **犬兔之爭** 견토지쟁
개와 토끼가 쫓고 쫓기다가 둘 다 지쳐 죽자 농군이 주워간다는 뜻으로, 서로 싸우다가 제삼자가 이익을 보는 것을 말함
유 漁父之利(어부지리)
蚌鷸之爭(방휼지쟁)

35 3급Ⅱ **結者解之** 결자해지
일은 맺은 사람이 풀어야 한다는 뜻으로, 일을 저지른 사람이 그 일을 해결해야 한다는 말

36 4급Ⅱ **結草報恩** 결초보은
풀을 묶어서 은혜를 갚는다는 뜻으로, 죽어 혼이 되더라도 입은 은혜를 잊지 않고 갚음
유 白骨難忘(백골난망)
刻骨難忘(각골난망)

한자능력 검정시험 3급 (3급Ⅱ 포함)

37 3급Ⅱ
兼人之勇
겸인지용
혼자서 능히 몇 사람을 당해 낼 만한 용기

38 3급Ⅱ
輕擧妄動
경거망동
가볍고 망녕되게 행동한다는 뜻으로, 도리나 사정을 생각하지 아니하고 경솔하게 행동함

39 4급Ⅱ
經國濟世
경국제세
나라 일을 경륜하고 세상을 구제함
≒ 經世濟民(경세제민)
　 濟世安民(제세안민)

40 3급Ⅱ
傾國之色
경국지색
나라를 위태롭게 할 만한 여성의 미모를 뜻함
≒ 傾城之色(경성지색)
　 萬古絕色(만고절색)
　 丹脣皓齒(단순호치)

41 3급Ⅱ
耕當問奴
경당문노
농사일은 머슴에게 물어야 한다는 뜻으로, 일은 항상 그 부문의 전문가와 상의하여 행하여야 한다는 말

42 4급Ⅱ
經世濟民
경세제민
세상 일을 잘 다스려 도탄에 빠진 백성을 구함

43 3급
敬而遠之
경이원지
공경하되 그것을 멀리 한다는 말

44 4급
驚天動地
경천동지
하늘을 놀라게 하고 땅을 움직이게 한다는 뜻으로, 몹시 세상을 놀라게 함을 이르는 말
≒ 動天驚地(동천경지)

45 5급
敬天愛人
경천애인
하늘을 공경하고 사람을 사랑함

46 3급
經天緯地
경천위지
온 세상을 다스림, 일을 계획적으로 준비하고 다스림

47 4급
鷄口牛後
계구우후
닭의 무리 속에 있는 한 마리의 학이라는 뜻으로, 큰 단체의 말석보다는 작은 단체의 우두머리가 되라는 말

48 4급
鷄卵有骨
계란유골
계란에도 뼈가 있다는 속담으로, 복이 없는 사람은 아무리 좋은 기회를 만나도 덕을 못 본다는 말

49 3급
鷄鳴狗盜
계명구도
닭의 울음소리를 잘 내는 사람과 개의 흉내를 잘 내는 좀도둑이라는 뜻으로, 점잖은 사람이 배울 것이 못 되는 천한 기능 또는 그런 기능을 가진 사람을 말함
≒ 函谷鷄鳴(함곡계명)

50 1급
股肱之臣
고굉지신
다리와 팔뚝에 비길 만한 신하, 임금이 가장 신임하는 중신
≒ 股掌之臣(고장지신)

51 3급Ⅱ
孤軍奮鬪
고군분투
후원이 없는 외로운 군대가 힘에 벅찬 적군과 맞서 온힘을 다하여 싸움, 적은 인원이나 약한 힘으로 남의 힘을 받지 아니하고 힘에 벅찬 일을 극악스럽게 함

52 1급
膏粱珍味
고량진미
기름진 고기와 곡식으로 만든 맛있는 음식

53 4급
孤立無援
고립무원
외톨이가 되어 도움을 받을 데가 없음
≒ 孤立無依(고립무의)
　 四顧無親(사고무친)
　 進退維谷(진퇴유곡)

54 3급Ⅱ
鼓腹擊壤
고복격양
배를 두드리고 흙덩이를 친다는 뜻으로, 매우 살기 좋은 태평성대를 말함
≒ 太平聖代(태평성대)

사자성어

55 3급Ⅱ
姑息之計
고 식 지 계
근본 해결책이 아닌 임시로 편한 것을 취하는 계책, 당장의 편안함만을 꾀하는 일시적인 방편
- 凍足放尿(동족방뇨)
  下石上臺(하석상대)

56 3급Ⅱ
苦肉之策
고 육 지 책
적을 속이기 위해 또는 어려운 사태를 벗어나기 위한 수단으로 제 몸을 괴롭혀 가면서까지 짜내는 계책
- 苦肉之計(고육지계)

57 3급Ⅱ
孤掌難鳴
고 장 난 명
외손뼉은 울릴 수 없다는 뜻으로, 상대 없이 싸울 수 없고 혼자서는 일을 이룰 수 없다는 말
- 十匙一飯(십시일반)
  獨不將軍(독불장군)

58 4급
苦盡甘來
고 진 감 래
쓴 것이 다하면 단 것이 온다는 뜻으로, 고생 끝에 낙이 온다는 말

59 3급Ⅱ
固執不通
고 집 불 통
고집이 세어 조금도 변통성이 없음
- 膠柱鼓瑟(교주고슬)

60 3급
高枕安眠
고 침 안 면
편안하게 누워서 근심 없이 지냄
- 高枕無憂(고침무우)
  高枕而臥(고침이와)

61 3급Ⅱ
曲學阿世
곡 학 아 세
학문을 굽히어 세상에 아첨한다는 뜻으로, 정도를 벗어난 학문으로 세상 사람에게 아첨함을 이르는 말

62 4급
骨肉相殘
골 육 상 잔
부자나 형제 또는 같은 민족간에 서로 싸움
- 骨肉相爭(골육상쟁)
  同族相殘(동족상잔)

63 6급
空山明月
공 산 명 월
공허한 산에 비치는 밝은 달이란 뜻으로, 대머리를 놀리는 말

64 4급Ⅱ
空前絕後
공 전 절 후
비교할 만한 것이 이전에도 없고 이후에도 없음
- 前無後無(전무후무)

65 3급Ⅱ
空中樓閣
공 중 누 각
공중에 누각을 지은 것처럼 근거가 없는 가공의 산물

66 3급Ⅱ
誇大妄想
과 대 망 상
턱없이 과장하여 엉뚱하게 생각함

67 3급Ⅱ
過猶不及
과 유 불 급
모든 사물이 정도를 지나치면 도리어 안 한 것만 못함이라는 뜻으로, 중용을 이르는 말
- 矯角殺牛(교각살우)
  矯枉過直(교왕과직)

68 2급
管鮑之交
관 포 지 교
옛날 중국의 관중과 포숙처럼 친구 사이가 다정함을 이르는 말로, 서로에 대한 믿음과 신의가 두터운 사람을 일컬음
- 芝蘭之交(지란지교), 金蘭之交(금란지교), 金石之交(금석지교)

69 1급
刮目相對
괄 목 상 대
눈을 비비고 다시 보며 상대를 대한다는 뜻으로, 다른 사람의 학식이나 업적이 크게 진보한 것을 말함

70 3급
矯角殺牛
교 각 살 우
쇠뿔을 바로 잡으려다 소를 죽인다는 뜻으로, 결점이나 흠을 고치려 수단이 지나쳐서 도리어 일을 그르침
- 過猶不及(과유불급)
  矯枉過直(교왕과직)

71 3급Ⅱ
巧言令色
교 언 영 색
남의 환심을 사기 위해 교묘히 꾸며서 하는 말과 아첨하는 얼굴빛

72 1급
矯枉過直
교 왕 과 직
구부러진 것을 바로잡으려다 너무 곧게 한다는 뜻으로, 잘못을 바로 잡으려다 오히려 일을 그르침을 말함
- 矯角殺牛(교각살우)
  過猶不及(과유불급)

73 (2급) **膠柱鼓瑟** 교주고슬	비파나 거문고의 기러기발을 아교로 붙여 놓으면 음조를 바꾸지 못하여 한 가지 소리 밖에 내지 못하듯이, 고지식하여 융통성이 전혀 없음 또는 규칙에 얽매여 변통할 줄 모르는 사람
74 (5급) **敎學相長** 교학상장	스승에게 배우는 것뿐만 아니라 남을 가르쳐 보아야 자기의 학문을 증진시킬 수 있다는 말
75 (3급II) **九曲肝腸** 구곡간장	아홉 번 구부러진 간과 창자라는 뜻으로, 굽이굽이 사무친 마음 속 또는 깊은 마음 속을 뜻함
76 (1급) **狗尾續貂** 구미속초	개 꼬리를 노란 담비 꼬리에 잇는다는 뜻으로, 훌륭한 것에 보잘 것 없는 것이 잇달음을 말하여 자질이 부족한 사람이 벼슬을 차지하고 있는 것을 말함
77 (3급) **口蜜腹劍** 구밀복검	입으로는 달콤함을 말하나 배속에는 칼을 감추고 있다는 뜻으로, 겉으로는 친절하나 마음속은 음흉함 ❀ 面從腹背(면종복배) 笑裏藏刀(소리장도)
78 (6급) **九死一生** 구사일생	여러 차례 죽을 고비를 겪고 간신히 목숨을 건짐
79 (3급) **口尙乳臭** 구상유취	입에서 아직 젖내가 난다는 뜻으로, 말과 하는 짓이 아직 유치함을 일컬음
80 (4급II) **九牛一毛** 구우일모	아홉 마리 소에 털 한 가닥이 빠진 정도라는 뜻으로, 대단히 많은 것 중의 아주 적은 것을 비유하여 일컬음 ❀ 滄海一粟(창해일속) 大海一滴(대해일적)
81 (4급) **九折羊腸** 구절양장	아홉 번 꺾어진 양의 창자라는 뜻으로, 세상이 복잡하여 살아가기 어렵다는 뜻
82 (3급II) **群鷄一鶴** 군계일학	무리지어 있는 닭 가운데 있는 한 마리의 학이라는 뜻으로, 여러 평범한 사람들 가운데 있는 뛰어난 한 사람을 이르는 말 ❀ 囊中之錐(낭중지추), 鷄群孤鶴(계군고학), 鷄群一鶴(계군일학)
83 (3급II) **群雄割據** 군웅할거	많은 영웅들이 각각 한 지방에 웅거하여 세력을 과시하며 서로 다투는 상황을 이르는 말
84 (4급) **君子三樂** 군자삼락	군자의 세 가지 즐거움 첫째는 부모가 다 살아 계시고 형제가 무고한 것, 둘째는 하늘과 사람에게 부끄러워할 것이 없는 것, 셋째는 천하의 영재를 얻어서 교육하는 것
85 (3급II) **窮餘之策** 궁여지책	막다른 골목에서 그 국면을 타개하기 위하여 생각다 못해 짜낸 꾀 ❀ 窮餘一策(궁여일책)
86 (3급II) **權謀術數** 권모술수	목적 달성을 위해서는 인정이나 도덕을 가리지 않고 권세와 모략중상 등 갖은 방법과 수단을 쓰는 술책 ❀ 權謀術策(권모술책)
87 (4급II) **權不十年** 권불십년	권세는 10년을 넘지 못한다는 뜻으로, 권력은 오래가지 못하고 늘 변함을 일컬음 ❀ 花無十日紅(화무십일홍)
88 (3급) **勸善懲惡** 권선징악	착한 행실을 권장하고 악한 행실을 징계함
89 (1급) **捲土重來** 권토중래	흙먼지를 날리며 다시 온다는 뜻으로, 한 번 실패에 굴하지 않고 몇 번이고 다시 일어남
90 (3급II) **克己復禮** 극기복례	욕망이나 사사로운 욕심을 자신의 의지력으로 억제하고 예의에 어긋나지 않도록 함

사자성어

91 3급Ⅱ **近墨者黑** 근묵자흑
먹을 가까이 하면 검어진다는 뜻으로, 나쁜 사람을 가까이 하면 그 버릇에 물들기 쉽다는 말
유 近朱者赤(근주자적)

92 4급 **金科玉條** 금과옥조
금이나 옥같이 소중히 여기고 지켜야 할 규칙이나 교훈

93 3급Ⅱ **金蘭之交** 금란지교
단단하기가 황금과 같고 아름답기가 난초 향기와 같이 우정이 두터움을 말함
유 金蘭之契(금란지계)
芝蘭之交(지란지교)
斷金之交(단금지교)

94 3급 **錦上添花** 금상첨화
비단 위에 꽃을 더한다는 뜻으로, 좋은 일에 또 좋은 일이 더하여짐을 이르는 말
반 雪上加霜(설상가상)

95 3급Ⅱ **金石盟約** 금석맹약
쇠와 돌같이 굳게 맹세하여 맺은 약속
유 金石之約(금석지약)

96 3급 **今昔之感** 금석지감
지금과 옛날을 비교할 때 차이가 매우 심하여 느껴지는 감정
유 隔世之感(격세지감)

97 3급Ⅱ **金城湯池** 금성탕지
황금으로 만든 성과 끓는 물을 채운 못이란 뜻으로, 매우 견고하고 튼튼한 성을 말함
유 難攻不落(난공불락)
金城鐵壁(금성철벽)

98 1급 **錦繡江山** 금수강산
비단에 수를 놓은 듯이 아름다운 산천이라는 뜻으로, 우리나라 강산을 이르는 말

99 2급 **琴瑟之樂** 금슬지락
거문고와 비파의 어울림을 뜻하는 말로, 부부 사이의 다정하고 화목한 즐거움을 이름

100 5급 **今時初聞** 금시초문
듣느니 처음임 또는 이제야 비로소 처음 들음

101 3급Ⅱ **錦衣夜行** 금의야행
비단 옷을 입고 밤길을 간다는 뜻으로, 아무 보람 없는 행동을 비유하여 이르는 말
유 衣錦夜行(의금야행)
繡衣夜行(수의야행)

102 3급Ⅱ **錦衣還鄕** 금의환향
비단 옷 입고 고향에 돌아온다는 뜻으로, 출세하여 고향에 돌아옴을 이르는 말
유 衣錦之榮(의금지영)

103 3급Ⅱ **金枝玉葉** 금지옥엽
금 가지에 옥 잎사귀란 뜻으로, 임금의 자손이나 매우 귀한 집의 자손을 말함

104 3급Ⅱ **氣高萬丈** 기고만장
기운이 만장이나 뻗치었다는 뜻으로, 우쭐하여 기세가 대단함을 말함

105 4급Ⅱ **起死回生** 기사회생
죽을 뻔하다가 다시 살아남

106 4급 **奇想天外** 기상천외
보통 사람으로는 짐작할 수 없을 만큼 생각이 기발하고 엉뚱함

107 3급 **欺世盜名** 기세도명
세상 사람을 속이고 헛된 명예를 탐냄

108 4급 **氣盡脈盡** 기진맥진
기운이 없어지고 맥이 풀렸다는 뜻으로, 온몸의 힘이 다 빠져 버림
유 氣盡力盡(기진역진)

한자능력 검정시험 3급 (3급Ⅱ 포함)

109 3급Ⅱ
騎虎之勢 기호지세
호랑이를 타고 달리는 기세라는 뜻으로, 범을 타고 달리는 사람이 도중에서 내릴 수 없는 것처럼 도중에서 그만두거나 물러설 수 없는 형세를 이르는 말
❀ 騎獸之勢(기수지세)

110 4급
落落長松 낙락장송
가지가 아래로 축축 늘어진 키 큰 소나무를 말하는데, 지조와 절개를 지키는 충신의 모습을 비유함

111 5급
落花流水 낙화유수
떨어지는 꽃과 흐르는 물이라는 뜻으로, 남녀 간에 서로 그리워하는 애틋한 정을 일컬음

112 4급
難攻不落 난공불락
공격하기 어려워 좀처럼 함락되지 아니함

113 4급
亂臣賊子 난신적자
나라를 어지럽게 하는 신하와 어버이를 해치는 자식

114 4급Ⅱ
難兄難弟 난형난제
누구를 형이라 아우라 하기 어렵다는 뜻으로, 두 사람의 능력이 서로 엇비슷하여 그 우열을 가릴 수 없음을 말함

115 2급
南柯一夢 남가일몽
덧없는 꿈이나 한때의 헛된 부귀영화를 이르는 말
❀ 老生之夢(노생지몽)
　一場春夢(일장춘몽)
　邯鄲之夢(한단지몽)

116 1급
南橘北枳 남귤북지
남쪽 땅의 귤나무를 북쪽에 옮겨 심으면 탱자나무로 변한다는 뜻으로, 사람도 그 처해 있는 곳에 따라 선하게도 되고 악하게도 됨을 이르는 말
❀ 橘化爲枳(귤화위지)

117 7급
南男北女 남남북녀
예전부터 우리나라에서 남쪽 지방은 남자가 잘나고, 북쪽 지방은 여자가 곱다는 뜻으로 쓰이는 말

118 6급
男女有別 남녀유별
남자와 여자는 분별이 있음

119 2급
男負女戴 남부여대
남자는 짐을 등에 지고 여자는 짐을 머리에 인다는 뜻으로, 가난한 사람이나 재난을 당한 사람들이 살 곳을 찾아 이리저리 떠돌아다니는 것을 말함

120 1급
囊中之錐 낭중지추
주머니 속에 있는 송곳이란 뜻으로, 재능이 아주 빼어난 사람은 숨어 있어도 저절로 남의 눈에 드러남을 비유함
❀ 群鷄一鶴(군계일학)

121 3급Ⅱ
內憂外患 내우외환
내부에서 일어나는 근심과 외부로부터 받는 근심, 즉 나라 안팎의 여러 가지 어려운 일들을 말함

122 3급Ⅱ
怒甲移乙 노갑이을
甲에게 당한 노염을 乙에게 옮긴다는 뜻으로, 어떤 사람에게 당한 노염을 전혀 관계없는 딴 사람에게 화풀이함을 이르는 말

123 3급
路柳墻花 노류장화
길가의 버들과 담 밑의 꽃은 누구든지 쉽게 만지고 꺾을 수 있다는 뜻으로, 기생을 비유하여 이르는 말

124 3급Ⅱ
怒髮衝冠 노발충관
노한 머리털이 관을 추켜올린다는 뜻으로, 몹시 성낸 모양을 이르는 말
❀ 怒發大發(노발대발)

125 2급
勞心焦思 노심초사
마음을 수고롭게 하고 생각을 너무 깊게 함

126 3급Ⅱ
綠林豪傑 녹림호걸
푸른 숲 속에 사는 호걸이라는 뜻으로, 불한당이나 화적 따위를 이르는 말
❀ 梁上君子(양상군자)
　無本大商(무본대상)

사자성어

127 3급Ⅱ
綠陰芳草 녹음방초
나무가 푸르게 우거진 그늘과 꽃다운 풀이라는 뜻으로, 여름의 아름다운 경치를 말함
≒ 綠楊芳草(녹양방초)

128 3급Ⅱ
綠衣紅裳 녹의홍상
연두 저고리에 다홍치마라는 뜻으로, 곱게 차려 입은 젊은 아가씨의 복색

129 4급Ⅱ
論功行賞 논공행상
공이 있고 없음이나 크고 작음을 따져 거기에 알맞은 상을 줌

130 3급Ⅱ
弄瓦之慶 농와지경
질그릇을 갖고 노는 경사란 뜻으로, 딸을 낳은 기쁨을 표현함

131 2급
弄璋之慶 농장지경
장으로 만든 구기를 갖고 노는 경사란 뜻으로, 아들을 낳은 기쁨을 표현함

132 3급Ⅱ
累卵之勢 누란지세
포개어 놓은 달걀과 같이 매우 위태로운 형세를 비유함
≒ 累卵之危(누란지위)
風前燈火(풍전등화)
一觸卽發(일촉즉발)

133 2급
多岐亡羊 다기망양
달아난 양을 찾다가 여러 갈래 길에 이르러 길을 잃었다는 뜻으로, 학문의 길은 여러 갈래여서 올바른 길을 찾기가 어렵다는 것을 의미함

134 4급Ⅱ
多多益善 다다익선
많으면 많을수록 더욱 좋다는 말

135 3급Ⅱ
斷金之交 단금지교
쇠라도 자를 수 있는 굳고 단단한 사귐이란 뜻으로, 친구의 정의가 매우 두터움을 이르는 말
≒ 金蘭之交(금란지교), 芝蘭之交(지란지교), 斷金之契(단금지계)

136 3급Ⅱ
斷機之戒 단기지계
베를 끊는 훈계란 뜻으로, 학업을 중도에 폐함은 짜던 피륙의 날을 끊는 것과 같이 아무런 이익이 없음을 말함

137 3급Ⅱ
單刀直入 단도직입
혼자서 칼을 휘두르고 거침없이 적진으로 쳐들어간다는 뜻으로, 말을 하거나 글을 쓸 때 군말이나 군더더기 없이 요점으로 곧바로 들어감
≒ 去頭截尾(거두절미)

138 1급
簞食瓢飮 단사표음
대그릇의 밥과 표주박의 물이라는 뜻으로, 좋지 못한 적은 음식을 말함
≒ 簞瓢陋巷(단표누항)

139 2급
丹脣皓齒 단순호치
붉은 입술과 하얀 이란 뜻으로, 여자의 아름다운 얼굴을 이르는 말
≒ 傾國之色(경국지색)
花容月態(화용월태)

140 3급
堂狗風月 당구풍월
서당개 3년이면 풍월을 읊는다는 뜻으로, 어리석은 사람이라도 오랫동안 늘 보고 들은 일은 쉽게 해낼 수 있음을 말함

141 1급
螳螂拒轍 당랑거철
사마귀가 수레바퀴를 막는다는 뜻으로, 자기의 힘은 헤아리지 않고 강자에게 함부로 덤빔을 비유함
≒ 螳螂之斧(당랑지부)

142 4급
大驚失色 대경실색
몹시 놀라 얼굴빛이 하얗게 변하는 것을 이르는 말

143 3급Ⅱ
大器晩成 대기만성
큰 그릇은 늦게 이루어진다는 뜻으로, 크게 될 인물은 오랜 공적을 쌓아 늦게 이루어짐을 말함

144 4급
大同小異 대동소이
거의 같고 조금 다름, 즉 작은 부분에서만 다르고 전체적으로는 같음을 의미함

273

한자능력 검정시험 3급 (3급Ⅱ 포함)

145 [4급Ⅱ] **大義名分** 대의명분 — 사람으로서 마땅히 지켜야 할 중대한 의리와 명분

146 [3급Ⅱ] **桃園結義** 도원결의 — 도원에서 의형제를 맺는다는 뜻으로, 큰 일을 도모하기 위해 뜻이 맞는 사람들끼리 서로 의리로서 맺는 일을 말함

147 [-3급] **道聽塗說** 도청도설 — 길거리에서 들은 이야기를 곧 그 길에서 다른 사람에게 말한다는 뜻으로, 말을 들으면 깊이 생각하지 않고 다른 사람에게 전해버리는 경솔한 언행 또는 근거없이 나도는 소문을 말함
↳ 流言蜚語(유언비어)

148 [3급] **塗炭之苦** 도탄지고 — 진흙이나 숯불에 떨어진 것과 같은 고통이라는 뜻으로, 가혹한 정치로 말미암아 백성이 심한 고통을 겪는 것

149 [4급Ⅱ] **獨不將軍** 독불장군 — 혼자서는 장군을 못한다는 뜻으로, 남의 의견을 무시하고 혼자 모든 일을 처리하는 사람을 비유함

150 [3급Ⅱ] **讀書尙友** 독서상우 — 책을 읽음으로써 옛 현인과 벗함

151 [3급Ⅱ] **同價紅裳** 동가홍상 — 같은 값이면 다홍치마라는 뜻으로, 같은 조건이라면 좀 더 낫고 편리한 것을 택함

152 [7급] **東問西答** 동문서답 — 동쪽을 묻는데 서쪽을 대답한다는 뜻으로, 묻는 말에 대하여 전혀 엉뚱한 대답을 함을 의미함

153 [3급] **同病相憐** 동병상련 — 같은 병자끼리 가엾게 여긴다는 뜻으로, 어려운 처지에 있는 사람끼리 서로 불쌍히 여겨 동정하고 도움

154 [3급Ⅱ] **東奔西走** 동분서주 — 사방으로 이리저리 바삐 돌아다님
↳ 南行北走(남행북주)
　 南船北馬(남선북마)

155 [3급Ⅱ] **同床異夢** 동상이몽 — 같은 침상에서 서로 다른 꿈을 꾼다는 뜻으로, 겉으로는 같이 행동하면서 속으로는 각기 딴 생각을 함을 이르는 말

156 [2급] **凍足放尿** 동족방뇨 — 언 발에 오줌 누기라는 뜻으로, 잠시의 효력이 있을 뿐 그 효력은 없어지고 마침내는 더 나쁘게 될 일을 함
↳ 姑息之計(고식지계)

157 [2급] **杜門不出** 두문불출 — 문을 닫고 나가지 않는다는 뜻으로, 집에만 틀어박혀 사회의 일이나 관직에 나아가지 않음을 이르는 말

158 [4급] **斗酒不辭** 두주불사 — 말술도 사양하지 아니함, 즉 주량이 매우 큼을 의미함

159 [2급] **得隴望蜀** 득롱망촉 — 중국 한나라 때 광무제가 농을 정복한 뒤, 촉을 쳤다는 데서 나온 말로 사람의 끝없는 욕심을 비유함

160 [3급Ⅱ] **登高自卑** 등고자비 — 높은 곳에 올라가면 낮은 곳에서부터 오른다는 말로, 일을 하는 데는 반드시 차례를 밟아야 한다는 말

161 [4급Ⅱ] **燈下不明** 등하불명 — 등잔 밑이 어둡다는 뜻으로, 가까이 있는 것이 도리어 알아내기 어려움을 이르는 말

162 [4급Ⅱ] **燈火可親** 등화가친 — 등불을 가까이 할 수 있다는 뜻으로, 가을 밤은 시원하고 상쾌하므로 등불을 가까이 하여 글 읽기에 좋음을 이르는 말
↳ 新涼燈火(신량등화)

사자성어

163 (1급) **磨斧爲針** 마부위침
도끼를 갈아 바늘을 만든다는 뜻으로, 아무리 이루기 힘든 일도 끊임없는 노력과 끈기 있는 인내로 성공하고야 만다는 뜻
- 愚公移山(우공이산)

164 (5급) **馬耳東風** 마이동풍
말의 귀에 동풍이라는 뜻으로, 남의 비평이나 의견을 조금도 귀담아 듣지 아니하고 흘려버림을 이르는 말
- 對牛彈琴(대우탄금)
- 牛耳讀經(우이독경)

165 (2급) **麻中之蓬** 마중지봉
삼밭의 쑥이라는 뜻으로, 구부러진 쑥도 삼밭에 나면 저절로 꼿꼿하게 자라듯이 좋은 환경에 있거나 좋은 벗과 사귀면 자연히 주위의 감화를 받아서 선인이 됨을 비유함

166 (3급Ⅱ) **莫上莫下** 막상막하
어느 것이 위고 아래인지 분간할 수 없음, 즉 서로 우열을 가릴 수 없음을 의미함
- 伯仲之勢(백중지세)
- 伯仲之間(백중지간)
- 難兄難弟(난형난제)

167 (3급Ⅱ) **莫逆之友** 막역지우
마음이 맞아 서로 거스르는 일이 없는, 생사를 같이할 수 있는 친밀한 벗을 말함
- 金蘭之交(금란지교)
- 刎頸之友(문경지우)
- 管鮑之交(관포지교)

168 (3급Ⅱ) **萬頃蒼波** 만경창파
만 이랑의 푸른 물결이라는 뜻으로, 한없이 넓고 푸른 바다를 말함

169 (3급) **萬事休矣** 만사휴의
모든 일이 끝나서 더 이상 어떻게 해 볼 도리가 없음을 뜻함
- 能事畢矣(능사필의)

170 (3급Ⅱ) **晚時之歎** 만시지탄
때늦은 한탄이라는 뜻으로, 시기가 늦어 기회를 놓친 것이 원통해서 탄식함을 이르는 말
- 亡羊之歎(망양지탄)
- 死後藥方文(사후약방문)

171 (1급) **萬彙群象** 만휘군상
세상 만물의 현상, 즉 온갖 일과 물건을 말함
- 森羅萬象(삼라만상)

172 (3급) **罔極之恩** 망극지은
임금이나 부모의 한 없는 은혜를 일컫는 말
- 昊天罔極(호천망극)

173 (3급) **忘年之交** 망년지교
나이 차이를 잊고 허물없이 서로 사귐
- 忘年之友(망년지우)

174 (1급) **亡羊補牢** 망양보뢰
양을 잃고서 그 우리를 고친다는 뜻으로, 일을 그르친 후에 후회해도 소용없음을 나타냄
- 死後淸心丸(사후청심환)
- 死後藥方文(사후약방문)

175 (3급Ⅱ) **望雲之情** 망운지정
타향에서 고향에 계신 부모를 생각함, 멀리 떠나온 자식이 어버이를 사모하여 그리는 정
- 白雲孤飛(백운고비)

176 (4급Ⅱ) **亡子計齒** 망자계치
죽은 자식의 나이 세기라는 뜻으로, 이미 지나간 쓸데없는 일을 생각하며 애석하게 여김

177 (3급) **麥秀之嘆** 맥수지탄
무성히 자라는 보리를 보고 탄식한다는 뜻으로, 고국의 멸망에 대한 탄식을 이르는 말
- 麥秀黍油(맥수서유)

178 (3급Ⅱ) **孟母斷機** 맹모단기
맹자의 어머니가 베를 끊었다는 뜻으로, 학업을 중도에 그만둠을 훈계하는 말
- 斷機之戒(단기지계)

179 (3급Ⅱ) **孟母三遷** 맹모삼천
맹자의 어머니가 맹자를 제대로 교육하기 위하여 집을 세 번이나 옮겼다는 뜻으로, 교육에는 주위환경이 중요하다는 가르침
- 三遷之敎(삼천지교)

180 (3급Ⅱ) **面從腹背** 면종복배
겉으로는 순종하는 체하고 속으로는 딴 마음을 먹음
- 口蜜腹劍(구밀복검)

한자능력 검정시험 3급 (3급II 포함)

181 4급
明鏡止水 명경지수
맑은 거울과 고요한 물이라는 뜻으로, 사념이 전혀 없는 깨끗한 마음을 비유해 이르는 말
⊕ 雲心月性(운심월성)

182 3급II
名實相符 명실상부
이름과 실상이 서로 들어맞음, 알려진 것과 실제의 상황이나 능력에 차이가 없음

183 3급II
明若觀火 명약관화
불을 보는 것 같이 밝게 보인다는 뜻으로, 더 말할 나위 없이 명백함을 일컬음

184 3급II
命在頃刻 명재경각
목숨이 곧 끊어질 것 같은 위태로운 상황을 말함

185 3급II
明哲保身 명철보신
총명하여 도리를 좇아 사물을 처리하고 몸을 온전히 보전한다는 뜻으로, 매사에 법도를 지켜 온전하게 처신하는 태도를 이르는 말

186 3급
毛遂自薦 모수자천
조(趙)나라에서 초(楚)나라에 구원을 청할 사자를 물색할 때 모수가 자기를 스스로 천거했다는 뜻으로, 본인 스스로가 자기를 추천하는 것을 이르는 말

187 4급
目不識丁 목불식정
고무래를 보고도 그것이 고무래 정(丁)자인 줄 모른다는 뜻으로, 낫 놓고 기역자도 모름을 의미함

188 3급II
目不忍見 목불인견
차마 눈으로 볼 수 없을 정도로 딱하거나 참혹한 상황을 말함

189 1급
猫項懸鈴 묘항현령
고양이 목에 방울 달기라는 뜻으로, 실행하지 못할 일을 공연히 의논만 한다는 말
⊕ 猫頭懸鈴(묘두현령)
卓上空論(탁상공론)

190 4급
無骨好人 무골호인
뼈가 없이 좋은 사람이라는 뜻으로, 성질이 아주 순하여 어느 누구의 비위에나 두루 맞는 사람을 이르는 말

191 3급II
武陵桃源 무릉도원
중국 진나라 때 시인 도연명의 도화원기에 나오는 별천지로, 이 세상을 떠난 별천지를 이르는 말

192 3급
無味乾燥 무미건조
맛이 없고 메마르다는 뜻으로, 글이나 그림 또는 분위기 따위가 깔깔하거나 딱딱하여 운치나 재미가 없음을 말함

193 4급II
無所不爲 무소불위
못 할 일이 없음
⊕ 無所不能(무소불능)

194 4급
無爲徒食 무위도식
하는 일 없이 헛되이 먹기만 함, 게으르거나 능력이 없는 사람을 일컬음

195 4급II
無爲自然 무위자연
인공을 가하지 않은 그대로의 자연이라는 뜻으로, 인위적인 것을 부정하는 노장사상의 근본 개념을 이룸

196 3급II
無知莫知 무지막지
매우 무지하고 우악스러움

197 1급
刎頸之交 문경지교
목을 벨 수 있는 벗이라는 뜻으로, 생사를 같이 할 수 있는 매우 소중한 벗을 말함
⊕ 刎頸之友(문경지우)

198 4급II
文房四友 문방사우
서재에 꼭 있어야 할 네 벗, 즉 종이·붓·벼루·먹의 네 가지 문방구를 말함
⊕ 紙筆硯墨(지필연묵)
文房四寶(문방사보)

276

사자성어

199 5급
聞一知十 문일지십
한 가지를 들으면 열 가지를 미루어 안다는 뜻으로, 총명함을 이르는 말

200 6급
門前成市 문전성시
대문 앞이 시장을 이룬다는 뜻으로, 세도가나 부잣집 문 앞이 방문객으로 시장을 이루다시피 함을 이르는 말
유 門前若市(문전약시)
반 門前雀羅(문전작라)

201 1급
門前雀羅 문전작라
대문 앞에 새 그물을 친다는 뜻으로, 찾아오는 사람이 없어 쓸쓸함을 이르는 말

202 3급Ⅱ
勿失好機 물실호기
좋은 기회를 놓치지 않음

203 3급Ⅱ
物我一體 물아일체
자연물과 자아가 하나가 된 상태, 즉 대상물에 완전히 몰입된 경지를 일컬음
유 物心一如(물심일여)
　 主客一體(주객일체)

204 4급
物外閒人 물외한인
세상의 시끄러움에서 벗어나 한가하게 지내는 사람

205 3급Ⅱ
尾生之信 미생지신
미생이라는 사람이 여자와 약속한대로 다리 밑에서 기다리다가 물에 휩쓸려 죽었다는 고사에서 유래된 것으로, 한편으로는 신의가 매우 두터움을 의미하나 다른 한편으로는 지나치게 고지식하고 융통성이 없음을 나타냄

206 3급Ⅱ
薄利多賣 박리다매
이익을 적게 보고 많이 팔아 이문을 남기는 일

207 3급
博而不精 박이부정
여러 방면으로 널리 아나 정통하지 못함

208 3급Ⅱ
拍掌大笑 박장대소
손뼉을 치면서 크게 웃음

209 4급Ⅱ
博學多識 박학다식
학문이 넓고 식견이 많음
유 無不通知(무불통지)
　 無所不知(무소부지)

210 3급Ⅱ
博學審問 박학심문
널리 배우고 자세하게 물음

211 4급Ⅱ
反面敎師 반면교사
극히 나쁜 면만을 가르쳐 주는 선생이란 뜻으로, 다른 사람이나 사물의 부정적인 측면에서 가르침을 얻음을 이르는 말
유 他山之石(타산지석)

212 1급
反目嫉視 반목질시
서로 미워하고 질투하는 눈으로 봄

213 4급
半信半疑 반신반의
반은 믿고 반은 의심함, 믿으면서도 한편으로는 의심함

214 1급
反哺之孝 반포지효
까마귀 새끼가 자란 뒤에 늙은 어미에게 먹이를 물어다 주는 효성이라는 뜻으로, 자식이 자라서 부모를 봉양함을 일컬음
유 反哺報恩(반포보은)

215 3급Ⅱ
拔本塞源 발본색원
근본을 빼고 원천을 막아 버린다는 뜻으로, 사물의 폐단을 없애기 위해서 그 뿌리째 뽑아버림을 이르는 말
유 削株堀根(삭주굴근)
　 剪草除根(전초제근)

216 3급
發憤忘食 발분망식
일을 이루려고 끼니조차 잊고 분발 노력함

한자능력 검정시험 3급 (3급II 포함)

217 [3급II] **拔山蓋世** 발산개세
산을 뽑고 세상을 덮을 만한 기상을 이르는 말

218 [1급] **坊坊曲曲** 방방곡곡
어느 한 군데도 빼놓지 않은 모든 곳, 도처

219 [3급II] **放聲大哭** 방성대곡
북받치는 슬픔 또는 분노를 참지 못해 목을 놓아 크게 울음
- 大聲痛哭(대성통곡)
- 放聲痛哭(방성통곡)

220 [3급] **傍若無人** 방약무인
곁에 아무도 없는 것처럼 여긴다는 뜻으로, 주위에 있는 다른 사람을 전혀 의식하지 않고 제멋대로 행동하는 것을 이르는 말
- 眼下無人(안하무인)
- 眼中無人(안중무인)

221 [3급II] **背水之陣** 배수지진
물을 등지고 진을 친다는 뜻으로, 물러설 곳이 없으니 목숨을 걸고 싸울 수 밖에 없는 지경을 이르는 말

222 [3급] **背恩忘德** 배은망덕
남에게 입은 은덕을 잊고 배반함

223 [4급] **百家爭鳴** 백가쟁명
여러 사람이 서로 자기 주장을 내세우는 일 또는 많은 학자들이 자유롭게 논쟁하는 일

224 [3급II] **百計無策** 백계무책
어떤 어려운 일을 당해 아무리 생각해도 대책이 없음

225 [3급] **白骨難忘** 백골난망
죽어도 잊지 못할 큰 은혜를 입음이란 뜻으로, 남에게 큰 은혜나 덕을 입었을 때 고마움을 표시하는 말
- 刻骨難忘(각골난망)
- 結草報恩(결초보은)

226 [6급] **百年大計** 백년대계
먼 앞날까지 내다보고 먼 뒷날까지 걸쳐 세우는 큰 계획

227 [5급] **百年河淸** 백년하청
백년을 기다린다 해도 황하의 흐린 물은 맑아지지 않는다는 뜻으로, 오랫동안 기다려도 바라는 것이 이루어질 수 없음을 이르는 말

228 [1급] **百年偕老** 백년해로
부부가 서로 사이좋고 화락하게 같이 늙음을 이르는 말

229 [6급] **白面書生** 백면서생
희고 고운 얼굴에 글만 읽어 세상 일에 조금도 경험이 없는 사람을 일컬음
- 白面書郞(백면서랑)

230 [6급] **百發百中** 백발백중
백 번 쏘아 백 번 모두 맞는다는 뜻으로, 계획한 일마다 실패 없이 잘 됨을 의미함

231 [3급] **伯牙絶絃** 백아절현
백아가 거문고 줄을 끊어 버렸다는 뜻으로, 자기를 알아주는 절친한 벗의 죽음을 슬퍼함을 나타냄

232 [6급] **白衣民族** 백의민족
예로부터 흰 옷을 숭상하여 즐겨 입은 한민족을 이르는 말

233 [4급] **白衣從軍** 백의종군
벼슬이 없는 사람으로 군대를 따라 싸움터에 나감을 이르는 말

234 [4급] **百折不屈** 백절불굴
백 번 꺾어도 굴하지 않음, 즉 어떤 어려움에도 굽히지 않음을 나타냄
- 百折不撓(백절불요)

사자성어

235 3급Ⅱ **伯仲之勢** 백중지세
형제인 장남과 차남의 차이처럼 큰 차이가 없는 형세, 즉 우열의 차이가 없이 엇비슷함을 이르는 말
- 伯仲之間(백중지간), 難兄難弟(난형난제), 莫上莫下(막상막하)

236 1급 **百尺竿頭** 백척간두
백자나 되는 높은 장대 위에 올라섰으니 위태로움이 극도에 달함
- 一觸卽發(일촉즉발)
  累卵之勢(누란지세)
  風前燈火(풍전등화)

237 3급 **百八煩惱** 백팔번뇌
불교에서 이르는 인간의 과거・현재・미래에 걸친 108가지의 번뇌를 말함

238 4급Ⅱ **百害無益** 백해무익
해롭기만 하고 하나도 이로울 것이 없음

239 2급 **變法自疆** 변법자강
법령을 개혁하여 국력을 튼튼하게 함

240 4급 **伏地不動** 복지부동
땅에 엎드려 움직이지 아니한다는 뜻으로, 마땅히 해야 할 일을 하지 않고 몸을 사림을 비유하여 이르는 말

241 3급 **封庫罷職** 봉고파직
부정을 저지른 관리를 파면시키고 관가의 창고를 봉하여 잠그는 일
- 封庫罷黜(봉고파출)

242 5급 **父傳子傳** 부전자전
대대로 아버지가 아들에게 전함 또는 아버지와 자식이 서로 그 버릇이나 습관이 비슷함을 말함
- 父傳子承(부전자승)
  父子相傳(부자상전)

243 3급Ⅱ **夫唱婦隨** 부창부수
남편이 주장하고 아내가 이에 따른다는 뜻으로, 가정에서 부부화합의 도리를 이르는 말
- 女必從夫(여필종부)
  男唱女隨(남창여수)

244 3급Ⅱ **附和雷同** 부화뇌동
우레 소리에 맞춰 함께 한다는 뜻으로, 자신의 뚜렷한 소신 없이 그저 남이 하는 대로 따라가는 것을 의미함
- 追友江南(추우강남)
  雷同附和(뇌동부화)

245 5급 **北窓三友** 북창삼우
거문고와 술 그리고 시를 말하는데, 선비들이 늘 가까이하며 즐겼던 것으로 마치 벗과 같다고 하여 삼우라고 의인화한 것

246 1급 **粉骨碎身** 분골쇄신
뼈가 가루가 되고 몸이 부서진다는 뜻으로, 있는 힘을 다해 노력하거나 또는 남을 위하여 수고를 아끼지 않음을 나타냄
- 犬馬之勞(견마로), 犬馬之心(견마지심), 狗馬之心(구마지심)

247 1급 **焚書坑儒** 분서갱유
책을 불태우고 선비를 생매장하여 죽인다는 뜻으로, 진나라의 시황제가 학자들의 정치비평을 금하기 위하여 경서를 태우고 학자들을 구덩이에 생매장시킨 가혹한 정치를 이르는 말

248 4급Ⅱ **不可思議** 불가사의
사람의 생각으로는 미루어 헤아릴 수도 없다는 뜻으로, 사람의 힘이 미치지 못하고 상상조차 할 수 없는 오묘한 것
- 不可知解(불가지해)
  法苑珠林(법원주림)

249 4급 **不可抗力** 불가항력
인간의 힘만으로는 도저히 저항해 볼 수도 없는 힘이라는 뜻으로, 천재지변 등 사람의 힘이 미치지 못하는 자연의 위대한 힘을 이르는 말

250 2급 **不俱戴天** 불구대천
하늘 아래 같이 살 수 없는 원수란 뜻으로, 도저히 그냥 둘 수 없을 만큼 원한이 깊이 사무친 원수를 말함
- 不共戴天(불공대천)

251 5급 **不問可知** 불문가지
묻지 않아도 옳고 그름을 가히 알 수 있음
- 明若觀火(명약관화)

252 5급 **不問曲直** 불문곡직
굽음과 곧음을 묻지 않는다는 뜻으로, 옳고 그름을 가리지 않고 함부로 일을 처리하는 것을 말함
- 曲直不問(곡직불문)

한자능력 검정시험 3급 (3급II 포함)

253 [5급] 不要不急 불요불급 — 꼭 필요하지도 않고 급하지도 않음

254 [6급] 不遠千里 불원천리 — 천리 길도 멀다하지 않는다는 뜻으로, 먼 길인데도 개의하지 않고 열심히 달려감을 이르는 말

255 [2급] 不撤晝夜 불철주야 — 밤낮을 가리지 않는다는 뜻으로, 조금도 쉴 사이 없이 일에 힘 씀

256 [3급II] 不恥下問 불치하문 — 자기보다 아랫사람에게 배우는 것을 부끄럽게 여기지 아니함을 두고 이르는 말

257 [3급II] 不偏不黨 불편부당 — 어느 한 쪽으로 기울어짐 없이 공정하고 중립적인 위치에 섬

258 [2급] 鵬程萬里 붕정만리 — 붕새가 날아갈 길이 만리라는 뜻으로, 머나먼 노정 또는 사람의 앞날이 매우 요원하다는 것을 의미함

259 [3급] 非夢似夢 비몽사몽 — 꿈인지 생시인지 어렴풋한 상태에 있음을 의미함

260 [1급] 悲憤慷慨 비분강개 — 슬프고 분한 느낌이 마음 속에 가득 차 있음

261 [1급] 髀肉之嘆 비육지탄 — 장수가 전쟁에 나가지 못하여 넓적다리에 살이 피둥피둥 찌는 것을 한탄한다는 뜻으로, 뜻을 펴보지 못하고 허송세월을 보낸다는 의미

262 [4급II] 非一非再 비일비재 — 같은 일이 한두 번이 아님을 말함

263 [4급II] 貧者一燈 빈자일등 — 가난한 사람이 밝힌 등불 하나라는 뜻으로, 가난 속에서도 보인 작은 성의가 부귀한 사람들의 많은 보시보다도 가치가 큼을 이르는 말

264 [1급] 憑公營私 빙공영사 — 관청이나 공공의 일을 이용하여 개인의 이익을 꾀함

265 [3급II] 氷炭之間 빙탄지간 — 얼음과 숯 사이란 뜻으로, 둘이 서로 어긋나 맞지 않는 사이나 서로 화합할 수 없는 사이를 말함
　犬猿之間(견원지간)
　不俱戴天(불구대천)

266 [3급] 四顧無親 사고무친 — 사방을 돌아보아도 친척이 없다는 뜻으로, 의지할 만한 사람이 도무지 없음을 의미함
　赤手空拳(적수공권)
　孑孑單身(혈혈단신)

267 [4급] 捨己從人 사기종인 — 자기의 이전행위를 버리고 타인의 선행을 본떠 행함

268 [3급II] 士氣衝天 사기충천 — 사기가 하늘을 찌를 듯이 높음

269 [5급] 士農工商 사농공상 — 선비·농부·장인·상인 등 네 가지 신분의 백성으로, 봉건시대의 계급 관념을 순서대로 일컬음

270 [2급] 四面楚歌 사면초가 — 사방에서 들리는 초(楚)나라의 노래라는 뜻으로, 적에게 둘러싸인 상태나 누구의 도움도 받을 수 없는 고립상태에 빠짐을 이르는 말
　孤立無援(고립무원)
　進退兩難(진퇴양난)

사자성어

271 6급
四面春風 사면춘풍
사면이 봄바람이라는 뜻으로, 언제 어떠한 경우라도 좋은 낯으로만 남을 대함을 이르는 말

272 3급Ⅱ
四分五裂 사분오열
네 갈래 다섯 갈래로 나뉘고 찢어진다는 뜻으로, 하나의 집단이 이념·이익 등에 따라 갈라져 혼란스러움을 표현함

273 3급Ⅱ
砂上樓閣 사상누각
모래 위에 세운 누각이란 뜻으로, 기초가 튼튼하지 못하여 오래 가지 못하는 것을 말함

274 4급Ⅱ
死生決斷 사생결단
죽고 사는 것을 가리지 않고 끝장을 내려고 덤벼듦

275 4급Ⅱ
四書三經 사서삼경
유교의 대표적인 경전인 논어·맹자·대학·중용의 사서와 시경·서경·역경의 삼경을 말함

276 3급Ⅱ
四柱單子 사주단자
혼인을 정하고 신랑 집에서 해·달·날·시의 사주를 적어서 신부 집으로 보내는 간지(簡紙)

277 3급Ⅱ
四柱八字 사주팔자
태어난 연·월·일·시의 사주와 그에 따른 간지(干支) 여덟 글자를 뜻하며, 피치 못할 타고난 운수를 빗대어 말함

278 4급Ⅱ
四通八達 사통팔달
길이 사방팔방으로 통해 있음
❀ 四通五達(사통오달)

279 4급
事必歸正 사필귀정
처음에는 시비와 곡직을 가리지 못하여 그릇되더라도 모든 일은 결국에 가서는 반드시 바른 길로 돌아옴

280 3급Ⅱ
山紫水明 산자수명
산빛이 곱고 강물이 맑다는 뜻으로, 산수가 아름다움을 이르는 말
❀ 清風明月(청풍명월)
江湖煙波(강호연파)

281 6급
山戰水戰 산전수전
산에서의 싸움과 물에서의 싸움이라는 뜻으로, 세상의 온갖 고난을 다 겪어 세상 일에 경험이 많음을 이르는 말
❀ 百戰老將(백전노장)

282 7급
山川草木 산천초목
산천과 초목, 즉 산과 물과 풀과 나무라는 뜻으로 자연을 일컬음

283 4급
殺身成仁 살신성인
제 몸을 죽여 인(仁)을 이룬다는 뜻으로, 남을 위해 자신의 목숨을 희생함

284 3급
三可宰相 삼가재상
이러하든 저러하든 모두 옳다고 함
❀ 三可政丞(삼가정승)

285 3급Ⅱ
三綱五倫 삼강오륜
삼강은 군위신강(君爲臣綱), 부위자강(父爲子綱), 부위부강(夫爲婦綱)이고, 오륜은 군신유의(君臣有義), 부자유친(父子有親), 부부유별(夫婦有別), 장유유서(長幼有序), 붕우유신(朋友有信)으로 유교 도덕의 가장 기본이 되는 원칙

286 2급
三顧草廬 삼고초려
유비가 제갈공명을 세 번 찾아가 군사로 초빙한 데서 유래한 말로, 인재를 얻기 위해 수고를 아끼지 않음을 뜻함
❀ 三顧之禮(삼고지례)

287 3급Ⅱ
森羅萬象 삼라만상
우주 안에 있는 온갖 사물과 현상
❀ 萬彙群象(만휘군상)

288 3급Ⅱ
三旬九食 삼순구식
한 달에 아홉 번 밥을 먹는다는 뜻으로, 집안이 가난하여 먹을 것이 없어 굶주린다는 말
❀ 上漏下濕(상루하습)

281

번호	급수	한자	독음	뜻풀이
289	5급	三位一體	삼위일체	가톨릭에서 성부·성자·성신이 한 몸이라는 것으로, 세 가지 것이 하나로 통일되는 일을 말함
290	3급II	三人成虎	삼인성호	세 사람이면 없던 호랑이도 만든다는 뜻으로, 거짓말이라도 여러 사람이 말하면 남이 참말로 믿기 쉽다는 말
291	7급	三日天下	삼일천하	권세의 허무를 일컫는 말로, 극히 짧은 기간 동안 정권을 잡았다가 실권함을 비유함
292	3급II	三從之道	삼종지도	여자는 어려서 어버이께 순종하고 시집가서는 남편에게 순종하고, 남편이 죽은 뒤에는 아들을 따라야 한다는 도덕관을 말함 ❂ 三從之義(삼종지의) 三從之禮(삼종지례)
293	3급II	三尺童子	삼척동자	키가 석 자 밖에 되지 않는 어린 아이라는 뜻으로, 철모르는 어린 아이를 이르는 말
294	3급II	三遷之敎	삼천지교	맹자의 어머니가 아들의 교육을 위하여 3번 거처를 옮긴 것을 말하며, 생활환경이 교육에 있어 큰 역할을 함
295	3급II	傷弓之鳥	상궁지조	한 번 화살을 맞아 다친 새라는 뜻으로, 어떤 일에 봉변을 당한 뒤로는 뒷일을 경계함을 비유하는 말 ❂ 驚弓之鳥(경궁지조)
296	3급II	桑田碧海	상전벽해	뽕나무 밭이 푸른 바다가 되었다는 뜻으로, 세상이 몰라 볼 정도로 바뀌었음을 나타냄 ❂ 滄桑之變(창상지변), 滄海桑田(창해상전), 隔世之感(격세지감)
297	3급II	霜風高節	상풍고절	어떠한 난관이나 어려움에 처해도 결코 굽히지 않는 높은 절개를 뜻함 ❂ 傲霜孤節(오상고절) 雪中松柏(설중송백)
298	3급	塞翁之馬	새옹지마	변방에 사는 노인의 말이라는 뜻으로, 세상만사가 변화가 많아 어느 것이 화가 되고 어느 것이 복이 될지 예측하기 어렵다는 말 ❂ 轉禍爲福(전화위복)
299	급	生巫殺人	생무살인	선무당이 사람 잡는다는 뜻으로, 기술과 경험이 부족한 사람이 일을 한다고 나섰다가 도리어 일을 그르침을 말함
300	4급II	生不如死	생불여사	몹시 곤란한 지경에 빠져 삶이 차라리 죽음만 못하다는 뜻
301	3급II	先見之明	선견지명	앞을 내다보는 안목이라는 뜻으로, 장래를 미리 예측하는 날카로운 견식을 두고 이르는 말
302	3급II	雪上加霜	설상가상	눈 위에 또 서리가 내린다는 뜻으로, 어려운 일이 겹침을 이름 또는 환난이 거듭됨을 비유하여 이르는 말
303	4급II	說往說來	설왕설래	서로 변론을 주고받으며 옥신각신함 ❂ 言去言來(언거언래) 言往說來(언왕설래)
304	4급	世俗五戒	세속오계	신라 진평왕 때 원광법사가 세운 사군이충(事君以忠), 사친이효(事親以孝), 교우이신(交友以信), 임전무퇴(臨戰無退), 살생유택(殺生有擇)의 다섯 가지 계율을 말함
305	5급	歲寒三友	세한삼우	추운 겨울의 세 벗이라는 뜻으로, 소나무와 대나무 그리고 매화를 말함
306	2급	歲寒松柏	세한송백	소나무와 측백나무는 한겨울에도 변색되지 않기에 역경에 처해도 그 지조와 절개를 굽히지 않고 변하지 않음을 뜻함

사자성어

307 3급
騷人墨客 소인묵객
시문과 서화를 일삼는 풍류객을 뜻함

308 3급
小貪大失 소탐대실
작을 것을 탐하다가 오히려 큰 것을 잃음
● 矯角殺牛(교각살우)

309 3급Ⅱ
束手無策 속수무책
손을 묶인 듯이 어찌 할 방책이 없어 꼼짝 못하게 된다는 뜻으로, 뻔히 보면서 어찌할 바를 모르고 꼼짝 못한다는 뜻

310 4급
送舊迎新 송구영신
묵은 해를 보내고 새해를 맞음

311 4급
松都三絶 송도삼절
황진이가 칭한 말로 송도의 세 가지 유명한 존재, 즉 서화담, 황진이, 박연폭포를 일컬음

312 2급
宋襄之人 송양지인
송나라 襄公(양공)의 어짊이란 뜻으로, 쓸데없이 베푸는 인정을 이르는 말

313 3급Ⅱ
首丘初心 수구초심
여우는 죽을 때 구릉을 향해 머리를 두고 초심으로 돌아간다는 뜻으로, 죽어서도 고향 땅에 묻히고 싶어하는 마음을 일컬음

314 3급Ⅱ
手不釋卷 수불석권
손에서 책을 놓지 않는다는 뜻으로, 늘 책을 가까이 하여 학문을 익힘

315 1급
首鼠兩端 수서양단
구멍 속에서 목을 내민 쥐가 나갈까 말까 망설인다는 뜻으로, 갈 곳을 정하지 못하고 망설이는 경우를 두고 말함

316 3급
漱石枕流 수석침류
돌로 양치질하고 흐르는 물을 베개 삼는다는 뜻으로, 말을 잘못해 놓고 그럴듯하게 꾸며대거나 남에게 지기 싫어하는 마음이 강해 억지로 무리한 이유를 붙이는 것을 말함

317 1급
袖手傍觀 수수방관
팔짱을 끼고 보고만 있다는 뜻으로, 직접 손을 내밀어 간섭하지 않고 그대로 내버려둠을 말함

318 3급Ⅱ
水魚之交 수어지교
물과 물고기의 사귐이란 뜻으로, 임금과 신하 또는 부부 사이처럼 매우 친밀한 관계를 이르는 말
● 魚水之親(어수지친)

319 1급
羞惡之心 수오지심
자기의 옳지 못함을 부끄러워하고, 남의 옳지 못함을 미워하는 마음

320 3급
誰怨誰咎 수원수구
누구를 원망하며 누구를 탓하랴는 뜻으로, 남을 원망하거나 꾸짖을 것이 없음을 나타낸 말

321 3급Ⅱ
守株待兎 수주대토
그루터기를 지켜 토끼를 기다린다는 뜻으로, 고지식하고 융통성이 없음을 비유하여 말함
● 刻舟求劍(각주구검)

322 3급Ⅱ
壽則多辱 수즉다욕
오래 살년 욕심이 많다는 뜻으로, 오래 살수록 고생이나 망신이 많음을 이르는 말
● 多男多懼(다남다구)

323 3급Ⅱ
宿虎衝鼻 숙호충비
자는 범의 코를 찌른다는 뜻으로, 가만히 있는 사람을 건드려서 화를 자초함을 말함

324 3급
脣亡齒寒 순망치한
입술이 없으면 이가 시리다는 뜻으로, 이해관계가 서로 밀접하여 한 쪽이 망하면 다른 쪽도 화를 면하기 어려움을 말함
● 假道滅虢(가도멸괵)

한자능력 검정시험 3급 (3급Ⅱ 포함)

325 [2급] 升斗之利 승두지리 — 한 되와 한 말의 이익이라는 뜻으로, 대수롭지 않은 이익을 말함

326 [3급] 乘勝長驅 승승장구 — 싸움에서 이긴 기세를 몰아 적을 계속해서 물리침

327 [3급Ⅱ] 是非之心 시비지심 — 옳고 그름을 가릴 줄 아는 마음

328 [4급] 視死如歸 시사여귀 — 죽는 것을 고향에 돌아가는 것과 같이 여긴다는 뜻으로, 죽음을 두려워하지 아니함을 이르는 말

329 [4급Ⅱ] 始終一貫 시종일관 — 처음부터 끝까지 일의 방침이나 태도가 한결같음
유 始終如一(시종여일)

330 [3급] 食少事煩 식소사번 — 먹을 것은 적고 할 일은 많음이란 뜻으로, 수고는 많이 하나 소득이 적음을 이르는 말

331 [3급Ⅱ] 識字憂患 식자우환 — 글자를 아는 것이 오히려 근심이 된다는 뜻으로, 차라리 모르는 것이 약일 수도 있음

332 [4급Ⅱ] 信賞必罰 신상필벌 — 상을 줄만한 훈공이 있는 자에게는 반드시 상을 주고, 벌과 죄가 있는 자에게는 반드시 벌을 준다는 뜻

333 [4급] 身言書判 신언서판 — 중국 당나라 때 관리를 뽑는 네 가지 조건으로 인물의 잘남(身), 언변의 좋음(言), 학식의 풍부함(書), 판단력의 출중함(判)을 일러 말함

334 [3급Ⅱ] 新陳代謝 신진대사 — 묵은 것이 없어지고 새 것이 대신 생기거나 들어섬

335 [3급Ⅱ] 神出鬼沒 신출귀몰 — 귀신처럼 자유자재로 나타나기도 하고 숨기도 한다는 뜻으로, 변화무쌍하여 이를 헤아릴 수 없음을 말함

336 [6급] 身土不二 신토불이 — 몸과 태어난 땅은 하나라는 뜻으로, 우리 땅에서 나는 우리 농산물이 몸에 좋다는 것을 말함

337 [4급Ⅱ] 實事求是 실사구시 — 사실에 토대하여 진리를 탐구한다는 뜻으로, 공론만 일삼는 양명학에 대한 반동으로서 문헌학적인 고증의 정확을 존중하는 과학적이고 객관주의적 학문 태도를 말함

338 [4급] 心機一轉 심기일전 — 어떠한 동기에 의하여 지금까지 품었던 생각과 마음의 자세를 완전히 바꿈

339 [3급Ⅱ] 深思熟考 심사숙고 — 깊이 생각하고 신중히 고려함

340 [3급Ⅱ] 十年減壽 십년감수 — 목숨이 십 년이나 줄었다는 뜻으로, 몹시 놀랐거나 매우 위험한 고비를 겪었을 때 쓰는 말

341 [3급Ⅱ] 十伐之木 십벌지목 — 열 번 찍어 안 넘어가는 나무가 없다는 뜻으로, 아무리 어려운 일도 끊임없는 노력이 있다면 성공할 수 있음을 말함

342 [1급] 十匙一飯 십시일반 — 열 사람이 한 술씩 보태면 한 사람이 먹을 분량은 된다는 뜻으로, 여러 사람이 힘을 합하면 한 사람을 돕기 쉽다는 말

사자성어

343 [1급] **阿鼻叫喚** 아비규환
극악한 죄를 저질러 아비지옥(阿鼻地獄)에 떨어진 자가 혹독한 고통을 견디지 못하여 울부짖는다는 뜻으로, 비참한 지경에 처하여 그 고통에서 벗어나려고 비명을 지르며 몸부림치는 상황을 표현한 말

344 [3급Ⅱ] **我田引水** 아전인수
자기 논에 물을 댄다는 뜻으로, 자기의 이익만을 생각하고 먼저 행동함

345 [4급] **安居危思** 안거위사
편안한 때일수록 위험이 닥칠 때를 생각하여 미리 대비하여야 함을 이르는 말
· 居安思危(거안사위)

346 [5급] **安分知足** 안분지족
자기 분수에 만족하여 다른 데 마음을 두지 않음
· 安貧樂道(안빈낙도)

347 [4급Ⅱ] **安貧樂道** 안빈낙도
가난한 생활을 하면서도 편안한 마음으로 자기의 분수를 지킴
· 安分知足(안분지족)

348 [7급] **安心立命** 안심입명
천명을 깨닫고 생사와 이해를 초월하여 마음의 평안을 얻음

349 [4급Ⅱ] **眼下無人** 안하무인
눈 아래에 사람이 없다는 뜻으로, 사람됨이 교만하여 남을 업신여김을 이르는 말
· 眼中無人(안중무인)
  傍若無人(방약무인)

350 [1급] **暗中摸索** 암중모색
어둠 속에서 손을 더듬어 찾는다는 뜻으로, 어림짐작으로 사물을 알아내려 함을 이르는 말
· 暗中摸捉(암중모착)
  群盲評象(군맹평상)

351 [3급] **哀乞伏乞** 애걸복걸
애처롭게 하소연하면서 빌고 또 빎

352 [4급] **藥房甘草** 약방감초
한방 조제시 꼭 들어가는 감초처럼 무슨 일에나 빠짐없이 반드시 끼어드는 사람 또는 사물을 이르는 말

353 [4급Ⅱ] **弱肉強食** 약육강식
약한 것이 강한 것에게 먹힌다는 뜻으로, 생존경쟁의 치열함을 나타내는 말

354 [3급] **羊頭狗肉** 양두구육
양 머리를 걸어놓고 개고기를 판다는 뜻으로, 겉은 훌륭해 보이나 속은 그렇지 못한 경우를 이르는 말
· 表裏不同(표리부동), 面從腹背(면종복배), 羊質虎皮(양질호피)

355 [3급Ⅱ] **梁上君子** 양상군자
대들보 위에 있는 군자라는 뜻으로, 도둑을 미화하여 점잖게 부르는 말
· 無本大商(무본대상)
  綠林豪傑(녹림호걸)

356 [3급Ⅱ] **兩手兼將** 양수겸장
장기에서 두 개의 장기짝이 한꺼번에 장을 부르는 말밭에 놓이게 된 관계로, 두 가지 문제가 맞물려 옴짝달싹 못하게 된 경우를 이르는 말

357 [4급] **兩者擇一** 양자택일
둘 중에서 하나를 가림
· 二者擇一(이자택일)

358 [3급Ⅱ] **養虎遺患** 양호유환
범을 길러 화근을 남긴다는 뜻으로, 화근거리를 키워 나중에 더 큰 화를 당함을 비유한 말
· 自業自得(자업자득)

359 [3급Ⅱ] **魚頭肉尾** 어두육미
물고기는 머리 쪽이 맛이 있고, 짐승의 고기는 꼬리 쪽이 맛이 있다는 뜻

360 [2급] **魚魯不辨** 어로불변
어(魚)자와 노(魯)자를 구별하지 못한다는 뜻으로, 몹시 무식함을 비유하여 이르는 말
· 目不識丁(목불식정)

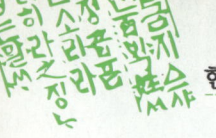

한자능력 검정시험 3급 (3급II 포함)

361 3급II
漁父之利 어부지리
어부의 이익이라는 뜻으로, 둘이 다투는 틈을 타서 엉뚱한 제3자가 이익을 가로챔을 이르는 말
🔗 犬兎之爭(견토지쟁)
蚌鷸之爭(방휼지쟁)

370 3급II
易地思之 역지사지
처지를 서로 바꾸어 생각한다는 뜻으로, 상대방의 처지에서 생각해 봄

362 5급
語不成說 어불성설
말이 하나의 일관된 논리로 되지 못하고 이치에 맞지 않음을 뜻함

371 4급
緣木求魚 연목구어
나무에 올라가서 물고기를 구한다는 뜻으로, 불가능하거나 되지도 않을 엉뚱한 일을 억지로 하려함을 비유함

363 3급II
抑强扶弱 억강부약
강자를 누르고 약자를 도와줌
🔗 抑弱扶强(억약부강)

372 3급II
炎涼世態 염량세태
권세가 있을 때에는 아첨하여 쫓고, 권세가 기울면 푸대접하는 세속의 세태를 말함

364 3급
焉敢生心 언감생심
어찌 감히 그런 마음을 먹을 수 있느냐는 뜻

373 3급II
拈華微笑 염화미소
연꽃을 따서 미소짓는다는 뜻으로, 불교에서 이심전심의 뜻으로 쓰이는 말
🔗 以心傳心(이심전심)
敎外別傳(교외별전)
不立文字(불립문자)

365 5급
言文一致 언문일치
말과 글이 일치하는 것을 뜻함

374 3급
榮枯盛衰 영고성쇠
개인이나 사회의 성하고 쇠함이 서로 뒤바뀌는 현상

366 4급II
言語道斷 언어도단
말할 길이 끊어졌다는 뜻으로, 너무나 엄청나거나 기가 막혀서 말문이 막힘

375 3급II
五車之書 오거지서
다섯 수레에 가득 실을 만큼의 많은 책을 말함
🔗 汗牛充棟(한우충동)

367 4급
言中有骨 언중유골
말 속에 뼈가 있다는 뜻으로, 예사로운 표현 속에 만만치 않은 뜻이 들어 있음

376 3급
五里霧中 오리무중
짙은 안개가 5리에 걸쳐 끼어 있다는 뜻으로, 무슨 일에 대하여 방향이나 상황을 알 길이 없음을 이르는 말

368 3급II
如履薄氷 여리박빙
얇은 얼음을 밟듯 몹시 위험하고 아슬한 지경을 가리키는 말

377 1급
寤寐不忘 오매불망
누군가를 그리워하여 자나깨나 잊지 못함
🔗 輾轉反側(전전반측)
輾轉不寐(전전불매)

369 4급
與世推移 여세추이
세상의 변화에 따라 함께 변함

378 3급
吾鼻三尺 오비삼척
내 코가 석자라는 뜻으로, 곤경에 처해 자기 일도 해결하기 어려운 판국에 남을 도울 여지가 없다는 말

| 379 3급 | 烏飛梨落 오비이락 | 까마귀 날자 배 떨어진다는 뜻으로, 아무런 관계도 없이 한 일이 공교롭게 다른 일과 때가 일치해서 혐의를 받게 됨을 이르는 말 |

| 388 4급Ⅱ | 溫故知新 온고지신 | 옛 것을 익히고 그것을 미루어 새 것을 앎, 즉 옛 것을 연구하여 거기서 새로운 지식이나 도리를 찾아내는 일을 말함 |

| 380 3급 | 傲霜孤節 오상고절 | 서릿발이 심한 추위 속에서도 굴하지 않고 홀로 꿋꿋하다는 뜻으로, 모진 고난 속에서도 굴하지 않는 높은 절개를 이름 |

| 389 1급 | 蝸角之爭 와각지쟁 | 달팽이의 촉각 위에서 싸운다는 뜻으로, 하찮은 일로 벌이는 승강이나 사소한 싸움을 이르는 말   蝸角之勢(와각지세) 蝸牛角上(와우각상) |

| 381 2급 | 吳越同舟 오월동주 | 오나라 사람과 월나라 사람이 한 배에 타고 있다는 뜻으로, 서로 적의를 품고 있는 사람이 같은 곳에 있거나 같은 처지를 당함을 이르는 말   同舟相救(동주상구) |

| 390 1급 | 臥薪嘗膽 와신상담 | 섶에 누워 쓸개를 씹는다는 뜻으로, 원수를 갚으려고 온갖 괴로움을 참고 견딤을 이르는 말   切齒扼腕(절치액완) |

| 382 1급 | 五臟六腑 오장육부 | 오장과 육부가 변화를 일으킬 정도의 분노함 또는 그런 상태를 이르는 말 |

| 391 3급Ⅱ | 外柔內剛 외유내강 | 겉으로 보기에는 부드러우나 속은 꿋꿋하고 강함   內剛外柔(내강외유) |

| 383 3급Ⅱ | 烏合之卒 오합지졸 | 까마귀가 모인 것 같은 무리라는 뜻으로, 제대로 훈련도 하지 않은 어중이떠중이가 모인 보잘 것 없는 군사를 일컬음   烏合之衆(오합지중) |

| 392 4급Ⅱ | 要領不得 요령부득 | 사물의 주요한 부분을 잡을 수 없다는 뜻으로, 말이나 글의 요령을 잡을 수 없음을 이르는 말 |

| 384 4급 | 玉骨仙風 옥골선풍 | 빛이 썩 희고 고결하여 신선과 같은 뛰어난 풍채와 골격 |

| 393 6급 | 樂山樂水 요산요수 | 산을 좋아하고 물을 좋아한다는 뜻으로, 산수의 경치를 좋아함을 이르는 말 |

| 385 3급Ⅱ | 屋上架屋 옥상가옥 | 지붕 위에 거듭 집을 세운다는 뜻으로, 공연히 쓸모없는 일이나 물건을 더함을 비유함   畫蛇添足(화사첨족) |

| 394 1급 | 窈窕淑女 요조숙녀 | 마음씨가 고요하며 말과 행동이 얌전하고 아름다운 여자를 일컬음 |

| 386 1급 | 玉石俱焚 옥석구분 | 옥과 돌이 함께 불타버린다는 뜻으로, 착한 사람이나 악한 사람이 함께 망함을 이르는 말 |

| 395 3급Ⅱ | 欲速不達 욕속부달 | 어떤 일을 급하게 서두르면 도리어 이루지 못함 |

| 387 4급 | 玉石混淆 옥석혼효 | 옥과 돌이 함께 뒤섞여 있다는 뜻으로, 선과 악 또는 좋은 것과 나쁜 것이 함께 섞여 있음을 말함   玉石混交(옥석혼교) 玉石同架(옥석동가) |

| 396 3급Ⅱ | 龍頭蛇尾 용두사미 | 머리는 용이나 꼬리는 뱀이라는 뜻으로, 시작은 거창하나 끝은 갈수록 보잘 것 없음을 비유하여 이르는 말 |

한자능력 검정시험 3급 (3급II 포함)

397 3급 **龍蛇飛騰** 용사비등
용과 뱀이 하늘로 날아오르는 것과 같이 살아 움직이는 매우 힘찬 글씨를 가리키는 말

398 3급II **愚公移山** 우공이산
우공이 산을 옮긴다는 뜻으로, 남이 보기엔 어리석은 일처럼 보이지만 어떤 일이라도 끊임없이 노력하면 반드시 이루어질 수 있음을 말함
 ㉤ 山溜穿石(산류천석)
　　積土成山(적토성산)

399 3급II **優柔不斷** 우유부단
줏대 없이 어물거리기만 하고 딱 잘라 결단을 내리지 못함

400 4급II **牛耳讀經** 우이독경
소 귀에 경 읽기라는 뜻으로, 우둔한 사람은 아무리 가르치고 일러주어도 알아듣지 못함을 비유하여 이르는 말
 ㉤ 馬耳東風(마이동풍)
　　對牛彈琴(대우탄금)

401 3급II **羽化登仙** 우화등선
날개가 돋아 신선이 되어 하늘로 오른다는 뜻으로, 술이 거나하게 취하여 기분이 좋은 모습을 나타냄

402 1급 **雨後竹筍** 우후죽순
비가 온 뒤에 솟는 죽순처럼 어떤 일이 동시에 많이 일어남을 비유함

403 3급 **元亨利貞** 원형이정
역학에서 말하는 천도(天道)의 네 원리로, 생물이 시작되어(元) 형통하고(亨) 조화를 이루어(利) 성숙하는(貞) 것을 말함

404 3급 **遠禍召福** 원화소복
화를 멀리하고 복을 불러들임

405 4급 **危機一髮** 위기일발
위험의 순간이 머리카락 하나의 간격만큼 절박함을 이르는 말
 ㉤ 百尺竿頭(백척간두)
　　風前燈火(풍전등화)

406 2급 **韋編三絶** 위편삼절
공자가 책을 하도 많이 읽어서 그것을 엮어 놓은 끈이 세 번이나 끊어짐을 뜻하는 것으로, 한 권의 책을 몇 십 번이나 되풀이해서 읽음을 비유하는 말

407 4급 **威風堂堂** 위풍당당
남을 압도할 만큼 풍채가 위엄이 있고 당당함

408 3급II **柔能制剛** 유능제강
부드러운 것이 강한 것을 이긴다는 뜻으로, 약한 것을 보이고 적의 허술한 틈을 타 능히 강한 것을 제압함을 비유하여 이르는 말
 ㉤ 弱能制强(약능제강)

409 5급 **類萬不同** 유만부동
많은 것이 서로 같지 않고 다름, 분수에 맞지 않거나 정도에 넘침

410 3급II **流芳百世** 유방백세
향기가 백대에 걸쳐 흐름이란 뜻으로, 꽃다운 이름이 후세에 길이 전함
 ㉥ 遺臭萬年(유취만년)

411 4급II **有備無患** 유비무환
미리 준비하면 나중에 우환을 당하지 않음
 ㉤ 居安思危(거안사위)

412 3급 **唯我獨尊** 유아독존
천상천하 유아독존, 즉 이 세상에 나보다 존귀한 사람은 없으며 오직 나만이 잘났다고 뽐내는 일

413 1급 **流言蜚語** 유언비어
전혀 근거가 없는 말이나 뜬소문
 ㉤ 道聽塗說(도청도설)
　　浮言浪說(부언낭설)
　　流言飛文(유언비문)

414 4급 **類類相從** 유유상종
같은 무리끼리 서로 사귀며 따름

사자성어

415 3급II
悠悠自適 유유자적
여유가 있어 한가롭고 걱정이 없는 모양이라는 뜻으로, 속세에 속박됨이 없이 자기가 하고 싶은 대로 마음편이 지냄을 이르는 말

416 3급
唯一無二 유일무이
둘이 아니고 오직 하나뿐이라는 뜻으로, 유일성을 강조함

417 3급II
有終之美 유종지미
끝을 잘 맺는 아름다움이라는 뜻으로, 시작한 일을 끝까지 잘하여 결과가 좋음을 이르는 말

418 3급
遺臭萬年 유취만년
냄새가 만년까지 남겨진다는 뜻으로, 더러운 이름을 오래도록 남김

419 3급II
隱忍自重 은인자중
괴로움을 감추어 참고 몸가짐을 신중히 함
● 輕擧妄動(경거망동)

420 4급II
陰德陽報 음덕양보
사람이 보지 않는 곳에서 좋은 일을 베풀면 반드시 그 일이 드러나서 갚음을 받음

421 3급
吟風弄月 음풍농월
맑은 바람과 밝은 달을 대하여 시를 지어 읊으며 즐김
● 吟風咏月(음풍영월)

422 2급
泣斬馬謖 읍참마속
눈물을 머금고 마속의 목을 벤다는 뜻으로, 사랑하는 신하를 법대로 처단하여 질서를 바로잡음을 이르는 말

423 4급
異口同聲 이구동성
입은 다르지만 하는 말은 같다는 뜻으로, 여러 사람의 말이 한결같음을 이르는 말
● 如出一口(여출일구)

424 4급
以卵擊石 이란격석
계란으로 바위치기, 즉 턱없이 약한 것으로 엄청나게 강한 것을 당해 내려는 어리석음을 비유하여 이르는 말
● 以卵投石(이란투석)

425 5급
耳目口鼻 이목구비
귀 · 눈 · 입 · 코를 아울러 이르는 말

426 5급
以心傳心 이심전심
말이나 글에 의하지 않고 마음에서 마음으로 전함
● 拈華微笑(염화미소)
　教外別傳(교외별전)
　不立文字(불립문자)

427 4급II
以熱治熱 이열치열
열은 열로써 다스린다는 뜻으로, 힘에는 힘으로 또는 강한 것에는 강한 것으로 상대함을 이르는 말

428 4급II
二律背反 이율배반
서로 모순 · 대립하여 양립하지 않는 두 명제가 동등한 타당성을 가지고 주장되는 일
● 自家撞着(자가당착)

429 3급
泥田鬪狗 이전투구
진흙탕에서 싸우는 개라는 뜻으로, 명분이 서지 않는 일로 몰골이 사납게 싸움을 이르는 말

430 4급II
因果應報 인과응보
원인과 결과는 서로 물리고 물린다는 뜻으로, 과거 또는 전생의 선악의 인연에 따라 뒷날 길흉화복의 갚음을 받게 됨을 이르는 말

431 1급
人口膾炙 인구회자
널리 세상 사람의 이야기거리가 됨, 즉 사람의 입에 자주 오르내림을 비유하여 이르는 말

432 3급II
人面獸心 인면수심
얼굴은 사람의 모습을 하였으나 마음은 짐승과 같다는 뜻으로, 사람의 도리를 지키지 못하고 배은망덕하거나 행동이 흉악하고 음탕한 사람을 말함

한자능력 검정시험 3급 (3급II 포함)

433 [4급II] 人死留名 (인사유명)
사람은 죽어서 이름을 남김
유 虎死留皮(호사유피)

434 [4급] 仁者無敵 (인자무적)
어진 사람은 널리 사람을 사랑하므로 천하에 적대할 사람이 없음을 이르는 말

435 [3급II] 忍之爲德 (인지위덕)
참는 것이 덕이 됨

436 [4급] 一刻千金 (일각천금)
극히 짧은 시간도 천금에 해당할 만큼 큰 가치가 있다는 뜻으로, 즐거운 때나 중요한 때가 금방 지나가는 아쉬움을 비유해 이르는 말

437 [4급II] 一擧兩得 (일거양득)
한 가지 일로써 두 가지 이득을 얻음
유 一石二鳥(일석이조)

438 [3급II] 日久月深 (일구월심)
날이 오래고 달이 깊어간다는 뜻으로, 무언가 바라는 마음이 세월이 갈수록 더해짐을 이르는 말

439 [6급] 一口二言 (일구이언)
한 입으로 두 말을 한다는 뜻으로, 말을 이랬다저랬다 함을 이르는 말

440 [4급II] 日暖風和 (일난풍화)
일기가 따뜻하고 바람이 온화함

441 [3급II] 一刀兩斷 (일도양단)
한칼로 쳐서 두 동강이를 낸다는 뜻으로, 머뭇거리지 않고 일이나 행동을 선뜻 결정함을 비유함
유 一刀割斷(일도할단)
반 優柔不斷(우유부단)

442 [3급] 一連托生 (일련탁생)
죽은 뒤에 극락정토에서 같은 연꽃 위에 다시 태어난다는 뜻으로, 사물의 선악이나 결과의 선악에 관계없이 행동이나 운명을 함께 함을 이르는 말

443 [2급] 一網打盡 (일망타진)
그물을 한 번 쳐서 물고기를 모조리 잡는다는 뜻으로, 한꺼번에 모조리 다 잡음을 말함

444 [4급II] 一脈相通 (일맥상통)
생각·성질·처지 등이 어느 면에서 한 가지로 서로 통함을 이르는 말

445 [4급II] 一面如舊 (일면여구)
처음 만나 사귀었으나 오래 사귄 것처럼 친밀함

446 [1급] 一目瞭然 (일목요연)
한 번 보고도 분명히 안다는 뜻으로, 잠깐 보고도 환하게 알 수 있음을 이르는 말

447 [4급] 一罰百戒 (일벌백계)
한 가지 죄를 무거운 벌로 다스림으로써, 여러 사람에게 경각심을 불러일으킬 정도의 본보기로 처벌을 내림

448 [4급] 一絲不亂 (일사불란)
한 오라기의 실도 흐트러지지 않았다는 뜻으로, 질서나 체계 따위가 잘 잡혀 있어서 조금도 흐트러짐이 없음을 이르는 말

449 [1급] 一瀉千里 (일사천리)
강물이 쏟아져 단번에 천리를 간다는 뜻으로, 어떤 일이 조금도 거침없이 기세좋게 진행됨을 말함

450 [4급II] 一石二鳥 (일석이조)
돌 하나로 두 마리의 새를 잡는다는 뜻으로, 한 가지 일로 두 가지 이익을 얻음을 비유하여 이름
유 一擧兩得(일거양득)

사자성어

451 4급Ⅱ 一笑一少 (일소일소) — 한 번 웃을 때마다 한 번 젊어진다는 뜻

452 6급 一心同體 (일심동체) — 여러 사람이 마음을 하나로 합쳐서 한마음 한몸이 됨을 이르는 말

453 3급 一魚濁水 (일어탁수) — 한 마리의 물고기가 그 물을 흐리게 한다는 뜻으로, 한 사람의 잘못으로 여러 사람이 그 해를 당함을 이르는 말

454 3급Ⅱ 一言之下 (일언지하) — 말 한마디로 끊음, 즉 한마디로 딱 잘라 말함

455 5급 一葉知秋 (일엽지추) — 나뭇잎 하나가 떨어짐을 보고 가을이 옴을 안다는 뜻으로, 한 가지 일을 보고 장차 오게 될 일을 미루어 짐작함

456 3급 一葉片舟 (일엽편주) — 나뭇잎처럼 작은 한 조각의 작은 배를 말함

457 4급Ⅱ 一衣帶水 (일의대수) — 띠처럼 좁은 강이나 해협 또는 그와 같은 강을 사이에 두고 가까이 접해 있음을 이르는 말
  🔄 指呼之間(지호지간)

458 3급Ⅱ 一以貫之 (일이관지) — 하나로써 그것을 꿰뚫음, 즉 한 방법이나 태도로 한결같이 꿰뚫음

459 3급Ⅱ 一日之長 (일일지장) — 하루 먼저 세상에 났다는 뜻으로, 연령이 조금 위가 되는 일 또는 조금 나음을 이르는 말

460 6급 一長一短 (일장일단) — 장점도 있고 단점도 있음을 뜻함

461 3급Ⅱ 一場春夢 (일장춘몽) — 한바탕의 봄꿈처럼 헛된 영화나 덧없는 일이란 뜻으로, 인생의 허무함을 비유하여 이르는 말
  🔄 老生之夢(노생지몽), 南柯一夢(남가일몽), 邯鄲之夢(한단지몽)

462 3급Ⅱ 一觸卽發 (일촉즉발) — 한 번 닿기만 하여도 곧 폭발한다는 뜻으로, 조그만 자극에도 큰 일이 벌어질 것 같은 아슬아슬한 상태를 이르는 말
  🔄 累卵之勢(누란지세), 風前燈火(풍전등화), 焦眉之急(초미지급)

463 4급Ⅱ 一寸光陰 (일촌광음) — 아주 짧은 시간

464 4급 日就月將 (일취월장) — 날마다 달마다 성장하고 발전한다는 뜻으로, 학문이나 기술이 날로 달로 진보하고 발전해 나아감

465 4급Ⅱ 一波萬波 (일파만파) — 한 사건이 그 사건에 그치지 않고 잇달아 많은 사건으로 번짐

466 3급 一敗塗地 (일패도지) — 한 번 싸우다가 여지없이 패하여 다시 일어나지 못함

467 3급Ⅱ 一片丹心 (일편단심) — 한 조각의 붉은 마음이라는 뜻으로, 변하지 않는 참된 충성이나 정성을 표현함

468 3급Ⅱ 一筆揮之 (일필휘지) — 한숨에 글씨나 그림을 줄기차게 써 내려감

한자능력 검정시험 3급 (3급II 포함)

469 1급
一攫千金 일확천금
한꺼번에 많은 돈을 얻는다는 뜻으로, 아무런 노력 없이 벼락부자가 됨을 뜻함

470 2급
臨渴掘井 임갈굴정
목마른 자가 우물을 판다는 뜻으로, 준비 없이 일을 당하여 서두름을 이름

471 3급II
臨機應變 임기응변
어느 때 어느 자리에서 뜻밖의 일을 당했을 때 재빨리 그에 알맞게 대처하는 일

472 4급II
臨戰無退 임전무퇴
신라시대 원광법사가 지은 화랑오계 중의 하나로, 싸움에 임하여 물러섬이 없어야 한다는 말

473 3급II
立身揚名 입신양명
사회적으로 인정을 받고 출세하여 이름을 세상에 드날림
• 立身出世(입신출세)

474 1급
自家撞着 자가당착
자기의 언행이 전후 모순되어 일치하지 않음
• 二律背反(이율배반)
  自己矛盾(자기모순)

475 4급II
自強不息 자강불식
스스로 힘을 쓰고 가다듬어 쉬지 아니함

476 3급II
自激之心 자격지심
자기가 일을 해놓고 그 일에 대하여 스스로 미흡하게 여기는 마음

477 5급
自給自足 자급자족
자기가 필요한 것을 스스로 생산하여 충당함

478 7급
自問自答 자문자답
스스로 묻고 스스로 대답한다는 뜻으로, 마음속으로 대화함을 이르는 말

479 6급
自手成家 자수성가
물려받은 재산 없이 스스로의 힘으로 일가를 이룸, 즉 스스로의 힘으로 사업을 이룩하거나 큰 일을 이룸

480 1급
自繩自縛 자승자박
자기 줄로 자기를 묶는다는 뜻으로, 자기의 언행이나 행동으로 말미암아 자기 스스로 꼼짝 못하게 되는 일

481 4급II
自業自得 자업자득
자기가 저지른 일의 과보(果報)를 자기 자신이 받음
• 養虎遺患(양호유환)
  自作自受(자작자수)

482 3급II
自中之亂 자중지란
같은 패 안에서 일어나는 싸움

483 5급
自初至終 자초지종
처음부터 끝까지의 과정
• 自頭至尾(자두지미)

484 3급
自暴自棄 자포자기
자신을 스스로 해치고 버린다는 뜻으로, 몸가짐이나 행동을 되는 대로 함

485 4급II
自畫自讚 자화자찬
자기가 그린 그림을 스스로 칭찬한다는 뜻으로, 자기가 한 일이나 행동을 스스로 칭찬하며 자랑함

486 6급
作心三日 작심삼일
마음 먹은 지 삼일이 못간다는 뜻으로, 한 번 결심한 것이 오래 가지 못함을 뜻함

사자성어

487 / 4급 — 張三李四 (장삼이사)
장씨의 셋째 아들과 이씨의 넷째 아들이란 뜻으로, 지극히 보통의 평범한 사람들을 일컬음
- 甲男乙女(갑남을녀), 匹夫匹婦(필부필부), 善男善女(선남선녀)

488 / 3급Ⅱ — 才勝德薄 (재승덕박)
재주는 있으나 덕이 부족함을 뜻함

489 / 1급 — 賊反荷杖 (적반하장)
도둑이 도리어 몽둥이를 든다는 뜻으로, 잘못한 사람이 도리어 잘 한 사람을 나무라는 경우를 이르는 말
- 客反爲主(객반위주)

490 / 4급 — 積小成大 (적소성대)
작은 것도 쌓이면 크게 됨
- 積塵成山(적진성산)
- 積土成丘(적토성구)

491 / 3급Ⅱ — 赤手空拳 (적수공권)
맨손과 맨주먹이란 뜻으로, 아무 것도 가진 것이 없음

492 / 4급 — 適者生存 (적자생존)
생존 경쟁의 결과 그 환경에 맞는 것만이 살아남고 그렇지 못한 것은 차차 쇠퇴·멸망해 가는 자연도태의 현상을 일컬음

493 / 4급 — 適材適所 (적재적소)
어떤 일이 적당한 재능을 가진 자에게 적합한 지위나 임무를 맡김

494 / 2급 — 積塵成山 (적진성산)
티끌 모아 태산이란 뜻으로, 아무리 작은 것이라도 쌓이고 쌓이면 큰 덩어리가 된다는 말
- 積小成大(적소성대)
- 積土成丘(적토성구)

495 / 6급 — 電光石火 (전광석화)
번갯불이나 부싯돌의 불이 번쩍이는 것처럼 몹시 짧은 시간이나 매우 재빠른 동작을 비유하여 말함

496 / 4급Ⅱ — 前代未聞 (전대미문)
지금까지 들어본 적이 없는 매우 놀라운 일이나 새로운 것을 두고 이르는 말
- 破天荒(파천황)
- 未曾有(미증유)

497 / 3급Ⅱ — 前途洋洋 (전도양양)
앞길이나 앞날이 크게 열리어 희망이 있음

498 / 2급 — 戰戰兢兢 (전전긍긍)
매우 두려워하여 벌벌 떨면서 조심함
- 小心翼翼(소심익익)
- 戰戰慄慄(전전율율)

499 / 1급 — 輾轉反側 (전전반측)
잠을 이루지 못하고 누워서 몸을 이리저리 뒤척임
- 寤寐不忘(오매불망)
- 輾轉不寐(전전불매)

500 / 3급Ⅱ — 轉禍爲福 (전화위복)
화가 바뀌어 오히려 복이 된다는 뜻으로, 어떤 불행한 일이라도 끊임없는 노력과 강인한 의지로 힘쓰면 불행을 행복으로 바꾸어 놓을 수 있다는 말
- 禍因爲福(화인위복)

501 / 3급 — 絶世佳人 (절세가인)
세상에 비할 데 없이 아름다운 여자
- 絶世美人(절세미인)
- 絶代佳人(절대가인)

502 / 1급 — 絶長補短 (절장보단)
긴 것을 잘라서 짧은 것에 보태어 부족함을 채운다는 뜻으로, 좋은 것으로 부족한 것을 보충함을 이르는 말
- 絶長續短(절장속단)

503 / 2급 — 切磋琢磨 (절차탁마)
옥돌을 자르고 줄로 쓸고 끌로 쪼고 갈아 빛을 낸다는 뜻으로, 학문이나 인격을 끊임없이 갈고 닦음

504 / 3급Ⅱ — 切齒腐心 (절치부심)
이를 갈고 속을 썩이다는 뜻으로, 몹시 원통하고 분한 정도가 매우 심한 모양을 일컬음
- 臥薪嘗膽(와신상담)
- 切齒扼腕(절치액완)

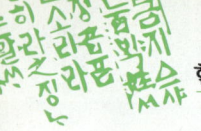

한자능력 검정시험 3급 (3급Ⅱ 포함)

505 3급Ⅱ
漸入佳境 점입가경
가면 갈수록 경치가 아름다워진다는 뜻으로, 문장이나 산수 따위가 점차 재미있게 되어감

506 1급
頂門一鍼 정문일침
정수리에 침 하나를 꽂는다는 뜻으로, 상대방의 급소를 찌르는 따끔한 충고나 교훈을 이르는 말

507 3급Ⅱ
井底之蛙 정저지와
우물 안 개구리라는 뜻으로, 견문이 좁고 세상물정에 어두운 사람을 일컬음
⊕ 井中之蛙(정중지와)
　 坐井觀天(좌정관천)

508 1급
糟糠之妻 조강지처
지게미와 쌀겨로 끼니를 이어가며 고생을 같이 해온 아내를 일컬음

509 3급
朝令暮改 조령모개
아침에 명령을 내리고서 저녁에 다시 바꾼다는 뜻으로, 상부에서 내린 법령이 일관성 없이 자주 바뀜을 비난하는 말
⊕ 朝令暮得(조령모득),
　 朝令夕改(조령석개)

510 3급
朝三暮四 조삼모사
아침에 세 개, 저녁에 네 개라는 뜻으로, 간사한 잔꾀로 남을 속이거나 눈앞에 보이는 차이만 알고 결과가 같음을 모르는 어리석음을 말함

511 3급Ⅱ
鳥足之血 조족지혈
새발의 피란 뜻으로, 분량이 극히 적거나 비교가 안 될 만한 작은 물건을 말함

512 3급Ⅱ
足脫不及 족탈불급
맨발로 뛰어도 따라가지 못한다는 뜻으로, 능력이나 재질·역량 따위가 뚜렷한 차이가 있음을 이름

513 4급Ⅱ
種豆得豆 종두득두
콩 심은데 콩 난다는 뜻으로, 원인이 있으면 반드시 그에 합당한 결과가 뒤따름을 일컬음
⊕ 種瓜得瓜(종과득과)
　 因果應報(인과응보)

514 3급Ⅱ
縱橫無盡 종횡무진
행동이나 마음이 내키는 대로 거리낌이 없음

515 3급Ⅱ
坐不安席 좌불안석
마음에 불안이나 근심 등이 있어 한자리에 오래 앉아 있지 못함

516 3급Ⅱ
左之右之 좌지우지
왼쪽으로 돌렸다 오른쪽으로 돌렸다 한다는 뜻으로, 사람이 어떤 일이나 대상을 제 마음대로 처리하거나 다루는 것을 말함

517 3급Ⅱ
左衝右突 좌충우돌
이리저리 닥치는 대로 부딪침

518 1급
主客顚倒 주객전도
주인은 손님처럼 손님은 주인처럼 행동을 바꾸어 한다는 뜻으로, 서로 입장이 뒤바뀜을 비유함
⊕ 客反爲主(객반위주)

519 3급Ⅱ
晝耕夜讀 주경야독
낮에는 밭을 갈고 밤에는 공부한다는 뜻으로, 어렵게 공부함을 이르는 말

520 1급
走馬加鞭 주마가편
달리는 말에 채찍질한다는 뜻으로, 형편이나 힘이 한창 좋을 때에 더욱 힘을 한다는 말

521 4급
走馬看山 주마간산
말을 타고 달리면서 산을 본다는 뜻으로, 수박 겉 핥기 식으로 바빠서 자세히 살펴보지 않고 대강 훑어봄을 말함

522 3급Ⅱ
酒池肉林 주지육림
술이 못을 이루고 고기가 수풀을 이룬다는 뜻으로, 매우 호화스럽고 방탕한 생활을 말함
⊕ 肉山脯林(육산포림)
　 肉山酒池(육산주지)

사자성어

523 4급Ⅱ
竹馬故友 죽마고우
대나무 말을 타고 놀던 옛 친구라는 뜻으로, 어릴 때부터 가까이 지내며 자란 친구를 말함
- 竹馬舊友(죽마구우)
- 騎竹之交(기죽지교)

524 3급Ⅱ
衆寡不敵 중과부적
적은 수로써 많은 수효를 대적하지 못함
- 寡不適中(과부적중)

525 4급Ⅱ
衆口難防 중구난방
여러 사람의 입을 막기 어렵다는 뜻으로, 많은 사람들이 함부로 떠들어대는 것은 감당하기 어려우니 말과 행동을 조심해야 함을 이르는 말

526 2급
芝蘭之交 지란지교
지초와 난초의 사귐이란 뜻으로, 벗 사이의 맑고 고상한 교제를 의미함
- 金蘭之交(금란지교)
- 斷金之交(단금지교)

527 3급
指鹿爲馬 지록위마
사슴을 가리켜 말이라고 한다는 뜻으로, 간사한 꾀로써 윗사람을 농락하고 아랫사람을 겁주어 멋대로 권세를 부림을 말함

528 3급Ⅱ
支離滅裂 지리멸렬
이리저리 흩어져 갈피를 잡을 수 없음

529 4급Ⅱ
至誠感天 지성감천
지극한 정성에는 하늘도 감동한다는 뜻으로, 무엇이든 정성껏 하면 하늘이 움직여 좋은 결과를 맺는다는 말

530 3급
池魚之殃 지어지앙
연못에 사는 물고기의 재앙이라는 뜻으로, 아무런 상관도 없는데 화를 당할 때 말함

531 5급
知行合一 지행합일
지식과 행동은 둘이 아닌 하나이므로, 알면 반드시 행동으로 실천해야 한다는 뜻
- 知行一致(지행일치)
- 知行竝進(지행병진)

532 3급Ⅱ
指呼之間 지호지간
손짓하여 부르면 대답할 수 있을 정도의 가까운 거리를 말함
- 咫尺之間(지척지간)

533 1급
珍羞盛饌 진수성찬
맛이 좋은 음식으로, 성대하게 잘 차린 진귀한 음식

534 4급Ⅱ
進退兩難 진퇴양난
나아갈 수도 물러설 수도 없는 궁지에 빠진 상태를 말함
- 進退維谷(진퇴유곡)

535 3급Ⅱ
此日彼日 차일피일
오늘 내일하며 일을 핑계로 자꾸 기한을 늦춤

536 2급
滄海一粟 창해일속
큰 바다에 던져진 좁쌀 한 톨이라는 뜻으로, 지극히 작은 것이나 이 세상에서의 인간 존재의 허무함을 이르는 말
- 大海一滴(대해일적)
- 九牛一毛(구우일모)

537 3급Ⅱ
天高馬肥 천고마비
하늘이 높고 말이 살찐다는 뜻으로, 가을의 청명함과 풍성함을 표현함

538 4급
千慮一失 천려일실
천 가지 생각 가운데 한 가지 실수란 뜻으로, 지혜로운 사람의 많은 생각도 실수가 있을 수 있음을 표현한 말
- 千慮一得(천려일득)

539 7급
天方地軸 천방지축
너무 바빠서 두서를 잡지 못하고 허둥대는 모습을 표현한 말
- 天方地方(천방지방)

540 4급
天生緣分 천생연분
하늘에서 정해준 연분, 즉 부부의 연을 일컬음

295

541 4급 **泉石膏肓** 천석고황	산수풍경을 몹시 사랑함을 표현한 말 🔄 泉石膏肓(천석고황) 煙霞痼疾(연하고질)

550 3급Ⅱ **徹頭徹尾** 철두철미	머리에서 꼬리까지 통한다는 뜻으로, 처음부터 끝까지 방침이나 생각을 바꾸지 않고 철저히 함

542 3급Ⅱ **天壤之差** 천양지차	하늘과 땅 사이와 같은 엄청난 차이 🔄 天壤之判(천양지판) 雲泥之差(운니지차)

551 3급Ⅱ **鐵石肝腸** 철석간장	철이나 돌과 같은 간과 창자라는 뜻으로, 굳고 단단한 절개나 마음을 말함 🔄 鐵心石腸(철심석장) 鐵腸石心(철장석심)

543 2급 **天佑神助** 천우신조	하늘이 돕고 신이 도움, 즉 인간의 힘으로 불가능한 것을 하늘과 신의 도움으로 가능하게 된 경우를 말함

552 3급Ⅱ **徹天之恨** 철천지한	하늘을 뚫을 정도의 사무친 한을 뜻함 🔄 千秋之恨(천추지한)

544 2급 **天衣無縫** 천의무봉	선녀의 옷에는 바느질한 자리가 없다는 뜻으로, 시나 문장이 매우 자연스러워 조금도 꾸민 데가 없이 완전함

553 1급 **轍環天下** 철환천하	수레를 타고 하늘을 돌아다닌다는 뜻으로, 여러 나라를 두루 여행함

545 3급Ⅱ **天長地久** 천장지구	하늘과 땅이 오래도록 변하지 않는다는 뜻으로, 사물이 오래토록 계속됨을 이르는 말

554 3급Ⅱ **靑雲之士** 청운지사	학덕이 높은 어진 사람 또는 높은 벼슬에 오른 사람을 일컬음

546 3급Ⅱ **千載一遇** 천재일우	천 년에 한 번 만난다는 뜻으로, 좀처럼 얻기 어려운 좋은 기회를 말함 🔄 千歲一時(천세일시) 千秋一時(천추일시)

555 3급Ⅱ **靑雲之志** 청운지지	남보다 훌륭하게 출세할 뜻을 갖고 있음

547 3급 **天眞爛漫** 천진난만	천진함이 넘친다는 뜻으로, 조금도 꾸밈 없이 아주 순진하고 참됨

556 7급 **靑天白日** 청천백일	맑게 갠 하늘에서 밝게 비치는 해라는 뜻으로, 누구나 다 볼 수 있도록 공개된 상황이나 일을 말함

548 4급 **千差萬別** 천차만별	여러 가지 사물이 모두 차이가 있고 구별이 있음을 뜻함 🔄 千態萬象(천태만상)

557 2급 **靑出於藍** 청출어람	쪽에서 뽑아 낸 푸른 물감이 쪽빛보다 더 푸르다는 뜻으로, 제자가 스승보다 뛰어남을 이르는 말 🔄 出藍之譽(출람지예) 後生可畏(후생가외)

549 4급 **千篇一律** 천편일률	천 가지 책이 모두 하나의 내용과 형식이라는 뜻으로, 여러 사물이 거의 비슷하여 특색이 없음을 비유하여 이르는 말

558 6급 **淸風明月** 청풍명월	맑은 바람과 밝은 달이라는 뜻으로, 결백하고 온건한 성격의 사람을 평하여 이르는 말 🔄 江湖煙波(강호연파) 山紫水明(산자수명)

사자성어

559 1급
樵童汲婦
초 동 급 부
땔나무를 하는 아이와 물을 긷는 여자라는 뜻으로, 보통의 평범한 사람들을 일컬음
- 張三李四(장삼이사), 匹夫匹婦(필부필부), 甲男乙女(갑남을녀)

560 6급
草綠同色
초 록 동 색
풀빛과 녹색은 같은 빛깔이란 뜻으로, 같은 처지의 사람과 어울리거나 행동함을 말함
- 類類相從(유유상종)

561 2급
焦眉之急
초 미 지 급
눈썹이 타게 될 만큼 위급한 상태란 뜻으로, 그대로 방치할 수 없는 매우 다급한 일이나 경우를 이르는 말
- 風前燈火(풍전등화), 累卵之危(누란지위), 一觸卽發(일촉즉발)

562 3급II
初志一貫
초 지 일 관
처음에 세운 뜻을 이루려고 끝까지 밀고 나감

563 4급II
寸鐵殺人
촌 철 살 인
한 치밖에 안 되는 칼로 사람을 죽인다는 뜻으로, 짤막한 경구나 격언 등으로 사람의 마음을 찔러 감동시킴을 이르는 말
- 頂門一鍼(정문일침)

564 5급
秋風落葉
추 풍 낙 엽
가을 바람에 떨어지는 낙엽이라는 뜻으로, 세력이나 형세 따위가 갑자기 기울거나 시듦을 나타냄

565 5급
春秋筆法
춘 추 필 법
공자의 역사 비판처럼 대의명분을 밝혀 세우는 사필(史筆)의 준엄한 논법을 말함

566 4급II
出將入相
출 장 입 상
나가서는 장수 들어와서는 재상이라는 뜻으로, 문무를 겸비한 사람을 일컬음

567 4급II
忠言逆耳
충 언 역 이
바른 말은 귀에 거슬린다는 뜻으로, 바른 말은 사람들이 듣기 싫어하지만 자신을 이롭게 함
- 良藥苦口(양약고구), 金言逆耳(금언역이)

568 3급
取捨選擇
취 사 선 택
취할 것은 취하고, 버릴 것은 버린다는 뜻

569 3급II
醉生夢死
취 생 몽 사
술에 취한 듯 살다가 꿈을 꾸듯이 죽는다는 뜻으로, 아무 일도 이루지 못하고 한평생을 흐리멍덩하게 살아감을 비유하여 이름

570 3급II
置之度外
치 지 도 외
내버려 두고 문제 삼지 않음
- 度外視(도외시), 置之勿問(치지물문)

571 1급
七顚八起
칠 전 팔 기
일곱 번 넘어지고 여덟 번 일어난다는 뜻으로, 여러 번의 실패에도 굽히지 않고 분투함을 이르는 말

572 1급
七縱七擒
칠 종 칠 금
제갈공명이 적의 장수 맹획(孟獲)을 일곱 번 놓아주고 일곱 번 사로잡았다는 뜻으로, 뛰어난 전술과 계략을 말함

573 1급
針小棒大
침 소 봉 대
바늘만한 것을 몽둥이 만하다고 말함, 즉 작은 일을 크게 과장하여 부풀려 말하는 것을 비유함

574 3급II
他山之石
타 산 지 석
다른 산에 있는 하찮은 돌도 자기 구슬을 가는데 도움이 된다는 말로, 다른 사람의 하찮은 언행도 자기의 지식과 인격을 닦는 데 도움이 됨을 뜻함

575 4급II
卓上空論
탁 상 공 론
탁자 위에서만 펼치는 헛된 논설이란 뜻으로, 현실성이 없는 허황된 이론이나 논의를 말함

576 3급
貪官汚吏
탐 관 오 리
탐욕이 많고 부정을 일삼는 벼슬아치를 말함

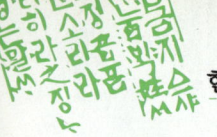

한자능력 검정시험 3급 (3급II 포함)

577 / 3급II
泰山北斗
태 산 북 두
중국 제일의 명산인 태산과 북두성이라는 뜻으로, 세상 사람들이 우러러 받들고 존경하는 사람을 일컬음

586 / 3급II
破竹之勢
파 죽 지 세
대나무를 쪼개는 기세라는 뜻으로, 처음 시작만 되면 쉽게 쫙 쪼개지는 대나무처럼 거침없이 적을 향해 쳐들어가는 기세를 비유하여 말함
- 迎刃而解(영인이해)
- 勢如破竹(세여파죽)

578 / 3급II
泰然自若
태 연 자 약
마음에 충동을 받아도 동요하지 않고 천연스러운 것

587 / 6급
八方美人
팔 방 미 인
어느 모로 보나 아름다운 미인, 즉 모든 면에서 두루 능통한 사람을 이름

579 / 4급II
太平聖代
태 평 성 대
어질고 착한 사람이 다스리는 태평한 세상
- 鼓腹擊壤(고복격양)
- 堯舜之節(요순지절)

588 / 5급
八字所關
팔 자 소 관
팔자에 의해 운명적으로 결정된 것, 즉 인생은 인위적인 노력에 의해 개척되기보다는 타고난 숙명에 따라 이미 결정되어짐을 말함

580 / 3급
兎死狗烹
토 사 구 팽
토끼를 다 잡고 나면 사냥개를 삶는다는 뜻으로, 필요할 때 요긴하게 써 먹고 쓸모가 없어지면 가혹하게 버리는 것을 말함

589 / 5급
敗家亡身
패 가 망 신
가산을 탕진하고 몸을 망침
- 人亡家廢(인망가폐)
- 人亡宅廢(인망택폐)

581 / 1급
吐哺握發
토 포 악 발
입 속에 있는 밥을 뱉고 머리카락을 움켜쥔다는 뜻으로, 현인(賢人)을 얻기 위해 식사 때나 머리를 감을 때도 황급히 나아가 예의를 갖춤을 의미함

590 / 1급
偏母膝下
편 모 슬 하
아버지 없이 홀어머니 품에서 자란 자식

582 / 1급
波瀾萬丈
파 란 만 장
파도의 물결치는 것이 만장의 길이나 된다는 뜻으로, 일의 진행에 변화가 심함을 비유하여 이르는 말
- 波瀾重疊(파란중첩)

591 / 1급
弊袍破笠
폐 포 파 립
해진 옷과 부러진 갓이라는 뜻으로, 너절하고 구차한 차림새를 말함
- 弊衣破冠(폐의파관)

583 / 3급
破廉恥漢
파 렴 치 한
수치심을 모르고 부끄러워하지 않는 사람

592 / 3급
抱腹絶倒
포 복 절 도
배를 안고 넘어질 정도로 몹시 우스워서 몸을 가누지 못하는 모습을 말함
- 捧腹絶倒(봉복절도)

584 / 3급II
破邪顯正
파 사 현 정
부처의 가르침에 어긋나는 사악한 도리를 깨뜨리고 바른 도리를 드러낸다는 뜻으로, 그릇된 생각을 버리고 올바른 도리를 행함을 비유 이르는 말

593 / 3급II
表裏不同
표 리 부 동
마음이 음흉하여 겉과 속이 같지 않음을 뜻함
- 表裏相應(표리상응)
- 表裏一致(표리일치)

585 / 3급II
破顔大笑
파 안 대 소
얼굴이 찢어지도록 크게 웃는다는 뜻으로, 즐거운 표정으로 한바탕 크게 웃음을 이르는 말
- 破顔一笑(파안일소)
- 呵呵大笑(가가대소)

594 / 3급II
風樹之嘆
풍 수 지 탄
부모에게 효도를 다하려고 할 때에는 이미 돌아가셔서 그 뜻을 이룰 수 없음을 이르는 말
- 風樹之感(풍수지감)
- 風樹之悲(풍수지비)

사자성어

595 4급Ⅱ
風前燈火 풍전등화
바람 앞의 등불이란 뜻으로, 존망이 달린 매우 위급한 처지를 비유하여 이르는 말
- 百尺竿頭(백척간두)
- 一觸卽發(일촉즉발)
- 累卵之危(누란지위)

596 3급Ⅱ
彼此一般 피차일반
저것이나 이것이나 마찬가지임, 즉 두 편이 서로 같다는 뜻

597 3급
匹夫之勇 필부지용
하찮은 남자의 용기라는 뜻으로, 소인이 깊은 생각 없이 혈기만 믿고 함부로 부리는 용기를 말함

598 3급
匹夫匹婦 필부필부
평범한 남자와 평범한 여자, 즉 평범한 보통사람들을 일컬음
- 甲男乙女(갑남을녀)
- 善男善女(선남선녀)
- 張三李四(장삼이사)

599 3급Ⅱ
何待明年 하대명년
어찌 명년을 기다리랴는 뜻으로, 기다리기가 매우 지루함을 이르는 말
- 何待歲月(하대세월)
- 鶴首苦待(학수고대)
- 百年河淸(백년하청)

600 1급
夏爐冬扇 하로동선
여름의 화로와 겨울의 부채라는 뜻으로, 아무 소용없는 말이나 재주를 비유하여 이르는 말 또는 철에 맞지 않거나 쓸모없는 사물을 비유하여 이르는 말

601 3급Ⅱ
下石上臺 하석상대
아랫돌 빼서 윗돌 괴고, 윗돌 빼서 아랫돌 괴라는 뜻으로, 임기응변으로 어려운 일을 처리함을 말함
- 彌縫策(미봉책)
- 姑息之計(고식지계)

602 3급Ⅱ
鶴首苦待 학수고대
학처럼 목을 길게 빼고 기다린다는 뜻으로, 몹시 기다림을 이르는 말

603 2급
邯鄲之夢 한단지몽
한단에서 꾼 꿈이라는 뜻으로, 인생의 부귀영화는 일장춘몽과 같이 허무함을 이르는 말
- 南柯一夢(남가일몽), 一炊之夢(일취지몽), 邯鄲之枕(한단지침)

604 2급
邯鄲之步 한단지보
한단에서 걸음걸이를 배운다는 뜻으로, 제 분수를 잊고 무턱대고 남을 흉내 내다가 이것저것 다 잃음을 비유하여 이르는 말
- 邯鄲學步(한단학보)

605 2급
汗牛充棟 한우충동
수레에 실어 운반하게 되면 소가 땀 흘리게 되고, 쌓아올리면 들보에 닿을 정도의 많은 책을 말함
- 五車之書(오거지서)

606 3급Ⅱ
閑雲野鶴 한운야학
한가로운 구름 아래 노니는 들의 학이란 뜻으로, 벼슬과 어지러운 세상을 버리고 강호에 묻혀 사는 사람을 일컬음

607 1급
緘口無言 함구무언
입을 다물고 아무런 말이 없음

608 3급Ⅱ
含憤蓄怨 함분축원
분을 품고 원한을 쌓음

609 3급
咸興差使 함흥차사
조선 태조 이성계가 왕위를 물려주는 과정에서 두 차례의 왕자의 난을 겪고 난 후, 태종이 왕위에 올라 아버지를 모셔 오려고 함흥으로 차사를 보냈으나, 태조는 오는 대로 가두거나 죽였다는 데서 나온 말로 심부름을 가서 아주 소식이 없거나 더디올 때 쓰는 말

610 3급Ⅱ
合縱連橫 합종연횡
중국 전국시대의 외교정책으로, 6개국이 동맹하여 서쪽의 진나라에 대항하자는 소진(蘇秦)의 합종설과 진나라와 그 동쪽에 있던 6개국이 동서로 서로 연합하자는 장의(張儀)의 연횡설을 말함

611 1급
駭怪罔測 해괴망측
평소 그 정도를 헤아릴 수 없을 만큼 몹시 괴이하고 놀라운 일
- 奇怪罔測(기괴망측)

612 1급
偕老同穴 해로동혈
부부가 한 평생을 같이 지내며 같이 늙고 죽어서는 같이 무덤에 묻힌다는 뜻으로, 부부금실이나 부부 사랑의 굳은 맹세를 말함

한자능력 검정시험 3급 (3급II 포함)

613 1급
虛心坦懷
허 심 탄 회
마음을 비우고 생각을 터놓음, 감춤이 없이 솔직하여 마음에 아무런 거리낌이 없음

614 4급
虛張聲勢
허 장 성 세
헛되이 목소리의 기세만 높인다는 뜻으로, 실력이 없으면서 허세로 떠벌리는 사람을 이름

615 4급II
虛虛實實
허 허 실 실
적의 허를 찌르고 실을 취하는 계책

616 3급
軒軒丈夫
헌 헌 장 부
외모가 준수하고 늠름하며 쾌활하고 의젓한 남자

617 1급
懸頭刺股
현 두 자 고
상투를 천장에 달아매고 송곳으로 허벅다리를 찔러서 잠을 깨운다는 뜻으로, 학업에 매우 힘씀을 이르는 말

618 3급II
賢母良妻
현 모 양 처
어진 어머니이면서 또한 착한 아내

619 3급II
懸河口辯
현 하 구 변
세차게 흐르는 물처럼 거침없이 말을 잘함
- 懸河之辯(현하지변)
  懸河雄辯(현하웅변)

620 3급
螢雪之功
형 설 지 공
반딧불과 눈의 도움을 빌어 공부한다는 뜻으로, 쉬지 않고 부지런히 면학에 힘쓰는 것을 말함
- 螢窓雪案(형창설안)

621 1급
狐假虎威
호 가 호 위
여우가 호랑이의 위세를 빌려 호기를 부린다는 뜻으로, 남의 세력을 빌어 위세를 부림
- 假虎威狐(가호위호)
  借虎威狐(차호위호)

622 1급
糊口之策
호 구 지 책
입에 풀칠한다는 뜻으로, 겨우 먹고 살아가는 방책을 말함
- 糊口之計(호구지계)

623 2급
好事多魔
호 사 다 마
좋은 일에는 방해가 되는 일이 많음

624 3급II
虎死留皮
호 사 유 피
범이 죽으면 가죽을 남기는 것과 같이, 사람도 죽은 뒤에는 이름을 남겨야 한다는 말
- 豹死留皮(표사유피)

625 1급
虎視耽耽
호 시 탐 탐
범이 날카로운 눈초리로 먹이를 노린다는 뜻으로, 틈만 있으면 덮치려고 기회를 노리며 형세를 살핌

626 3급II
浩然之氣
호 연 지 기
도의에 근거를 두고 굽히지 않고 흔들리지 않는 바르고 큰 마음, 공명정대하여 조금도 부끄러움이 없는 용기를 두고 이르는 말

627 4급II
好衣好食
호 의 호 식
좋은 옷과 좋은 음식이라는 뜻으로, 잘 입고 잘 먹는 생활을 말함

628 4급II
呼兄呼弟
호 형 호 제
형이라 부르고 아우라고 부른다는 뜻으로, 친형제처럼 가깝게 지내는 사이를 이르는 말

629 1급
惑世誣民
혹 세 무 민
이단의 말로 세상을 어지럽히고 백성을 속이는 일

630 1급
魂飛魄散
혼 비 백 산
넋이 날아가고 흩어진다는 뜻으로, 몹시 놀라 어찌할 바를 모름을 비유한 말

300

사자성어

631 1급
渾然一體
혼 연 일 체
사람들의 행동이나 의지가 조금도 차이 없이 한 덩어리가 됨

632 3급
昏定晨省
혼 정 신 성
저녁에는 잠자리를 보아 드리고 아침에는 문안을 드린다는 뜻으로, 자식이 아침과 저녁으로 부모의 안부를 물어서 살핌을 이르는 말
※ 反哺之孝(반포지효)

633 3급Ⅱ
紅爐點雪
홍 로 점 설
뜨거운 불길 위에 한 점 눈을 뿌리면 순식간에 녹듯이 사욕이나 의혹이 일시에 꺼져 없어지고 마음이 탁 트여 맑음을 일컫는 말

634 1급
畫龍點睛
화 룡 점 정
벽에 용을 그린 뒤에 마지막으로 눈동자를 그려 넣었더니 그 용이 곧 승천하여 하늘로 올라갔다는 뜻으로, 사물의 가장 중요한 부분을 끝내어 일을 완성시킴을 말함

635 3급
畫蛇添足
화 사 첨 족
뱀을 그리고 발을 더한다는 뜻으로, 하지 않아도 될 일을 하거나 필요 이상으로 쓸데없는 일을 하는 것

636 6급
花朝月夕
화 조 월 석
꽃이 핀 아침과 달 밝은 저녁이란 뜻으로, 경치가 가장 좋을 때를 이르는 말
※ 陽春佳節(양춘가절)

637 1급
畫中之餅
화 중 지 병
그림의 떡이란 뜻으로, 보기만 하고 탐이 나도 어쩌해 볼 수 없는 상황을 이르는 말

638 4급Ⅱ
確固不動
확 고 부 동
확고하여 흔들리거나 움직이지 않음
※ 確固不拔(확고불발)

639 2급
換骨奪胎
환 골 탈 태
뼈를 바꾸고 태(胎)를 빼앗는다는 뜻으로, 선인이 지은 시문의 뜻과 어구를 자기 것으로 소화한 뒤 그것을 바탕으로 독자적인 시문을 짓는 일 또는 얼굴이나 모습이 이전보다 몰라보게 좋아졌음을 비유하는 말

640 1급
鰥寡孤獨
환 과 고 독
홀아비·과부·고아 및 늙어서 자식이 없는 사람들이란 뜻으로, 외롭고 의지할 곳 없는 사람을 비유해 이르는 말

641 3급Ⅱ
荒唐無稽
황 당 무 계
말이나 행동이 터무니 없고 근거가 없어 생각할 가치도 없음

642 4급
會者定離
회 자 정 리
만나면 언젠가는 헤어지게 되어 있다는 뜻으로, 인간의 힘으로 어찌할 수 없는 이별의 아쉬움을 표현한 말
※ 生者必滅(생자필멸)

643 1급
橫說竪說
횡 설 수 설
말을 이렇게 했다 저렇게 했다, 두서없이 생각나는 대로 이야기 함

644 3급
後生可畏
후 생 가 외
후진들이 선배들보다 젊고 기력이 좋아, 학문을 닦음에 따라 큰 인물이 될 수 있으므로 오히려 두렵게 여김

645 3급Ⅱ
厚顔無恥
후 안 무 치
얼굴이 두껍고 부끄러움이 없다는 뜻으로, 뻔뻔스러워 부끄러워할 줄 모르는 사람들을 일컬음

646 3급Ⅱ
訓蒙字會
훈 몽 자 회
조선 중종 때 최세진이 지은 한자 학습서로, 3660자의 한자를 사물에 따라 갈라 한글로 음과 뜻을 달아 놓음

647 3급Ⅱ
興亡盛衰
흥 망 성 쇠
흥하고 망하며, 성하고 쇠하는 일

648 4급
興盡悲來
흥 진 비 래
즐거운 일이 지나가면 슬픈 일이 닥쳐온다는 뜻으로, 세상 일이 돌고 돎을 이르는 말

301

8 약자·속자

정자	훈	음	약자	정자	훈	음	약자	정자	훈	음	약자
ㄱ				舊	예	구	旧	圖	그림	도	図
假	거짓	가	仮	龜	땅이름 구/거북 귀 터질 균		亀	獨	홀로	독	独
價	값	가	価	國	나라	국	国	讀	읽을 독/구절 두		読
覺	깨달을	각	覚	勸	권할	권	勧	燈	등잔	등	灯
據	근거	거	拠	權	권세	권	権	ㄹ			
擧	들	거	挙	歸	돌아갈	귀	帰	樂	즐거울 락/풍류 악 좋아할 요		楽
儉	검소할	검	倹	氣	기운	기	気	亂	어지러울	란	乱
劍	칼	검	剣	旣	이미	기	既	覽	볼	람	覧
堅	굳을	견	堅	緊	긴할	긴	緊	來	올	래	来
徑	지름길	경	径	ㄴ				兩	두	량	両
經	지날/글	경	経	寧	편안할	녕	寧	勵	힘쓸	려	励
輕	가벼울	경	軽	ㄷ				獵	사냥	렵	猟
鷄	닭	계	鶏	單	홑	단	単	靈	신령	령	霊
繼	이을	계	継	團	둥글	단	団	禮	예도	례	礼
館	집	관	館	斷	끊을	단	断	勞	일할	로	労
觀	볼	관	観	擔	멜	담	担	爐	화로	로	炉
關	빗장	관	関	膽	쓸개	담	胆	賴	의뢰할	뢰	頼
廣	넓을	광	広	當	마땅	당	当	龍	용	룡	竜
敎	가르칠	교	敎	黨	무리	당	党	樓	다락	루	楼
區	구역	구	区	對	대할	대	対	ㅁ			
				德	덕	덕	徳	滿	찰	만	満

약자 속자

정자	훈	음	약자
灣	물굽이	만	湾
萬	일만	만	万
蠻	오랑캐	만	蛮
賣	팔	매	売
麥	보리	맥	麦
沔	물이름	면	沔
發	필	발	発
邊	가	변	辺
變	변할	변	変
倂	아우를	병	併
竝	나란히	병	並
寶	보배	보	宝
佛	부처	불	仏
拂	떨칠	불	払
寫	베낄	사	写
師	스승	사	师
絲	실	사	糸
辭	말씀	사	辞
狀	형상 상/문서 장		状
釋	풀	석	釈

정자	훈	음	약자
纖	가늘	섬	繊
聲	소리	성	声
屬	붙일	속	属
續	이을	속	続
壽	목숨	수	寿
隨	따를	수	随
收	거둘	수	収
數	셈 수/자주 삭		数
獸	짐승	수	獣
肅	엄숙할	숙	粛
實	열매	실	実
雙	쌍	쌍	双
亞	버금	아	亜
兒	아이	아	児
惡	악할 악/미워할 오		悪
鴈	기러기	안	雁
巖	바위	암	岩
壓	누를	압	圧
藥	약	약	薬
壤	흙덩이	양	壌

정자	훈	음	약자
樣	모양	양	様
嚴	엄할	엄	厳
餘	남을	여	余
與	더불/줄	여	与
譯	번역할	역	訳
驛	역	역	駅
鹽	소금	염	塩
榮	영화	영	栄
藝	재주	예	芸
譽	기릴	예	誉
豫	미리	예	予
溫	따뜻할	온	温
鬱	답답할	울	欝
圍	에워쌀	위	囲
爲	할	위	為
隱	숨을	은	隠
應	응할	응	応
醫	의원	의	医
貳	두	이	弐
壹	한	일	壱

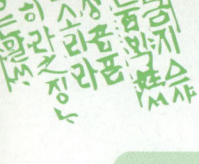

한자능력 검정시험 3급 (3급Ⅱ 포함)

정자	훈	음	약자
蠶	누에	잠	蚕
雜	섞일	잡	雑
壯	씩씩할	장	壮
裝	꾸밀	장	装
獎	장려할	장	奨
將	장수/장차	장	将
爭	다툴	쟁	争
傳	전할	전	伝
轉	구를	전	転
戰	싸움	전	戦
錢	돈	전	銭
點	점	점	点
靜	고요할	정	静
劑	약제	제	剤
濟	건널	제	済
齊	가지런할	제	斉
參	참여할 참/석	삼	参

정자	훈	음	약자
慘	참혹할	참	惨
處	곳	처	処
淺	얕을	천	浅
鐵	쇠	철	鉄
廳	관청	청	庁
聽	들을	청	聴
體	몸	체	体
總	다	총	総
蟲	벌레	충	虫
醉	취할	취	酔
齒	이	치	歯
稱	일컬을	칭	称
彈	탄알	탄	弾
擇	가릴	택	択
澤	못	택	沢
廢	폐할	폐	廃
學	배울	학	学

정자	훈	음	약자
解	풀	해	解
鄕	시골	향	郷
虛	빌	허	虚
獻	바칠	헌	献
驗	시험할	험	験
賢	어질	현	賢
顯	나타날	현	顕
螢	반딧불	형	蛍
號	이름	호	号
畫	그림	화	画
擴	넓힐	확	拡
歡	기쁠	환	歓
懷	품을	회	懐
會	모일	회	会
興	일어날	흥	興

讀 破
독하게 파고들자!
새로운 유형의 한자 학습서!

韓國漢字能力檢定
한자능력검정시험

기출 및 예상문제

- 3급 제1회
- 3급 제2회
- 3급 제3회
- 3급Ⅱ 제1회
- 3급Ⅱ 제2회

3급 제1회 기출 및 예상문제

問 1-45

다음 漢字語의 讀音을 쓰시오.

1. 龜鑑　　2. 下賜　　3. 廢論　　4. 間隔
5. 飜案　　6. 降下　　7. 廉恥　　8. 搜索
9. 弊端　　10. 累積　　11. 乾隆　　12. 妥當
13. 愚鈍　　14. 暗誦　　15. 賜謁　　16. 銳利
17. 停滯　　18. 牽聯　　19. 絃樂　　20. 便宜
21. 寬忍　　22. 尤甚　　23. 被逮　　24. 刺殺
25. 誇張　　26. 移替　　27. 堤防　　28. 飢渴
29. 濁酒　　30. 削奪　　31. 凝縮　　32. 不惑
33. 弄談　　34. 超脫　　35. 榮譽　　36. 奇怪
37. 濫獲　　38. 享年　　39. 歸還　　40. 依賴
41. 踏査　　42. 播遷　　43. 悠久　　44. 兼備
45. 龜裂

問 46-72

다음 漢字語의 訓과 음을 쓰시오.

46. 忘　　47. 冥　　48. 旬
49. 森　　50. 罷　　51. 凍
52. 翼　　53. 舟　　54. 矣
55. 腰　　56. 遣　　57. 汝

58. 似	59. 矢	60. 澤
61. 宰	62. 卯	63. 曉
64. 旦	65. 肥	66. 僅
67. 掠	68. 宇	69. 郭
70. 肯	71. 臭	72. 跳

問 73-87

다음 밑줄 친 부분을 漢字語로 쓰시오.

73. 대규모 인원 감축으로 회사 분위기가 침울하다.

74. 그의 폭탄선언으로 장내는 숙연한 분위기가 되었다.

75. 2주 전에 신청한 택배가 아직도 우송되지 않아 걱정이다.

76. 의료보험이 적용되지 않는 질병에 대한 지원이 시급하다.

77. 지친 심신의 피곤을 푸는 데는 허브 목욕이 제격이다.

78. 모든 잘못의 책임을 한 사람에게만 돌리는 태도는 옳지 못하다.

79. 신인감독들의 참신한 작품들이 쏟아져 극장가는 호황을 누린다.

80. 너무 약에만 의존하다 보면 오히려 건강에 악영향을 끼칠 수 있다.

81. 낡은 부패를 청산하고 이미지 쇄신을 꿈꾸던 회사가 급성장하였다.

82. 전자 제품의 결손으로 일어난 폭발사고로 인근 주변이 불길에 휩싸였다.

83. 각종 계절과일과 드레싱을 내세운 샐러드 바가 젊은 층의 호응을 받고 있다.

84. 단순명쾌한 문장과 우화적 삶을 은유적으로 표현한 소설이 인기를 끌고 있다.

85. 세계 곳곳의 다양한 취미를 가진 사람들을 소개하는 잡지가 개간되어 화제다.

86. 비밀번호 유출 사고를 방지하기 위해 최소한 석 달에 한번은 번호를 교체해야 한다.

87. 권위를 내세우기보다 감성을 내세운 리더십을 지닌 지도자가 최근 이슈가 되고 있다.

問 88-92

다음 訓과 音으로 연결된 漢字語를 正字로 쓰시오.

88. 거짓 가 – 터럭 발
89. 고를 조 – 법칙 (율)률
90. 떠날 리 – 혼인할 혼
91. 다할 극 – 형벌 형
92. 날랠 용 – 감히 감

問 93-102

다음 ( )안에 같은 訓을 가진 漢字語를 넣어 單語를 완성하시오.

93. 壽( )
94. 審( )
95. 堅( )
96. ( )織
97. 收( )
98. ( )殃
99. ( )助
100. 差( )
101. ( )幣
102. 退( )

問 103-107

다음 漢字語의 意味를 쓰시오.

103. 午睡
104. 正否
105. 寡聞
106. 單純
107. 赴任

問 108-112

다음 漢字語 중 첫소리가 長音으로 發音되는 것을 5개 고르시오.

(1) 隊長   (2) 合心   (3) 貸付   (4) 姦淫
(5) 操作   (6) 附記   (7) 潛水   (8) 簡便
(9) 恐龍   (10) 報答

問 113-117

다음 漢字語의 反意語를 쓰시오.

113. 溫情 – (   )   114. 凶夢 – (   )
115. (   ) – 高尙   116. (   ) – 戰爭
117. 全體 – (   )

問 118-120

다음 漢字語의 略字를 쓰시오.

118. 與
119. 傳
120. 龍

問 121-130

빈 칸에 알맞은 漢字를 넣어 四字成語를 완성하시오.

121. (   )羅萬(   )   122. 孤(   )難(   )
123. 多(   )(   )善   124. 一(   )(   )秋

125. 弘( )人( )   126. ( )( )薄氷
127. 自( )( )得   128. ( )機應( )
129. 指( )爲( )   130. 橫( )步( )

問 131-140

다음의 相對되는 漢字를 넣어 單語를 완성하시오.

131. 眞 - ( )   132. 淸 - ( )
133. ( ) - 卒   134. ( ) - 近
135. 早 - ( )   136. 自 - ( )
137. ( ) - 怠   138. ( ) - 劣
139. ( ) - 衰   140. 田 - ( )

問 141-145

다음 漢字語와 音은 같으나 다른 뜻을 지닌 同音異議語를 적어보시오.

141. (毒酒) : 홀로뜀
142. (福券) : 권리를 회복
143. (景氣) : 다투어 일어남
144. (在庫) : 다시 생각함 혹은 고쳐 생각함
145. (式事) : 남을 속이기 위해 거짓을 꾸밈

問 146-150

다음 漢字語의 部首를 쓰시오.

146. 督   147. 雁   148. 孰
149. 貯   150. 船

3급 제2회 기출 및 예상문제

問 1-45

다음 漢字語의 讀音을 쓰시오.

1. 誇示
2. 暗誦
3. 但只
4. 懇祈
5. 辨別
6. 冥福
7. 禪僧
8. 嚴肅
9. 胸像
10. 寡守
11. 耐旱
12. 銳利
13. 遲鈍
14. 凝滯
15. 埋沒
16. 干拓
17. 突厥
18. 廉恥
19. 幽趣
20. 賜謁
21. 詐欺
22. 頻度
23. 哀惜
24. 禪僧
25. 桂樹
26. 決裁
27. 乾隆
28. 捕捉
29. 濫獲
30. 享年
31. 榮譽
32. 汚染
33. 便宜
34. 暢達
35. 煩惱
36. 泣訴
37. 隣邦
38. 吟味
39. 盟邦
40. 濁酒
41. 街販
42. 尖端
43. 書簡
44. 胡蝶
45. 類似

問 46-72

다음 漢字의 訓과 音을 쓰시오.

46. 杯
47. 銘
48. 諾
49. 冥
50. 辨
51. 忘
52. 汝
53. 侮
54. 糾
55. 豈
56. 妥
57. 宰

58. 敍 [　　] 59. 遙 [　　] 60. 卜 [　　]
61. 凍 [　　] 62. 枕 [　　] 63. 蜂 [　　]
64. 宇 [　　] 65. 眉 [　　] 66. 壽 [　　]
67. 碧 [　　] 68. 泣 [　　] 69. 丘 [　　]
70. 憐 [　　] 71. 姪 [　　] 72. 屛 [　　]

問 73-92

다음 밑줄 친 부분에 알맞은 漢字語를 正字로 쓰시오.

73. <u>절벽</u> 같은 동굴의 어둠 속에서 길을 잃다

74. 글 읽기는 글쓰기와 <u>밀접</u>한 관련이 있다.

75. 평일에도 놀이동산은 <u>한적</u>한 법이 없다.

76. 마음의 여유를 찾는 데는 <u>독서</u>가 최고다.

77. 경기도 <u>지역</u>에 새로운 유적이 발견되었다.

78. 부탁을 <u>거절</u>한 친구가 야속하게만 느껴졌다.

79. <u>왕진가방</u>을 연상케 하는 가방이 최근의 추세다.

80. 교사들은 학생들을 보호하고 지도할 <u>책임</u>이 있다.

81. 꿈을 <u>무료</u>로 해몽해주는 사이트가 인기를 끌고 있다.

82. 억울하게 누명을 쓴 사람이 결국 <u>무혐의</u>로 석방되었다.

83. 서양식 식생활의 <u>변천</u>은 여러 가지 성인병을 불러왔다.

84. 최근 논술에서 <u>명쾌</u>한 답을 요구하는 문제들이 늘고 있다.

85. 우뚝우뚝 솟은 <u>암벽</u>을 보기 위해 많은 관광객들이 모여든다.

86. 지나친 자기 <u>비하</u>는 오히려 부정적인 이미지를 갖게 한다.

87. 그 연극은 3시간 전에 <u>예매</u>하지 않으면 관람이 불가능하다.

88. 자신의 한계를 <u>초월</u>해 최고 기록을 세운 높이뛰기 선수가 화제다.

89. 흡연자는 <u>후두암</u>에 걸릴 확률이 비흡연자에 비해 두 배 이상 높다.

90. 건조된 음식물로 만든 연료는 화력과 친환경적이라는 장점이 있다.

91. 그 배우는 드라마뿐만 아니라 영화에서도 눈부신 활약을 보이고 있다.

92. 급등한 배추 값으로 인해 주부들은 저렴한 김장의 묘책을 찾기 위해 고민이다.

問 93-102

다음 漢字와 反對의 의미를 지닌 漢字 혹은 漢字語를 쓰시오.

93. 虛　－(　)　　94. 眞　－(　)　　95. 緩　－(　)
96. 深　－(　)　　97. 伸　－(　)　　98. 密集－(　)
99. 未備－(　)　　100. 樂園－(　)　　101. 退場－(　)
102. 動機－(　)

問 103-112

다음 (　)에 알맞은 漢字를 넣어 四字成語를 완성하시오.

103. 傲(　)孤節　　　　104. 炎凉世(　)
105. (　)木求魚　　　　106. 言語道(　)
107. 北(　)三友　　　　108. 美辭(　)句
109. 森(　)萬象　　　　110. 事必(　)正
111. 身言書(　)　　　　112. 柔能制(　)

問 113-117

다음 漢字 혹은 漢字語의 反意語를 正字로 쓰시오.

113. 單　－(　)　　114. 矛　－(　)　　115. (　)－辱
116. 熟達－(　)　　117. 眞實－(　)

問 118-122

다음 漢字語 중 첫 음이 長音으로 發音되는 것의 번호를 쓰시오.

118. (1) 仰祝　　(2) 盤石　　(3) 浮刻　　(4) 簡便
119. (1) 遊園地　(2) 蛇足　　(3) 盛業　　(4) 私食
120. (1) 巖壁　　(2) 鳳仙花　(3) 從屬　　(4) 潛水
121. (1) 樓閣　　(2) 隊長　　(3) 恐龍　　(4) 丸藥
122. (1) 妄想　　(2) 雜誌　　(3) 防除　　(4) 加算

問 123-132

다음 漢字와 訓이 같은 漢字를 쓰시오.

123. 災(　)　　　　124. 組(　)
125. 稱(　)　　　　126. 討(　)
127. 淸(　)　　　　128. 永(　)
129. 憂(　)　　　　130. 製(　)
131. 尊(　)　　　　132. 終(　)

問 133-137

다음 漢字의 部首를 쓰시오.

133. 綿　　　　134. 叔　　　　135. 盛
136. 聲　　　　137. 卑

問 138-140

다음 漢字의 略字 혹은 正字를 쓰시오.

138. 灯

139. 單

140. 佛

問 141-145

다음 漢字語의 뜻을 쓰시오.

141. 古稀

142. 詐降

143. 熟慮

144. 豫度

145. 旬葬

問 146-150

다음 漢字語의 풀이에 맞는 同音異議語를 쓰시오.

146. (端正) : 분명히 결정함

147. (冬至) : 뜻을 같이 하는 자

148. (步道) : 새로운 소식을 널리 알림

149. (依例) : 행사를 치르는 일정한 법식

150. (硃砂) : 약을 주사기에 넣어 몸에 주입함

3급 제3회 기출 및 예상문제

問 1-45

다음 漢字語의 讀音을 써보시오.

1. 踏査
2. 飜案
3. 逐出
4. 猛襲
5. 銳利
6. 嚴肅
7. 泥丘
8. 釋誕
9. 蔬菜
10. 廉恥
11. 歸還
12. 但只
13. 直播
14. 拙劣
15. 遊說
16. 拘束
17. 超脫
18. 牽聯
19. 陷沒
20. 兼備
21. 嫌惡
22. 姪婦
23. 奇怪
24. 悠久
25. 栗谷
26. 癸丑
27. 街販
28. 誇示
29. 交替
30. 哀惜
31. 耐旱
32. 劣敗
33. 幕僚
34. 凝縮
35. 累積
36. 絃樂
37. 輕率
38. 濫獲
39. 尖端
40. 鑄造
41. 捕捉
42. 誓願
43. 龜裂
44. 禪僧
45. 肩章

問 46-72

다음 漢字의 訓과 音을 쓰시오.

46. 枕
47. 崩
48. 丘
49. 塗
50. 侮
51. 旦
52. 忘
53. 皮
54. 誓
55. 糾
56. 周
57. 岳

58. 肯 ☐   59. 矣 ☐   60. 淑 ☐
61. 凍 ☐   62. 翁 ☐   63. 舟 ☐
64. 碧 ☐   65. 豈 ☐   66. 眉 ☐
67. 遙 ☐   68. 屯 ☐   69. 宰 ☐
70. 佳 ☐   71. 沒 ☐   72. 只 ☐

問 73-82

다음 訓과 音으로 이루어진 漢字語를 쓰시오.

73. 얼굴 용 - 들일 납   74. 가리킬 지 - 보일 시
75. 기릴 찬 - 말씀 사   76. 어려울 난 - 곳 처
77. 부를 호 - 마실 흡   78. 떨칠 진 - 일 흥
79. 싫어할 혐 - 미워할 오   80. 피 혈   - 줄기 맥
81. 넓을 박 - 선비 사   82. 보배 진 - 구슬 주

問 83-97

다음 밑줄 친 漢字語를 正字로 쓰시오.

83. 그는 자신의 목적을 달성하기 위해 <u>투쟁</u>하였다.

84. 부모의 지나친 과잉보호는 아이를 <u>의존</u>적으로 만든다.

85. 모든 교육이 대학 입시에만 <u>종속</u>된 현실이 안타깝다.

86. 열심히 노력한 <u>결과</u>로 이번 시험에 무난히 합격했다.

87. 이번에 개발한 신기술이 <u>적용</u>된 제품의 판매가 급증했다.

88. 사소한 시비로 빚은 <u>오해</u>가 문제를 더욱 크게 만들었다.

89. 주역에 담긴 사상은 <u>오묘</u>해서 일반인들이 이해하기에 쉽지 않다.

90. <u>취침</u> 전에는 너무 많은 양의 음식을 삼가는 것이 건강에 이롭다.

한자능력 검정시험 3급 (3급II 포함)

91. 한 달의 마지막 날에는 예금 잔액을 확인하는 것이 습관이 되었다.

92. 사람들이 붐비는 곳의 표지는 크고 눈에 튀는 색을 사용해야 한다.

93. 정치인의 비리 청산을 요구하는 국민들의 촛불 시위가 계속되었다.

94. 우리 문화유산을 지키고 보전하는 일을 소홀히 여기는 현실이 안타깝다.

95. 여행사에서 나온 가이드의 인도로 낯선 곳을 편하게 여행할 수 있었다.

96. 같은 취미로 모인 일반인 탐험대가 다음 달부터 전국 맛 기행을 떠난다.

97. 빈곤, 장애, 결손으로 고통 받는 이웃들에게 도움의 손길이 필요하다.

問 97-107

다음 ( )안에 相對되는 漢字 혹은 漢字語를 넣어 완성하시오.

98. 正 - ( )   99. ( ) - 落
100. 勞 - ( )   101. ( ) - 益
102. 眞 - ( )   103. 革新 - ( )
104. ( ) - 空想   105. 形式 - ( )
106. ( ) - 絕對   107. 許可 - ( )

問 108-117

다음 ( ) 안에 알맞은 漢字를 넣어 四字成語를 완성하시오.

108. 危機一( )   109. 騷人( )客
110. 臨機應( )   111. 斯文亂( )
112. 靑( )之志   113. 焦心苦( )
114. 破( )顯正   115. 切( )腐心
116. 晚時之( )   117. ( )竹之勢

問 118-127

訓이 같은 漢字를 넣어 다음 漢字語를 완성하시오.

118. 思(　)　　119. 貯(　)　　120. (　)愛
121. 模(　)　　122. 牽(　)　　123. (　)走
124. 孤(　)　　125. (　)穫　　126. (　)客
127. 貨(　)

問 128-132

다음 중 첫소리가 長音으로 發音되는 것을 5개만 고르시오.

⑴ 貿易　　⑵ 樓閣　　⑶ 面壁　　⑷ 操作
⑸ 遊園地　⑹ 所願　　⑺ 假拂　　⑻ 報答
⑼ 訓育　　⑽ 雜誌

問 133-137

다음 漢字語의 뜻을 쓰시오.

133. 愼重
134. 編著
135. 掛念
136. 蛇足
137. 世襲

問 138-142

다음 漢字의 部首를 쓰시오.

138. 墨 - (　)　　　139. 騰 - (　)　　　140. 棄 - (　)

141. 肥 - (　)　　　142. 麻 - (　)

問 143-147

다음 漢字의 同音異議語를 쓰시오.

143. (誘致) : 젖니

144. (絕世) : 세금을 덜 냄

145. (報告) : 귀중한 것을 보관해 두는 곳

146. (天災) : 남보다 타고난 재주를 지닌 사람

147. (茶禮) : 책이나 글 따위에서 벌여 적어 놓은 항목이나 순서

問 148-150

다음 한자의 略字 혹은 正字를 쓰시오.

148. 與

149. 珍

150. 庁

3급II 제1회 기출 및 예상문제

問 1-42
다음 漢字의 讀音을 쓰시오.

1. 刺客
2. 磨滅
3. 否認
4. 糖分
5. 折半
6. 公約
7. 莫逆
8. 康寧
9. 痛哭
10. 壓縮
11. 追憶
12. 浮揚
13. 系譜
14. 紀綱
15. 旋律
16. 薄待
17. 追跡
18. 周邊
19. 負擔
20. 均衡
21. 同盟
22. 置換
23. 夢想
24. 憂慮
25. 歡喜
26. 懷柔
27. 腐敗
28. 若干
29. 寢具
30. 石塔
31. 沙漠
32. 蛇足
33. 錯覺
34. 情勢
35. 衝擊
36. 武裝
37. 目標
38. 追憶
39. 銅像
40. 遊戲
41. 硬貨
42. 稀微
43. 鑛區
44. 伯父
45. 顯著

問 43-69
다음 漢字의 音과 訓을 쓰시오.

46. 告
47. 帶
48. 洞
49. 紋
50. 盤
51. 畜
52. 逸
53. 排
54. 掃
55. 忽
56. 獎
57. 仰

58. 養 ☐   59. 奉 ☐   60. 廊 ☐
61. 肥 ☐   62. 秘 ☐   63. 羅 ☐
64. 貯 ☐   65. 怒 ☐   66. 等 ☐
67. 顔 ☐   68. 悟 ☐   69. 隨 ☐

問 70-74

다음 漢字語 중 첫 音節이 長音으로 發音되는 것의 번호를 쓰시오.

70. ⑴ 勉勵   ⑵ 降伏   ⑶ 寺院   ⑷ 歌舞
71. ⑴ 歌舞   ⑵ 豆油   ⑶ 街頭   ⑷ 孫女
72. ⑴ 倉庫   ⑵ 消毒   ⑶ 價格   ⑷ 批評
73. ⑴ 症勢   ⑵ 街道   ⑶ 歌曲   ⑷ 考察
74. ⑴ 官職   ⑵ 豫防   ⑶ 協奏   ⑷ 綿絲

問 75-107

다음 ☐ 의 漢字語는 한글로, 한글은 漢字語로 쓰시오.

- 밤새 내린 눈으로 도로⁷⁵가 결빙⁷⁶되어 차량 통제⁷⁷가 계속⁷⁸되고 있다.
- 방학⁷⁹이 되자 어학연수⁸⁰를 떠나려는 학생들로 공항⁸¹이 붐비기 시작⁸²했다.
- 최악의 경영난⁸³을 맞이한 그 기업은 결국 대규모 인원 減縮⁸⁴을 敢行⁸⁵하였다.
- 휴대⁸⁶ 전화⁸⁷를 이용하여 은행⁸⁸ 업무가 가능⁸⁹해짐에 따라 보안⁹⁰ 역시 강화⁹¹되고 있다.
- 인적성 검사⁹²는 답이 없기 때문에 지원자⁹³의 성격⁹⁴과 업무와의 유사성⁹⁵이 중요⁹⁶하다.
- 교사⁹⁷의 수업 거부⁹⁸는 학생들의 기본권⁹⁹을 침해¹⁰⁰하는 행위¹⁰¹이다.
- 유명¹⁰² 작가의 작품¹⁰³을 미리 구입¹⁰⁴하려는 독자¹⁰⁵들의 問議¹⁰⁶전화로 업무¹⁰⁷에 차질이 생겼다.

問 108-117

다음 ( )안에 알맞은 漢字를 넣어 四字成語를 완성하시오.

108. 臨時( )通
109. 無爲( )食
110. 獨不( )軍
111. ( )猶不及
112. 干( )之材
113. ( )口餘生
114. 恒( )飯事
115. 破( )之歎
116. 靑( )之志
117. ( )秋筆法

問 118-122

다음 漢字와 相對되는 漢字를 쓰시오.

118. 虛 - ( )
119. 正 - ( )
120. 朝 - ( )
121. 難 - ( )
122. 勝 - ( )

問 123-127

다음 漢字語의 反意語를 쓰시오.

123. ( ) - 散在
124. 複雜 - ( )
125. 減少 - ( )
126. 加熱 - ( )
127. 假象 - ( )

問 128-132

다음 漢字의 部首를 쓰시오.

128. 齒
129. 致
130. 漆
131. 玄
132. 態

問 133-137

다음 漢字語와 같은 음을 가지며 풀이에 맞는 漢字語를 쓰시오.

133. (知性) : 정성이 지극함
134. (眠食) : 서로 낯이 익음
135. (茅亭) : 어머니의 정
136. (重九) : 여러 사람의 입
137. (造花) : 서로 잘 어울림

問 138-142

다음 漢字語의 뜻을 쓰시오.

138. 鎭火
139. 佳配
140. 勤勉
141. 査正
142. 坐視

問 143-147

〈例〉에서 다음의 漢字와 비슷한 訓을 가진 漢字를 골라 번호를 쓰시오.

【例】	(1) 裝	(2) 慮	(3) 競	(4) 思	(5) 虛

143. 考
144. 空
145. 飾
146. 念
147. 爭

問 148-150

다음 漢字의 略字를 쓰시오.

148. 區
149. 聲
150. 館

3급II 제2회 기출 및 예상문제

問 1-38
다음 漢字語의 讀音을 쓰시오.

1. 昇進
2. 著者
3. 置換
4. 判決
5. 鹽素
6. 靈魂
7. 肥滿
8. 賤待
9. 滯納
10. 波紋
11. 側近
12. 桂樹
13. 更新
14. 雷同
15. 負擔
16. 改革
17. 拍車
18. 效率
19. 潛跡
20. 緊迫
21. 鐵拳
22. 透徹
23. 雲泥
24. 擇地
25. 連絡
26. 施設
27. 根據
28. 慰勞
29. 削除
30. 窮塞
31. 靜肅
32. 卽死
33. 磨滅
34. 裏面
35. 快樂
36. 錯覺
37. 憂慮
38. 薄福

問 39-65
다음 漢字語의 訓과 音을 쓰시오.

39. 付
40. 誇
41. 礎
42. 逸
43. 賴
44. 著
45. 等
46. 養
47. 其
48. 貢
49. 季
50. 淡
51. 泥
52. 斜
53. 紫
54. 類
55. 紋
56. 帶

57. 越 [　　]   58. 樓 [　　]   59. 訪 [　　]
60. 執 [　　]   61. 悟 [　　]   62. 裏 [　　]
63. 幽 [　　]   64. 願 [　　]   65. 麗 [　　]

問 66-102

다음 [　] 의 漢字語는 한글로 한글은 漢字語로 바꾸시오.

- 외모와 지성66을 兼備67한 인재를 찾는 일은 쉬운 일이 아니다.
- 상호68 관계 維持69를 위해서는 끊임없는 대화가 이루어져야 한다.
- 최악70의 경영난71을 맞은 그 회사는 최악의 實績72을 기록하였다.
- 강도73의 威脅74에 대비하여 각종 호신75용품이 인터넷에서 판매되고 있다.
- 태풍의 간접76 影響77을 받는 지역78은 突風79 사고에 철저한 대비80가 필요81하다.
- 각종 수행評價82를 대비하기 위해 학생들은 마음껏 영화83 볼 시간도 없다.
- 劃期的84인 변화85를 가져올 신기술86이 개발되어 輸送87, 수출 할 수 있게 되었다.
- 여러 사람들의 獻身88적인 노력89이 있었기에 오늘날 그 회사가 성공90할 수 있었다.
- 햄버거와 같은 인스턴트식품91은 각종92 성인병93과 肥滿94을 招來95하므로 줄이는 것이 좋다.
- 割引96된 가격의 열차97가 운행98되어 주변99 環境100을 편하게 감상할 수 있는 계기101를 提供102했다.

問 103-107

다음 漢字語의 反意語를 쓰시오.

103. 苦痛 - (　　)   104. 起立 - (　　)
105. (　　) - 好轉   106. 有能 - (　　)
107. (　　) - 現象

問 108-117

다음 ( )에 알맞은 漢字를 넣어 四字成語를 완성하시오.

108. 神出( )沒
109. 金枝玉( )
110. 東奔西( )
111. 羽化( )仙
112. 欲( )不達
113. 鶴首苦( )
114. 花( )月態
115. 花( )月夕
116. 江湖( )波
117. 玉骨( )風

問 118-122

다음 漢字의 部首를 쓰시오.

118. 季
119. 珍
120. 詩
121. 拜
122. 左

問 123-127

다음 漢字語 중 첫 음이 長音으로 發音되는 것의 번호를 쓰시오.

123. ⑴ 最終   ⑵ 症勢   ⑶ 歌舞   ⑷ 價格
124. ⑴ 寺院   ⑵ 孫女   ⑶ 點數   ⑷ 豫防
125. ⑴ 燒火   ⑵ 看護   ⑶ 復興   ⑷ 來日
126. ⑴ 氷山   ⑵ 批評   ⑶ 官職   ⑷ 崇拜
127. ⑴ 任務   ⑵ 複寫   ⑶ 角材   ⑷ 考察

問 128-132

다음 漢字와 反對되는 意味를 가진 漢字를 넣어 漢字語를 완성하시오.

128. 形式 – ( )　　　129. 拒否 – ( )
130. 近海 – ( )　　　131. 義務 – ( )
132. ( ) – 好轉

問 133-137

〈例〉에서 다음 漢字와 비슷한 訓을 가진 漢字를 골라 번호를 쓰시오.

| 【例】 | (1) 懇 | (2) 技 | (3) 留 | (4) 觀 | (5) 得 |

133. 居　　　134. 獲　　　135. 切
136. 覽　　　137. 術

問 138-142

다음 漢字語의 뜻을 쓰시오.

138. 渡江
139. 歎聲
140. 認定
141. 招待
142. 受諾

問 143-147
다음 漢字와 같은 음을 갖고 뜻에 알맞은 漢字語를 쓰시오.

143. (西方) : 남편

144. (優秀) : 오른 손

145. (實數) : 잘못을 저지름

146. (酒宴) : 연극이나 영화의 주인공

147. (延長) : 서로 비교하여 보다 나이가 많음

問 148-150
다음 漢字의 略字를 쓰시오.

148. 佛   149. 燈   150. 缺

3급 제1회 기출 및 예상문제 정답

1. 귀감
2. 하사
3. 폐론
4. 간격
5. 번안
6. 강하
7. 염치
8. 수색
9. 폐단
10. 누적
11. 건륭
12. 타당
13. 우둔
14. 암송
15. 사알
16. 예리
17. 정체
18. 견련
19. 현악
20. 편의
21. 관인
22. 우심
23. 피체
24. 자살, 척살
25. 과장
26. 이체
27. 제방
28. 기갈
29. 탁주
30. 삭탈
31. 응축
32. 불혹
33. 농담
34. 초탈
35. 영예
36. 기괴
37. 남획
38. 향년
39. 귀환
40. 의뢰
41. 답사
42. 파천
43. 유구
44. 겸비
45. 균열
46. 잊을 망
47. 어두울 명
48. 열흘 순
49. 수풀 삼
50. 마칠 파
51. 얼 동
52. 날개 익
53. 배 주
54. 어조사 의
55. 허리 요
56. 보낼 견
57. 너 여
58. 같을 사
59. 화살 시
60. 못 택
61. 재상 재
62. 토끼 묘
63. 새벽 효
64. 아침 단
65. 살찔 비
66. 겨우 근
67. 노략질할 략
68. 집 우
69. 성 곽
70. 즐길 궁
71. 냄새 취
72. 뛸 도
73. 減縮
74. 爆彈
75. 郵送
76. 適用
77. 疲困
78. 責任
79. 監督
80. 依存
81. 腐敗
82. 缺損
83. 季節
84. 明快

85. 開刊	103. 낮잠	118. 与	136. 他
86. 秘密	104. 옳고 그름	119. 伝	137. 勤
87. 權威	105. 보고 들은 것이 적음	120. 竜	138. 優
88. 假髮		121. 森, 象	139. 盛
89. 調律	106. 복잡하지 않고 간단함	122. 掌, 鳴	140. 畓
90. 離婚		123. 多, 益	141. 獨走
91. 極刑	107. 임지로 감 (다다름)	124. 日, 三	142. 復權
92. 勇敢		125. 益, 間	143. 競起
93. 命	108. (3)	126. 如, 履	144. 再考
94. 査	109. (4)	127. 業, 得	145. 飾詐
95. 固	110. (6)	128. 臨, 變	146. 目
96. 組	111. (9)	129. 鹿, 馬	147. 隹
97. 穫	112. (10)	130. 斷, 道	148. 子
98. 災	113. 冷情	131. 僞	149. 貝
99. 扶	114. 吉夢	132. 濁	150. 舟
100. 別, 異	115. 低俗	133. 將	
101. 貨	116. 平和	134. 遠	
102. 却	117. 個別(部分)	135. 晩	

3급 제2회 기출 및 예상문제 정답

1. 과시
2. 암송
3. 단지
4. 간기
5. 변별
6. 명복
7. 선승
8. 엄숙
9. 흉상
10. 과수
11. 내한
12. 예리
13. 지둔
14. 응체
15. 매몰
16. 간척
17. 돌궐
18. 염치
19. 유취
20. 사알
21. 사기
22. 빈도
23. 애석
24. 선승
25. 계수
26. 결재
27. 건륭
28. 포착
29. 남획
30. 향년
31. 영예
32. 오염
33. 편의
34. 창달
35. 번뇌
36. 읍소
37. 인방
38. 음미
39. 맹방
40. 탁주
41. 가판
42. 첨단
43. 서간
44. 호접
45. 유사
46. 잔 배
47. 새길 명
48. 허락할 낙(락)
49. 어두울 명
50. 분별할 변
51. 잊을 망
52. 너 여
53. 업신여길 모
54. 얽힐 규
55. 어찌 기
56. 온당할 타
57. 재상 재
58. 펼 서
59. 멀 요
60. 점 복
61. 얼 동
62. 베개 침
63. 벌 봉
64. 집 우
65. 눈썹 미
66. 목숨 수
67. 푸를 벽
68. 울 읍
69. 언덕 구
70. 불쌍히여길 련
71. 조카 질
72. 병풍 병
73. 絶壁
74. 密接
75. 閑寂
76. 餘裕
77. 遺蹟
78. 野俗
79. 往診
80. 責任
81. 解夢
82. 釋放
83. 變遷
84. 明快

기출 및 예상문제 정답

85. 巖壁	102. 結果	119. ⑶	136. 耳
86. 卑下	103. 霜	120. ⑵	137. 十
87. 豫買	104. 態	121. ⑶	138. 燈
88. 超越	105. 緣	122. ⑴	139. 単
89. 確率	106. 斷	123. 殃	140. 仏
90. 燃料	107. 窓	124. 織	141. 일흔 살
91. 活躍	108. 麗	125. 頌	142. 거짓 항복함
92. 妙策	109. 羅	126. 伐	143. 곰곰이 잘 생각함
93. 實	110. 歸	127. 潔	144. 미리 헤아림. 예측
94. 僞	111. 判	128. 遠	145. 죽은 지 열흘 만에 지내는 장사
95. 急	112. 剛	129. 愁	
96. 淺	113. 複	130. 作	146. 斷定
97. 縮	114. 盾	131. 重	147. 同志
98. 散在	115. 榮	132. 了	148. 報道
99. 完備	116. 未熟	133. 糸	149. 儀禮
100. 地獄	117. 虛僞	134. 又	150. 注射
101. 登場	118. ⑴	135. 皿	

3급 제3회 기출 및 예상문제 정답

1. 답사
2. 번안
3. 축출
4. 맹습
5. 예리
6. 엄숙
7. 이구
8. 석탄
9. 소채
10. 염치
11. 귀환
12. 단지
13. 직파
14. 졸렬
15. 유세
16. 구속
17. 초탈
18. 견련
19. 함몰
20. 겸비
21. 혐오
22. 질부
23. 기괴
24. 유구
25. 율곡
26. 계축
27. 가판
28. 과시
29. 교체
30. 애석
31. 내한
32. 열패
33. 막료
34. 응축
35. 누적
36. 현악
37. 경솔
38. 남획
39. 첨단
40. 주조
41. 포착
42. 서원
43. 균열
44. 선승
45. 견장
46. 베개 침
47. 무너질 붕
48. 언덕 구
49. 칠할 도
50. 업신여길 모
51. 아침 단
52. 잊을 망
53. 가죽 피
54. 맹세할 서
55. 얽힐 규
56. 두루 주
57. 큰 산 악
58. 즐길 궁
59. 어조사 의
60. 맑을 숙
61. 얼 동
62. 늙은이 옹
63. 배 주
64. 푸를 벽
65. 어찌 기
66. 눈썹 미
67. 멀 요
68. 진칠 둔
69. 재상 재
70. 아름다울 가
71. 빠질 몰
72. 다만 지
73. 容納
74. 指示
75. 讚辭
76. 難處
77. 呼吸
78. 振興
79. 嫌惡
80. 血脈
81. 博士
82. 珍珠
83. 鬪爭
84. 依存

85. 從屬	104. 現實	123. 奔	138. 墨
86. 結果	105. 內容	124. 獨	139. 馬
87. 適用	106. 相對	125. 收	140. 木
88. 是非	107. 禁止	126. 賓	141. 肉(月)
89. 周易	108. 髮	127. 幣	142. 麻
90. 就寢	109. 墨	128. (1)	143. 乳齒
91. 殘額	110. 變	129. (3)	144. 節稅
92. 標識	111. 賊	130. (7)	145. 寶庫
93. 淸算	112. 雲	131. (8)	146. 天才
94. 遺産	113. 慮	132. (9)	147. 次例
95. 引導	114. 邪	133. 매우 조심스러움	148. 与
96. 探險隊	115. 齒	134. 편집하여 저술함	149. 珎
97. 缺損	116. 欹	135. 마음에 두고 잊지 않음(거리낌)	150. 廳
98. 誤	117. 破	136. 쓸데없는 짓을 하여 도리어 잘못 됨	
99. 登	118. 想	137. 한 집안의 신분, 재산 따위를 물려 받는 일	
100. 使	119. 蓄		
101. 損	120. 戀		
102. 僞	121. 倣		
103. 保守	122. 引		

3급II 제1회 기출 및 예상문제 정답

1. 자객
2. 마멸
3. 부인
4. 당분
5. 절반
6. 공약
7. 막역
8. 강녕
9. 통곡
10. 압축
11. 추억
12. 부양
13. 계보
14. 기강
15. 선율
16. 박대
17. 추적
18. 주변
19. 부담
20. 균형
21. 동맹
22. 치환
23. 몽상
24. 우려
25. 환희
26. 회유
27. 부패
28. 약간
29. 침구
30. 석탑
31. 사막
32. 사족
33. 착각
34. 정세
35. 충격
36. 무장
37. 목표
38. 추억
39. 동상
40. 유희
41. 경화
42. 희미
43. 광구
44. 백부
45. 현저
46. 고할 고
47. 띠 대
48. 골 동
49. 무늬 문
50. 소반 반
51. 짐승 축
52. 편안할 일
53. 밀칠 배
54. 쓸 소
55. 갑자기 홀
56. 장려할 장
57. 우러를 앙
58. 기를 양
59. 받들 봉
60. 행랑 랑
61. 살찔 비
62. 숨길 비
63. 벌릴 라
64. 쌓을 저
65. 성낼 노
66. 무리 등
67. 얼굴 안
68. 깨달을 오
69. 따를 수
70. ①
71. ③
72. ④
73. ②
74. ②
75. 道路
76. 結氷
77. 統制
78. 繼續
79. 放學
80. 研修
81. 空港
82. 始作
83. 經營難
84. 감축

85. 감행	102. 有名	119. 誤	136. 衆口
86. 携帶	103. 作品	120. 夕, 暮	137. 調和
87. 電話	104. 購入	121. 易	138. 불을 끔
88. 銀行	105. 讀者	122. 負, 敗	139. 좋은 배우자
89. 可能	106. 문의	123. 密集	140. 매우 부지런함
90. 保安	107. 業務	124. 單純	141. 조사하여 바로잡음
91. 强化	108. 變	125. 增加	142. 참견하지 않고 앉아서 보기만 함
92. 檢査	109. 徒	126. 冷却	
93. 志願者	110. 將	127. 實在	143. ⑵
94. 性格	111. 過	128. 齒	144. ⑸
95. 類似性	112. 城	129. 至	145. ⑴
96. 重要	113. 虎	130. 水(氵)	146. ⑷
97. 敎師	114. 茶	131. 玄	147. ⑶
98. 拒否	115. 鏡	132. 心	148. 区
99. 基本權	116. 雲	133. 至誠	149. 声
100. 侵害	117. 春	134. 面識	150. 舘
101. 行爲	118. 實	135. 母情	

3급II 제2회 기출 및 예상문제 정답

1. 승진
2. 저자
3. 치환
4. 판결
5. 염소
6. 영혼
7. 비만
8. 천대
9. 체납
10. 파문
11. 측근
12. 계수
13. 갱신
14. 뇌동
15. 부담
16. 개혁
17. 박차
18. 효율
19. 잠적
20. 긴박
21. 철권
22. 투철
23. 운니
24. 택지
25. 연락
26. 시설
27. 근거
28. 위로
29. 삭제
30. 궁색
31. 정숙
32. 즉사
33. 마멸
34. 이면
35. 쾌락
36. 착각
37. 우려
38. 박복
39. 부칠 부
40. 자랑할 과
41. 주춧돌 초
42. 편안할 일
43. 의지할 뢰
44. 나타날 저
45. 무리 등
46. 기를 양
47. 그 기
48. 바칠 공
49. 계절 계
50. 맑을 담
51. 진흙 니
52. 비낄 사
53. 자줏빛 자
54. 무리 류
55. 무늬 문
56. 띠 대
57. 넘을 월
58. 다락 루
59. 찾을 방
60. 잡을 집
61. 깨달을 오
62. 속 리
63. 그윽할 유
64. 원할 원
65. 고울 려
66. 知性
67. 겸비
68. 相互
69. 유지
70. 最惡
71. 經營難
72. 실적
73. 强盜
74. 위협
75. 護身
76. 間接
77. 영향
78. 地域
79. 돌풍
80. 對備
81. 必要
82. 평가
83. 映畫
84. 획기적

85. 變化	102. 제공	119. 玉	136. (4)
86. 新技術	103. 快樂	120. 言	137. (2)
87. 수송	104. 着席	121. 手	138. 강을 건넘
88. 헌신	105. 惡化	122. 工	139. 감탄하는 소리
89. 努力	106. 無能	123. (1)	140. 옳다고 믿고 정함
90. 成功	107. 本質	124. (4)	141. 남을 불러 대접함
91. 食品	108. 鬼	125. (3)	142. 요구를 받아들여 승낙함
92. 各種	109. 葉	126. (2)	
93. 成人病	110. 走	127. (1)	143. 書房
94. 비만	111. 登	128. 內容	144. 右手
95. 초래	112. 速	129. 承認	145. 失手
96. 할인	113. 待	130. 遠海, 遠洋	146. 主演
97. 列車	114. 容	131. 權利	147. 年長
98. 運行	115. 朝	132. 惡化	148. 仏
99. 周邊	116. 煙	133. (3)	149. 灯
100. 환경	117. 仙	134. (5)	150. 欠
101. 契機	118. 子	135. (1)	

사단법인 한국어문회　　　　　　　　　　　　　　　　　　　　3 0 1

수험번호 □□□-□□-□□□□　　　　성명 □□□□□
생년월일 □□□□□□　※ 주민등록번호 앞 6자리 숫자를 기입하십시오.　※ 성명은 한글로 작성
　　　　　　　　　　　　　　　　　　　　　　　　　　　　　　　　　※ 필기구는 검정색 볼펜만 가능
※ 답안지는 컴퓨터로 처리되므로 구기거나 더럽히지 마시고, 정답 칸 안에만 쓰십시오.
　글씨가 채점란으로 들어오면 오답처리가 됩니다.

공인민간자격 전국한자능력검정시험 3급 답안지(1) (시험시간:60분)

번호	답안란 정답	채점란 1검	2검	번호	답안란 정답	채점란 1검	2검	번호	답안란 정답	채점란 1검	2검
1				24				47			
2				25				48			
3				26				49			
4				27				50			
5				28				51			
6				29				52			
7				30				53			
8				31				54			
9				32				55			
10				33				56			
11				34				57			
12				35				58			
13				36				59			
14				37				60			
15				38				61			
16				39				62			
17				40				63			
18				41				64			
19				42				65			
20				43				66			
21				44				67			
22				45				68			
23				46				69			

감독위원	채점위원(1)	채점위원(2)	채점위원(3)
(서명)	(득점) (서명)	(득점) (서명)	(득점) (서명)

※뒷면으로 이어짐

공인민간자격 전국한자능력검정시험 3급 답안지(2)

번호	정답	1검	2검	번호	정답	1검	2검	번호	정답	1검	2검
70				97				124			
71				98				125			
72				99				126			
73				100				127			
74				101				128			
75				102				129			
76				103				130			
77				104				131			
78				105				132			
79				106				133			
80				107				134			
81				108				135			
82				109				136			
83				110				137			
84				111				138			
85				112				139			
86				113				140			
87				114				141			
88				115				142			
89				116				143			
90				117				144			
91				118				145			
92				119				146			
93				120				147			
94				121				148			
95				122				149			
96				123				150			

※ 답안지는 컴퓨터로 처리되므로 구기거나 더럽히지 마시고, 정답 칸 안에만 쓰십시오. 글씨가 채점란으로 들어오면 오답처리가 됩니다.

사단법인 한국어문회

■ 사단법인 한국어문회　　　　　　　　　　　　　　　　　　　3 2 1

수험번호 □□□-□□-□□□□　　　성명 □□□□□
생년월일 □□□□□□　※ 주민등록번호 앞 6자리 숫자를 기입하십시오.　※ 성명은 한글로 작성
　　　　　　　　　　　　　　　　　　　　　　　　　　　　　　　　※ 필기구는 검정색 볼펜만 가능
※ 답안지는 컴퓨터로 처리되므로 구기거나 더럽히지 마시고, 정답 칸 안에만 쓰십시오.
　글씨가 채점란으로 들어오면 오답처리가 됩니다.

공인민간자격 전국한자능력검정시험 3급II 답안지(1) (시험시간:60분)

번호	답안란 정답	채점란 1검	2검	번호	답안란 정답	채점란 1검	2검	번호	답안란 정답	채점란 1검	2검
1				24				47			
2				25				48			
3				26				49			
4				27				50			
5				28				51			
6				29				52			
7				30				53			
8				31				54			
9				32				55			
10				33				56			
11				34				57			
12				35				58			
13				36				59			
14				37				60			
15				38				61			
16				39				62			
17				40				63			
18				41				64			
19				42				65			
20				43				66			
21				44				67			
22				45				68			
23				46				69			

감독위원	채점위원(1)	채점위원(2)	채점위원(3)
(서명)	(득점) (서명)	(득점) (서명)	(득점) (서명)

※뒷면으로 이어짐

공인민간자격 전국한자능력검정시험 3급II 답안지(2)

번호	정답	1검	2검	번호	정답	1검	2검	번호	정답	1검	2검
70				97				124			
71				98				125			
72				99				126			
73				100				127			
74				101				128			
75				102				129			
76				103				130			
77				104				131			
78				105				132			
79				106				133			
80				107				134			
81				108				135			
82				109				136			
83				110				137			
84				111				138			
85				112				139			
86				113				140			
87				114				141			
88				115				142			
89				116				143			
90				117				144			
91				118				145			
92				119				146			
93				120				147			
94				121				148			
95				122				149			
96				123				150			

※ 답안지는 컴퓨터로 처리되므로 구기거나 더럽히지 마시고, 정답 칸 안에만 쓰십시오. 글씨가 채점란으로 들어오면 오답처리가 됩니다.

사단법인 한국어문회